새로 조명한
요 한 계 시 록

김 중 현 지음

요 한 계 시 록

머리말

　　하나님은 알파와 오메가요 처음과 나중이시며 시작과 끝이시다. 말씀으로 천지를 창조하시고 하나님의 형상을 따라 사람을 창조하셔서 땅을 주관하라 하신 하나님. 아담을 창조하신 후 아담을 깊이 잠들게 하셔서 그 갈비뼈로 하와를 만드셨던 하나님, 예수님을 십자가에서 깊이 잠들게 하셔서 그 흘리신 보혈로 여러 세기를 통해서 흙도, 돌도, 나무도 없는 정금과 진주와 보석으로 조성된 새 예루살렘 곧 그리스도의 영원하신 신부요, 아내인 교회를 산출케 하시는 하나님.

　　요한 계시록은 이와 같이 하나님께서 심은 것을 거두는 결론의 책이다. 구약 39권의 결론은 신약 27권이요 신약 27권의 결론은 계시록이라는 뜻이다. 생명의 성장은 일조 일석에 되는 것이 아니다. 오랜 세월을 거쳐 비바람과 뜨거운 햇빛을 통해 차차 자라가게 되는 것이다. 교회가 정상적으로 자라도록 하기 위해 비바람이 불고, 창수가 나고, 뜨거운 햇빛이 강하게 쬐인다. 이것을 두려워 한다면 어떠한 시련과 핍박과 환난에도 능히 견디며 세상에서 교회의 위상을 나타낼 수 있을까? 특히 계시록은 칠년 대 환난에 관하여 많은 지면을 할애하고 있다.

　　그런데 성경은 이 칠년 대 환난을 시험의 때라고 말하며 이 시험의 때가 지나면 이 세상은 끝이 되는 것이다. 복음이 온 천하 만국에 전파되고 수많은 사람들이 주께로 돌아 왔다. 곡식을 추수하고 탈곡하여 키로 까부르듯이 시험의 때는 알곡과 쭉정이를 구별하는 하나님의 작업이기도 하다. 요한계시록 11:1에 "지팡이같은 갈대를 주며 하나님의 성전과 그 안에서 경배하는 자들을 척량하라"고 하신다. 어찌하여 짐승의 표「666」에 대해 그렇게 두려워 하는가! 나와 나의 가족과 나의 처한 집단만 완전하게 보존 받기 위한 물건 사재기와 피난처 등을 구하는 것을 볼 때 한심하기도 하다.

피난처를 찾지 말라. 피난처는 예수 그리스도시다. 순교할 기회가 오면 이런 복이 나에게도 찾아오는가 하고 기쁘게 받으라. 그 날에 영광과 칭찬과 존귀가 그대 앞에 나타날 것이다. 하나님은 우리들을 눈동자 같이 지키신다. 요한일서 5:18에 "하나님께로서 나신 자가 저를 지키시매 악한 자가 저를 만지지도 못하느니라"고 말한다. 택한 자녀들은 하나님께서 완전하게 지켜 주신다. 창세 이후로 생명 책에 그 이름들이 기록되지 아니하는 자는 다 짐승에게 경배하고 그 이름의 표를 받는다(계 13:8)고 말하고 있다.

계시록은 완성의 책이요 결론의 책이기에 이 책에 담겨진 뜻을 정확히 이해한다면 더욱 분명하고 확신 가운데 소망을 가지고 흔들림 없는 신앙 생활을 할 수 있게 될 것이다. 복음서와 서신서와 계시록이 있으므로 하나님께서 영원 전부터 영원 후까지의 계획하시고 섭리하신 뜻을 확실하게 알게 되며 그 시대마다 그 말씀의 성취를 보며 인류 최후에 나타날 환난의 때도 당당하게 싸우며 승리하게 될 것이다. 필자는 주석을 읽을 때 관련된 성경 구절이 많이 열거되어 있었지만 그 구절들을 찾아 읽기가 쉽지 않았다. 가장 중요하고 합당한 성경 구절 내용이 모두가 기록이 되었다면 이해하는 데 도움이 될 것이라고 느꼈기 때문에 필자는 관련된 성경 구절의 내용을 기록하여 성경을 찾아보지 않고도 그 뜻을 알 수 있도록 구성하였다.

계시록은 해석하는 방법은 성경으로 성경을 해석하는 방법을 취하고 본문에 충실하였으며 기존의 해석과 의미가 문제가 있다는 확신이 설 때에는 과감하게 그 점을 지적하였다. 계시록이 교회에서 말해지지 않고 소수의 사람들만이 말하게 되는 것을 볼 때 이 책을 통하여 누구나 계시록을 말할 수 있도록 노력하였다. 요한계시록 22:10에 "이 책의 예언의 말씀을 인봉하지 말라 때가 가까움이라"고 말하고 있다. 때가 아직 못 되었다 하면서 계시록을 말하지 않는 것은 핑계에 지나지 않는 것이다. 계시록이 어렵다고 말하는 것은 상징적인 비유로 말씀하고 있기 때문이다. 그러므로 상징적인 비유에 대하여는 관련된 성경 구절을 제시하여 확실하게 하였다. 요한 계시록의 전체 개요와 각 장마다 개요를 말하므로 일목요연하게 이해를 돕도록 노력하였다. 장차 될 일의 도표를 요한 계시록의 개요와 함께 첨가하므로 계시록의 내용과 중점이 무엇인가를 쉽게 이해할 수 있도록 하였다.

특별히 하나님의 은혜와 배려하심에 감사를 드린다. 필자가 과로로 인한 뇌경색으로 쓰러져 사경을 헤매는 때도 있었다. 다시 건강을 회복시켜 계시록을 쓰도록 은혜와 힘과 많은 시간을 베푸심에 대하여 감사와 영광을 하나님께 돌리는 바이다.

끝으로 부족한 사람이 이 졸고를 교회에 내어 놓게 됨을 황송하게 생각하며 이 책이 말세를 만난 신앙의 동지들과 성도들에게 도움이 되기를 기원하는 바이다. 이 책을 출판하는데 자금을 조달해 주신 집사님들과 기도로 도와 주신 성도님들과 원고 교정을 위해 수고해 주신 집사님들과 청년회 모든 회원들과 필자로 하여금 집필할 수 있도록 시간의 여유를 제공해 주신 이영운, 김갑용 집사님께 감사하는 바이다.

2002. 1. 지은이 씀

차 례

제2부 · 일곱 교회에 보낸 편지(2:1-3:22) · 59

■

제3부 · 이 세상의 심판과 하나님의 구원(4:1-18:24) · 117

■

제4부 사단의 멸망(19:1-20:10)·405

■

제7부 마치는 말(22:6-21) · 487

■

개 요

　　하나님은 알파와 오메가요 처음과 나중이시며 시작과 끝이시다. 말씀으로 천지를 창조하시고 하나님의 형상을 따라 사람을 창조하셔서 땅을 주관하라 하신 하나님. 아담을 창조하신 후 아담을 깊이 잠들게 하셔서 그 갈비뼈로 하와를 만드셨던 하나님, 예수님을 십자가에서 깊이 잠들게 하셔서 그 흘리신 보혈로 여러 세기를 통해서 흙도, 돌도, 나무도 없는 정금과 진주와 보석으로 조성된 새 예루살렘 곧 그리스도의 영원하신 신부요, 아내인 교회를 산출케 하시는 하나님.

◆ 계시록의 개요 ◆

"그러므로 네 본 것과 이제 있는 일과 장차 될 일을 기록하라
네 본 것은 내 오른손에 일곱 별의 비밀과 일곱 금 촛대라
일곱 별은 일곱 교회의 사자요 일곱 촛대는 일곱 교회니라"
(계 1:19~20)

　　요한 계시록은 다섯 부분으로 구성되어 있다. 서론과 결론을 제외하면 ① 네 본 것과 ② 이제 있는 일과 ③ 장차 될 일들이다. 네 본 것은 요한계시록 1:9-20절 까지의 주 예수님의 어떠 어떠하심이요 이제 있는 일은 요한계시록 2:1-3:20절 까지의 소아시아의 일곱 교회에 대한 것이

며, 장차 될 일은 요한계시록 4:1-22:5절 까지에 있는 일들이다.

호수에 돌을 던지면 그 파장이 호수 구석 구석에까지 미치는 것 같이 예루살렘에서 시작한 복음은 온 유대와 사마리아와 땅 끝까지 이르러 어두움에서 빛으로, 사단의 권세에서 하나님께로 돌아 오는 자들이 부지기수였다. 사단의 하수인들인 유대인 대제사장과 장로들, 바리새인, 사두개인들은 사도들을 잡아 예수의 이름으로 말하지 말라고 협박 공갈을 하였지만 '하나님을 순종하는 것이 옳은가 사람을 순종하는 것이 옳은가 판단하라. 우리는 보고 들은 것을 말하지 아니할 수 없노라' 하면서 복음을 사방에 전파하였다.

이에 시기와 분노가 가득한 자들이 핍박하며 옥에 가두며 심지어 그들을 죽였다. 세례 요한의 순교로부터 스데반의 돌무더기가 되는 순교와 열 두 사도들의 순교 등 하나님의 말씀과 저희의 가진 증거를 인하여 많은 주님의 저마들이 죽임을 당하였다. "하나님의 진노가 불의로 진리를 막는 사람들의 모든 경건치 않음과 불의에 대하여 하늘로 좇아 나타나나니"(롬 1:18)

요한 계시록은 본 계시가 있고 중간 계시가 있다. 본 계시는 첫째 어린양이 일곱 인을 떼는 사건이요, 둘째 일곱째 인을 뗄 때 일곱 천사가 일곱 나팔을 받아 가지고 불 때 나타나는 나팔 재앙이요, 셋째는 일곱째 나팔을 불 때 일곱 천사가 일곱 대접을 받아 그 대접을 쏟는 재앙이다. 일곱째 인은 일곱 나팔 재앙과 일곱 대접 재앙을 포함하고 있다. 이것으로 하나님의 진노가 절정에 이르러 마치는 것이다. 본 계시의 첫째는 불의로 진리를 막는 사람들에게 내리는 제1단계 재앙이요, 둘째는 제2단계 재앙으로 제1단계 보다는 중한 재앙인 나팔 재앙이요 셋째는 제3단계 마지막 재앙으로 하나님의 진노가 절정에 이르러 마치게 되는 대접 재앙을 말한다.

중간 계시는 일곱 중간 계시가 있는데 첫째와 둘째는 계시록 제 7장의 이스라엘 백성들에게 인치는 역사와 각 나라와 족속과 백성과 방언에서 셀 수 없는 무리들의 찬송과 그에 대한 위로의 말씀을 담고 있다. 나머지 제 3-7의 중간 계시는 모두가 지상 최후에 있을 칠년 대 환난 시험의 때의 온 지구상에 거하는 모든 사람에게 임하는(눅 21:35) 이 때에 집중되어 있다는 것이다.

계시록은 보좌에 앉으신 하나님 아버지의 오른손에 있는, 안팎으로 썼고 일곱 인으로 봉인된 책을 죽임을 당하신 어린양이 하나 하나 개봉함으로 이루어지는 것이다. 첫째 인부터 여섯째 인까지는 요한계시록 6:1-17까지 불과 17절에 불과하지만 거의 신약 전기간을 말하고 있으며 마지막 일곱째 인은 계시록 제 8장에서 개봉되는 데 일곱 나팔 재앙과 일곱 대접 재앙을 포함하는데 계시록 제 16장까지 무려 9장의 방대한 기록이다. 그러나 그 기간은 매우 짧은 약 100년 내외가 되는 기간이라는 것이 그 특징이라 하겠다. 이 중간에 지상 최후에 있을 칠년 대 환난이 있게 된다. 이 칠년 대 환난은 요한계시록 9:13-21절 까지의 유브라데 강 전쟁 즉, 제 3차 세계 대전이 발발하여 그 승자가 지상 최후에 있을 칠년 대 환난의 때에 역사할 적그리스도로 등장하는 것이다. 많은 사람들과 한 이레 동안의 언약을 굳게 정하고 그 이레의 절반에 일방적으로 그 언약을 파기하고 제사와 예물 드림(예배행위)을 금하여 칠년 대 환난 후삼년반이 시작되는 것이다.

칠년 대 환난은 제 3차 세계 대전에 승리함으로부터 많은 사람들과 견고한 언약을 세우고 마치는 기간까지를 10여년 내외로 예측된다. 이렇게 짧은 기간이지만 기록은 무려 9-14장인 여섯개 장에 이르고 있다. 제 9장을 제외하고 다섯개 장의 중간 계시가 칠년 대 환난을 말하고 있다는 것이다. 왜 그럴까? 극히 중요하기 때문인데 그 이유를 여섯 가지로 말할 수 있다.

첫째, 온 지구상에 거하는 자들에게 임하기 때문이다(눅 21:35).

둘째, 이 때는 장차 온 세상에 임하여 땅에 거하는 자들을 시험할 때이기 때문이며(계 3:10).

셋째, 지팡이같은 갈대를 주어 하나님의 성전과 제단과 그 안에서 경배하는 자들을 척량할 때이기 때문이다(계 11:1).

넷째, 칠년 대 환난은 전에도 없었고 후에도 없는 환난일 것이며 이 날들을 감하지 않으면 구원 얻을 육신이 없는 극한 환난인 것이다(마 24:21-22). 개국 이래로 그때까지 없던 환난일 것이다(단 12:1).

다섯째, 이 때는 적그리스도 짐승이 성전에 앉아 자기를 하나님이라 하며 경배하게 하고, 자기의 형상의 우상을 만들어 우상으로 말하게 하고 경배하지 아니하면 몇이든지 죽이며 이 때 순교자의 수가 차는 것이다(계 6:11). 또 짐승의 이름의 표를 받게 하여 받지 아니하는 자는 매매를 못하게 하기 때문이다(계 13:14-18).

여섯째, 누구든지 짐승과 그의 우상에게 경배하고 이마에나 손에 표(666)를 받으면 그도 하나님의 진노의 포도주를 마시리니 그 진노의 잔에 섞인 것이 없이 부은 포도주라 거룩한 천사들 앞에서와 어린양 앞에서 불과 유황으로 고난을 받으리라 하기 때문이다(계 14:9-10).

이러한 이유하에서 상세한 기록을 통하여 그 때가 오면 말씀하신 대로 올 것이 왔구나 생각하고 끝까지 신앙의 정절을 지키어 주 앞에 영광스럽게 세우기 위해서이다. 계시록에 대한 근거가 되는 말씀이기에 여기에 인용하겠다.

"네 백성과 네 거룩한 성을 위하여 칠십 이레로 기한을 정하였나니 허물이 마치며 죄가 끝나며 죄악이 영속되며 영원한 의가 드러나며 이상과 예언이 응하며 또 지극히 거룩한 자가 기름 부음을 받으리라 그러므로 너는 깨달아 알지니라 예루살렘을 중건하라는 영이 날 때부터 기름 부음을 받은 자 곧 왕이 일어나기까지 일곱 이레와 육십 이 이레가 지날 것이요 그 때 곤란한 동안에 성이 중건되어 거리와 해자가 이룰 것이며 육십 이 이레 후에 기름 부음을 받은 자가 끊어져 없어질 것이며 장차 한 왕의 백성이 와서 그 성읍과 성소를 훼파하려니와 그의 종말은 홍수에 엄몰됨 같을 것이며 또 끝까지 전쟁이 있으리니 황폐할 것이 작정되었느니라 그가 장차 많은 사람으로 더불어 한 이레 동안의 언약을 굳게 정하겠고 그가 그 이레의 절반에 제사와 예물을 금지할 것이며 또 잔포하여 미운 물건이 날개를 의지하여 설 것이며 또 이미 정한 종말까지 진노가 황폐케 하는 자에게 쏟아지리라 하였느니라"(단 9:24-27). 이상의 말씀들은 요한계시록 11장에서 상세히 설명하겠다.

요한계시록 10:6-7에 땅과 바다를 밟고 섰는 힘 있는 천사가 세세토록 살아계신 자 곧 하늘과 그 가운데 있는 물건이며 땅과 그 가운데 있는 물건이며 바다와 그 가운데 있는 물건을 창조하신 이를 가리켜 맹세하여 가로되 지체하지 아니하리니 일곱째 천사가 소리 내는 날 그 나팔을 불게 될 때에 하나님의 비밀이 그 종 선지자들에게 전하신 복음과 같이 이루리라 말한다. 그러면 일곱째 천사가 나팔을 불게 될 때는 어느 때인가? 요한계시록 8:1-9:21절 까지는 여섯째 나팔까지 불게 된다. 첫째 나팔 재앙은 제1차 세계 대전이요, 둘째 나팔 재앙은 제 2차 세계 대전이며, 여섯째 나팔 재앙은 제 3차 세계 대전이다. 이 대전에서 승리하는 국가와 왕이 칠년 대 환난때에 적그리스도가 되는 것이다.

칠년 환난 후 요한계시록 11:15에 일곱 천사가 나팔을 분다. 세상 나라가 우리 주와 그리스도의 나라가 되어 그가 세세토록 왕노릇 하리로다 라고 말한다. 일곱째 천사가 나팔 분 후 하나님의 비밀이라 말하는 어떠한 일들이 이루어지는가!

① 고전 15:51-52에 마지막 나팔에 순식간에 홀연히 변화하리니 나팔 소리가 나매 죽은 자들이 썩지 아니할 것으로 다시 살고 우리도 변화하리라 성도들의 전체 추수인 구름위에 앉으신 인자이신 예수께서 행하지는 추수 곧 휴거가 이루어지는 것이다(계 14:14-16).

② 일곱 대접 재앙인 하나님의 진노가 절정에 이른 재앙들이 땅에, 바다에, 물 근원에, 해에, 짐승의 보좌에, 유브라데 강에, 공기에, 쏟아 부어지는 것이다(계 16:1-21).

③ 큰 성 바벨론 음녀가 멸망한다(계 18:1-24).

아마겟돈 전쟁으로 짐승과 거짓 선지자를 사로 잡아 유황 불붙는 못에 던져 버린다(계 19:20).

④ 천년 왕국을 이루며 예수의 증거와 하나님의 말씀을 인하여 목베임을 받은 자의 영혼들과 짐승과 그 우상에게 경배하지도 아니하고 이마와 손에 그 이름의 표를 받지 아니한 자들이 살아서(부활) 그리스도로 더불어 천년 동안 왕노릇 하게 된다(계 20:4). 그 후에 백보좌 심판과 새 하늘과 새 땅과 새 예루살렘에서 영원토록 주 하나님을 섬기며 값없이 주시는 생명수와 생명과를 누리며 살 것이다. 할렐루야!

다니엘 9:26의 육십 이 이레 후에 기름 부음을 받은 자가 끊어져 없어지는 것은 주님께서 십자가 구속을 이루실 것을 말한다. 장차 한 왕의 백성이 와서 그 성소와 성읍을 훼파한다는 것은 로마의 황제 타이터스에 의해 성전과 예루살렘 성의 훼파를 말한다. 다니엘 9:27의 장차는 그가 많은 사람으로 한 이레 동안의 언약을 굳게 정하고 그 절반에 그 언약을 일방적으로 파기하고 제사와 예물(예배 행위)을 금지하며 성전에 미운 물건인 우상을 세우며 자기가 하나님이라 하여 자기를 경배하게 하고 그의 형상의 우상을 만들어 그 우상으로 말하게 하고 경배하지 않는 자는 남녀노소를 불문하고 몇이든지 죽인다. 이 때 순교자의 수가 차는 것이다. 또 그 이름의 수를 오른손에나 이마에 받게 하고 받지 아니하면 매매들을 못하게 한다. 이 때가 칠년 대 환난 후삼년반이다. 이 기간에 하나님께서 많은 사람 중에서 하나님의 성전과 제단과 그 안에서 경배하는 자들을 척량하는 것이다(계 11:1). 농부가 농사를 지어서 추수 후에 알곡과 쭉정이를 키로 까부르는 작업과 같은 것이다. 하나님께서는 다니엘

9:26-27에서 십자가 사건과 예루살렘 성과 성소 훼파 사건과 그리고 칠년 대 환난에 대하여 중점적으로 말하고 있다. 그 세 사건중에서 칠년 대 환난에 대하여 더욱 중점적으로 말하고 있다는 것을 알아야 할 것이다.

요한계시록도 그와 같이 칠년 대 환난에 대하여 많은 지면을 할애하고 있는 것이다. 중간 계시의 제3의 중간 계시부터 제 7의 마지막 중간 계시가 모두 칠년 대 환난을 말하고 있다는 것을 명심하기 바란다. 1,260일을 신약 전기간 복음 전하는 기간으로 본다면 칠년 대 환난이 말세를 만난 성도들에게 약하게 희미하게 비춰지게 될 것이다. 그러는 중에 제사와 예물을 금지하고 짐승과 그의 우상과 그 짐승의 이름의 표를 받게 하는 사건들이 알어나게 되면 성도들은 전삼년반 예언과 양육이 없었으므로 당황해 할 것이며 많은 사람이 신앙을 저버리게 될지도 모르는 일이다. 그러므로 하나님이 중점적으로 말씀하신 것을 신앙인도 중점적으로 다루고 연구하여 그 날을 대비하여야 될 줄 안다.

독자들이 일목요연하게 분별하고, 이해를 쉽게 하기 위해 장차 될 일의 도표를 제시하였다.

제 1 부
서언과 예수님의 나타나심(1:1~20)

1. 서언(1:1-8)

1) 예수 그리스도의 계시(1:1-3)

"여호와께서 가라사대 나의 하려는 것을 아브라함에게 숨기겠느냐"
(창 18:17)

"주 여호와께서는 자기의 비밀을 그 종 선지자들에게
보이지 아니 하시고는 결코 행하심이 업으시리라"
(암 3:7)

1절에 "예수 그리스도의 계시라 이는 하나님이 그에게 주사 반드시 속히 될 일을 그 종들에게 보이시려고 그 천사를 그 종 요한에게 보내어 지시하신 것이라"고 말한다. 영존하신 하나님께서 계획하시고 뜻하신 바를 모세와 시편과 선지자들에게 점진적으로 나타내셨다. 말씀으로 천지를 창조하시고 능력의 말씀으로 만물을 붙드시며 운행하시고 인생들을 창조하시고 생사화복을 주장하시는 하나님께서 왕들을 세우시고 폐하시기도 하시면서 메시야가 오셔서 모든 것을 회복하실 것을 옛날에는 선지자들로 여러부분과 여러 모양으로 말씀하셨던 하나님께서 그의 실체되는 분을 보내셔서 말씀하시고 십자가 구속을 이루시며 마지막 십자가에서 운명하실 때 다 이루었다는 말씀을 하시고 운명하셨다. 주 예수께서는 삼일만에 사망 권세를 깨뜨리고 부활하셔서 승리하신 것이다. 이러한 분인 예수님께 하나님께서는 십자가 구속 이후 영원 무궁 세계까지의 하실 일들을, 예수님은 피로 구속하신 모든 종들에게 보이시기 위하여 그의 부리시는 천사를 사도 요한에게 보내어 알게 하신 것이 요한 계시록인 것이다.

십자가 구속과 천년 왕국과 새 예루살렘은 구약에 약간 말씀하셨기에 감추인 비밀은 아니었다. 그러나 십자가 후 하나님의 구원과 세상 심판에 대한 것은 하나님 안에 감추인 비밀인 것이다. 이 감추인 비밀을 보자기를 거두고 나타내신 것이 그의 종들에게 알리시려고 하는 계시인 것이다. 장차 될 일을 말씀하시면서 상징적으로 말씀하셨기에 성경에서 그 해석에 열쇠가 되는 말씀을 찾지 못하면 계시록은 감추인 비밀이 되는 것이다. 필자는 완전하지는 못하지만 성경에서의 해석에 관한 증거를 찾아내는데 노력했다.

계시록은 서론과 결론을 제한다면 네 본 것과 이제 있는 일과 장차 될 일로 구성되어 있다. 네 본 것은 제 1장의 예수님의 어떠하심이요, 이제 있는 일은 요한계시록 2장과 3장의 일곱 교회에 대한 기록이요, 장차 될 일은 요한계시록 4장부터 22장 5절까지의 하나님의 구원과 세상 심판과 천년 왕국과 새 하늘과 새 땅과 새 예루살렘에 대한 기록들이다. 사도 베드로는 흩어진 보배로운 믿음을 받은 자들에게 이렇게 말한다.

"또 우리에게 더 확실한 예언이 있어 어두운 데 비취는 등불과 같으니 날이 새어 샛별이 너희 마음에 떠오르기까지 너희가 이것을 주의하는 것이 가하니라 먼저 알 것은 경의 모든 예언은 사사로이 풀 것이 아니니 예언은 언제든지 사람의 뜻으로 낸 것이 아니요 오직 성령의 감동하심을 입은 사람들이 하나님께 받아 말한 것임이니라"(벧후 1:19-21)고 말한다. 사람은 하루 앞을 몰라 답답해 한다. 그러나 하나님께서는 하나님의 구원과 세상의 심판에 대하여 너무도 자상하게 말씀하셨다. 이 예언의 말씀을 우리 마음에 샛별이 떠오르기까지 살피고 궁구하며 주의하여 분명한 깨달음이 있다면 얼마나 확신에 찬 말을 하며 가르치며 생활할 수 있겠는가! 필자는 세계 문제 전문가도 아니다. 그러나 요한 계시록을 살피고 궁구하는 가운데 성도들의 구원과 하나님의 진노와 세상 국가들의 흥망성쇠까지도 손바닥을 들여다 보는 것같이 알게 되었다. 그래서 이것을 교회에 알리고 싶어 책을 쓴 것이다.

(1) 하나님의 말씀과 예수 그리스도의 증거

2절에 "요한은 하나님의 말씀과 예수 그리스도의 증거 곧 자기의 본 것을 다 증거하였느니라"고 말한다. 요한이 밧모섬에 유배를 당한것도 하나님의 말씀과 예수 그리스도의 증거 때문이었고(계 1:9) 주 예수님께서 다섯째 인을 떼실 때에 제단 아래서 죽임을 당한 영혼들이 대주재여 땅에 거하는 자들을 심판하여 우리 피를 신원해 주지 아니 하시기를 어느 때까지 하시려나이까, 호소하는 그들도 하나님의 말씀과 예수 그리스도의 증거 때문에 죽임을 당하였다(계 6:9). 예수의 증거와 하나님의 말씀을 인하여 목베임을 당한 영혼들과 또 짐승과 그의 우상에게 경배하지도 아니하고 이마와 손에 그의 표를 받지도 아니한 자들이 살아서 그리스도로 더불어 천년 동안 왕 노릇하게 된다.

하나님의 말씀과 예수 그리스도의 증거를 전하므로 듣는 사람들이 어두움에서 빛으로 사망의 권세에서 하나님께로 돌아가니, 자기를 섬기며 종 노릇 하던 자들이 자기들로부터 빠져 나가니 얼마나 원통하겠는가! 그렇기 때문에 핍박하고 투옥하고 죽이는 것이다. 그러나 두려워 말라! "나를 인하여 너희를 욕하고 핍박하고 거짓으로 너희를 거스려 모든 악한 말을 할 때에는 너희에게 복이 있나니 기뻐하고 즐거워하라 하늘에서 너희 상이 큼이라"고 말한다. 이 세상에서 무엇보다도 귀한 것은 하나님의 말씀과 예수 그리스도의 증거 때문에 욕 받고 고난과 핍박과 환난과 죽임을 당하는 것이다. 우리 믿는 이들도 선인들과 같이 기회가 오면 피하지 말고 기쁘게 참여하여 그 영광을 누리자.

(2) 복 있는 자

3절에 "이 예언의 말씀을 읽는 자와 듣는 자들과 그 가운데 기록한 것을 지키는 자들이 복이 있나니 때가 가까움이라"고 말한다. 성경은 하나님이 어떠한 분이심과 어떠한 일을 계획하시고 성취하시는 분이신가를 말씀하고 있다. 그래서 바울 사도는 디모데에게 '내가 이를 때까지 읽는 것과 권하는 것과 가르치는 것에 착념하라' 하면서 성경을 통해서 하나님의 뜻을 알고 권하고 가르쳐서 맡겨진 사명을 충실히 할 것을 당부하고 있다. 사도 요한은 하나님의 말씀과 예수 그리스도의 증거 곧 자기의 본 것을 소아시아 일곱 교회에 보내어 증거하였다. 유대교 시대부터 하나님의 말씀을 회중 앞에서 읽는 습관이 있었다. 읽는 자는 단수로 회중 앞에서 읽는 자를 말하며 듣는 자는 회중을 말한다. 지키는 자는 듣는 말씀을 실행하는 자이다.

이들은 하나님께 부름 받고 선택된 자들이다. 얼마나 복된 자들인가! 오늘날 우리들은 어떤가! 인쇄술의 발달로 개개인에게 까지 성경의 말씀과 이 계시의 말씀이 주어져 읽을 수 있고 주의하며 살피고 연구할 수 있게 되었으니 얼마나 복스런 일인가! 그런데 계시록이 왜 교회에서 소수의 사람들을 제외하고는 잘 말해지지 않는가! 옥토에 떨어진 씨는 말씀을 듣고 깨닫는 자니 혹 30배, 혹 60배, 혹 100배의 결실을 한다고 말하고 있다. 이 예언의 말씀을 듣는 자들도 참으로 깨달아 그 말씀을 실행하는 자도 요한계시록 22:7의 "보라 내가 속히 오리니 이 예언의 말씀을 지키는 자가 복이 있으리로다" 말하는 복 있는 자가 될 것이다.

(3) 때가 가까움

3절에 "때가 가까움이라"고 말한다. 쉬지 아니하고 이 예언의 말씀을 읽고 듣고 그 가운데 기록한 것을 지키는 자가 복이 있는 자이다. 이와 같은 생활을 하다 주님 오시면 얼마나 복이 되겠는가! 반대로 그 날을 대비하지 아니하고 갑작스레 주님 오시면 불신실한 자의 받는 율에 처하게 될 것이니 얼마나 후회하고 가슴을 치며 통곡하겠는가! 그 때는 어느 때인가? 주님께서 부활하신 후 사십일을 하나님 나라의 일을 말씀하시고 갈릴리에서 제자들이 보는 가운데 하늘로 올리워 가셨다. 흰 옷 입은 두 사람이 저희 곁에 서서 말하되 갈릴리 사람들아 어찌하여 서서 하늘을 쳐다 보느냐 너희 가운데 하늘로 올리우신 이 예수는 하늘로 올리우심을 본 그대로 오시리라 말한 바로 그 날인 것이다. 바울 사도는 '내가 선한 싸움을 싸우고 나의 달려갈 길을 마치고 믿음을 지켰으니 이제 후로는 나를 위하여 의의 면류관이 예비되었으므로 주 곧 의로우신 재판장이 그 날에 내게 주실 것이요 내게만 아니라 주의 나타나심을 사모하는 모든 자에게니라'고 말한다. 그 날은 믿는 이들이 고대하고 기다리는 주님의 재림의 날인 것이다. 이 때가 가까워지기 때문에 무엇보다도 말씀을 읽고 들어 그 말씀대로 실행하라. 요한계시록 3:10에 네가 나의 인내의 말씀을 지켰은즉 나도 너를 지키어 시험의 때를 면하게 해 주신다고 약속하신다.

2) 인사의 말씀(1:4-8)

(1) 일곱 교회에 편지함

4절에 "요한은 아시아에 있는 일곱 교회에 편지하노니"라고 말한다. 계시를 주신 대상이 그의 종들 곧 아시아에 있는 일곱 교회인 것이다. 일곱은 하나님의 완전수이다. 그 당시에도 수 많은 교회들이 있었다. 일곱 교회는 아시아에 있는 일곱 교회이면서 전 세계의 모든 교회를 대표한 것이다. 십자가의 구속으로 피로 값주고 사신 교회인지라 하나님의 모든 즐거움이 저희에게 있는 것이다. 믿지 아니하고 불의하며 거역하는 세상을 어떻게 심판하실 것과 믿는 성도들의 구원을 어떻게 성취하실 일을 자세히 말씀하시는 것이다. 아모스 3:7에 "주 여호와께서는 자기의 비밀을 그 종 선지자들에게 보이지 아니하시고는 결코 행하심이 없으시니라" 말한다. 요한은 자기가 받은 것을 일곱 교회에 편지하므로 일곱 교회의 사자들과 성도들은 이 예언의 말씀을 읽고 듣고 가르침을 받아 말씀을 실행하여 주님 앞에 온전한 자들로 서야 할 것이다. 이 말씀이 교회에서 소수의 사람들을 제외하고는 말하지 않고 있는 실정이다. 요한계시록 22:10에 "또 내게 말하되 이 책의 예언의 말씀을 인봉하지 말라 때가 가까우니라"고 말하고 있다. 그래서 필자는 이 책을 보고 계시록을 누구나 말할 수 있도록 해당되는 성경구절의 내용을 모두 기록하였다.

(2) 삼위일체 하나님

4-5절에 "이제도 계시고 전에도 계시고 장차 오실 이와 그 보좌 앞에 일곱 영과 또 충성된 증인으로 죽은 자들 가운데서 먼저 나시고 땅의 임금들의 머리가 되신 예수 그리스도로 말미암아"라고 말한다.

① 성부 하나님

"이제도 계시고 전에도 계시고 장차 오실 이" 하나님은 영원 전부터 영원 후까지 기나긴 역사의 선상에서 이제도 계셔서 역사를 주관하시고 인생들의 생사화복을 주관하시며 국가의 흥망성쇠와 왕들을 세우시며 폐하시고 하나님의 뜻을 세계상에 이루시는 하나님이시다. 전에도 계셔서 모든 일을 계획하시고 창조하시며 운행하시고 주관하신 하나님, 장차 오셔서 불의한 세상의 심판과 구원의 완성을 이루시는 전지 전능하신 하나님이시다.

② 성령 하나님

"그 보좌 앞에 일곱 영과" 에베소서 4:4은 "몸이 하나요 성령이 하나니라" 말한다. 그런데 보좌 앞에 일곱 영이라 하는가! 일곱이란 역시 하나님의 완전수로 성령의 풍성하고 유여하신 역사와 누림의 다양함을 뜻하는 말이다. 성령은 한 성령인데 그의 열매는 아홉가지로서 사랑과 희락과 화평과 오래참음과 자비와 양선과 충성과 온유와 절제니라 하여 그의 역사와 누림의 다양함을 보이는 것과 같다.

③ 아들 하나님

"또 충성된 증인으로 죽은 자들 가운데서 먼저 나시고 땅의 임금들의 머리가 되시는 예수 그리스도로 말미암아"라고 말한다. "충성된 증인"이란 말은 하나님과 하나님께서 만민을 구원하시기 위해서 보내신 하나님의 아들 그리스도인 것을 밝히 증거하는 것을 말한다. 이 구원을 예비하시고 이렇게 말한다. 히브리서 2:3~4에 "우리가 이같이 큰 구원을 등한히 여기면 어찌 피하리요 이 구원은 처음에 주로 말씀하신 바요 들은 자들이 우리에게 확증한 바니 하나님도 표적들과 기사들과 여러 가지 능력과 및 자기 뜻을 따라 성령의 나눠 주신 것으로써 저희와 함께 증거하셨느니라"고 말한다.

주님께서 세례 받으실 때 하늘로서 소리가 나기를 이는 내 사랑하는 아들이요 내 기뻐하는 자라 하시며 변화산에서도 이는 내 사랑하는 아들이요 내 기뻐하는 자니 너희는 저희의 말을 들으라 말씀하셨다. 이와 같이 예수께서 하나님의 아들 그리스도인 것을 증거하셨다. 특히 유대인과 이스라엘 사람들은 하나님이 약속하신 메시야를 기다리고 기다렸다. 사람들은 세례 요한이 메시야가 아닌가 의아해 하였고 예수님께서 오셔서 하나님의 아들이라 하여도 대제사장들은 믿지 않고 네가 하나님의 아들 그리스도인지 우리에게 말하라 할때도 내가 이미 말하였도다(마 26:63)라고 말씀 하셨다. 시험하는 자도 네가 만일 하나님의 아들이어든 돌이 떡덩이가 되게 하라 성전 꼭대기에서 뛰어 내리라 그리하면 저가 너를 위하여 그 사자들을 명하시리니 저희가 손으로 너를 받들어 발이 돌에 부딪히지 않게 하리라 할 때에도 주 예수님은 사단에게 주 너희 하나님을 시험치 말라고 말씀하셨다. 빌라도 앞에서도 하나님의 아들인 것을 증거하셨고 더욱 확실한 것은 죽은 자 가운데서 부활하심으로 하나님의 아들로 확증된 것이다.

로마서 1:4에 "성결의 영으로는 죽은 가운데서 부활하여 능력으로 하나님의 아들로 인정되셨으니 곧 우리 주 예수 그리스도시니라"고 말한다. 마태복음 27:54에 주님의 무덤을 굳게 지키던 백부장과 함께 예수를 지키던 자들이 지진과 그 되는 일들을 보고 심히 두려워하여 말하기를 이는 진실로 하나님의 아들이었도다라고 증거하였다. 주 예수님의 공생애의 모든 일들이 예수를 하나님의 아들 그리스도라 증거하였고 주 예수님은 빌라도 앞에서나 대제사장 앞에서도 굽히지 아니하시고 하나님의 아들 그리스도인 것을 증거하였다. 그리고 하나님께서도 성령께서도 하나님의 아들 구세주(그리스도)인 것을 증거하였다.

"죽은 자 가운데서 먼저 나시고" 애벌레가 나비가 되고, 밀알이 땅에 떨어져 죽어서 싹이 나며 곤충도 식물도 부활하는 데 만물의 영장인 사람에게 부활이 없겠는가! 예수 그리스도께서 부활하셔서서 잠자는 자의 첫 열매가 되셨으니 우리도 마지막 나팔에 순식간에 부활하고, 살아있는 자도 홀연히 변화할 것이다. 이 부활은 영적인 부활이 아니다. 죽은 자가 실제로 부활하는 것을 말한다. 영적인 부활은 예수와 합하여 세례를 받으므로 옛사람은 장사되고 새 사람으로 그리스도 안에서 새 생명을 사는 것이다.

"땅의 임금들의 머리가 되신 예수 그리스도" 주 예수님은 만왕의 왕이요 만주의 주 시다. 국가의 흥망성쇠를 주관하시고 왕들을 세우시고 폐하시는 주권적인 전지 전능하신 하나님이신 것이다. 땅의 임금들은 일국을 통치하며 다스린다. 그러나 예수 그리스도는 말씀으로 우주 만물을 창조하시고 말씀으로 만물을 붙드시며 운행하시고 통치하시는 하나님이신 것이다. "할렐루야"

(3) 은혜와 평강이 있기를 원함

5절에 "예수 그리스도로 말미암아 은혜와 평강이 너희에게 있기를 원하노라" 예수님께서는 나는 길이요 진리요 생명이라 말씀하셨다. 예수님은 우리 죄인들이 하나님 앞에 나아갈 유일한 길이시다. 그 뿐 아니라 하나님께서 죄인들에게 만가지 은혜를 주시는 통로인 것이다. 우리 죄인들에게 값 없이 거져 주시는 은혜와 평강도 예수 그리스도로 말미암아 주시는 것이다. 우리 인간들은 하나님께로부터 받지 아니한 것이 없다. 새 예루살렘에서의 생명수도 하나님과 어린양의 보좌로부터 흘러 값 없이 주시는 것이다. 평강은 은혜의 결과이기도 하다. "명절 끝날 곧 큰 날에 예수께서 서서 외쳐 가라사대 누구든지 목마르거든 내게로 와서 마시라 나를 믿는 자는 성경에 이름과 같이 그 배에서 생수의 강이 흘러 나리라 하시니 이는 그를 믿는 자의 받을 성령을 가리켜 말씀하신 것이라" (요 7:37-39) 하나님께서 메시야를 보내사 우리 대신 십자가에서 피 흘리므로 구속해 주시고 그를 믿는 자에게 보혜사 성령을 주셔서 영원토록 우리 안에 거하시고 행하시는 하나님이시라 그로 말미암아 샘 솟듯 하는 평안과 기쁨과 즐거움과 위로와 소망이 넘치게 되는 것이다.

(4) 죄에서의 해방

5절 하반절에 "우리를 사랑하사 그의 피로 우리 죄에서 우리를 해방하시고"라고 말한다. 하나님께서 세상을 이처럼 사랑하사 독생자까지 주셨다. 사람 같았으면 죄를 묵인하며 용서하였을 것이다. 하나님은 사랑의 하나님이시며 공의의 하나님이시다. 죄의 값은 사망이기 때문에 반드시 심판하시는 하나님이시다. 그러나 그 죄를 죄인들에게 묻지 아니하시고 사랑하시는 독자 외아들을 세상에 보내사 그 아들에게 우리들의 죄를 심판하신 것이다. 오! 얼마나 큰 사랑인가! 피 흘림이 없은즉 사함이 없느니라(히 9:22) 하시며 염소와 송아지의 피로 아니하고 오직 자기 피로 영원한 속죄를 이루사 단번에 성소에 들어가셨느니라(히 9:12)고 말한다.

"우리 죄에서 우리를 해방하시고"라고 말한다. 죄는 죄 지은 사람을 속박한다. 한 사람으로 말미암아 죄가 세상에 들어오고 죄로 말미암아 사망이 왔나니 이와 같이 모든 사람이 죄를 지었으므로 사망이 모든 사람에게 이르렀느니라 말한다. 죄 지은 사람은 자유가 없고 양심의 가책을 받으며 어두움의 그늘에서 헤매이게 된다. 죄 지은 사람이 감옥에 갇히는 것 같이 사망의 속박과 흑암의 권세에서 자유할 수가 없는 것이다. 누군가가 그 죄의 값을 치르지 아니하면 그 속박과 결박에서 풀려 날 수가 없는 것이다. 하나님께서는 천상 천하에 하나님만이 하실 수 있는 최상의 방법인 독생자 외아들을 우리 죄를 인한 화목 제물로 주셔서 십자가에서 보배로운 피를 흘려 죽으심으로 구속 곧 죄사함을 받게 하신 것이다. 이로 말미암아 죄의 종 노릇에서, 죄의 결박에서, 사망의 권세에서 해방을 받아 자유의 몸이 된 것이다. "할렐루야"

(5) 나라와 제사장으로 삼으신 그에게 영광과 능력이 있기를

6절에 "그 아버지 하나님을 위하여 우리를 나라와 제사장으로 삼으신 그에게 영광과 능력이 세세토록 있기를 원하노라 아멘"

"아버지 하나님을 위하여" 아버지 하나님은 일을 계획하시고, 아들 하나님은 일을 성사시키시고, 성령 하나님은 이 모든 일을 우리에게 적용하신다. 성경에 중심이 되고 핵심이 되는 일은 무엇인가! 구속 사역이 아닌가! 아담과 하와를 위하여 양을 잡아 가죽옷을 지어 입히신 것은 그리스도의 구속으로 값 없이 의롭게 되는 일의 모형인 것이다. 그가 찔림

은 우리의 허물을 인함이요 그가 상함은 우리의 죄악을 인함이라 그가 징계를 받음으로 우리가 평화를 누리고 그가 채찍에 맞음으로 우리가 나음을 입었도다. 우리는 다 양 같아서 그릇 행하여 각기 제 길로 갔거늘 여호와께서는 우리 무리의 죄악을 그에게 담당 시키셨도다. 이 뜻을 따라 예수께서 말씀이 육신이 되셔서 십자가의 구속으로 이 모든 일을 성취하시고 운명 하실 때 다 이루었다 하시고 영혼이 떠나셨다. 이렇게 구속하신 백성들을 왕국(나라의 백성)과 제사장을 삼아 아버지 하나님을 섬기게 하셨으니 이 모든 일들이 아버지 하나님을 위함이 되는 것이다.

"우리를 나라와 제사장을 삼으신 그에게" 우리들을 부르시고 의롭다 하시고 영화롭게 한 자들로 하나님 나라(나라의 백성)와 제사장을 삼아 아버지 하나님을 섬기게 하셨으니 그에게 영광과 능력이 세세토록 있기를 원하노라. 특별히 하나님을 섬기는 제사장들은 아무나 되는 것이 아니다. 하나님은 만민 중에서 이스라엘을 택하시고 그 중에서도 레위 지파를 택하시고 그 중에서도 아론과 그 자녀들을 택하셔서 제사장 직분을 맡기셨다. 어디 그 뿐인가! 이스라엘 백성도 아닌 이방인들 가운데서 부름 받은 자들에게 제사장 직분이란 얼마나 큰 광영인가! 구약의 제사장들은 백성을 대신하여 하나님 앞에 나아가 하나님을 섬겼지만 이제는 하나님께서는 문을 활짝 여셔서 만인 제사장이 되게 하셨으니 이제는 내가 직접 중재 없이 하나님 앞에 나아가 하나님을 섬기게 된 것이다. 그러한 이유하에서 영광과 능력이 그에게 세세토록 있기를 원하노라 말한다.

(6) 주님의 재림에 관하여

7절에 "볼지어다 구름을 타고 오시리라 각인의 눈이 그를 보겠고 그를 찌른 자들도 볼 터이요 땅에 있는 모든 족속이 그를 인하여 애곡하리니 그러하리라 아멘"이라고 말한다.

① 볼지어다

이 말은 계시록에서만 7회 나온다. 『보라』하는 말보다 강한 의미를 가지고 있다. 특별히 주의를 요하는 말로써 시편 37:37에 "완전한 사람을 살피고 정직한 자를 볼지어다 화평한 자의 결국은 평안이로다"라고 말하며 요한계시록 3:20에 "볼지어다 내가 문 밖에 서서 두드리노니 누구든지 내 음성을 듣고 문을 열면 내가 그에게로 들어가 그로 더불어 먹고 그는 나로 더불어 먹으리라"고 말한다. 주님 다시 오심에 대한 약속은 이 세상과 영원한 나라와의 전환점이 되기 때문에 더욱 더 주의를 기울이며 주님 오심을 대비하여야 할 것이다.

② 구름을 타고 오시리라

예수님 부활하셔서 40일간 하나님 나라에 대하여 말씀하시고 승천하실 때 구름이 가리웠다. 제자들이 자세히 하늘을 쳐다보고 있을 때 흰 옷 입은 두 사람이 저희 곁에 서서 말하기를 "갈릴리 사람들아 어찌하여 서서 하늘을 쳐다보느냐 너희 가운데서 하늘로 올리우신 이 예수는 하늘로 가심을 본 그대로 오시리라 하였느니라"고 말한다. 왜 주님은 승천하실 때도 구름 타고 가시고 오실 때도 구름 타고 오신다고 말씀하시는가! 시편 104:3에 "물에 자기 누각의 들보를 얹으시며 구름으로 자기 수레를 삼으시고 바람 날개로 다니시며"라고 말한다. 구름이 주님의 수레이기 때문에 이용하시는 것이다. 복음서에도 주님은 한결같이 구름 타고 오신다고 말씀하고 있다. 마태복음 24:30에 "그 때에 인자의 징조가 하늘에서 보이겠고 그 때에 땅의 모든 족속들이 통곡하며 그들이 인자가 구름을 타고 능력과 큰 영광으로 오는 것을 보리라"고 말한다(막 13:26, 눅 21:27). 그래서 주님 고대가에서도 먼 하늘 이상한 구름만 떠도 행여나 우리 주님 오시는가 해 머리 들고 멀리 멀리 바라보는 맘 오 주여 언제나 오시렵니까? 라고 말한다. 오! 그대여 그 날에 주 앞에서 영광이 있기를…

③ 각 인의 눈이 그를 보겠고

첫 열매 휴거는 은밀하게 이루어진다. 마태복음 24:40-41에 "그 때에 두 사람이 밭에 있으매 하나는 데려감을 당하고 하나는 버려둠을 당할 것이요 두 여자가 매를 갈고 있으매 하나는 데려감을 당하고 하나는 버려둠을 당할 것이니라"고 말한다. 그러나 전체 곡식을 추수하는 그 때는 은밀하게 오시는 것이 아니라 공개적으로 오시기 때문에 모든 사람의 눈이 그를 보겠다고 말한다. 그 때는 땅에 있는 모든 사람에게 희비가 엇갈릴 것이다. 주님 오심을 기다리고 사모하며 기름 준비가 된 자들은 한 없는 기쁨이 되겠지만 기름 준비가 되지 않은 자와 불신자들은 애통하며 통곡할 것이다.

④ 그를 찌른 자도 볼 것이요 모든 족속이 애곡하다

"그를 찌른 자도 볼 터이요 땅에 있는 모든 족속이 그를 인하여 애곡하리니 그러하리라 아멘"

"그를 찌른 자도 볼 터이요" 본문은 스가랴 12:10의 인용이다. "그들이 그 찌른바 그를 바라보고 그를 위하여 애통하기를 독자를 위하여 애통하듯 하며 그를 위하여 통곡하기를 장자를 위하여 통곡하듯 하리로다"라고 말한다. 십자가 상에서 그를 찌른 자 뿐 아니라 예수 믿는 자를 핍박하는 것이 예수를 핍박하는 것이요 믿는 자 중 지극히 작은 자를 대접하고 영접하는 자는 예수님을 영접하는 것이라고 하였다. 예수 믿는 자를 죽이는 자는 예수를 죽이는 자이다. 교회를 핍박하는 것은 예수를 핍박하는 것이다(행 9:5).

"땅에 있는 모든 족속이 그를 인하여 애곡리니 그러하리라 아멘" 주님 재림의 공개성을 이르는 말이다. 첫 열매 휴거는 한 사람은 데려가고 한 사람은 버려두는 은밀한 반면 전체 추수는 공개적이다. 그 때 예수를 믿지 않는 모든 사람과 족속이 땅을 치며 통곡하며, 이럴 줄 알았으면 아무개가 예수 믿자고 할 때 믿었을 것을 하고 후회하며 통곡하며 부르짖을 것이다.

(7) 알파와 오메가이신 전능자

8절에 "주 하나님이 가라사대 나는 알파와 오메가라 이제도 있고 전에도 있었고 장차 올 자요 전능한 자라 하시더라"고 말씀하신다.

"나는 알파와 오메가라" 알파는 헬라어 문자의 첫 글자이며 오메가는 마지막 글자이다. 처음이요 마지막, 시작이요 끝이시라는 말씀이다. 하나님께서는 창세 전에 그리스도 안에서 우리를 택하셨다. 그 후에 우주 만물을 창조하시고 하나님의 형상을 따라 사람을 창조하시었다. 범죄하므로 메시야를 보내실 것을 약속하시고 때가 되매 여자에게서 나셔서 십자가의 구속으로 회복하시고 현재에 이르고 있다. 영원 무궁토록 새 하늘과 새 땅과 새 예루살렘에서 통치하실 분이시다.

2. 예수님의 나타나심(1:9-20)

1) 밧모섬에서의 요한

9절에 "나 요한은 너희 형제요 예수의 환난과 나라와 참음에 동참하는 자라 하나님의 말씀과 예수의 증거를 인하여 밧모라 하는 섬에 있었더니"라고 말한다.

"나 요한은 너희 형제요"라고 말한다. 기독교에 있어서 최대 미덕 중의 하나가 첫째도 둘째도 셋째도 겸손이라고 말한다. 바울 사도는 너희 안에 이 마음을 품으라 곧 그리스도 예수의 마음이니 그는 근본 하나님의 본체이시지만 하나님과 동등됨을 취하지 아니하시고 오히려 자기를 비어 종의 형체를 가져 사람들과 같이 되셨고 사람의 모양으로 나타나셨으매 자기를 낮추시고 죽기까지 복종하셨으니 곧 십자가에 죽으심이라(빌 2:5-8)고 말한다. 사도 요한은 이 말씀을 몸소 실천하고 있다. 수신자들이 자기를 우월하게 생각할 수 있는 사도 요한이라 하지 아니하고 나 요한이라 하며 또 가장 애정과 친근함과 다정 다감함이 넘치는 너희 형제라 말하므로 모든 불필요한 요소들을 말끔히 씻어 주었다. 이 계시의 말씀을 전하고 증거하였을 때 얼마나 은혜롭게 받았을까!

사도 베드로는 장로들에게 권하면서 맡기운 자들에게 주장하는 자세를 하지 말고 오직 양 무리의 본이 되라고 말한다. 오늘날 우리 목회자들도 사도 요한과 같이 나 ○○○는 너희 형제요 라고 하여 권위 의식을 보이지 말고 더 형제들과 가까이 하는 모습을 보여 주었으면 하는 생각이 든다.

"예수의 환난과 나라와 참음에 동참하는 자라" 말한다. 믿는 이들은 그리스도의 구속에는 참예할 수 없어도 예수의 환난과 나라와 참음에는 동참할 수 있고 동참하여야 하는 것이다. 그리스도께서 이미 육체의 고난을 받으셨으니 너희도 같은 마음으로 갑옷을 삼으라(벧전 4:1) 하셨고 너희가 그 나라를 위하여 고난을 받느니라(살후 1:5)고 하였다. 예수의 환난과 나라와 참음에 동참하는 데는 많은 어려운 일들이 따른다. 땅에 있는 모든 사람들은 죽기를 무서워하므로 일생에 매여 사단에게 종 노릇 하며 살았다. 하나님의 말씀을 전하고 예수를 증거할 때 많은 사람들이 어두움에서 빛으로, 흑암의 권세에서 사랑하시는 아들의 나라로 옮기셨으니 사단은 원통하고 분하고 배가 아프지 않겠는가! 그래서 사도 요한도 하나님의 말씀과 예수 그리스도의 증거 때문에 밧모섬(무인도)에 유배되어 이 계시를 받게 되는 것이다.

요한계시록 6:9-10에 "다섯째 인을 떼실 때에 내가 보니 하나님의 말씀과 저희의 가진 증거를 인하여 죽임을 당한 영혼들이 제단 아래 있어 큰 소리로 불러 가로되 거룩하고 참되신 대주재여 땅에 거하는 자들을 심판하여 우리 피를 신원하여 주지 아니하시기를 어느 때까지 하시려나이까"라고 말한다. 예수의 환난과 나라와 참음에 동참하는 데는 죽음을 각오하지 않으면 아니 된다. 그러나 두려워 말라. "너희로 환난 받게 하는 자들에게는 환난으로 갚으시고, 환난 받는 너희에게는 우리와 함께 안식으로 갚으시는 것이 하나님의 공의시니 주 예수께서 저의 능력의 천사들과 함께 하늘로부터 불꽃 중에 나타나실 때에 하나님을 모르는 자들과 우리 주 예수의 복음을 복종치 않는 자들에게 형벌을 주시리니"(살후 1:6-8)라고 말한다.

이 보다 더 큰 소망이 있다. 요한계시록 20:4에 "예수의 증거와 하나님의 말씀을 인하여 목 베임을 받은 자의 영혼들과 또 짐승과 그의 우상에게 경배하지도 아니하고 이마와 손에 그의 표를 받지도 아니한 자들이 살아서 그리스도로 더불어 천년 동안 왕노릇 하니"라고 말한다. 참는다는 것은 환난을 이기는 것이다. 그래서 참는 자는 함께 왕노릇 할 것이요 라고 말하고 있다. 그러므로 어떠한 환난과 시험과 핍박 중에서도 예수의 환난과 나라와 참음에 동참하는 자세로 끝까지 승리할 수 있어야 할 것이다.

2) 성령에 감동된 요한

10절에 "주의 날에 내가 성령에 감동하여 내 뒤에서 나는 나팔 소리 같은 큰 음성을 들으니"라고 말한다. 『성령에 감동되었다』는 말이 계시록에서 4회 나온다(4:2, 17:3, 21:10). 성령에 감동된 것은 높은 경지에 이른 것이다. 하나님의 음성을 듣거나 어떠한 환상을 보거나 하는 일들이 보통 경지에서는 감히 볼 수 없다. 성령의 감동으로 높이 올려진 상황하에서는 하나님의 깊은 것이라도 볼 수 있고 그의 세미한 음성을 들을 수 있는 것이다. 고린도전서 2:9-10에는 "하나님이 자기를 사랑하는 자들을 위하여 예비하신 모든 것은 눈으로 보지 못하고 귀로도 듣지 못하고 사람의 마음으로도 생각지 못하였다 함과 같으니라 오직 하나님이 성령으로 이것을 우리에게 보이셨으니 성령은 모든 것 곧 하나님의 깊은 것이라도 통달하시느니라"고 말한다. 계시록은 이러한 상황하에서 보고 들은 것을 기록한 것이다. 10절에 성령에 감동되어서 요한계시록 1:10-3:22절 까지의 주 예수님의 어떠 하심과 2장, 3장의 일곱 교회의 상황들을 보여 주시기 위함이었다. 그러므로 우리 안에서 행하시며 역사하시고 거하시는 성령님의 감동과 감화와 인도하심을 거스리지 말고 온전히 기쁘게 따르라 그리하면 생수의 강의 흐름을 더욱 풍성히 누릴 것이다.

"내 뒤에서 나는 나팔 소리 같은 큰 음성을 들으니" 라고 말한다. 주의 음성은 같은 방법으로 나타내신 것이 아니라 많은 물 소리와도 같고 나팔 소리와도 같고 세미하기도 하신다. 그 때의 상황에 따라 달리 나타내신다. 계시록을 쓰신 목적이 종들에게 보이시기 위한 것이기에 큰 소리로 말씀하신 것이다. 이렇게 힘 주어 큰 소리로 말씀하신 것은 그 만큼 무게가 있고 중요한 사항이기 때문에 그리 하신 것이다.

3) 책에 써서 소아시아 일곱 교회에 보내라고 함

11절에 "가로되 너 보는 것을 책에 써서 에베소, 서머나, 버가모, 두아디라, 사데, 빌라델비아, 라오디게아 일곱 교회에 보내라 하시기로"라고 말씀하신다. 소아시아에 있는 일곱 교회는 전 세계의 모든 교회를 상징하기 때문에 하나님께서 계시를 주신 목적이 그의 종들 곧 모든 교회에게 보이시기 위한 것이다. 요한계시록 1:1에 "예수 그리스도의 계시라 이는 하나님이 그에게 주사 반드시 속히 될 일을 그 종들에게 보이시려고 그 천사를 그 종 요한에게 보내어 지시하신 것이라"고 말하고 또 시편 16:3에도 "땅에 있는 성도는 존귀한 자니 나의 모든 즐거움이 저희에게 있도다"라고 말한다. 주님께서 십자가에서 흘리신 보혈의 피로 값 주고 사신 교회이기에 하나님의 모든 관심은 교회에 있는 것이다. 주님께서 오른손에 일곱 별을 붙들고 일곱 금 촛대 사이로 다니시는 모습을 보아서도 교회가 주님 앞에 어떠한 위치에 있는가를 알 수 있다. 그러기에 이 계시를 세상에 보내라고 하지 아니하시고 책에 써서 일곱 교회에 보내라고 하신 것이다. 여호와께서 가라사대 나의 하려는 것을 아브라함에게 숨기겠느냐(창 18:17) 말씀하시며 또 내가 입을 열어 비유로 말하고 창세로부터 감추인 것을 드러내리라(마 13:35)고 말한다. 부름받고 어린양의 피로 구속 받은 자들에게 이처럼 자상하게 말씀하심은 얼마나 감사하며 감격할 일인가! 고로 연애하는 자들이 연애 편지를 깊이 간직하여 틈만 있으면 꺼내 보듯이 믿는 이들도 이 말씀들을 주의하고 살피며 깊이 깊이 연구하여 약속의 말씀에 확신있게 서서 끝까지 승리해야 할 것이다.

4) 일곱 금 촛대

12절에 "몸을 돌이켜 나더러 말한 음성을 알아 보려고 하여 돌이킬 때에 일곱 금 촛대를 보았는데"라고 말한다. 그 음성을 알아보는 것은 합당한 일인 것이다. 알아보고 확신을 가지고 행하는 것은 하나님께서 매우 기뻐하시는 일인 것이다. 복음의 진리가 전파되었는데 거기에 편승하여 다른 복음이 전파되며 메시야가 오셨는데 다른 예수가 전파되며 성령이 오셨는데 다른 영을 전하는 자들이 있으니 그 음성을 알아보는 것은 당연하다 하겠다. 사도행전 15:5에 "바리새파 중에 믿는 어떤 사람들이 일어나 말하되 이방인에게 할례주고 모세의 율법을 지키라 명하는 것이 마땅하다 하니라" 사도와 장로들이 모여 이 일을 의논하여 많은 변론이 있은 후에 베드로가 일어나 말하되 우리가 동일하게 주 예수의 은혜로 구원받은 줄을 믿노라하여 확실한 결론을 내려 주었다. 마태복음 24:4에 제자들이 예수께 나와 묻기를 어느 때에 이런 일이 있겠사오며 또 주의 임하심과 세상 끝에 무슨 징조가 있겠느냐고 물은 제자들에게 사람의 미혹을 받지 않도록 주의하라 많은 사람이 내 이름으로 와서 이르되 나는 그리스도라 하여 많은 사람을 미혹케 하리라고 말씀하신다. 말한 음성을 알아 보려고 할 때 일곱 금 촛대를 보았다. 그 뿐인가! 촛대 사이에 거니시는 예수님을 보았다. 성경을 상고함으로 하나님을 알게 되고 예수 그리스도를 더 알게 되며 자신을 알고 이 세상을 보게 되는 것이다.

에스겔 47:1-5절 까지를 보면 전 문지방에서 물이 흘러 나오는데 손에 줄을 잡고 일천척을 척량하니 물이 발목에 오르고 다시 일천척을 척량하니 물이 무릎에 오르고 다시 일천척을 척량하니 물이 허리에 오르고 다시 일천척을 척량하니 물이 창일하여 헤엄할 물이요 사람이 능히 건너지 못할 물이라 이 물이 바다에 이르니 그 흐르는 물로 바다가 소성받고 이 강물이 이르는 곳마다 번성하는 생물이 산다. 그대의 물은 무릎에 오르는 물이 아닌가! 그렇다면 애들이 물장구 치기에 알맞은 물이 되는 것이다. 헤엄할 물이요 능히 건너지 못할 물이 되었을 때 바다(세상)가 소성되고 변화되는 것이다. 그런고로 요한이 음성을 알아보므로 이상이 열리는 것같이 주의 말씀을 상고하고 주의하여 살피므로 더욱 더 풍성해야 할 것이다.

"일곱 금 촛대를 보았는데"라고 말한다. 요한계시록 1:20에 "네 본 것은 내 오른손에 일곱 별의 비밀과 일곱 금 촛대라 일곱 별은 일곱 교회의 사자요 일곱 촛대는 일곱 교회니라"고 말한다. 왜 교회를 촛대로 비유하였을까? 너희는 세상의 빛이라 산 위에 있는 동네가 숨기우지 못할 것이요 사람이 등불을 켜서 말 아래 두지 아니하고 등경 위에 두나니 이러

므로 집안 모든 사람에게 비취느니라. 이 같이 너희 빛을 사람 앞에 비
취게 하여 저희로 너희 착한 행실을 보고 하늘에 계신 너희 아버지께 영
광을 돌리게 하라. 사람 앞에 비취는 빛은 믿는 이들의 착한 행실이다.
세상에서 하나님의 교회로 부름 받고 하나님의 말씀과 은혜로 양육받아
어두움의 세상에서 등대로서 빛을 발하는 것이다. 이것이 아버지의 뜻이
다.

빌립보서 2:13-16에는 이렇게 말한다. "너희 안에서 행하시는 이는
하나님이시니 자기의 기쁘신 뜻을 위하여 너희로 소원을 두고 행하게 하
시나니 모든 일을 원망과 시비가 없이 하라 이는 너희가 흠이 없고 순전
하여 어그러지고 거스리는 세대 가운데서 하나님의 흠 없는 자녀로 세상
에서 그들 가운데 빛들로 나타내며 생명의 말씀을 밝혀 나의 달음질도
헛되지 아니하고 수고도 헛되지 아니함으로 그리스도의 날에 나로 자랑
할 것이 있게 하려 함이라"고 말한다. 일곱 촛대는 일곱 교회를 뜻하기
때문에 온 세상에서 촛대로써 역할을 다 해야 하는 것이다.

그 일곱 촛대가 왜 금 촛대인가! 금은 하나님의 신성한 본성을 의미하
며 금은 물 속에나 흙 속에 두어도 변질이 없다. 공기 중에 두어도 본성
그대로 항상 존재한다. 불에다 넣으면 더 깨끗하게 정련된다. 믿는 이들
의 신앙 목표가 어디인가! 그리스도의 온전하심과 같이, 하나님 아버지
의 온전하심과 같이 자라가는 것이 아닌가! 이런 상황하에서 믿는 이들
은 그리스도의 편지로, 향기로 하나님께 영광을 돌리며 생활할 때 촛대
의 사명을 다하는 것이다. 금 촛대는 정금을 부어 만든 촛대가 아니라
불에 달구어 쳐서 만든 촛대이다. 무엇이 부족하면 또 불에 달구어 매질
한다. 밑판과 줄기와 잔과 꽃받침과 살구꽃 모양의 꽃을 매 등대마다 있
게 한다. 우리 믿는 성도들도 불에 달구고 많이 맞으므로 온전한 형태로
변화되는 것이다. 옛사람의 구습이 가득한 자들이 다루심을 받아 하나님
의 신성으로 변화되는 것이다.

5) 촛대 사이에 서신 예수

13절에 "촛대 사이에 인자 같은 이가 발에 끌리는 옷을 입고 가슴에 금띠를 띠고"라고 말한다. 교회는 몸이요 그리스도는 머리시다. 머리가 몸을 살피고 보호하며 관리하듯이 그리스도께서 교회를 살피시고 보호하며 주관하시는 것이다. 촛대 사이를 거니시는 것은 그 때문이다. 요한계시록 2장과 요한계시록 3장에서도 보이는 것과 같이 그 교회에 합당한 모습으로 나타나셔서 칭찬하시고 책망도 하시며 회개의 촉구와 승리자에 대한 보상등 다양하게 나타나셨다. "물로 씻어 말씀으로 깨끗하게 하사 거룩하게 하시고 자기 앞에 영광스러운 교회로 세우사 티나 주름 잡힌 것이나 이런 것들이 없이 거룩하고 흠이 없게 하려 하심이니라"(엡 5:26-27)고 말한다. 온 천하에 주님의 관심은 피로 값 주고 사신 교회에 있는 것이다. 시편 16:3에도 "땅에 있는 성도는 존귀한 자니 나의 모든 즐거움이 저희에게 있도다"라고 말한다. 요한계시록 21장과 요한계시록 22장에서 말한 새 예루살렘은 그리스도의 신부(교회)를 말한 것이다. "창세 전에 그리스도 안에서 우리를 택하사 우리로 사랑 안에서 그 앞에 거룩하고 흠이 없게 하시려고 그 기쁘신 뜻대로 우리를 예정하사 예수 그리스도로 말미암아 자기의 아들들이 되게 하셨으니"(엡 1:4-5)라고 말한다. 얼마나 놀라운 은혜인가! 미리 아시고 미리 정하신 자들을 부르시고 의롭다 하시며 영화롭게 하신 그 은혜는 하나님만이 하실 수 있는 일이다. 이제는 촛대 사이를 거니시는 예수님, 촛대의 불이 온 집을, 산 위에 있는 불이 온 성을 밝히듯이 주님의 살피심과 보호와 주관하시는 그 은혜로 빛의 사명을 다할 때 주님께는 큰 기쁨이 될 것이다.

"인자와 같은 이"가 촛대 사이를 거니신다. 바울 사도는 로마서 1:1-4에서 이렇게 말한다. "예수 그리스도의 종 바울은 사도로 부르심을 받아 하나님의 복음을 위하여 택정함을 입었으니 이 복음은 하나님이 선지자들로 말미암아 그의 아들에 관하여 성경에 미리 약속하신 것이라 이 아들로 말하면 육신으로는 다윗의 혈통에서 나셨고 성결의 영으로는 죽은 가운데서 부활하여 능력으로 하나님의 아들로 인정되셨으니 곧 우리 주 예수 그리스도시니라"고 말한다. 인성으로는 다윗의 혈통에서, 신성으로서는 죽은 자 가운데서 부활하셔서 하나님의 아들로 인정되셨다. 다시 말해서 주 예수님은 온전하신 하나님이시요 온전하신 사람이시다. 그런데 촛대 사이에 거니시는 예수님은 하나님으로서가 아니라 온전하신 사람으로 인자같은 이로 나타나셨다. 왜 그러한가! 히브리서 2:14-15에 "자녀들은 혈육에 함께 속하였으매 그도 또한 한 모양으로 혈육에 함께 속하심은 사망으로 말미암아 사망의 세력을 잡은 자 곧 마귀를 없이 하시며 또 죽기를 무서워하므로 일생에 매여 종 노릇하는 모든 자들을 놓아 주려 하심이니"라고 말한다 육체를 가진 모든 교회를 이해하시고 연약함을 체휼하시려고 신성만 있으신 하나님으로 나타나시지 않고 인성을 가지신 인자로써 촛대 사이를 거니시는 것이다. 히브리서 4:15에 "우리에게 있는 대제사장은 우리 연약함을 체휼하지 아니하는 자가 아니요 모든 일에 우리와 한결같이 시험을 받은 자로되 죄는 없으시니라"고 말한다. 고로 주 예수님은 육체를 가진 우리들을 누구보다도 잘 아시고 이해하시며 불쌍히 여기시는 분이시다. 그러한 이유하에서 인자로 거니시는 것이다. 할렐루야!

(1) 발에 끌리는 옷을 입고 가슴에 금띠를 띠신 인자(13절)

히브리서 9:22에 "율법을 좇아 거의 모든 물건이 피로써 정결케 되나니 피 흘림이 없은즉 사함이 없느니라" 구약 시대의 대제사장은 자기와 백성의 죄를 위하여 염소와 송아지의 피를 드려 속죄하였다. 그러나 주 예수님은 염소와 송아지의 피로 하지 아니하고 오직 자기 피로 영원한 속죄를 이루사 단번에 성소에 들어가셨다고 말한다. 주 예수님께서 발에 끌리는 옷을 입고 가슴에 금띠를 띠었다 하는 것은 이러한 대제사장이시라는 뜻이다. 여러가지 주님을 표현하는 말 중에 대제사장으로 표현된 말이 제일 먼저 있는 것은 속죄가 선행되지 않고는 다른 항목들이 의미가 없기 때문에 그 위치를 첫번째로 기록한 것이다. 그리스도의 속죄의 피의 효험은 영원한 것이다. 무슨 죄를 범하였든지 실망하고 좌절하지 말고 촛대 사이에 다니시는 예수님을 바라보며 그 피를 적용하여 전진하라!

(2) 머리털의 희기가 흰 양털 같고 눈 같은 예수님(14절)

피와 같이 붉고 먹과 같이 검은 죄들이 예수 그리스도의 구속의 피로 그 옷을 씻어 희게 하였다고 말하며 주 예수님은 하나님이 사람으로 이 땅에 오셔서 33년간을 사셨지만 그는 죄를 짓지도 않으셨고 죄를 알지도 못하신 분이시며 죄가 없으시고 흰 양털과 눈과 같이 성결하신 분이시다. 베드로전서 1:15-16에 "오직 너희를 부르신 거룩한 자처럼 너희도 모든 행실에 거룩한 자가 되라 기록하였으되 내가 거룩하니 너희도 거룩할지어다 하셨느니라"고 말한다. 또 히브리서 12:14에 "모든 사람으로 더불어 화평함과 거룩함을 좇으라 이것이 없이는 아무도 주를 보지 못하리라"고 말한다. 매일 매일 순간마다 우리들의 언행심사가 그리스도화 되어 주님의 부르심에 합당한 자가 되어야 할 것이다.

(3) 그의 눈은 불꽃 같다(14절)

눈은 몸의 제일 상단에 위치하여 주시하고 살피며 판단하여 옳은 자에게는 칭찬과 보상을, 그릇된 자에게는 심판과 징벌을 내리는 역할을 한다. 하물며 만물을 창조하신 주의 눈이랴. 그의 눈 앞에서는 숨기운 것이 없고 백일하에 드러난 것같이 다 드러난다. 사람들의 눈은 외모만을 보고 판단하지만 주님의 눈은 보이지 않는 사람들의 은밀한 마음속까지도 꿰뚫어 보시는 불꽃 같은 눈이시다. 사무엘이 이새의 아들 중 기름을 부으려고 할 때 "마음에 이르기를 여호와의 기름 부으실 자가 과연 그 앞에 있도다 하였더니 여호와께서 사무엘에게 이르시되 그 용모와 신장을 보지 말라 내가 이미 그를 버렸노라 나의 보는 것은 사람과 같지 아니하니 사람은 외모를 보거니와 나 여호와는 중심을 보느니라"(삼상 16:6-7)고 말씀하신다. 그의 눈이 불꽃 같다 하는 것은 만물이 그 앞에 벌거숭이 같이 드러나도록 꿰뚫어 보시는 것을 의미한다. 그러므로 하나님의 존전에 한 점 부끄럼 없는 생활이 되어야 할 것이다.

(4) 그의 발은 풀무에 단련한 빛난 주석 같다(15절)

모든 것들이 시련을 통과하여 나타날 때 가치있고 아름다운 것이다. 베드로전서 1:7에 "너희 믿음의 시련이 불로 연단하여도 없어질 금보다 더 귀하여 예수 그리스도의 나타나실 때에 칭찬과 영광과 존귀를 얻게 하려 함이라"고 말한다. 금은 풀무에서 정련된 후에 99.9%의 순금이 된다. 이 순금을 가지고 패물을 만든다. 우리들의 믿음도 이런 시련을 통하여 만인과 주 앞에서 칭찬과 영광과 존귀가 있게 될 것이다. 주님께서도 바리새인과 서기관들과 장로들과 대제사장들에게 말의 올무에 걸리도록 점검을 받으셨다. 최후로 십자가에 죽으심으로 시련을 거치셨다. 삼일만에 부활하심으로 승리하신 것이다. "이러므로 하나님이 그를 지극히 높여 모든 이름 위에 뛰어난 이름을 주사 하늘에 있는 자들과 땅에 있는 자들과 땅 아래 있는 자들로 모든 무릎을 예수의 이름에 꿇게 하시고 모든 입으로 예수 그리스도를 주라 시인하여 하나님 아버지께 영광을 돌리게 하셨느니라”(빌 2:9-11)라고 말한다. 온 우주간에 가장 영광스럽고 존귀한 일들이 거저 굴러 들어온 것인가! 십자가에 죽으시기까지가 아닌가! 놋이 광산에서 채굴된 그대로가 아니라 풀무 가운데서 연단되고 찌끼가 제거되고 정련된 주석이라는 것이다. 베드로전서 4:1-2에 “그리스도께서 이미 육체의 고난을 받으셨으니 너희도 같은 마음으로 갑옷을 삼으라 이는 육체의 고난을 받은 자가 죄를 그쳤음이니 그 후로는 다시 사람의 정욕을 좇지 않고 오직 하나님의 뜻을 좇아 육체의 남은 때를 살게 하려 함이라”고 말한다. 앞서 가신 주님의 발자취를 따라 풀무에 단련한 빛난 주석 같이 어떠한 시련에도 굴하지 아니하고 믿음에 굳게 서서 감사함을 넘치도록 하여 그 날에 영광이 있기를 바란다.

(5) 그의 음성은 많은 물 소리 같고(15절)

많은 물은 한 방울 한 방울의 빗물이 모여서 바다가 되고 많은 물이 되는 것이다. 많은 물도 도도히 흐를 때는 잔잔하다. 그러나 그 물이 폭포를 만나게 되면 50m, 100m되는 폭포에서 떨어지는 그 소리는 얼마나 장엄하고 웅장한가! 하나님은 촛대 사이에 거니시며 잔잔히 흐르는 실로아와 같이 세미하고 부드럽게 말씀하심도 있지만 어떤 때는 엄위하시고 장엄하게 나타나시기도 하신다.

(6) 오른 손에 일곱 별이 있고(16절)

인자이신 주 예수님은 촛대 사이에 거니시는 것뿐 아니라 오른손은 능력의 손이요, 시여의 손으로 손으로 교회의 사자들을 붙드시고 인도하시며 다스리시고 주관하신다. 요한계시록 1:20에는 일곱 별을 일곱 교회의 사자로 말씀하셨다. 별은 하늘에 있어 어두운 밤을 비치며, 길을 잃은 자들에게 인생의 방향을 알려 주며, 때를 알려준다. 이 사명을 충실히 하는 별은 반짝 반짝 빛나는 별이요, 이 사명을 충실히 못 하는 별은 타락된 별이라고 볼 수 있다. 일곱 교회를 볼 때 어떤 교회는 칭찬 받고 어떤 교회는 책망을 들은 것을 볼 때 삼가 조심하여야 할 것이다. 지혜 있는 자는 궁창의 빛과 같이 빛날 것이요 많은 사람을 옳은 데로 돌아오게 하는 자는 별과 같이 영원토록 비치리라고 하신다. 주의 오른손에 붙들리어 인도하심을 따라 행하는 선한 청지기가 되길 바란다.

(7) 그의 입에서 좌우에 날선 검이 나오고(16절)

하나님은 보좌를 베풀고 앉아 계시는데 앉으신 이의 모양이 벽옥과 홍보석 같다(계 4:3-4)고 말한다. 하나님은 사랑의 하나님이요 공의의 하나님이시다. 한편은 부드럽고 한편은 강하다. 은혜의 복음을 말씀하신 하나님은 좌우에 날선 검으로 심판하신다. 요한계시록 19:15에 "그의 입에서 이한 검이 나오니 그것으로 만국을 치겠고"라고 말한다. 이는 그리스도와 그의 군대들과 적그리스도와 거짓 선지자와 그의 추종자들과 아마겟돈 전쟁에서 싸우실 때 대적들은 신예무기로 무장하겠지만 주님은 입의 검으로 쳐서 적그리스도와 거짓 선지자들은 산 채로 유황불 붙는 못에 던지운다. 싸움을 시작하자 곧 사로잡아 쓰레기통에 넣으신 것이라. 로마서 11:22에 "그러므로 하나님의 인자와 엄위를 보라 넘어지는 자들에게는 엄위가 있으니 너희가 만일 하나님의 인자에 거하면 그 인자가 너희에게 있으리라"고 말한다. 그러므로 우리들도 매 순간마다 하나님의 노를 격발케 말고 기쁨으로 순종함으로 주님을 섬기자.

(8) 그의 얼굴은 해가 힘있게 비취는 것 같더라(16절)

16절에 "그 얼굴은 해가 힘있게 비취는 것 같더라"고 말한다. 주 예수 님께서 제자들에게 이르시되 "여기 섰는 사람 중에 죽기 전에 인자가 왕 권을 가지고 오는 것을 볼 자들도 있느니라"(마 16:28)고 말씀하시고 "엿새 후에 예수께서 베드로와 야고보와 그 형제 요한을 데리시고 따로 높은 산에 올라가셨더니 저희 앞에서 변형되사 그 얼굴이 해 같이 빛나 며 옷이 빛과 같이 희어졌더라"고 말한다(마 17:1-2). 이상의 여덟 항 목중 주님의 영광스런 그 모습은 특이하지 않은 것이 하나도 없다. 만민 을 구원하시고 세상을 심판하시며 공의대로 행하시는 주님은 그 교회에 합당하게 나타나시며 교회를 새롭게 강화하시며 그리스도의 장성한 분 량 안에 이끄시는 하나님이시다. 사람은 육안으로는 힘 있게 비취는 해 를 바라볼 수 없다. 그의 얼굴이 해가 힘 있게 비취는 것 같다는 것은 첫 째, 그의 영광의 광채가 그의 얼굴에 나타나 감히 바라볼 수 없는 영광 을 보임이며 둘째, 그는 육신을 입고 오셨지만 사람들과 같지 않고 온전 하신 하나님이시요 온전한 사람이시라는 것을 확실하게 보여주는 것이 라 하겠다.

(9) 주님의 명령(19절)

19절에 "그러므로 네 본 것과 이제 있는 일과 장차 될 일을 기록하라" 고 말씀하신다. 계시록은 다섯 부분으로 구성되어 있다. 서론(계 1:1-8)과 결론(계 22:6-20)을 제외하면 네 본것과(계 1:9-20), 이제 있는 일(계 2:1-3:22)과 장차 될 일(계 4:1-22:5)로 구성되어 있다. 장차 될 일 중에는 본 계시가 있고 중간 계시가 있다. 본 계시와 중간 계 시의 위치들을 명확히 분별할 때 계시록을 보다 정확하게 이해할 수가 있다. 그 위치들을 모르고 여기 저기에다 아무렇게나 적용하려 하니 무 리가 생기는 것이다. 마치 조각 그림을 맞추는 것과 같이 합당하게 맞추면 아름다운 선화 공주와 같은 조각 그림이 완성된다. 그러나 맞지 않는 곳에 넣으면 이상한 조각 그림이 되고 만다.

(10) 일곱 별의 비밀과 일곱 금 촛대(20절)

20절에 "네 본 것은 내 오른손에 일곱 별의 비밀과 일곱 금 촛대라 일곱 별은 일곱 교회의 사자요 일곱 촛대는 일곱 교회니라"고 말한다. 하나님께서는 아브라함에게 약속하셨다. "내가 네게 큰 복을 주고 네 씨로 크게 성하여 하늘의 별과 같고 바닷가의 모래와 같게 하리니"(창 22:17)라고 말씀하셨다. 믿는 성도들은 모두가 하늘의 별들이고 불신자들은 바닷가의 모래와 같은 자들이다. 가까이는 이삭 계통과 이스마엘 계통으로 나뉘며 넓게는 믿는 이들과 믿지 않는 자들로 구별할 수 있다. 앞에서도 말한 바 있지만 별은 하늘에 있어 어두움의 밤 하늘을 비춘다. 하늘에 있어 항해하는 선박에게나 인생에게 방향을 알려 준다. 길을 잃은 자들은 별을 보고 인생의 방향을 바로 정하곤 한다. 때를 아는 것은 대단히 중요한 것이다. 주님을 기다리는 자들에게 일경인지 이경인지 삼경인지 사경인지를 정확히 알려주는 것은 별들의 마땅히 할 일인 것이다. 당신은 하늘에 별들로 이러한 역할을 충실히 하고 있는가! 주님의 오른손에 일곱 별은 일곱 교회의 사자이다. 교회에 세우신 사자들은 별 중의 별이라 할 수 있다.

사도행전 20:28에 "너희는 자기를 위하여 또는 온 양떼를 위하여 삼가라 성령이 저들 가운데 너희로 감독자를 삼고 하나님이 자기 피로 사신 교회를 치게 하셨느니라"고 말한다. 소가 충실하고 이삭이 충실할 때 칠년 풍년이었지만 소가 파리하고 이삭이 동풍에 말라 충실하지 못할 때 곧 말씀이 충실하지 못할 때 흉년인 것이다. 별 중의 별들로 통하여 교회의 어떠함이 결정지어지기 때문에 그 사명은 실로 중차대 하지 않을 수 없다. 소가 굴레 씌워져 주인의 뜻을 따른 것같이 별 중의 별들인 자들이여! 주인의 뜻을 온전히 따르기를 바란다.

바울 사도가 사도행전 20:22-24에 "보라 이제 나는 심령에 매임을 받아 예루살렘으로 가는데 저기서 무슨 일을 만날는지 알지 못하노라 오직 성령이 각 성에서 내게 증거하여 결박과 환난이 나를 기다린다 하시나 나의 달려갈 길과 주 예수께 받은 사명 곧 하나님의 은혜의 복음을 증거하는 일을 마치려 함에는 나의 생명을 조금도 귀한 것으로 여기지 아니하노라"고 말한다. 심령에 매임을 받은 것은 성령에 붙들린 것을 말한다. 투옥과 환난이 기다려도 개의치 않고 달려 갔다. 사도행전 18:5에는 "말씀에 붙잡혀라"고 말한다. 성령에 붙잡히고 말씀에 붙잡히는 것은 자기 뜻대로 하지 아니하고 주님의 인도를 따른 굴레 씌워진 충실한 소를 말하는 것이다. 당신은 주의 오른손에 붙들림 받았는가 아니면 굴레 벗은 송아지와 같이 마음대로 뛰어다니지는 않는가! 당신에게 당신이 맡은 교회의 어떠함이 결정 되는 것이다. 교인이 많고 적음이 문제가 아니다.

"일곱 촛대는 일곱 교회니라"고 말한다. 주님의 오른손에 일곱 별과 일곱 금 촛대가 붙들린 바 된 것은 얼마나 감사한지 모른다. 오른손에 별과 촛대가 있다는 것은 보장과 지키심과 인도하심이 있다는 것이다. 악한 마귀들이 갖은 궤계를 써서 교회를 침몰케 하려고 해도 못하고 핍박과 환난과 고난이 심하면 심할수록 교회는 더욱 확장되고 하나님의 말씀이 더 흥왕하니 어찌된 일인가! 주님께서 오른손으로 붙잡으심이 아닌가! 일곱 촛대가 일곱 교회이기 때문에 그 당시 소아시아에 있는 일곱 교회 뿐 아니라 전 세계에서 유대인 중에서나 이방인 중에서 부름 받은 모든 자들을 포함한다. 등불을 켜서 등경 위에 놓아 집안을 비추듯이 산 위에 세운 성과 같이 교회는 온 세상을 비추는 사명을 다 하여야 할 것이다.

제 **2** 부
일곱 교회에 보낸 편지(2:1∼3:22)

■ 계시록 2장의 개요

　일곱 촛대는 일곱 교회를 말한다. 소아시아에 있는 교회들이 이외에
도 많다. 그러나 세상의 모든 교회를 대표할 수 있는 일곱을 택한 것
은 일곱은 하나님의 완전수로써 비록 아시아에 있는 교회이지만 전 세
계의 모든 교회를 대표한다는 뜻이 있는 것이다. 어느 시대나 세상에
있는 모든 교회를 분류한다면 일곱 교회로 분류할 수 있다. 이는 교리
적인 면보다 현실 상황 등을 말하고 있다. 일곱 교회의 옳고 그름이
나의 옳고 그름이요 내가 처한 부름받은 공동체의 상황인 것이다. 거
울을 보고 나의 모습을 발견하고 시정하고 바르게 하듯이 일곱 교회들
의 상황들을 통하여 완전한데로 전진하여야 할 것이다.

1. 에베소 교회(2:1-7)

1) 에베소 교회에 말씀하시는 이

　1절에 "에베소 교회의 사자에게 편지하기를"이라고 말씀하신다. 예수
그리스도의 계시를 주신 목적이 그의 종들(일곱 교회)에게 보이시기 위
함이었다. 사도 요한은 이 계시를 받아 책에 써서 일곱 교회에 드디어
보낸 것이다. 마치 아버지가 아들들에게 이러한 일들을 행하고자 한다라
고 대략 말해주는 것이 아니라 자상하게 말해 주는 것과 같다. 교회 사
자들의 사명은 막중하다. 주님께서 피로 사신 교회를 치시기 위해 세우
신 사자인지라 잘 가르치고 양육하여 흠 없고 점 없는 교회로 세워 주님
앞에 자랑이 되게 할 것이다. 시편 16:3에 "땅에 있는 성도는 존귀한 자

니 나의 모든 즐거움이 저희에게 있도다"라고 말한다. 교회가 등경 위에 있는 등불 같이 산 위에 세운 성과 같이 빛을 발하여 어두움을 환히 비추기를 바라시는 것이다. 그래서 주님께서는 교회를 향하여 말씀하시고 칭찬도 하시고 책망도 하시며 회개의 촉구와 경고 등 이기는 자에 대한 보상 등 다양하게 말씀하신다.

2) 에베소 교회에 나타나신 예수님의 모습

1절에 "에베소 교회의 사자에게 편지하기를 오른손에 일곱 별을 붙잡고 일곱 금 촛대 사이에 다니시는 이가 가라사대"라고 말씀하신다. 계시록은 서론과 결론을 제외하면 네 본 것과 이제 있는 일과 장차 될 일로 구성되어 있다. 네 본 것은 주님이 오른손에 일곱 별의 비밀과 일곱 금 촛대이다. 일곱 별은 일곱 교회의 사자요 일곱 촛대는 일곱 교회니라고 말씀하신다. 주님의 오른손은 능력의 손이요 보장의 손이며 시여(施輿)의 손이시다. 일곱 별은 일곱 교회의 사자인데 주님의 능력의 손과 보장의 강한 손으로 붙드시면서 주님의 교회를 온전히 지키실 것을 뜻하는 것이다. 요한일서 5:18에 "하나님께로서 난 자마다 범죄치 아니하는 줄을 우리가 아노라 하나님께로서 나신 자가 저를 지키시매 악한 자가 저를 만지지도 못하느니라"고 말한다. 주님은 일곱 금 촛대 사이에 다니신다. 일곱 촛대는 일곱 교회 곧 소아시아의 일곱 교회지만 일곱은 완전수이기 때문에 온 세상에 있는 모든 교회를 대표하는 것이다. 촛대 사이에 다니시는 것은 교회를 돌아보시며 살피시고 온전히 지키신다는 것이다.

왜 촛대가 금 촛대인가! 금은 풀무에 연단될 때 찌끼가 제거되는 것이다. 새 예루살렘은 온 성이 정금이요 길도 정금 길인데 수정과 같이 맑다고 말한다. 세상의 어떤 것도 맑지 않다. 그러나 교회는 맑아야 한다는 것이다. 부정이 없고 투명하여 하나님 앞에서나 사람들 앞에서 흠이

없고 점이 없고 책망할 것이 없어야 제 사명을 다하는 것이다. 하나님의
교회는 오른손에 사자들을 붙잡고 촛대 사이에 다니시는 이가 돌아보시
며 살피시고 지키시며 보장하시고 온전히 책임 지신다는 것이다.

　3) 에베소 교회에 대한 칭찬

　2절에 "내가 네 행위와 수고와 네 인내를 알고 또 악한 자들을 용납지
아니한 것과 자칭 사도라 하되 아닌 자들을 시험하여 그 거짓된 것을 네
가 드러낸 것과"라고 말씀하신다. 데살로니가전서 1:3에 "너희의 믿음의
역사와 사랑의 수고와 우리 주 예수 그리스도에 대한 소망의 인내를 우
리 하나님 아버지 앞에서 쉬지 않고 기억함이니"라고 말한다. 데살로니
가 교회는 신, 망, 애의 신앙이 확실하였다. 에베소 교회도 일과 수고와
인내에 대한 칭찬을 보니 철저한 믿음의 산물로 행위가 있었고 그리스도
의 사랑을 본받아 사랑의 수고가 있었으며 예수 그리스도를 바라고 소망
의 인내가 있었다. 갈라디아서 2:20에 "내가 육체 가운데 사는 것은 나
를 사랑하사 나를 위하여 자기 몸을 버리신 하나님의 아들을 믿는 믿음
안에서 사는 것이라"고 말한다. 이 땅 위에서 영원한 기업인 소망의 인내
를 가지고 사랑을 실천하면서 믿음으로 사는 교회가 칭찬할만 하지 않는
가! 그래서 바람직하다는 교회로 에베소 교회라 부르게 되는 것이다.
　"또 악한 자들을 용납지 아니한 것과" 바울 사도는 빌립보 교회에 이렇
게 말한다. 빌립보서 3:2에 "개들을 삼가고 행악하는 자들을 삼가고 손
할례당을 삼가라"고 말한다. 개들은 물고 찢으며 토했던 것에 다시 돌아
가서 그것을 먹는것이 개이다. 믿는 성도 중에 그와 같은 자는 삼가하라
는 것이다. 악한 자들을 식별하여 용납지 아니 하였다. 교회가 이러한
자들을 용납하는 것은 사랑도 아니요 관용도 아니다. 이것은 유약함이
다. 손할례당도 삼가라고 말한다. 신앙의 기준은 하나님의 말씀이다. 하

나님의 말씀에 합하지 않는다면 어떤 것도 용납해서는 아니된다. 할례의 본 뜻은 육적 몸을 벗는 것인데 육체에다 상처만 내고 할례를 받았다고 자랑 하던지 손(損)할례당 하는 것은 할례의 어떤 것을 제외하는 것을 의미한다. 우리는 율법의 준행자요 입법자가 아니기 때문에 무슨 일이든지 하나님의 뜻에 합하게 행해야 할 것이다.

"자칭 사도라 하되 아닌 자들을 시험하여 그 거짓된 것을 네가 드러낸 것과"라고 말씀하신다. 나 자신이 바른 위치에 서 있을 때 상대방의 그릇됨을 볼 수 있는 것이다. 말씀에 비추어 보고 그 맺은 열매도 보고 생활에 나타나는 여러 면을 살펴야 한다. 성령의 은사 중의 하나인 신 분별의 은사도 있어야 더 정확하게 알 수 있을 것이다. 거짓 스승들과 거짓 선지자의 거짓 사도들은 양의 옷을 입고 나아오기 때문에 얼핏 보아서는 분별하기 어렵다. 에베소 교회는 이러한 자들을 시험하여 그 거짓된 것을 드러냈다. 데살로니가후서 2:9-10에 "악한 자의 임함은 사단의 역사를 따라 모든 능력과 표적과 거짓 기적과 불의의 모든 속임으로 임한다"고 말한다. 요한계시록 13:11에 "땅에서 올라온 거짓 선지자는 큰 이적을 행하되 심지어 사람들 앞에서 불이 하늘로부터 땅에 내려오게 한다"고 말한다. 식별의 기준은 능력과 표적과 깜짝 놀랄 기적이 아니다. 오직 진리의 말씀인 것이다. 오늘도 거짓 그리스도가 난무하는 중에라도 확실한 분별력을 가지고 좌우로 치우치지 아니하며 신실하게 믿음의 생활을 지속해야 할 것이다.

3절에 "또 네가 참고 내 이름을 위하여 견디고 게으르지 아니한 것을 아노라"고 말씀하신다. 여기에서 참는다는 것은 많은 고난 가운데서 참고 견디는 것을 말한다. 당시 도처에 박해가 있었다. 그런 중에서도 참고 견디었다. 야고보서 1:2-4에 "내 형제들아 너희가 여러 가지 시험을 만나거든 온전히 기쁘게 여기라 이는 너희 믿음의 시련이 인내를 만들어 내는 줄 너희가 앎이라 인내를 온전히 이루라 이는 너희로 온전하고 구비하여 조금도 부족함이 없게 하려 함이라"고 말한다. 시련의 목적은 그리스도 안에서 온전한 사람으로 세우기 위해서이다. 시험을 받고도 참는 것은 시험을 이기는 것이지만 그러나 참지 못하면 시험에 빠지는 것이다. 그러는 중에서도 게으르지 아니 하였다는 것은 환난과 핍박 중에서도 자기의 사명과 제 몫을 다하였다는 것이다.

6절에 "오직 네게 이것이 있으니 네가 니골라당의 행위를 미워하는도다 나도 이것을 미워하노라"고 말씀하신다. 하나님께서 기뻐하시는 것을 기뻐하고 하나님께서 미워하시는 것을 미워한다는 것은 칭찬하기에 충분히 가치있는 일이라 하겠다. 니골라당에 해당하는 니콜라이톤은 백성을 뜻하는 라오스와 정복하다를 뜻하는 니카오의 합성어로 구약 성경 민수기 22:12에 "하나님이 발람에게 이르시되 너는 그들과 함께 가지도 말고 그 백성을 저주하지도 말라 그들은 복을 받은 자니라"하신 말씀과 같이 발람이 백성을 정복하다의 뜻과 동일하다. 발람은 이스라엘 백성들을 저주하지는 않았지만 모압 여인들과 잡혼을 하게 하고 우상숭배에 타협하게 하여 백성들을 범죄케 하고 정복하였다. 선지자들이나 사도들이나 교사들은 바른 진리로 양육하며 권면하여 신앙의 뿌리가 흔들리고 있을 때 반석 위에 굳게 세워 주는 것이 당연한 일이라 하겠다. 그러나 백성 위에 임하여 그들의 신앙을 파하며 정복하여 악의 수렁에 빠지게 하는 것은 얼마나 큰 범죄인가! 마태복음 5:19에는 이렇게 말한다. "그러므로 누구든지 이 계명 중에 지극히 작은 것 하나라도 버리고 또 그 같이 사람을 가르치는 자는 천국에서 지극히 작다 일컬음을 받을 것이요 누구든지 이를 행하며 가르치는 자는 천국에서 크다 일컬음을 받으리라"고 말한다. 여기에서 『버리고』의 뜻은 늦추고, 꽉 조여진 나사를 푼다라는 뜻이 있다. 그 말씀대로는 너무 힘드니 사람들의 입장을 고려해서 좀 늦춘다는 것이다. 이것은 적당히 타협하는 것과 같은 것이다. 얼마나 교활한가! 이와 같이 니골라당의 행위를 미워하니 나도 이것을 미워하노라고 칭찬하셨다.

4) 에베소 교회에 대한 책망

4절에 "그러나 너를 책망할 것이 있나니 너희 처음 사랑을 버렸느니라"고 말씀하신다. 에베소 교회는 바람직한 교회로 믿음의 역사와 사랑의 수고와 소망의 인내와 악한 자들을 용납지 않고 자칭 사도라 하되 아닌 자들을 시험하여 그 거짓된 것을 드러내고 또 참고 내 이름을 위하여 견디고 게으르지 않고 주님께서 미워하시는 니골라당의 행위도 미워하였던 미덕들이 많은 교회였다. 그러나 하나님께서 바라시는 것은 처음 사랑이었다. 이 처음 사랑은 누가복음 15:22에 최상의 좋은 옷을 말하는 말과 같다. 처음 사랑은 최상의 사랑을 말하는 것이다. 처음 사랑 때문에 아름다운 미덕들의 열매가 맺힌 것은 바람직한 일이지만 아름다운 미덕 때문에 처음 사랑을 버리는 것은 주님께서 절대로 원치 않는 것이다. 만일 아름다운 미덕들 때문에 최상의 사랑이 버려진다면 주님께서는 아름다운 미덕들이 없어도 좋으니 최상의 사랑을 가지라고 말씀하실 것이다. 결혼 후 3년간은 깨가 쏟아지는 사랑을 하지만 그 후로는 부부의 의무로 살아가는 것과 같은 것이며 사랑의 권태기가 온다는 것이다. 주님의 사랑은 변함이 없으시다. 우리가 주님을 사랑하는 사랑은 어떠한가! 권태기가 오지 않았는가! 늙어 죽도록까지 변함없이 사랑하는 처음 사랑만이 주님께서 나를 향하여 바라시는 뜻인 것이다.

5) 처음 사랑을 버린 것에 대한 경고

5절에 "그러므로 어디서 떨어진 것을 생각하고 회개하여 처음 행위를 가지라 만일 그리하지 아니하면 내가 네게 임하여 네 촛대를 그 자리에서 옮기리라"고 말씀하신다. 회개할 기회를 주신 하나님께 감사 드린다. 지나온 세월들을 다시 반성하고 돌이켜 보면서 처음 사랑이 어디서 떨어 졌는가를 생각하고 회개하라는 것이다. 그러면 이스라엘 백성들은 처음 사랑을 어떻게 버렸는가! 잠시 고찰해 보고자 한다. 예레미야 2:2-3에 "예루살렘 거민의 귀에 외쳐 말할지니라 여호와께서 이 같이 말씀하시기 를 네 소년 때의 우의(순정)와 네 결혼때의 사랑 곧 씨 뿌리지 못하는 땅 광야에서 어떻게 나를 좇았음을 내가 너를 위하여 기억하노라 그때 이스라엘은 나 여호와의 성물 곧 나의 소산 중 처음 열매가 되었나니 그 를 삼키는 자면 다 벌을 받아 재앙을 만났으리라 여호와의 말이니라"고 말한다. 소년 때의 우의(순정)와 결혼 때의 사랑이란 곧 씨 뿌리지 못하 고 매 순간 순간마다 하나님의 능력과 보호와 인도하심으로 생활했던 그 시절을 말하는 것이다. 그 때는 얼마나 순수했고 사랑이 뜨거웠는가! 그 래서 하나님께서는 이 시기를 처음 사랑, 최상의 사랑으로 말씀하시고 있는 것이다. 이 때에 그를 삼키는 자면 다 벌을 받아 재앙을 만났으리 라고 말한다. 처음 사랑과 순수한 믿음을 가지고 행할 때는 어떠한 경우 라도 하나님께서 보장해 주신다는 위로의 말씀이다. 그런데 약속의 땅 가나안 복지에 들어가서는 어찌하였는가!

① 하나님을 멀리하고 허탄한 것을 따라 헛되이 행했다(렘 2:5).

② 광야길을 통과하게 하시던 하나님이 어디 계시냐 말하지 아니하고 (렘 2:6, 8)

③ 내 땅을 더럽히고 내 기업을 가증히 만들었으며

④ 법을 잡은 자는 하나님을 알지 못하고

⑤ 관리들은 나를 항거하고

⑥ 선지자들은 바알의 이름으로 예언하고 무익한 것을 좇았음이니라 고 말한다.

신앙 생활들은 어려운 광야 생활때는 순수하고 사랑이 뜨거웠는데 오히려 가나안 복지에 들어가서 문제가 생겼다. 신명기 6:10-12에는 약속의 땅에 들어가서 삼가 주의할 것을 당부한 바 있으시다. 네가 건축하지 아니한 크고 아름다운 성을 얻게 하시며 네가 채우지 아니한 아름다운 물건이 가득한 집을 얻게 하시며 네가 파지 아니한 우물을 얻게 하시며 네가 심지 아니한 포도원과 감람 나무를 얻게 하사 너로 배불리 먹게 하실 때에 너는 조심하여 너를 애굽땅 종 되었던 집에서 인도하여 내신 여호와를 잊지 말고 네 하나님 여호와를 경외하며 섬기며 그 이름으로 맹세할 것이니라 너희는 다른 신들 곧 너희 사면(四面)에 있는 백성의 신들을 좇지 말라 너희 중에 계신 너희 하나님 여호와는 질투하는 하나님이신즉 너희 하나님 여호와께서 네게 진노하사 너를 지면에서 멸절 시키실까 두려워 하노라. 이러한 간곡한 하나님의 당부에도 불구하고 하나님을 멀리 떠나고 바알을 섬기며 하나님의 기업을 더럽히고 가증히 만드는 원인이 어디 있는가! 첫째는 부요하므로 자만했고, 둘째는 안일하게 생각했고, 셋째는 하나님의 당부하신 말씀에 귀를 기울이지 아니하였고 육신 생활에 어려움이 없으므로 자만하였던 것이 아닌가! 이스라엘 백성들의 신앙 생활과 나의 신앙 생활의 모든 과정들을 깊이 생각하고 살펴봄으로 처음 행위로 돌이켜야 할 것이다.

6) 성령이 교회들에게 말씀하심

7절에 "귀 있는 자는 성령이 교회들에게 하시는 말씀을 들을찌어다"고 말씀하신다. 일곱 교회 모두가 서두에는 인자이신 주님께서 말씀하시고 (2:1, 8, 12, 18, 3:1, 7, 18) 끝에는 성령께서 말씀하신다(2:7, 11, 17, 29, 3:6, 22). 인자이신 그리스도와 성령은 동일 하시다는 뜻이다. 로마서 8:9-10에서도 이를 증거하고 있다. 누구든지 그리스도의 영이 없으면 그리스도의 사람이 아니라 또 그리스도께서 너희 안에 계시면 몸은 죄로 인하여 죽은 것이나 영은 의를 인하여 산 것이니라. 성령과 그리스도를 동일하게 말하고 있다. 빌립보서 2:13에도 "너희 안에서 행하시는 이는 하나님이시니 자기의 기쁘신 뜻을 위하여 너희로 소원을 두고 행하게 하시나니"라고 말하며 갈라디아서 2:20에도 "내가 그리스도와 함께 십자가에 못 박혔나니 그런즉 이제는 내가 산 것이 아니요 오직 내 안에 그리스도께서 사신 것이라"고 말한다. 우리 안에 거하시는 그리스도로 말미암아 그리스도의 삶을 살며 그리스도를 표현하는 것이다. 그렇게 하므로 우리는 그리스도의 편지요, 향기요, 산 위에 세운 성이 되며 등경 위에 등불이 되는 것이다.

7) 만일 회개하지 아니하는 자에 대한 경고

5절에 "만일 그리하지 아니하고 회개치 아니하면 내가 네게 임하여 네 촛대를 그 자리에서 옮기리라"고 말씀하신다. 하나님의 갈망은 순수하고 뜨거우며 이해 관계를 저울질 하는 것이 없는 처음 행위를 가지고 하나님 앞에서 행하는 것을 무엇보다도 기뻐하신다. 마치 씨 뿌리지 아니하는 땅 광야에서 매 순간마다 하나님의 능력의 역사와 인도와 보호하시는 것을 체험하며 감사하며 찬양하여 영광을 주님께 돌린다. 그래서 이 때를 네 소년 때의 우의와 결혼 때의 사랑을 너희를 위하여 기억하노라고 말씀하신다. 형식적이고 습관적인 삶이 아니라 사모하고 기다리며 매 순간 도래할 일들을 감사함으로 대하며 생활할 것이다. 하루가 가면 또 내일이 오고 봄이 오면 씨를 뿌리고 가을이 되면 열매를 거두는데 하루 하루의 삶이 주님의 진정한 은혜였음을 감사하지 않고 살아간다면 형식적이고 습관적인 삶이 아니겠는가! 그리하면 주님께서는 임하여 네 촛대를 옮기리라 말씀하셨다. 촛대가 빛을 발하는 것은 기름 때문이다. 기름 없는 촛대는 말 아래나 평상 아래 있는 것과 무엇이 다르랴. 주님의 경고의 말씀을 명심하고 회개하자!

  8) 이기는 자에 대한 약속

  7절에 "이기는 그에게는 내가 하나님의 낙원에 있는 생명 나무의 과실을 주어 먹게 하리라"고 말씀하신다. 일곱 교회마다 이기는 자라는 말이 있다. 일곱 교회의 상황이 각각 다르다. 이 말은 모든 면에 이기는 자를 말하는 것이 아니고 에베소 교회의 이기는 자는 처음 사랑이 떨어진 데서 그 사랑을 회개하여 회복하는 것을 말하는 것이다. 하나님의 낙원은 세가지로 말할 수 있다.

  첫째는 창세기 2:8에 에덴의 낙원이다. 여기에 생명 나무가 있었으며 타락한 후 범죄한 상태로 생명과를 먹고 영생할까 하여 생명 나무의 길을 지키게 하였다. 그 생명이 감추어져 있다. 주님 초림으로 그 안에 생명이 있었으니 이 생명은 사람들의 빛이라 하였다. "아들이 있는 자는 생명이 있고 아들이 없는 자는 생명이 없느니라"(요일 5:12)고 말씀하고 있다.

  둘째로는 주님 십자가에 달리실 때 오른편 강도가 주께 말하기를 "예수여 당신의 나라에 임하실 때에 나를 생각하소서" 하니 "예수께서 이르시되 내가 진실로 네게 이르노니 오늘 네가 나와 함께 낙원에 있으리라 하시니라"(눅 23:42-43)고 말씀하신다. 이 낙원은 음부의 아브라함 품에 있는 나사로가 머무는 곳이다.

  셋째는 새 예루살렘이다. 새 예루살렘성의 길은 정금인데 생수의 강이 하나님과 어린양의 보좌로부터 나서 길 가운데로 흐르더라 강 좌우에 생명 나무가 있어 달마다 그 실과를 맺되 열 두가지 종류의 실과가 맺힌다고 말한다. 하나님의 낙원에 있는 생명 나무 과실을 먹게 하리라는 말은 새 예루살렘에서의 생명과를 말하는 것이다. 이것은 성도들의 기업의 약속이다.

2. 서머나 교회(2:8-11)

1) 서머나 교회에 나타나신 예수님의 모습

8절에 "서머나 교회의 사자에게 편지하기를 처음이요 나중이요 죽었다가 다시 살아 나신이가 가라사대"라고 말씀하신다. 서머나는 『몰약』이라는 뜻이다. 몰약은 비유적으로 고난 당함을 뜻한다. 주의 이름을 위하여 고난 당하는 교회에 보내는 편지인 것이다. 사도 베드로는 베드로전서 4:1-2에서 사방에 흩어진 나그네 된 성도들에게 이렇게 편지한다. "그리스도께서 이미 육체의 고난을 받으셨으니 너희도 같은 마음으로 갑옷을 삼으라 이는 육체의 고난을 받은 자가 죄를 그쳤음이니 그 후로는 다시 사람의 정욕을 좇지 않고 오직 하나님의 뜻을 좇아 육체의 남은 때를 살게 하려 함이라"고 말한다. 그러기에 고난 당하는 교회가 책망없는 이유가 여기에 있는 것이다.

"처음이요 나중이요"라 함은 시작이요 끝이라는 말보다 의미가 깊다. 영원 전부터 영원 후까지를 포함하고 있는 말씀이다. 요한복음의 태초가 창세기에 있는 태초보다 더 앞선 것같이 그 기간 사이에 발생하는 모든 일들은 하나님이 계획하시고 성사하신다는 것이다. 로마서 11:36에 "이는 만물이 주에게서 나오고 주로 말미암고 주께로 돌아감이라 영광이 그에게 세세에 있으리로다 아멘"이라고 말한다. 여기 『주로 말미암고』라는 말은 주님으로 말미암아 성사되고 라는 의미이다. 이 우주간에 어떤 것 하나 주의 손길이 닿지 않는 것이 없다. 처음이요 나중이신 이가 만물을 창조하시고 운행하시고 주관하신다. 이러한 주께서 서머나 교회에 나타나신 것은 큰 위로가 아닐 수 없다.

"죽었다가 다시 살아나신 이" 사람들은 인생은 죽으면 끝인 줄 안다. 주님께서 십자가에 죽으셨다가 다시 살아나심이 없었다면 우리의 믿음도 헛되고 우리가 여전히 죄악 가운데 있었을 것이요 그리스도 안에서 잠자는 자들도 망하였을 것이다. 그러나 주님은 내가 예루살렘에 올라가 대제사장과 장로들과 서기관들에게 죽임을 당하였다가 사흘만에 다시 살아 나실 것을 말씀하시고 사흘 후에 사망의 권세를 깨뜨리시고 부활하셨다. 시편 둘째편에 "너는 내 아들이라 오늘날 내가 너를 낳았다"고 말한다. 대제사장들은 예수께서 하나님 아들이라 말함으로 사람이 되어 하나님이라 한다하여 참람함을 인하여 십자가에 못박았다. 그러나 주님은 말씀하신대로 사흘만에 다시 살아나셨다. 만일에 주님의 부활이 없었다면 대제사장들과 무리들의 말이 옳고 예수는 거짓말쟁이가 되었을 것이다. 바울 사도는 예수님의 부활은 하나님의 아들로 태어난 것이라고 말하고 있다. 사도행전 13:33에 "하나님이 예수를 일으키사 우리 자녀들에게 이 약속을 이루게 하셨다 함이라 시편 둘째 편에 기록한 바와 같이 너는 내 아들이라 오늘 너를 낳았다 하셨고"라고 말한다. 주 예수님은 부활하심으로 만민이 보는 앞에서 당당히 하나님의 아들로 태어나신 것이다. 믿는 우리들도 지금 하나님의 아들이다. 그러나 몸의 구속을 받는 날 죽은 자들이 그리스도 안에서 먼저 일어나고 살아 있는 자들은 홀연히 변화하여 공중으로 올라가는 것이다. 이것이 하나님 아들에 대한 확증이라 말할 수 있는 것이다.

새 예루살렘에서 하나님 아들들은 부활의 몸을 입은 자들인 것이다. 주님께서는 서머나 교회에 「서머나의 성도들이여 환난과 궁핍 중에 어려움이 많겠다. 죽은 자의 부활이 없다면 나도 살지 못했을 것이다. 그러나 나는 다시 살았다. 죽은 자 가운데서 다시 살아나신 자로 네게 나타난 것은 고난을 당한 네게 안위와 소망을 주려 함이다. 죽도록 충성하라」고 말씀하신 것 같다. 바울은 젊은 디모데에게 "미쁘다 이 말이여 우리가 주와 함께 죽었으면 함께 살 것이요 참으면 또한 함께 왕 노릇 할 것이요 우리가 주를 부인하면 주도 우리를 부인할 것이라"(딤후 1:11-12)고 말한다.

2) 서머나 교회에 대한 칭찬

9절에 "내가 네 환난과 궁핍을 아노니 실상은 네가 부요한 자니라 자칭 유대인이라 하는 자들의 훼방도 아노니 실상은 유대인이 아니요 사단의 회라"고 말씀하신다. 환난과 핍박은 어디서부터 시작되는가! 온 세상은 악한 자에게 속하였다. 어두움의 세상에 참 빛이 비취니 어두움은 불안해 할 수밖에 없는 것이다. 유대 종교와 기타 다른 토착 종교로부터 핍박과 환난을 겪게 되는 것이다. 요한계시록 6:9에 하나님의 말씀과 저희의 가진 증거를 인하여 죽임을 당한 영혼들이 대 주재 되신 하나님께 호소한다. 요한계시록 12:5에 빛나는 여인이 사내 아이를 낳았다. 그 형제들에게 어린양의 피와 자기의 증거하는 말을 인하여 저를 이기었으니 그들은 죽기까지 자기 생명을 아끼지 아니하였도다 라고 말한다. 요한계시록 20:4에는 "하나님의 말씀과 저희의 증거하는 말을 인하여 죽임을 당한 영혼들과 짐승과 그의 우상에게 경배하지 아니하고 이마에나 손에 그 표를 받지도 아니한 자들이 살아서 그리스도로 더불어 천년 동안 왕 노릇 한다"고 말한다.

환난과 핍박을 당하는 자들이 모두 하나님의 말씀을 전하고 지키며 예수의 복음을 전하다 핍박과 순교의 죽임을 당하였다. 세상의 풍조를 따라 세상과 타협하고 종교와도 타협하면 무사히 지낼수는 있지만 이것은 기독교가 완전히 타락한 것이다. 고로 서머나 교회가 환난과 궁핍하였던 이유도 예수의 증거와 하나님의 말씀 때문이라고 생각할 때 얼마나 장한가! 환난과 핍박을 받으니 당연히 여러 모로 궁핍할 수 밖에 없는 것이다. 환난과 궁핍은 형제와도 같이 따라 다니는 것이다. 이것을 초월하지 아니하면 주님께서 기뻐하시는 길을 걸을 수 없는 것이다. 그러나 주님께서는 실상은 네가 부요한 자니라 환난과 핍박과 궁핍한 중에 얻게 되는 하늘의 신령한 은혜와 부요함은 무엇인가?

바울 사도는 고린도 교회에 이렇게 말한다. 고린도후서 1:3-5에 "찬송하리로다 그는 우리 주 예수 그리스도의 하나님이시요 자비의 아버지시요 모든 위로의 하나님이시며 우리의 모든 환난 중에서 우리를 위로하사 우리로 하여금 하나님께 받은 위로로써 모든 환난 중에 있는 자들을 능히 위로하게 하시는 이시로다 그리스도의 고난이 우리에게 넘친 것같이 우리의 위로도 그리스도로 말미암아 넘치는도다" 이 행복을 어디서 맛볼 수 있으랴. 모든 환난 중에서 하나님께 받은 위로로써 모든 환난 중에 있는 자들을 능히 위로하게 하시고 모든 환난 중에 처해 있는 자를 능히 위로할 수 있게 하시는 그 위로와 기쁨, 마치 생수가 강 같이 흐르는 것과 같은 그 위로와 평화가 얼마나 큰 누림인가? 그러기에 실상은 네가 부요하다고 말씀하시고 있는 것이다.

9절 후반절에 "자칭 유대인이라 하는 자들의 훼방도 아노니 실상은 유대인이 아니요 사단의 회라"고 말씀하신다. 자칭 유대인이라 하는 자들은 유대인으로 출생했음을 의미한다. 그러나 성경은 그렇게 말하지 않는다. 로마서 2:28-29에 "대저 표면적 유대인이 유대인이 아니요 표면적 육신의 할례가 할례가 아니라 오직 이면적 유대인이 유대인이며 할례는 마음에 할지니 신령에 있고 의문에 있지 아니한 것이라 그 칭찬이 사람에게서가 아니요 다만 하나님에게서니라" 아무리 출생이 유대인으로 확신에 차 있어도 하나님께서 아니라 하면 아닌 것이요 비방하며 잘못되었다 해도 하나님께서 인정하시면 옳은 것이다. 로마서 9:6-8에 같은 내용의 말씀이 있다. 또한 하나님의 말씀이 폐하여진 것 같지 않도다. 이스라엘에게서 난 그들이 다 이스라엘이 아니요 또한 아브라함의 씨가 그 자녀가 아니라 오직 이삭으로부터 난 자라야 네 씨라 칭하리라 하였으니 곧 육신의 자녀가 하나님의 자녀가 아니라 오직 약속의 자녀가 씨로 여기심을 받느니라 고 말하고 있다.

첫째 사람 아담은 둘째 사람 그리스도의 그림자요 약속의 아들 이삭은 그리스도의 그림자인 것이다. 갈라디아서 3:16에 "이 약속들은 아브라함과 그 자손에게 말씀하신 것인데 여럿을 가리켜 그 자손들이라 하지 아니하시고 오직 하나를 가리켜 네 자손이라 하셨으니 곧 그리스도라"고 말한다. 유대인으로 출생이 유대인이 되는 것이 아니고 예수 그리스도를 나의 구주로 영접하는 자는 참 하나님의 백성이 되고 자녀가 되는 것이다. 요한복음 1:12-13 "영접하는 자 곧 그 이름을 믿는 자들에게는 하나님의 자녀가 되는 권세를 주셨으니 이는 혈통으로나 육정으로나 사람의 뜻으로 나지 아니하고 오직 하나님께로서 난 자들이니라"고 말한다. 황제 예배로 인한 환난과 핍박이 있었고 경제적으로는 궁핍이 있었으며 자칭 유대인이라 하는 자들로부터는 심한 훼방이 있었다. 그러나 그들은 표면적으로 육신적으로 유대인일 뿐 실상은 사단의 회라는 것이다. 이 사실이 유대인에게만 적용되는 것이 아니라 오늘날 교회에도 적용된다는 것이다. 교회 다니고 교회의 모든 의식에 참예하며 십일조 생활도 하며 외관상으로는 신실한 기독교인인 것 같아도 표면적일 수도 있다는 것에 유념해야 할 것이다.

3) 서머나 교회에 대한 권면

10절에 "네가 장차 받을 고난을 두려워 말라 볼지어다 마귀가 장차 너희 가운데서 몇 사람을 옥에 던져 시험을 받게 하리니 너희가 십 일 동안 환난을 받으리라 네가 죽도록 충성하라 그리하면 내가 생명의 면류관을 네게 주리라"고 말씀하신다. 서머나 교회는 현재에도 환난과 궁핍과 자칭 유대인이라 하는 자들로부터 많은 비방을 받아 왔다. 그런데 주님께서는 장차 받을 고난을 두려워 말라고 하신다. 고난의 연속인 것이다. 왜 그러한가! 디모데후서 3:12 "무릇 그리스도 예수 안에서 경건하게 살고자 하는 자는 핍박을 받으리라"하셨으며 복음을 전하다 순교한 사람들은 하나님의 말씀과 저희의 가진 증거 때문에 환난과 핍박과 순교를 당하였다. 앞으로 이 일을 충성되게 행하려 함에는 반드시 고난이 있을 것이다. 서머나 교회는 앞으로도 계속 이 길을 걸으며 환난과 궁핍과 고난의 연속이 될 것이다. 그러나 주님은 두려워 말라고 하신다. "하나님은 미쁘사 너희가 감당치 못할 시험 당함을 허락지 아니하시고 시험 당할 즈음에 또한 피할 길을 내사 너희로 능히 감당하게 하시느니라"(고전 10:13)고 말한다. 사드락과 메삭과 아벳느고와 같이 우리를 풀무에서 구해 주지 아니한다 할지라도 우상에게 절하지 아니할 줄을 아옵소서(단 3:18)라고 말할 수 있어야 한다. 환난과 고난 중에서 이런 자세로 나가야 할 것이다. 몸은 죽여도 영혼은 능히 죽이지 못하는 자들을 두려워하지 말고 오직 몸과 영혼을 능히 지옥에 멸하시는 자를 두려워하라고 말씀하신다.

"마귀가 장차 너희 가운데서 몇사람을 옥에 던져 시험을 받게 하리니" 마귀는 참소자라는 뜻이 있고 사탄은 대적자라는 의미가 있다. 마귀는 쉬지 않고 이 방법 저 방법들을 동원하여 교회를 무력화 하려고 역사한다. 모두 다 옥에 가둔다 하지 않고 너희 가운데 몇 사람이다. 특별히 지목된 몇 사람은 교회에서 영향력이 있는 사람일 것이다. 그 사람들을 굴복시키므로 전체를 무력화 하려는 것이다.

"시험을 받게 하리니" 하나님 편에서는 시험을 받게 하시는 것이며 마귀편에서는 교회를 잔멸하려는 수단일 것이다. 주님께서는 마귀에게 시험을 받으셨다. 요한계시록 11:1에 갈대 지팡이로 하나님의 성전과 제단과 그 중에서 경배하는 자들을 척량하라 하셨으며 이것이 땅에 있는 모든 자를 시험할 때라고 말한다. 모든 일들이 하나님의 주권하에서 이루어지는 일이기 때문에 확실한 믿음을 가지고 인내로 시험에서 승리해야 할 것이다. 고난 중에서 인내하지 못함은 시험에 들게 되는 것이다. 야고보서 1:2-4에 "내 형제들아 너희가 여러 가지 시험을 만나거든 온전히 기쁘게 여기라 이는 너희 믿음의 시련이 인내를 만들어 내는 줄 너희가 앎이라 인내를 온전히 이루라 이는 너희로 온전하고 구비하여 조금도 부족함이 없게 하려 함이라"

"너희가 십 일 동안 환난을 받게 하리라" 십 일은 어떤 의미가 있는 것일까? 다니엘은 왕의 진미와 왕이 마시는 술로 자기를 더럽히지 않기를 환관장에게 구하였다. 청하오니 당신의 종들을 열흘동안 시험하여 채식을 주어 먹게하고 물을 주어 마시게 한 후에 당신 앞에서 우리의 얼굴과 왕의 진미를 먹은 자의 얼굴과 비교하여 보아서 보이는대로 처분하소서 (단 1:12-13)라고 하였다. 십 일은 다니엘과 그의 친구들을 시험하였던 시험의 기간이다. 하나님은 우리 형편과 시험중의 모든 상황도 아신다. 하나님은 지식의 하나님이라 우리의 행동을 달아보시느니라 아무리 어려워도 믿음으로 참고 신앙의 정절을 지킬 것이다.

"네가 죽도록 충성하라"고 하신다. 주님의 요구는 당연하시다 하겠다. 나는 너를 위해 죽었다. 너는 나를 위해 죽을 수 없는가! 나와 복음을 위해 집이나 형제나 자매나 어미나 아비나 자식이나 전토를 버린 자는 금세에 있어 집과 형제와 자매와 모친과 자식 전토를 백배나 받되 핍박을 겸하여 받고 내세에 영생을 받지 못할 자가 없느니라고 말씀하신다. 충성의 기준이 죽기까지이다. 어떠한 상황에서 나 자신이 살고자 한다면 그는 하나님을 저버리든지 신앙을 굽힐 수 밖에 없는 것이다. 죽음을 각오하고 죽음으로 들어갈 때 하나님의 능력의 역사가 나타나는 것이다. 다니엘과 그의 세 친구들과 같이…

신약 시대는 사도들이 순교하였고 신실한 종들이 순교하였다. 두 감람나무 증인들이 순교하였고 짐승과 그의 우상에게 경배하지 않는 자가 모두 순교하였다. 이는 순교자 수가 차기까지 이르게 하기 때문이다. 서머나 교회의 감독 폴리갑도 순교하였다. 순교는 결코 패배가 아니요 영광스런 승리인 것이다. 아무나 순교할 수 없다. 하나님의 예정하에서 선택된 자들만이 순교를 하게 되는 것이다.

"그리하면 생명의 면류관을 네게 주리라"고 하신다. 농부가 참고 땀흘려 수고하여 풍성한 열매를 바라듯이 믿는 성도들에게도 이 땅에서는 상급이나 면류관이 없지만 그 날에 내게 주실 것이다. 믿는 성도들이 그 날에 받을 면류관이 세 종류가 있다. 첫째는 생명의 면류관이요(약 1:12) 둘째는 의의 면류관이요(딤후 4:8) 셋째는 영광의 면류관이다(벧전 5:4). 구원은 값없이 받지만 생명의 면류관은 죽도록 충성하는 자에게 주시는 하나님의 큰 보상인 것이다. 바울 사도가 디모데에게 보낸 편지 가운데 내가 선한 싸움을 싸우고 나의 달려갈 길을 마치고 믿음을 지켰으니 이제 후로는 나를 위하여 의의 면류관이 예비되었으므로 주 곧 의로우신 재판장이 그 날에 내게 주실 것이니 내게만 아니라 주의 나타나심을 사모하는 모든 자에게니라(딤후 4:7-8)하며 사도 베드로는 장로들에게 이렇게 권한다. "너희 중에 있는 하나님의 양무리를 치되 부득이 함으로 하지 말고 오직 하나님의 뜻을 좇아 자원함으로 하며 더러운 이를 위하여 하지 말고 오직 즐거운 뜻으로 하여 맡기운 자들에게 주장하는 자세를 하지 말고 오직 양 무리의 본이 되라 그리하면 목자장이 나타나실 때에 시들지 아니하는 영광의 면류관을 얻으리라"(벧전 5:2-4)고 한다. 의의 면류관이나 영광의 면류관도 그 날에 내게 주실 것이며 목자장이 나타나실 때 주시는 것이기에 사명에 죽도록 충성하는 일만 내 앞에 있다.

4) 이기는 자에 대한 약속

11절에 "귀 있는 자는 성령이 교회들에게 하시는 말씀을 들을지어다 이기는 자는 둘째 사망의 해를 받지 아니하리라"고 하신다. 첫째 사망은 누구나 다 겪는 육신의 죽음을 말한다. 히브리서 9:27에 "한 번 죽는 것은 사람에게 정하신 것이요 그 후에는 심판이 있으리라"고 말한다. 그러나 둘째 사망은 사람들이 가는 곳이 아니요 마귀와 그 사자들을 위하여 예비하신 곳이다. 그러나 믿지 않는 자들이 하나님을 순종치 않고 사단 마귀를 따르고 그의 사주를 받아 악한 일을 함으로 둘째 사망 곧 불못으로 던져지는 것이다. 최초로 둘째 사망 불못에 들어갈 자는 칠년 대 환난 동안에 믿는 자들을 박해하고 죽이고 짐승과 그의 우상에게 경배하게 하여 많은 사람을 미혹하고 범죄케 하는 자들이다. 그 후 천년 왕국 후 사단을 잡아 불못에 던지우고 최후 백보좌 심판후 들어갈 자들이 마지막이 될 것이다. 두 길 곧 좁은 길과 넓은 길 생명의 길과 사망의 길로 행하는 자는 자기의 가는 길을 따라 정해질 것이다. 어떠한 유혹과 핍박과 환난과 고난과 궁핍한 중에도 믿음을 지키며 죽도록 충성하여 생명의 면류관을 받으며 둘째 사망의 해를 받지 않아야 될 것이다.

3. 버가모 교회(2:12-17)

1) 버가모 교회에 나타나신 주님의 모습

12절에 "버가모 교회의 사자에게 편지하기를 좌우에 날선 검을 가진 이가 가라사대"라고 말씀하신다. 버가모라는 말은 결혼하므로 『연합되었다』의 뜻을 갖고 있다. 결혼은 좋은 것이다. 무엇과 결혼했느냐 그리스도냐 아니면 세상이냐 요한계시록 2:14에 발람의 교훈을 지키고 우상에게 절하게 하고 행음하게 하였다라는 말을 볼 때 버가모 교회는 그리스도와의 연합을 깨고 세상과 결혼하여 세상과 연합된 교회인 것을 알 수 있다. 야고보서 4:4에 "간음하는 여자들이여 세상과 벗된 것이 하나님과 원수임을 알지 못하느뇨 그런즉 누구든지 세상과 벗이 되고자 하는 자는 스스로 하나님과 원수 되게 하는 것이니라"고 말한다. 그러므로 이런 교회에 주님께서는 좌우에 날선 검을 가진 이로 나타나셨다. 좌우에 날선 검은 요한계시록 1:16에 "그 입에서 좌우에 날선 검이 나온다" 라고 말한다. 히브리서 4:12에 "하나님의 말씀은 살았고 운동력이 있어 좌우에 날선 어떤 검보다도 예리하여 혼과 영과 관절과 골수를 찔러 쪼개기까지 하며 또 마음의 생각과 뜻을 감찰하나니"라고 말한다. 근본적으로 수술하고 자르고 심판하신다는 것이다. 하나님은 사랑의 하나님이요 공의의 하나님이시다. 바울 사도는 로마 교회에 이렇게 말한다. 로마서 11:22에 "그러므로 하나님의 인자와 엄위를 보라 넘어지는 자들에게는 엄위가 있으니 너희가 만일 하나님의 인자에 거하면 그 인자가 너희에게 있으리라 그렇지 않으면 너도 찍히는 바 되리라"고 말한다. 그러므로 하나님의 뜻을 알고 신실하고 충성되게 살며 주의 인자에 거하라 그러면 위로의 하나님이 항상 함께 하실 것이다.

2) 버가모 교회에 대한 칭찬

13절에 "네가 어디 사는 것을 내가 아노니 거기는 사단의 위가 있는 데라 네가 내 이름을 굳게 잡아서 내 충성된 증인 안디바가 너희 가운데 곧 사단의 거하는 곳에서 죽임을 당할 때에도 나를 믿는 믿음을 저버리지 아니하였도다"라고 말씀하신다.

"네가 어디 사는 것을 내가 아노니 거기는 사단의 위가 있는 데라" 믿는 이들은 세상에서 부름을 받아 빼내심을 입은 자이다. 그러나 세상을 떠나 사는 것이 아니요 이 세상 속에 들어가 세상의 빛이 되고 소금이 되는 것이다. 마치 오리가 물에서 살아도 물에 젖지 아니하는 것같이 믿는 이들도 세상에 살면서도 세상의 관습이나 풍조에 따라 사는 것이 아니라 하나님의 말씀을 따라 성령의 인도하심을 따라 살아가야 한다. 버가모 교회는 처음에는 그렇게 살았다. 그러나 과거뿐 아니라 현재에도 미래에도 그렇게 살아가야 한다. 요한계시록 2:13은 과거에 내 이름을 굳게 잡아 사단의 위가 있는 곳에서도 흔들리지 않고 굳굳이 살아 왔다고 칭찬하고 있는 것이다.

"내 충성된 증인 안디바가 죽임을 당할 때도" 충성된 증인 안디바는 일곱 서신에서는 한 번도 이름의 거론이 없었다. 그러나 주님은 안디바를 거론하셨다. 순교자들은 하나님의 말씀과 저희의 가진 증거 때문에 죽임을 당했다(계 6:9, 계 20:4). 사도 요한도 하나님의 말씀과 예수 그리스도의 증거를 위하여 밧모섬에 유배 당하였다. 충성된 증인 안디바가 사단의 위가 있는 곳에서 그의 증거 때문에 죽임을 당하였다. 그러한 상황하에서도 나를 믿는 믿음을 저버리지 아니하였다고 말씀하신다. 얼마나 장한가! 칭찬 받을만 하다. 충성된 증인의 영향하에 있는 교회가 얼마나 복된가! 이때는 극한 환난과 핍박과 고난이 닥쳐와도 잘 견디어 믿음을 지켰다.

3) 버가모 교회에 대한 책망

14절에 "그러나 네게 두어 가지 책망할 것이 있나니 거기 네게 발람의 교훈을 지키는 자들이 있도다 발람이 발락을 가르쳐 이스라엘 앞에 올무를 놓아 우상의 제물을 먹게 하였고 또 행음하게 하였느니라"고 말씀하신다. 발람의 교훈이란 무엇인가? 발락이 보낸 사람들의 말을 듣고 여호와께 물었다. 여호와 하나님이 발람에게 이르시되 너는 그들과 함께 가지도 말고 그들을 저주하지도 말라 그들은 복을 받은 자니라고 하셨다. 그 후로는 다시 하나님께 물을 필요가 없는 것이다. 발락이 발람이 보지 아니함으로 더 귀한 사신과 크게 존귀케 함과 네가 말한 것은 무엇이든 시행하리니 청컨대 와서 나를 위하여 이 백성을 저주하라고 하였다. 처음에 함께 가지도 말고 그들을 저주 하지도 말라 하였음으로 발락의 사신들을 머물게 할 필요가 없었다. 그러나 그들을 머물게 하고 하나님께서 무슨 말씀을 더 하실런지 알아 보리라 하였더니 하나님께서 발람에게 이르시되 그 사람들이 너를 부르러 왔거늘 일어나 함께 가라 그러나 내가 네게 이르는 말만 준행할지니라 발람이 아침에 행할 때 하나님의 진노가 임하였고 나귀의 입을 통하여 책망하셨다.

이 말을 베드로후서 2:15-16에는 이렇게 말한다. "저희가 바른 길을 떠나 미혹하여 브올의 아들 발람의 길을 좇는도다 그는 불의의 삯을 사랑하다가 자기의 불법을 인하여 책망을 받되 말 못하는 나귀가 사람의 소리로 말하여 이 선지자의 미친 것을 금지하였느니라"고 말한다. 발람은 가서 이스라엘을 저주하지도 않았지만 마음을 보시는 하나님께서는 발람이 마음에는 그것을 환영하고 동경하였음을 아시기 때문에 나귀로 책망하신 것이다. 발람은 이방인 선지자로써 하나님의 백성들을 행음하게 하였고 우상숭배를 하게 하였다. 민수기 25:1-2에서 이렇게 말한다. "이스라엘이 싯딤에 머물러 있더니 그 백성이 모압 여자들과 음행하기를 시작하니라 그 여자들이 그 신들에게 제사할 때에 백성을 청하매 백성이 먹고 그들의 신들에게 절하므로 이스라엘이 바알브올에게 부속된지라"고 말한다. 백성의 지도자는 말 한마디 행동 하나가 따르는 자들에게 지대한 영향을 끼친다. 소경이 소경을 인도하니 둘 다 구덩이에 빠지게 된다. 오늘날 기독교 안에서도 예수님이 하나님의 아들이라는 것과 예수님의 처녀 탄생과 십자가 구속과 기사와 이적까지도 부인하는 자들을 보니 이는 마치 발람이 행음케 하고 우상에게 절하게 하는 것과 무엇이 다르랴.

15절에 "이와 같이 네게도 니골라당의 교훈을 지키는 자들이 있도다"라고 말씀하신다. 니골라는 백성 위에 군림하여 그를 정복하다의 뜻을 가지고 있다. 참 지도자가 되어 사람을 그리스도에게 그리스도를 사람에게 접목시키는 사역을 해야 할 것이다. 반대로 백성을 그리스도와 하나님에게서 멀리 떠나게 하고 망하게 하니 얼마나 가증한가! 발람의 교훈이 그렇다. 여인들과 행음하게 하고 우상의 제물을 먹게 하고 우상에게 절하게 하여 백성들을 하나님과 만나게 하는 것이 아니라 멀리 떠나게 하였다. 믿는 이들은 어떠한 신분을 가진 자라도 그러한 교훈에는 단호한 입장을 취해야 할 것이다.

4) '회개하라' 회개하지 않는 것에 대한 경고

16절에 "그러므로 회개하라 그리하지 아니하면 내가 네게 속히 임하여 내 입의 검으로 그들과 싸우리라"고 말씀하신다. 육신을 가지고 땅에 사는 동안에는 회개할 기회가 있다. 발람의 교훈을 받고 행음하고 우상의 제물을 먹고 우상에게 절하였다 할지라도 권고의 말씀을 듣고 중심으로 회개하면 주님께서 용서 하실 것이다. 세상과의 줄을 끊지 아니하고 떠나지 아니하고 세상과 타협하고 적당히 살아간다면 입의 검으로 그들과 싸우실 것이다. 아마겟돈 전쟁에서도 짐승과 거짓 선지자와 그의 왕들과 추종자들과의 마지막 전쟁에서 주님은 입의 검으로 전쟁을 시작하자 마자 사로잡아 둘째 사망 불못에 던지셨다. 공의로 심판하시는 하나님 앞에서 책망없이 서야 할 것이다.

5) 버가모 교회의 이기는 자에 대한 약속

17절에 "귀 있는 자는 성령이 교회들에게 하시는 말씀을 들을지어다 이기는 그에게는 내가 감추었던 만나를 주고 또 흰 돌을 줄 터인데 그 돌위에 새 이름을 기록한 것이 있나니 받는 자 밖에는 그 이름을 알 사람이 없느니라"고 말씀하신다. "이기는 자"는 모든 면에 이기는 자가 아니고 버가모 교회의 상황에서 이기는 자를 말한다. 발람의 교훈을 따르지 않고 행음하지 않고 우상의 제물을 먹지 않고 우상에게 절하지 않고 끝까지 신앙의 정절을 지키는 자들을 말한다. 요한계시록 2:24에도 "두아디라에 남아 있어 이 교훈을 받지 아니하고 소위 사단의 깊은 것을 알지 못하는 너희에게 말하노니 다른 짐으로 너희에게 지울 것이 없노라"고 말씀하신다. 현재까지 신앙의 정절을 지켰던 그대로 행하라는 것이다. "감추었던 만나"를 준다는 의미는 이스라엘 백성들이 광야 사십년간의 생활에서 하늘로부터 둥글고 갓씨같은 만나가 내려 매일 1인당 한 호멜씩 거두어 먹고 생활하였던 것이다. 이 만나는 가나안 땅의 풍성한 모든 것을 먹게 될 때 그쳤다. 이 만나의 감추었던 것을 주신단 말씀인가? 이 만나의 실체는 그리스도이시다. 요한복음 6:31-35에 "기록된 바 하늘에서 저희에게 떡을 주어 먹게 하였다 함과 같이 우리 조상들은 광야에서 만나를 먹었나이다 예수께서 이르시되 내가 진실로 진실로 너희에게 이르노니 하늘에서 내린 떡은 모세가 준 것이 아니라 오직 내 아버지가 하늘에서 내린 참 떡을 너희에게 주시나니 하나님의 떡은 하늘에서 내려 세상에게 생명을 주는 것이니라 저희가 가로되 주여 이 떡을 항상 우리에게 주소서 예수께서 가라사대 내가 곧 생명의 떡이니 내게 오는 자는 결코 주리지 아니할 터이요 나를 믿는 자는 영원히 목마르지 아니하리라"고 말씀하신다. 그리스도를 체험하고 누리는 여러 면이 있는데 감추인 만나를 주신다는 것은 비밀하고 감추인 어떤 것을 주어 누리며 체험하게 하신다는 뜻인 것이다.

"흰 돌을 줄 터인데" 이기는 자에게 두 번째 약속은 흰 돌이다. 이 흰 돌은 무엇을 뜻하는가? 베드로전서 2:4-5에서는 "사람에게는 버린 바가 되었으나 하나님께는 택하심을 입은 보배로운 산 돌이신 예수에게 나아와 너희도 산 돌 같이 신령한 집으로 세워지고 예수 그리스도로 말미암아 하나님이 기쁘게 받으실 신령한 제사를 드릴 거룩한 제사장이 될지니라"고 말한다. 예수 그리스도를 산 돌이라고 말하였다. 산 돌은 수정 같이 자라는 흰 돌이 아니겠는가! 무엇을 우리에게 주어서 신령한 집이 되고 신령한 제사를 드릴 수 있겠는가! 하나님의 신령한 은혜가 아니겠는가! 요한계시록 14:3에 첫 열매인 십 사만 사 천 인도 보좌 앞과 어린양 앞에서 새 노래를 불렀다. 이 노래는 십 사만 사 천 인 밖에는 이 노래를 부를 수 없다. 왜 그러한가! 진정한 찬송은 그리스도의 어떠함을 경험했을 때 그 시가 찬송이 되는 것이다. 그리스도를 경험하지 못하고 누리지 못한 자들이 어찌 새 노래를 부를 수 있겠는가! 그 돌 위에 새 이름이 기록된 것도 이긴 자들의 신앙의 수준에 따라 그리스도를 체험하기 때문에 다른 사람들은 알 수 없는 것이다. 그리스도의 풍성하심은 무궁무진하다. 범인들은 표면에 나타난 몇 가지만 체험할 것이다. 그러나 환난과 핍박과 고난과 미혹 중에서 이기는 자들은 그리스도를 누리고 체험함이 풍성할 것이다.

4. 두아디라 교회(2:18-29)

1) 두아디라 교회에 나타나신 예수님의 모습

18절에 "두아디라 교회의 사자에게 편지하기를 그 눈이 불꽃 같고 그 발이 빛난 주석과 같은 하나님의 아들이 가라사대"라고 말씀하신다. 일곱 교회에 나타나신 주님의 모습은 그 교회에 가장 합당하신 모습으로 임하여 말씀하신다.

"그 눈이 불꽃 같고"라 말씀하신다. 불꽃 같은 눈은 하나도 빠진 것이나 드러나지 않는 것이 없이 그 분 앞에는 벌거숭이 같이 다 드러나는 것을 뜻한다.

"그 발이 빛난 주석과 같은 이"라 말씀하신다. 금이나 은이나 구리나 철등은 풀무에 연단되면 찌끼가 제거된다. 빛난 주석과 같다는 것은 풀무속에서 연단된 것을 뜻한다. 새 예루살렘의 성은 금이요 길은 정금길이다. 길 가운데 수정같이 맑은 생명수 강이 흐른다. 금도 정금인데 유리 같이 맑다 하였다. 주님의 발로 행하시는 모든 일들이 투명하지 않는 것이나 연단을 통하여 온전하지 않는 것들이 없으시다는 뜻이다. 왜 주님은 불꽃같은 눈과 그의 발이 빛난 주석같은 이로 두아디라 교회에 나타나셨을까? 행위가 온전하지 못한 것을 살피시고 남김없이 어김없이 심판하신다는 뜻인 것이다.

"하나님의 아들이 가라사대"라 말씀하신다. 사람들은 예수님이 마리아를 통하여 출생하셨기로 사람의 아들이라 말한다. 그러나 예수님을 하나님의 아들이요 사람의 아들이요라 할 때만이 100% 맞다. 그러나 예수님을 하나님의 아들이 아니고 사람의 아들이라 할 때는 100% 틀린 것이다. 대제사장들과 장로들과 바리새인들은 예수님을 말의 올무에 걸리게 하기 위해 많은 일로 주님께 물었다. 그러나 주님께서 모든 점검을 통과하시고 바리새인들에게 물으셨다. "너희는 그리스도에 대하여 어떻게 생각하느냐 뉘 자손이냐 대답하되 다윗의 자손이니이다 가라사대 그러면 다윗이 성령에 감동하여 어찌 그리스도를 주라 칭하여 말하되 주께서 내 주께 이르시되 내가 네 원수를 네 발 아래 둘 때까지 내 우편에 앉았으라 하셨도다 하였느냐 다윗이 그리스도를 주라 칭하였은즉 어찌 그의 자손이 되겠느냐 하시니 한 말도 능히 대답하는 자가 없고 그 날부터 감히 그에게 묻는 자도 없더라"고 말한다(마 22:42-46). 예수님을 알되 참을 모르고 겉으로 나타난 것만 보고 다윗의 자손이라고 말한 것이다. 예수님은 주시며 하나님이신 것이다. 오늘날도 현대주의 신앙의 소유자들은 예수님은 주도 아니고 하나님도 아니고 사람의 아들이라고 말한다. 얼마나 엉뚱한가!

2) 두아디라 교회에 대한 칭찬

19절에 "네 사업과 사랑과 믿음과 섬김과 인내를 아노니 네 나중 행위가 처음 것보다 많도다"라고 말씀하신다. 사업을 칭찬하신 것은 다른 교회들의 경우와 특이하다. 이세벨을 용납하고 그것을 배경으로 많은 사업을 한 것 같다. 사업이란 표현을 볼 때 개인적인 어떤 행위들이 아니고 선교사업, 복지사업, 구제사업 등 굵직 굵직한 사업을 말한 것 같다.

"사랑과 믿음과 섬김과 인내를 아노니 네 나중 행위가 처음 것보다 많도다"라고 말씀하신다. 신, 망, 애의 신앙으로 날이 갈수록 그 행위가 처음것보다 많은 것은 칭찬할 만하다. 모든 일을 용두사미 격으로 마치는 일들이 많은데 비해 나중이 더 좋았다는 것은 모든 이들이 본받아야 할 일이다.

3) 두아디라 교회에 대한 책망

20절에 "그러나 너를 책망 할 일이 있노라 자칭 선지자라는 여자 이세벨을 네가 용납함이니 그가 내 종들을 가르쳐 꾀어 행음하게 하고 우상의 제물을 먹게 하는도다"라고 말씀하신다. 자칭 선지자라하는 여자 이세벨은 누구인가? 시돈왕의 딸로서 이스라엘왕 아합의 왕후가 되어 하나님의 선지자들과 이스라엘 백성들을 유혹하여 하나님을 떠나 이방 신들을 섬기게 하고 행음하게 하고 우상을 섬기게 하였다. 그러나 본문에 나오는 이세벨은 역사적인 그 인물은 물론 아니다. 에베소서 교회와 니골라당의 행위와 버가모 교회의 발람의 교훈과 비슷한 사람으로 보는 것이 옳을 것 같다. 백성들 위에 올라 백성들을 하나님께로, 하나님을 사람에게로 접목시키는 사명이 옳은 사명인데 반해 이세벨은 사람들로 하나님을 떠나 행음하게 하고 우상의 제물을 먹게 하고 우상을 섬기게 하는 일을 하게 하는 인물을 두고 구약의 이세벨과 같은 성격의 사람이기에 그런 사람을 용납했다고 말씀하시는 것 같다. 이렇게 본다면 오늘날도 이세벨은 교회에서 활동하고 있음을 보게 된다.

4) 두아디라 교회의 회개를 촉구함

21절에 "또 내가 그에게 회개할 기회를 주었으되 그 음행을 회개하고자 아니하는도다"라고 말씀하신다. 하나님의 말씀에 비추어 자신을 살피고 돌아보면서 신속히 회개하여야 할 것이다. 자칭 선지자라하는 이세벨에게도 회개하라 하신다. 육신이 살아 있는 동안은 회개할 기회인 것이다. 기회 잃지 말고 기회 있을 때 회개하여 그 날에 후회 없기를 바란다.

5) 회개하지 않는 자에 대한 징벌

22절에 "볼찌어다 내가 그를 침상에 던질 터이요 또 그로 더불어 간음하는 자들도 만일 그의 행위를 회개치 아니하면 큰 환난 가운데 던지고"라고 말씀하신다. 회개하기를 기다리고 계시는 주님 앞에 끝까지 회개하지 아니할 때는 주님께서는 침상에 던지신다. 황우장사도 병 앞에는 어쩔 수 없다. 회개하든지 병으로 목숨을 잃든지 두가지 길이 있을 따름이다. 함께 간음하는 자들도 그 행위를 회개치 아니하면 큰 환난 가운데 던지신다. 환난은 믿는 자들이 하나님의 말씀과 예수의 증거 때문에 받는 환난이 아니고 병고나 물질적으로 생활상으로 견디기 어려운 어떤 일들을 말한다.

23절에 "또 내가 사망으로 그의 자녀를 죽이리니 모든 교회가 나는 사람의 뜻과 마음을 살피는 자인 줄 알지라 내가 너희 각 사람의 행위대로 갚아 주리라"고 말씀하신다. 자신을 침상에 던져 병고로 회개하기를 바래도 회개치 아니할 때 다음은 자녀를 사망으로 죽인다. 사망은 전염병 등을 말한다. 하나님은 그 행함에 상응한 재앙들을 내리시기에 모든 교회가 참으로 하나님의 뜻과 마음을 살피는 자인 줄 알고 두려워 할 것이다. 하나님은 각 사람의 행위대로 갚아주신다. 로마서 2:6-7에도 "행한 대로 보응하신다"라고 말한다. "하나님께서 각 사람에게 그 행한 대로 보응하시되 참고 선을 행하여 영광과 존귀와 썩지 아니함을 구하는 자에게는 영생으로 하시고" 하나님은 공의의 하나님이시다. 하나님의 인자에 거하는 자에게는 인자로 대하시고 넘어지는 자에게는 엄위로 대하신다. 그러므로 하나님의 사랑과 보호와 인도하심을 받고 살기를 원할진대 주님의 뜻을 따라 살아야 할 것이다.

6) 두아디라 교회에 대한 권면

2장 24절에 "두아디라에 남아 있어 이 교훈을 받지 아니하고 소위 사단의 깊은 것을 알지 못하는 너희에게 말하노니 다른 짐으로 너희에게 지울 것이 없노라"고 말씀하신다. 자칭 선지자라 하는 여자 이세벨로 얼마나 많은 사람이 행음하고 우상의 제물을 먹으며 우상에게 절하여 하나님을 떠나게 하는가! 그런 중에서도 신앙을 굳게 지켜 그의 교훈이 그릇되었다는 것을 알고 그 교훈을 받지 아니하는 자들에게는 다른 어떤 요구도 하지 않고, 두아디라 교회의 상황에 물들지 아니한 것만 해도 장하니 너희에게 있는 것을 주님 다시 올 때까지 굳게 잡으라는 말씀이다.

7) 두아디라 교회의 이기는 자에 대한 약속

26절에 "이기는 자와 끝까지 내 일을 지키는 그에게 만국을 다스리는 권세를 주리니 그가 철장을 가지고 저희를 다스려 질그릇 깨뜨리는 것과 같이 하리라 나도 내 아버지께 받은 것이 그러하니라"고 말씀하신다. 이기는 자는 두아디라 교회에 대한 상황 곧, 자칭 선지자라 하는 여자 이세벨을 용납하여 그가 종들을 가르쳐 행음하게 하고 우상의 제물을 먹게 하고 우상을 섬기게 하였던 그 상황들을 이기는 것을 말한다. 24절에 두아디라에 남아 있어 그 교훈을 받지 않고 소위 사단의 깊은 것을 알지 못하는 자에게 말하노니 다른 짐으로 너희에게 지울 것이 없나니 다만 너희에게 있는 것을 내가 올 때까지 굳게 잡고 끝까지 내 일을 지키는 그에게 만국을 다스리는 권세를 주신다는 것이다.

"철장을 가지고 저희를 다스려 질그릇 깨뜨리는 것과 같이 하리라"는 의미는 철장은 쇠지팡이이다. 질그릇은 옹기 그릇인데 옹기 그릇을 깨뜨리는 것은 아무 어려움이 없다. 주님께서는 시편 2:9에 "네가 철장으로 저희를 깨뜨림이여 질그릇 같이 부수리라 하시도다"라고 철장 권세로 만국을 다스리실 것을 말씀하셨는데 이기는 성도들에게도 이 같은 권세를 주신다는 것이다. 디모데후서 2:11-12에 "미쁘다 이 말이여, 우리가 주와 함께 죽었으면 또한 함께 살 것이요 참으면 또한 함께 왕 노릇할 것이요"라고 말했듯이 승리하는 자에게 주시는 약속은 현세의 고난과 핍박과 어려움을 당하는 일과는 비교할 수 없다.

28절에 "내가 또 그에게 새벽 별을 주리라"고 말씀하신다. 요한계시록 22:16에 "나는 다윗의 뿌리요 자손이니 곧 광명한 새벽 별이라 하시더라" 즉 예수님을 주셔서 어두움을 환히 비춰주고 새벽을 알리듯이 어두움의 세상에서 그러한 역할을 할 수 있게 하신다는 것이다.

5. 사데 교회(3:1-6)

1) 사데 교회에 나타나신 주님의 모습

1절에 "사데 교회의 사자에게 편지하기를 하나님의 일곱 영과 일곱 별을 가진 이가 가라사대"라고 말씀하신다. 에베소서 4:4에 "몸이 하나이요 성령이 하나이니라"고 말한다. 일곱 영은 성령이 일곱이라는 말이 아니요 성령의 다 방면의 역사와 누림의 풍성함을 나타내는 뜻인 것이다. 이 일곱 영은 우리 안에 거하시며 행하시어 믿는 이들로 그리스도를 표현하며 하나님의 요구를 온전히 이룰 수 있도록 하시는 것이다.

"일곱 별을 가진 이가 가라사대"라고 하신다. 에베소 교회에서도 오른손에 일곱 별을 붙잡고 일곱 금 촛대 사이로 다니시는 이로 나타나셨다. 발람의 교훈을 지키고 이세벨을 용납하여 행음하게 하고 우상의 제물을 먹게 하고 우상에게 절하게 하는 교회가 세상과 깊숙히 타협하고 타락한 가운데 하나님께서 일곱 별을 가지고 일곱 영을 가지신 이로 나타나신 것은 교회를 온전히 새롭게 하시려는 의도가 있으신 하나님의 뜻을 보이신 것이라 하겠다. 초대 교회는 성령의 역사로 교회가 크게 부흥되고 새롭게 되었다. 사도행전 1:4, 8에 "예루살렘을 떠나지 말고 아버지의 약속하신 것을 기다리라 성령이 너희에게 임하시면 너희가 권능을 받고 예루살렘과 온 유대와 사마리아와 땅 끝까지 이르러 내 증인이 되리라"고 말씀하셨다.

2) 사데 교회에 대한 주님의 책망

1절 후반에 "내가 네 행위를 아노니 네가 살았다 하는 이름은 가졌으나 죽은 자로다"고 말씀하신다. 사데란 『회복』이라는 뜻을 가지고 있다. 주님은 불꽃 같은 눈으로 교회와 성도 개개인을 주시하시고 살피신다. 회복되었다는 이름은 좋다. 발람의 교훈과 니골라당의 교훈이 교회에 잠입을 하여 간음하게 하며 하나님을 멀리 떠나게 했다. 자칭 선지자라 하는 여자 이세벨을 용납하므로 신성한 교회가 얼마나 손상되었는가! 이 상황에서 회복하였다는 이름은 좋으나 그 행위가 온전치 못하였다. 믿음이 없이는 하나님을 기쁘시게 할 수 없다. 하나님 편에 서서 맺고 끊는 것이 분명해야 한다. 세상과 타협하고 세상 사람들과 하등의 차이가 없이 살아가는 것은 주님을 기쁘시게 하는 일이 아닌 것이다. 사람이 목숨은 붙어 있으나 사람의 구실을 못하면 죽은 자와 같듯이, 살아 있으나 하나님 앞에서나 사람 앞에서 믿는 자로 살아 있는 삶을 살지 못한다면 죽은 자와 같은 것이다.

오늘날에도 소위 명목상의 교회가 있다. 교회의 모든 의식과 교리를 가지고 있다 하더라도 그 속에 생명 되시는 그리스도가 부재 한다면 어찌 교회라 할 수 있겠는가! 생명 없는 사람과 무엇이 다르겠는가! 생명 되시는 그리스도가 내 속에서 행하시고 역사하시는 생동감 넘치는 삶을 살아가야 할 것이다.

3) 사데 교회에 대한 주님의 권고

2절에 "너는 일깨워 그 남은 바 죽게 된 것을 굳게 하라 내 하나님 앞에 네 행위의 온전한 것을 찾지 못하였노니"라고 말씀하신다. 이름 뿐인 교회, 이름 뿐인 성도는 외형은 갖추어져 있어도 속에 생명이 없는 교회는 사실 죽은 교회인 것이다. 그래서 주님께서는 일깨워 그 조금 남아 있는 것을 다시 세워 굳게 하라 하신다. 무관심한 상태에서는 사물을 보고 상황을 본다 하여도 거기서 아무 것도 터득하지 못한다. 그러나 정신을 차리고 깨어 있는 상태에서는 사소한 일이라도 거기서 많은 것을 깨닫고 얻게 되는 것이다. 이런 상황에서는 첫째로 깨어 있어야 하는 것이 중요하며 작은 불씨가 큰 나무를 태우듯이 조금 남아 있는 것을 다시 세워 굳게 하는 것은 얼마나 바람직한 일인가!

"내 하나님 앞에 네 행위의 온전한 것을 찾지 못하였으니"라고 말씀하신다. 흔히 사람들은 사람들 앞에서 인정 받기를 원한다. 그러나 믿는 이들은 하나님께서 보실 때 나는 어떠할까, 칭찬 받을까, 책망 받을까 하며 살아야 할 것이다. 로마서 2:29에도 "그 칭찬이 사람에게서가 아니요 다만 하나님에게서니라"고 말한다.

온전한 행위는 무엇일까? 믿음이 있으면 행해야 되고, 사랑이 있으면 수고가 있어야 되며, 소망이 있다면 참고 인내해야 되는 것이다. 깨달음이 있다면 실천에 옮겨야 되는 것이며 잘못된 위치에 있음을 깨달았다면 거기서 단호히 벗어나야 되는 것이다. 하나님 말씀도 듣고 깨닫는 자만이 30배, 60배, 100배의 열매를 맺는 것이다. 그릇된 발람의 교훈이나 이세벨을 용납하는 것에서 회복되었으면 옳은 것을 정립해서 굳게 세워야 할 것이나 아직도 미완성으로 둔다면 어찌 그 행위를 온전하다 하겠는가!

4) 사데 교회에 대한 회개의 촉구

3절에 "그러므로 네가 어떻게 받았으며 어떻게 들었는지 생각하고 지키어 회개하라 만일 일깨지 아니하면 내가 도적 같이 이르리니 어느 시에 네게 임할는지 네가 알지 못하리라"고 말씀하신다. 처음은 좋았다. 좋았던 그것을 끝까지 지켜야 할 것이나 지키지 못하였다. 길을 행하다가 물건을 잃었으면 오던 길을 돌이켜서 찾듯이 다시 찾아야 되는 것이다. 그러므로 주님께서 네가 처음에 어떻게 받았으며 어떻게 들었는지 생각하고 지키어 회개하라고 하신다. 회복은 좋고 주님께서 매우 기쁘게 여기시는 것이며 이 회복도 주님께서 주시는 것이다. 바울 사도는 고린도 교회에 이렇게 말한다. 고린도전서 15:10에 "나의 나 된 것은 하나님의 은혜로 된 것이니 내게 주신 그의 은혜가 헛되지 아니하여 내가 모든 사도보다 더 많이 수고하였으나 내가 아니요 오직 나와 함께 하신 하나님의 은혜로라"고 말한다. 성경이 복음서만 있다면 얼마나 불완전한가! 편지서가 있기에 바울 사도의 직업이 장막을 세우는 직업이었듯이 교회를 온전히 세우는 역할을 다하지 않았는가! 왜 주님께서는 처음에 어떻게 받았으며 어떻게 들었는가를 생각하라고 하시는가! 만가지 은혜는 듣고 믿음으로 받았다. 하나라도 받지 아니한 것이 없다. 교만하여 자랑할 것도 없는 것이다. 고린도전서 4:7은 이렇게 말한다. "누가 너를 구별하였느뇨 네게 있는 것 중에 받지 아니한 것이 무엇이뇨 네가 받았은즉 어찌하여 받지 아니한 것같이 자랑하느뇨"라고 말한다. 나에게 이런 은혜를 주심은 아버지의 뜻을 이루려 하심이다 라고 생각하면서 충성을 다하여야 할 것이다.

"만일 일깨지 아니하면 내가 도적 같이 이르리니 어느 시에 네게 임할는지 네가 알지 못하리라"고 하신다. 깨어 있어 회개하지 아니하면 주님께서는 도적 같이 오신다고 하신다. 그 때는 기회가 없고 기름도 준비할 수 없으며 불신실한 자의 받는 율에 처하게 될 것이다. 그러므로 기회 있을 때 주님의 요구에 합당한 신앙생활로써 주님을 맞이 하기를 바라야 할 것이다.

5) 사데 교회에 대한 칭찬

4절에 "그러나 사데에 그 옷을 더럽히지 아니한 자 몇 명이 네게 있어 흰 옷을 입고 나와 함께 다니리니 그들은 합당한 자인 연고라"고 말씀하신다. 사데 교회는 버가모 교회와 두아디라 교회와 같이 행음하게 하고,

우상의 제물을 먹게 하고 우상 숭배하는 그런 죄는 범하지 않고 그러한 그릇된 일을 배격하고 회복하는 교회였다. 마치 마틴 루터가 종교 개혁을 통하여 타락한 길에서 돌아서게 하는 것과 같이 회복은 있었으나 완성이 미비하여 행위의 온전한 것을 찾지 못하였다 하신 말씀과 살았다 하는 이름은 가졌으나 실상은 죽은 자와 같다는 상황에서 오염되지 아니하고 하나님께서 기뻐하시는 신앙을 견지하며 서 있는 몇 사람이 있었다. 사데 교회는 그나마 이런 사람들로 통하여 명맥을 유지할 수 있었을 것이다. 흰 옷은 두 종류가 있는데 하나는 의의 흰 옷이요 또 하나는 세마포 흰 옷 곧 성도의 옳은 행실을 말하는 것이다. 살았다 하는 이름은 가졌으나 실상은 죽은 자와 같은 상황에 빠지지 않았다는 것이다. 우리들 생활에서 옷이 더러워지면 빨듯이 신앙생활에서 더러워진 옷도 예수님의 보혈의 피로 씻음 받아 정결케 하여 항상 깨끗함을 지속해야 마땅하다.

"그들은 합당한 자이므로 주님과 함께 다니리니"라 말씀하신다. 요한계시록 22:14에도 "그 두루마기를 빠는 자들은 복이 있으니 이는 저희가 생명 나무에 나아가며 문들을 통하여 성에 들어갈 권세를 얻으려 함이로다"라고 말씀하신다. 생명 나무는 누구이며 이 문은 누구인가? 모두가 예수 그리스도를 말하는 것이 아닌가!

6) 사데 교회 이기는 자에 대한 약속

5절에 "이기는 자는 이와 같이 흰 옷을 입을 것이요 내가 그 이름을 생명책에서 반드시 흐리지 아니하고 그 이름을 내 아버지 앞과 그 천사들 앞에서 시인하리라"고 말씀하신다. 이기는 자는 사데 교회의 형편에서 이기는 자를 말한다. 그들에게는 세 가지 약속이 있다.

첫째는 "흰 옷을 입을 것이라" 하신다. 의의 흰 옷은 탕자가 돌아왔을 때 제일 좋은 옷을 내어다가 입히라 하는 최상의 옷이요, 또 하나는 계 19:8에 기록된 세마포 흰 옷 곧 성도의 옳은 행실을 말한다. 마태복음 22:11-13에 왕자의 혼인 잔치에 예복을 입지 않은 사람에게 친구여 어찌하여 예복을 입지 않고 여기 들어 왔느냐 하며 수족을 결박하여 바깥 어두움에 내어 던지라 하였다. 믿는 성도들은 두 벌의 옷을 갖추어야 되는 것이다. 어느 옷 하나라도 소홀히 할 수 없음을 명심하자.

둘째로는 "그 이름을 생명책에서 반드시 흐리지 아니하고"라고 하신다. 생명책에 그 이름이 기록되지 못한 자는 둘째 사망 불 못에 던지운다(계 20:15). 짐승과 그의 우상에게 경배하고 그 이름의 표를 받는 자도 창세로 부터 그 이름이 생명책에 녹명되지 못하고 이 땅에 사는 자들은 모두 짐승의 표를 받게 된다(계 17:8).

생명책에 그 이름이 기록된 것은 얼마나 큰 축복인가! 그러나 패배자로 그 이름이 생명책에서 흐려지는 것은 어떠한 불행인가! 빌립보서 2:12에서 바울 사도는 말한다. "그러므로 나의 사랑하는 자들아 너희가 나 있을 때 뿐 아니라 더욱 지금 나 없을 때에도 항상 복종하여 두렵고 떨림으로 너희 구원을 이루라"고 말한다.

셋째는 "그 이름을 내 아버지 앞과 그 천사들 앞에서 시인하리라" 하신다. 마태복음 10:32-33에는 환난 중에서 "누구든지 사람 앞에서 나를 시인하면 나도 하늘에 계신 내 아버지 앞에서 저를 시인할 것이요 누구든지 사람 앞에서 나를 부인하면 나도 하늘에 계신 내 아버지 앞에서 저를 부인하리라"고 말씀하신다. 두아디라 교회의 상황에서 회복한다는 것은 적은 일이 아니다. 많은 고난과 희생이 따르는 법이다. 그런 중에서 끝까지 신앙의 정절을 지키는 것은 환난 중에서 주님을 시인하는 것과 동등의 의미가 있기 때문에 하나님 앞과 그의 천사들 앞에서 그 이름을 시인하리라 말씀하시는 것이다.

6. 빌라델비아 교회(3:7-13)

1) 빌라델비아 교회에 나타나신 주님의 모습

7절에 "빌라델비아 교회의 사자에게 편지하기를 거룩하고 진실하사 다윗의 열쇠를 가지신 이 곧 열면 닫을 사람이 없고 닫으면 열 사람이 없는 그이가 가라사대"라고 말씀하신다. 빌라델비아라는 말의 뜻은 『형제 사랑』을 의미한다. 변절한 두아디라 교회가 회복된 사데 교회를 낳게 하였고, 죽은 회복의 사데 교회가 형제 사랑의 빌라델비아 교회를 낳게 하였다. 그런데 이 교회에 나타나신 주님은 거룩하고 진실하신 분으로 나타나셨다. 주님은 거룩하신 분이시다. 모든 믿는 이들도 거룩케 되기를 원하신다. 베드로전서 1:15-16에는 "오직 너희를 부르신 거룩하신 자처럼 너희도 모든 행실에 거룩한 자가 되라 기록하였으되 내가 거룩하니 너희도 거룩할지어다 하셨느니라"고 말한다. 주님은 빌라델비아 교회가 거룩하고 흠 없고 점이 없는 교회로 세상에서 빛이 되기를 바라고 계신다.

"진실하사" 사람은 거짓되되 하나님은 진실하시다. 사람은 굳은 약속이라도 이해관계를 따라 미련없이 파기하지만 하나님은 해로울지라도 절대로 변치 않으신다. 그래서 아브라함에게 약속하신 약속을 기억하사 이스라엘을 종 되었던 땅에서 인도하신 것이다. 오늘날 성도들도 천지는 없어져도 내 말은 일점 일획이라도 없어지지 않는 다른 약속의 말씀을 믿고 주님을 섬기며 따를 수 있게 된 것이다.

"다윗의 열쇠를 가지신 이 곧 열면 닫을 사람이 없고 닫으면 열 사람이 없는 그 이가 가라사대"라고 말씀하신다. 하나님은 아브라함에게 약속하셨고 다윗에게 약속하셨다. 마태복음 1:1 "아브라함과 다윗의 자손 예수 그리스도의 세계라"고 말한다. 디모데후서 2:8에도 "나의 복음과 같이 다윗의 씨로 죽은 자 가운데서 다시 살으신 예수 그리스도를 기억하라"고 말한다. 다윗에게 약속하신 모든 약속이 예수 그리스도에 의하여 성취된다. 예수 그리스도가 아니면 다윗 가문의 어떤 것도 풀려지지 않는다. 예수 그리스도는 다윗의 열쇠이시며 열쇠를 가진 분이시다.

"열면 닫을 사람이 없고 닫으면 열 사람이 없는 이"라고 하신다. 주님께서 굽게 하신 것을 누가 능히 곧게 하며 주님께서 곧게 하신 것을 누가 능히 굽게 하겠느냐 주님께서 하시는 일에 누가 능히 관여 하겠느냐 형제 사랑의 교회에 주님께서는 큰 위로의 주님으로 나타나셔서 어떠한 가운데서도 보장해 주시고 책임 지시는 주님이시라는 것을 보여 주시고 계신다.

2) 빌라델비아 교회에 대한 칭찬

8절에 "볼지어다 내가 네 앞에 열린 문을 두었으되 능히 닫을 사람이 없으리라 내가 네 행위를 아노니 네가 적은 능력을 가지고도 내 말을 지키며 내 이름을 배반치 아니하였도다"라고 말씀하신다. 『볼지어다』 라고 크게 주의를 환기시키고 있다. 주님께서 빌라델비아 교회에 열린 문을 두었는데 능히 닫을 사람이 없다 라는 약속의 보장은 실로 벅찬 은혜이다. 하나님께서 십자가로 통하여 천하 만민이 구원에 이르는 문을 여셨기에 모든 이방인이 즐거이 이 문으로 들어가고 있지 않는가! 네가 작은 능력으로 내 말을 지키며 내 이름을 배반치 않았기 때문에 나도 너를 지키어 시험의 때를 면하게 해 주겠다는 약속이며 이 시험의 때는 온 세상에 임하여 땅에 거하는 자들을 시험 할 때라고 하셨다. 이 시험의 때가 칠년 대 환난인 것이다. 매일 매일의 생활인 평소에 많은 환난과 인내의 생활을 하였기에 환난의 때는 면하여 휴거될 것을 말씀하신 것이다. 다시 알곡인가 쭉정이인가를 시험해 볼 필요가 없다는 것이다. 그 얼마나 감격스럽고 벅찬 열린 문인가! 이 은혜를 빌라델비아 교회에만 주시는가! 아니다. 오늘날도 하나님의 말씀을 굳게 잡고 어떠한 상황 하에서도 신앙을 굽히지 않고 승리의 생활을 하는 자들에게 주시는 약속이요 보장인 것이다. 적은 능력으로 내 말을 지키며 내 이름을 배반치 않았다는 것은 얼마나 장한가! 어린 아이가 성인들도 감당하기 어려운 일을 해 냈다면 칭찬하여 상금을 주지 않았겠는가! 마치 이와 같은 뜻 하에서 그의 앞에 열린 문을 두신 것이다. 할렐루야!

3) 빌라델비아 교회에 대한 주님의 약속

9절에 "보라 사단의 회 곧 자칭 유대인이라 하나 그렇지 않고 거짓말하는 자들 중에서 몇을 네게 주어 저희로 와서 네 발 앞에 절하게 하고 내가 너를 사랑하는 줄을 알게 하리라"고 말씀하신다. 빌라델비아 교회는 버가모 교회와 두아디라 교회와 같이 발람의 교훈이나 니골라당의 행위와 이세벨을 용납하여 행음하고 우상의 제물을 먹고 우상 숭배하는 일의 문제는 없었다. 그러나 예수 그리스도가 하나님의 아들 메시야(그리스도)이심을 부정하고 예수를 따르는 자들을 핍박하는 유대인들로부터 오는 시험이 당면한 문제였다. 그들은 혈통적으로 하나님의 선민이요 하나님께서 아브라함에게 약속하셨던 언약의 자손이라 자처하며 주장하였다. 그러나 예수의 메시야 이심을 부정하는 사단을 추종하는 사단의 회인 것이다. 로마서 2:28-29의 말씀과 같이 "표면적 유대인이 유대인이 아니요 표면적 육신의 할례가 할례가 아니라 오직 이면적 유대인이 유대인이며 할례는 마음에 할지니 신령에 있고 의문에 있지 아니한 것이라 그 칭찬이 사람에게서가 아니요 다만 하나님에게서니라"고 말한다.

"자칭 유대인이라 하나 그렇지 않고 거짓말하는 자들 중에서 몇을 네게 주어 저희로 와서 네 발 앞에 절하게 하고"라 하신다. 혈통적으로 아브라함의 자손이요 언약의 자손이라 그리스도께서 그 혈통에서 나셨으니 육신적으로는 자칭 유대인이라 할 만하지만 실체 그리스도는 잃고 말았다. 알맹이 없는 껍질이 무용한 것같이 실체가 없는 율법이나, 안식일이나, 유대인이나 할례 등은 아무 가치가 없는 것이다.

"거짓말하는 자들 중에서"라고 하신다. 거짓말은 두 가지가 있다. 하나는 매일 매일의 생활에서 하는 작은 거짓말이요 또 하나는 요한일서 2:22-23의 말씀과 같이 "거짓말하는 자가 누구뇨 예수께서 그리스도이심을 부인하는 자가 아니뇨 아버지와 아들을 부인하는 그가 적그리스도니 아들을 부인하는 자에게는 또한 아버지가 없으되 아들을 시인하는 자에게는 아버지도 있느니라"고 말한다. 그런고로 예수께서 메시야이신 것을 부인하는 그가 큰 거짓말을 한 자이다. 하나님의 비밀은 그리스도이시다. "그 안에는 지혜와 지식의 모든 보화가 감취어 있느니라"(골 2:2)고 말한다. 하나님의 언약의 자손들이 아브라함에게 약속하신 대로 천하 만민이 네 씨로 인하여 복을 받으리라 하신 약속대로 언약하신 자손이 왔어도 무지하여 십자가에 못 박아 죽였으니 얼마나 가련한가! 자칭 유대인이라 자긍하고 교만한 자들을 네게 주어 네 발 앞에 절하게 하신다는 것이다. 한 때는 유대인들로 통하여 참소와 훼방과 가진 모욕을 당하였지만 그들의 교만을 꺾어 스스로 와서 무릎을 꿇고 절하게 하신다니 하나님은 낮추기도 하시고 높이시기도 하시는 분이시다.

"내가 너를 사랑하는 줄을 알게 하리라"고 하신다. "하나님은 지식의 하나님이시라 행동을 달아 보시느니라"(삼상 2:3). 신명기 8:2에 "네 하나님 여호와께서 이 사십 년 동안에 너로 광야의 길을 걷게 하신 것을 기억하라. 이는 너를 낮추시며 너를 시험하사 네 마음이 어떠한지 그 명령을 지키는지 아니 지키는지 알려 하심이라" 자칭 유대인이라 하는 자들의 핍박과 훼방 가운데서도 적은 능력으로 주님의 말씀을 지키고 그 이름을 배반치 않고 믿음을 지켰다. 이제는 하나님께서 빌라델비아 교회의 신앙을 점검해 보셨으니 첫째 보상으로 핍박하고 훼방한 자들을 스스로 끓게 하여 위로해 주시는 것이다. 이것이 주님께서 원수들 앞에서 극진히 사랑하시는 증거가 아닌가! 오늘날 예수 믿는 이들도 어떠한 상황에서라도 신앙의 정절을 지켜 이 세상 뿐 아니라 주 앞에 설 때 큰 위로와 상급이 있을 것이다.

10절에 "네가 나의 인내의 말씀을 지켰은즉 내가 또한 너를 지키어 시험의 때를 면하게 하리니 이는 장차 온 세상에 임하여 땅에 거하는 자들을 시험할 때라"고 말씀하신다. 8절에서는 네가 적은 능력을 가지고도 내 말을 지키며 내 이름을 배반치 아니하였다고 말씀하신다. 왜 본문에는 인내의 말씀을 지켰은즉이라 말씀하고 있는 것일까? 환난과 핍박 중에서 인내하는 것은 시험에 드는 것이 아니고 시험을 당당히 극복하며 이기는 것을 뜻한다. 야고보서 1:12에 "시험을 참는 자는 복이 있도다 이것에 옳다 인정하심을 받은 후에 주께서 자기를 사랑하는 자들에게 약속하신 생명의 면류관을 얻을 것임이니라"하며 또 야고보서 1:3에 "이는 너희 믿음의 시련이 인내를 만들어 내는 줄 너희가 앎이라" 말한다. 모든 순교자들은 하나님의 말씀과 예수 그리스도의 증거 때문에 죽임을 당하였다. 우리에게 부탁하신 하나님의 말씀을 지키려 함에는 인내가 필요한 것이다. 히브리서 10:36에는 "너희에게 인내가 필요함은 너희가 하나님의 뜻을 행한 후에 약속을 받기 위함이라" 말한다. 그러한 의미 하에서 인내의 말씀을 지켰다고 칭찬하는 것이다.

"내가 또한 너를 지키어 시험의 때를 면하게 하리니" 라고 하신다. 하나님은 미쁘시다. 고린도전서 10:13에 "사람이 감당할 시험밖에는 너희에게 당한 것이 없나니 오직 하나님은 미쁘사 너희가 감당치 못할 시험 당함을 허락지 아니하시고 시험당할 즈음에 또한 피할 길을 내사 너희로 능히 감당하게 하시느니라" 말한다. 시련의 의미는 믿음을 연단하려 함이요 환난과 핍박 중에서 내 말을 지키며 나를 사랑하는 것을 점검해 보시기 위한 것이라(신 8:2). 빌라델비아 교회는 적은 능력으로 하나님의 말씀을 지키며 주의 이름을 배반치 아니하는 검증을 받은 교회다. 네가 나의 인내의 말씀을 지켰다는 말씀도 주께서 인정 하신다는 뜻인 것이다. 그렇기 때문에 시험의 때는 너로 하여금 받지 아니하고 면하게 해 주신다는 것이다. 시험의 때를 면하게 하신다는 뜻이 시험 중에서 이기게 해 주신다는 뜻이 아니고 아예 그 때를 피하게 해 주신다는 뜻이다. 그렇다면 이 시험의 때는 어느 때인가? 이는 장차 온 세상에 임하여 땅에 거하는 자들을 시험할 때라고 하신다. 이는 전에도 없었고 후에도 없을 큰 환난인 칠년 대 환난의 때를 말하는 것이다. 누가복음 21:35에도 "이 날은 온 지구상에 거하는 모든 사람에게 임하리라" 말한다. 이 시험의 때에는 갈대 지팡이로 성전과 제단과 그 가운데서 경배하는 자를 척량하라 하신다. 누가 성전에서 경배하는 자인지 또는 제단에서 경배하는 자인지가 척량될 것이다(계 11:1). 이 시험의 때인 칠년 대 환난은 전에도 없었고 후에도 없는 전무 후무한 환난의 때인 것이다. 이 환난의 후삼년반에는 짐승과 그의 우상을 경배하게 하고 짐승의 이름의 표(666)를 받게 한다. 이를 거역하는 자는 몇이든지 죽임을 당하기 때문에 이 때 순교자의 수가 차게 되는 것이다. 이 칠년 대 환난이 일기 직전에 은밀히 두 사람이 밭에서 일할 때에 한 사람은 데려가고 한 사람은 버려 두며 두 여인이 매를 갈고 있을 때에 하나는 데려가고 하나는 버려 두는 일이 나타나게 되는 것이다. 이 때 데려감을 당한 자가 시험의 때를 면하게 되어 하나님의 보좌로 들림 받아 올라가는 자들이 되는 것이다.

4) 빌라델비아 교회에 대한 권면

11절에 "내가 속히 임하리니 네가 가진 것을 굳게 잡아 아무나 네 면류관을 빼앗지 못하게 하라"고 말씀하신다. 이 시간까지 지켜왔던 그 신앙을 굳게 잡아 아무나 네 면류관을 빼앗지 못하도록 하라는 당부인 것이다. 주님은 약속하신 대로 속히 오시는 분이다. 그러나 『속히』라는 시제가 하나님의 시제인 만큼 조급하게 생각해서는 큰 오류에 빠지게 된다. 베드로후서 3:8에 "사랑하는 자들아 주께는 하루가 천 년 같고 천 년이 하루 같은 이 한 가지를 잊지 말라"고 말한다. 그러므로 어느 때 오실 지 모르는 주님을 맞이하기 위하여는 항상 깨어 있어야 할 것이다. 네가 가진 것은 적은 능력과 끝까지 인내하는 신앙으로 말씀을 지키며 주의 이름을 배반치 않고 주님 앞에 인정 받는 믿음을 말한다. 느슨하게 생각지 말고 계속 전진하라. 흐르는 물은 맑지만 고인 물은 썩기 마련이다. 면류관은 주님 앞에서 받을 상급이다. 성도들이 주님 앞에서 받을 면류관은 생명의 면류관(약 1:12), 의의 면류관(딤후 4:8), 영광의 면류관(벧전 5:4)등이 있다. 경기장에서 달리는 선수가 끝까지 달리지 아니하면 면류관을 얻지 못한다. 이와 같이 신앙생활도 끝까지 잘 지키지 못하면 면류관은 주어지지 않는 것이다. 그러므로 아무나 그 면류관을 빼앗지 못하도록 각별히 주의하여야 할 것이다.

5) 빌라델비아 교회의 이기는 자에 대한 약속

12절에 "이기는 자는 내 하나님 성전에 기둥이 되게 하리니 그가 결코 다시 나가지 아니하리라 내가 하나님의 이름과 하나님의 성 곧 하늘에서 내 하나님께로부터 내려오는 새 예루살렘의 이름과 나의 새 이름을 그이 위에 기록하리라"고 말씀하신다. 이기는 자에 대한 네 가지의 약속이 허락되어 있다.

첫째는 "하나님 성전에 기둥이 되게 하신다"는 말씀이다. 장막 성전에도 많은 기둥들이 있고 솔로몬이 지은 성전에도 기둥들이 있다. 기둥들을 받치고 그 위에 건축이 되는 것이다. 특별히 두 기둥이 있다. 열왕기 상 7:21에 "이 두 기둥을 전의 낭실 앞에 세우되 우편의 기둥을 세우고 그 이름을 『야긴』이라 하고 좌편의 기둥을 세우고 그 이름을 『보아스』라 하였으며"라고 말한다. 사람으로 기둥이 되게 하시겠다는 말씀은 하나님 성전에서 중요한 역할을 담당하는 것을 뜻한다. 야고보, 요한, 베드로를 가리켜 이렇게 말한다. 갈라디아서 2:9에 "또 내게 주신 은혜를 알므로 기둥 같이 여기는 야고보와 게바와 요한도 나와 바나바에게 교제의 악수를 하였으니 이는 우리는 이방인에게로, 저희는 할례자에게로 가게 하려 함이라"고 하였다. 세상의 명예와 권세는 모두 쇠하는 것들이지만 하나님 나라에서의 존귀함은 영원한 것이기에 인생 몇십 년간의 신앙의 삶이 이렇게 영광스런 보상으로 약속이 되다니 실로 벅찬 감격이 아닐 수 없다.

둘째는 "하나님의 이름과 하나님의 성 곧 새 예루살렘의 이름과 나의 새 이름을 그이 위에 기록하리라"고 하신다. 요한계시록 14:1에 "시온산에 선 십 사만 사천인의 그 이마에 어린양의 이름과 그 아버지의 이름을 쓴 것이 있도다"라고 말한다. 『이름이 있더라』고 한 것은 하나님과 어린양의 소유임을 나타내며 새 예루살렘의 이름이 있다는 것은 영원한 기업인 새 예루살렘의 시민이 되었다는 뜻이다. 예수님의 새 이름이 기록되었다는 것은 여태까지 체험하고 누리지 못 하였던 그러한 누림과 체험들로 통하여 예수를 깊이 알게 되며 또 다른 감사로 이어진다는 풍성함을 뜻하는 것이다.

7. 라오디게아 교회(3:14-22)

1) 라오디게아 교회에 나타나신 주님의 모습

14절에 "라오디게아 교회의 사자에게 편지하기를 아멘이시요 충성되고 참된 증인이시요 하나님의 창조의 근본이신 이가 가라사대"라고 말씀하신다. 라오디게아의 뜻은 사람들이나 평신도의 의견과 판단등을 의미한다. 주님은 각 교회에 가장 합당하신 모습으로 나타나셨다.

(1) 아멘이시요…아멘이라는 뜻은 진실하신 하나님, 진리이신 하나님(사 65:16), 확고부동한 하나님이시라는 의미인 것이다. 라오디게아 교회가 진실하지 못하고 확고하지 못하고 옳은 위치에 서지 못하기 때문에 이것을 교정해 주시기 위하여 『아멘』이신 주님으로 나타나신 것이다.

(2) 충성되고 참된 증인이시오… 요한계시록 1:5에 "또 충성된 증인으로 죽은 자들 가운데서 먼저 나시고"라 말하며 히브리서 3:2에는 "저가 자기를 세우신 이에게 충성하시기를 모세가 하나님의 온 집에서 한 것과 같으니"라고 말하고 히브리서 3:5-6은 "또한 모세는 장래의 말할 것을 증거하기 위하여 하나님의 온 집에서 사환으로 충성하였고 그리스도는 그의 집 맡은 아들로 충성하였으니"라고 말한다. 하나님 아버지의 명령에는 『아니요』라는 말이 없고 다만 그에게는 『예』뿐이었다(고후   1:19). 이러한 충성되고 참된 모습으로 라오디게아 교회에 나타나신 것은 충성되고 참되지 못한 것을 시정하시기 위하여 나타나신 것이다.

(3) 하나님의 창조의 근본이신 이…하나님의 기뻐하시는 뜻에서 너무도 멀리 떠났다. 부요하고 부족한 것이 없다 하지만 가련하고 곤고하고 가난하고 벌거벗은 것은 동풍에 마른 이삭과 같다. 그래서 하나님의 창조의 근본이신 이로 나타나신 것은 근본부터 완전히 재창조를 하시겠다는 뜻인 것이다.

2) 라오디게아 교회에 대한 책망

15절에 "내가 네 행위를 아노니 네가 차지도 아니하고 더웁지도 아니하도다 네가 차든지 더웁든지 하기를 원하노라"고 말씀하신다. 신앙 생활에 있어서 적당히 넘기는 태도는 큰 적이라 말할 수 있다. 술에다 물 타듯 술도 아니고 물도 아닌 것은 물로도 술로도 마실 수 없는 것과 같다. 신앙 생활을 한다면서 주일이면 교회에 출석도 잘하고 교회 생활도 잘하여 칭찬이 자자하다가 세상에 나가서는 세상 사람과 똑같이 술, 담배, 우상숭배, 오입질도 하며 마치 개구리가 물에서도 살고 육지에서 살듯이 불리하면 물에 뛰어 들고 좋으면 물에서 나와 육지 생활을 한다. 잠언 24:26에는 "적당한 말로 대답함은 입맞춤과 같으니라"고 말한다. 철저한 신앙 생활이라면 뜨거워야 한다. 기도에 뜨겁고, 성경 보기에 뜨겁고, 각양 봉사에 뜨겁고, 전도에 뜨겁고, 모든 면에 있어서 하나님 앞에 칭찬 받고 인정 받도록 뜨거워야 한다. 그렇게 함으로 신앙이 무럭무럭 쑥쑥 풀잎 자라듯이 자라갈 것이다.

반면에 신앙 생활에 장애가 되는 금지 사항들은 냉혹할 정도로 끊어야 되는 것이다. 필자가 처음 교회 몇 달 나갈 때였다. 형들이 시제 모시러 가자고 말하였다. 그래서 나는 예수 믿으니 시제 지내는데 갈 수 없다고 하였다. 그랬더니 너는 우리 형제가 아니다 라고 말하지 않는가! 그렇다면 말로만 형제가 아니라 하지 말고 확실하고 분명하게 족보에서 제명해 버리시라고 하였더니 한참 서 있다가 어이가 없는지 그냥 사라지고 말았다. 그 후로 다시는 그런 말이 없었다. 불의와 타협하고 세상과 타협하는 것은 신앙이라 할 수 없다. 물과 기름이 합할 수 없는 것 같이 분명히 선을 그어야 될 것이다. 차갑거나 더운 곳에는 박테리아가 번식하지 못한다. 이와 반대로 미지근한 곳은 박테리아의 온상과 같은 곳이다. 차지도 아니하고 더웁지도 아니하니 얼마나 위험한가! 주님은 네가 차든지 더웁든지 하라고 말씀하신다.

그러면 차지도 않고 더웁지도 않는 상황이 어디서 온 것인가! 선민 이스라엘에서 찾아보자. 예레미야 2:2-3에 "가서 예루살렘 거민의 귀에 외쳐 말할지니라 여호와께서 이 같이 말씀하시기를 네 소년 때의 우의와 네 결혼 때의 사랑 곧 씨 뿌리지 못하는 땅, 광야에서 어떻게 나를 좇았음을 내가 너를 위하여 기억하노라 그 때에 이스라엘은 나 여호와의 성물 곧 나의 소산 중 처음 열매가 되었나니 그를 삼키는 자면 다 벌을 받아 재앙을 만났으리라 여호와의 말이니라" 하신다. 광야 생활에서 낮추고 주리게 하며 시험하사 네 마음이 어떠한지, 내 명령을 지키는지 아니 지키는지 알려하심이라 하여 시험하실 때는 얼마나 좋았는가! 여호와께서는 이 때를 소년 때의 우의와 결혼 때의 사랑이라 하시면서 칭찬하지 않았는가! 그러나 가나안 땅에 들어가서는 어찌 되었는가! 예레미야 2:5-8까지 "너희 열조가 내게서 무슨 불의함을 보았관대 나를 멀리하고 허탄한 것을 따라 헛되이 행하였느냐 그들이 우리를 애굽 땅에서 인도하여 내시고 광야 곧 사막과 구덩이 땅, 간조하고 사망의 음침한 땅, 사람이 다니지 아니하고 거주하지 아니하는 땅을 통과케 하시던 여호와께서 어디 계시냐 말하지 아니하였도다 내가 너희를 인도하여 기름진 땅에 들여 그 과실과 그 아름다운 것을 먹게 하였거늘 너희가 이리로 들어와서는 내 땅을 더럽히고 내 기업을 가증히 만들었으며 제사장들은 여호와께서 어디 계시냐 하지 아니하며 법 잡은 자들은 나를 알지 못하며 관리들도 나를 항거하며 선지자들은 바알의 이름으로 예언하고 무익한 것을 좇았느니라"고 말씀하신다. 왜 이스라엘이 이렇게 무력하게 되었는가!

첫째는 부요하므로 자만하게 된 것이요

둘째는 생활에 어려움이 없음으로 안이하게 생각함이요

셋째는 당부하신 말씀에 주의하지 아니함으로 세상과 행음하고 마음이 어두워지고 둔하게 되어 감각 없는 삶으로 추락된 것이라 하겠다.

16절에 "네가 이 같이 미지근하여 더웁지도 아니하고 차지도 아니하니 내 입에서 너를 토하여 내치리라"고 말씀하신다. 미지근하여 더웁지도, 차지도 아니한 것은 주님의 비위에 맞지 아니한 것이다. 생수는 여름에는 시원하고 겨울에는 따뜻하여 먹기에 적합하다. 그러나 건수는 겨울에는 이가 시릴 정도로 차고 여름에는 미지근한 것이 특징이다. 믿는 이들의 신앙도 주님을 향함이 불타듯 뜨겁고 세상을 끊고 악을 버리고 불의를 끊는데는 냉혹할 정도로 철저해야 하며 미지근하여 주님의 입으로부터 토해 내쳐버리는 일이 없어야 할 것이다.

17절에 "네가 말하기를 나는 부자라 부요하여 부족한 것이 없다 하나 네 곤고한 것과 가련한 것과 가난한 것과 눈먼 것과 벌거벗은 것을 알지 못하도다"라고 말씀하신다. 부자라 부요하여 부족한 것이 없다고 말한다. 사물의 평가를 정당하게 해야 하는데 라오디게아 교회는 평가가 잘 못 되었다. 세상 사람과 똑같다. 세상에 부요한 자들도 예수 믿으라 하면 내가 무엇이 부족해서 예수 믿나! 어려운 사람들이나 믿지 라고 말한다. 영적인 신령한 값진 것에는 관심이 없고 물질의 풍요로 영적인 모든 면까지 부요한 줄로 아는 것이 얼마나 가련하고 한심한가! 그러나 주님께서는 무어라 말씀하시는가! "네 곤고한 것과 가련한 것과 가난한 것과 눈먼 것과 벌거벗은 것을 알지 못하는도다"라고 말씀하신다. 주님께서는 영적인 신령한 면들을 말씀하신다. 돈이 많고 생활에 부요한 것을 부요하다고 말씀하지 않으신다. 서머나 교회도 환난과 궁핍이 있었지만 주님께서는 실상은 네가 부요하다고 말씀하셨다. 라오디게아 교회는 세상적인 면에서는 부요하고 자신들도 나는 부요하여 부족한 것이 없다 하였지만 주님께서 보시기에는 곤고하고 가련하고 가난하고 눈 멀고 벌거벗었다고 말씀하시지 않는가! 믿는 이들의 신앙의 기준은 주님께서 어떻게 평가 하시느냐에 중점을 두고 행하며 살아 가야할 것이다. 온 세상이 칭찬해도 주님께서 책망하시면 가치 없는 것이며 온 세상이 거스리고 비방하고 악평하여도 주님께서 인정하시면 옳은 것이다. 그 칭찬이 사람에게서가 아니고 하나님에게서라야 정당한 것이다.

"눈먼 것과" 사물을 보고 모든 것을 분별하듯이 하나님을 알고 예수 그리스도가 어떤 분이신가를 알아야 한다. 이사야 선지자는 이렇게 말한다. "너희가 듣기는 들어도 깨닫지 못할 것이요 보기는 보아도 알지 못하리라 이 백성들의 마음이 완악하여져서 그 귀는 듣기에 둔하고 눈은 감았으니 이는 눈으로 보고 귀로 듣고 마음으로 깨달아 돌이켜 내게 고침을 받을까 두려워함이라 하였느니라 그러나 너희 눈은 봄으로, 너희 귀는 들음으로 복이 있도다"(마 13:14-16)라고 말씀하신다.

"벌거벗은 것을 알지 못하는도다" 아담과 하와는 무화과 나무 잎으로 하체를 가리웠다. 그러나 자기 노력, 자기 의로는 벌거숭이와 같은 것이다. 하나님은 아담과 하와를 위하여 양을 잡아 가죽옷을 지어 입혔다. 그리스도의 구속으로 칭의를 얻게 되는 것의 모형인 것이다. 돌아온 탕자에게 제일 좋은 옷을 내어다 입히라는 옷은 최상의 옷을 말하는 것이다. 그리스도를 나의 구주로 영접하여 하나님의 자녀가 되고 영생을 얻게 된 것이다. 하나님의 의를 의지하지 않고 자기 의를 의지하면 벌거벗은 것이다. 라오디게아 교회는 어찌하여 이 지경까지 이르렀는가! 실로 가련하기 짝이 없다.

3) 라오디게아 교회에 대한 권면

18절에 "내가 너를 권하노니 내게서 불로 연단한 금을 사서 부요하게 하고 흰 옷을 사서 입어 벌거벗은 수치를 보이지 않게 하고 안약을 사서 눈에 발라 보게 하라"고 말씀하신다. 주님께서는 이러한 상황에서도 사랑으로 권면하신다.

"불로 연단한 금을 사서 부요하게 하고"…주께 나아와 불로 연단한 금을 사서 부요하게 하려면 많은 대가를 지불해야 한다. 그러면 불로 연단한 금이란 무엇을 말하는가! 베드로전서 1:7에 "너희 믿음의 시련이 불로 연단하여도 없어질 금보다 더 귀하여 예수 그리스도의 나타나실 때에 칭찬과 영광과 존귀를 얻게 하려 함이라"고 말한다. 금광에서 채광한 금은 불순물이 많다. 풀무에 몇 번이고 연단한 후에야 99.9% 순금이 되는 것과 같다. 믿는 이들의 믿음도 연단되지 않으면 주 앞에 설 때 칭찬과 영광과 존귀가 없는 것이다. 새 예루살렘의 정금은 수정 같이 맑다고 말한다. 믿는 이들의 믿음도, 품성도, 인격도, 투명하여 찌꺼기가 없어야 한다. 야보고서 1:2-4에 "내 형제들아 너희가 여러 가지 시험을 만나거든 온전히 기쁘게 여기라 이는 너희 믿음의 시련이 인내를 만들어 내는 줄 너희가 앎이라 인내를 온전히 이루라 이는 너희로 온전하고 구비하여 조금도 부족함이 없게 하려 함이라"고 말한다. 하나님께서는 믿는 이들을 양육하시되 온상에서 자라는 묘목과 같이 기르지 않는다. 온상에서 몇 번 가식하여 본답에 옮겨져서 줄기가 굳어지고 꽃이 피고 열매가 맺는 것이다. 하나님 앞에 부름 받고 세상에서 나와 하나님의 말씀으로 양육 받으면서 많은 믿음의 시련을 통하여 강건하게 되는 것이다. 다시 세상에 나가 빛과 소금이 되어야 한다. 그리스도의 향기와 편지가 되어 우리들의 삶 속에서 그리스도가 표현되어야 된다. 우리 안에 사시고 행하시는 이는 하나님이시다. 고로 그리스도의 삶이 나타나는 것이 정상적인 것이다. 옛 사람과 옛 구습만이 나타난다고 하면 그리스도이신 주님의 기대에 어긋나게 되는 것이다. 자아가 부서지고 깨어져서 고운 가루가 되어 주님께서 기뻐 받으시는 소제물이 되어야 하는 것이다.

"흰 옷을 사서 입어 벌거벗은 수치를 보이지 않게 하고"… 흰 옷은 무엇을 말하는가! 흰 옷을 사려면 역시 대가를 톡톡히 지불해야 되는 것이다. 옷은 두 종류가 있다. 하나는 믿음으로 칭의를 받는 돌아온 탕자에게 입혀 주는 최상의 옷이요 하나는 요한계시록 19:8에 있는 혼인 잔치를 위한 세마포 흰 옷 곧 성도들의 옳은 행실인 것이다. 이 예복을 입지 않고 혼인 잔치에 참석한 사람은 바깥 어두움에 쫓겨나 슬피 울고 이를 값이 있게 된다. 요한계시록 22:14에는 "그 두루마기를 빠는 자들은 복이 있으니"라고 말한다. 여기 본문에는 아예 옷이 없다. 그런고로 대가를 지불하고 옷을 사야 하는 것이다. 얼마나 가련한가! 옷은 행실과 관계가 있다. 옷이 없다는 것은 성도로써 내 안에서 사시고 행하시는 이의 어떠하심이 나타나야 할 것이나 그런 삶의 행실이 없다는 것이다. 모세로 통하여 공포된 십계명도 지키지 못하여 정죄에 이르렀거든 그 보다 훨씬 높여진 자유의 율법을 어떻게 순종하겠는가! 율법은 하나님께서 우리를 향하신 요구인 것이다. 사람은 할 수 없어도 내 안에 사시는 그분으로 말미암을 때는 모든 것을 행할 수 있는 것이다. 디모데후서 1:14에 "우리 안에 거하시는 성령으로 말미암아 네게 부탁한 아름다운 것을 지키라"고 말한다. 자신의 노력과 수고로 하라는 것이 아니라 내 안에서 행하시며 사시는 성령을 통하여 하라는 것이다. 이렇게 함으로써 흰 옷을 사서 입어 벌거벗은 수치를 보이지 않게 하는 것이 우선 할 일이 아니겠는가!

"안약을 사서 눈에 발라 보게 하라"… 17절에는 "네 곤고한 것과 가련한 것과 가난한 것과 눈먼 것과 벌거벗은 것을 알지 못하는도다"라고 다섯 항목을 말하고 있지만 권면의 말씀에서는 세 가지 항목을 말씀하고 있다. "내게서 불로 연단한 금을 사서 부요하게 하고"라는 항목 안에는 곤고와 가련함과 가난한 항목들이 포함됨을 암시하고 있다. 사도 베드로는 각 처에 흩어진 자들에게 두 번째 편지하기를 "이로써 그 보배롭고 지극히 큰 약속을 우리에게 주사 이 약속으로 말미암아 너희로 정욕을 인하여 세상에서 썩어질 것을 피하여 신의 성품에 참예하는 자가 되게 하려 하셨으니 이러므로 너희가 더욱 힘써 너희 믿음에 덕을, 덕에 지식을, 지식에 절제를, 절제에 인내를, 인내에 경건을, 경건에 형제 우애를, 형제 우애에 사랑을 공급하라

이런 것이 너희에게 있어 흡족한즉 너희로 우리 주 예수 그리스도를

알기에 게으르지 않고 열매 없는 자가 되지 않게 하려니와 이런 것이 없는 자는 소경이라 원시치 못하고 그의 옛 죄를 깨끗케 하심을 잊었느니라"(벧후 1:4-9)고 말한다. 이상의 여덟까지 항목을 갖춘 자는 보는 자요 원시하는 자라는 것이다. 고로 안약은 믿는 이로 신의 성품에 참여하는 삶을, 우리 안에서 사시고 역사 하시는 이의 역사를 따라 행하는 것이다. "하나님의 성령을 근심하게 하지 말라 그 안에서 너희가 구속의 날까지 인치심을 받았느니라"(엡 4:30, 살전 5:19)고 말한다. 새로운 장작개비에 불을 붙이는 것은 쉽다. 그러나 타다 남은 나무에 불을 붙이는 데는 어려움이 있다. 이와 같이 형식화 되고 무력화된 상태에서 다시 처음으로 회복하는데는 그 만큼 큰 대가를 지불해야 되는 것이다. 그렇기 때문에 불로 연단한 금을 사서 부요하게 하고, 흰 옷을 사서 입어 벌거벗은 수치를 보이지 않게 하고, 안약을 사서 눈에 발라 보게 하라 하신다. 이는 톡톡한 대가를 지불하라는 것이다.

4) 라오디게아 교회에 대한 회개의 촉구

19절에 "무릇 내가 사랑하는 자를 책망하여 징계하노니 그러므로 네가 열심을 내라 회개하라"고 말씀하신다. 인생 70년, 80년을 사는 동안에는 회개할 기회가 언제나 주어진다. 형식화되고 무력화된 라오디게아 교회를 향하여 버리시지 않고 사랑함으로 책망하여 회개를 촉구하신다. 이 땅에서 하나님의 징계를 받고도 회개치 아니하고 세상을 떠난다고 가정해 보자. 주님 앞에 설 때는 아무 이상이 없는 줄로 생각지 말라. 이 세상에서 자아가 부서지고 내려지지 아니하면 오는 세상에서 거기에 상응한 다루심을 받게 되는 것이다. 누가복음 12:45-47에는 이렇게 말한다. "만일 그 종이 마음에 생각하기를 주인이 더디 오리라 하여 노비를 때리며 먹고 마시고 취하게 되면 생각지 않은 날 알지 못하는 시간에 이

종의 주인이 이르러 엄히 때리고 신실치 아니한 자의 받는 율에 처하리
니 주인의 뜻을 알고도 예비치 아니하고 그 뜻대로 행치 아니한 종은 많
이 맞을 것이요 알지 못하고 맞을 일을 행한 종은 적게 맞으리라"고 말한
다. 그 날 주 앞에 설 때에 최고의 칭찬과 영광과 존귀가 있어야 되지 않
겠는가! 심는대로 거두게 된다. 안일하게 생각하지 말고 철저하게 회개
하여 그 날에 부끄러움이 없도록 하자.

"그러므로 네가 열심을 내라 회개하라"… 물질의 부요로 영적으로까지
부요한 줄 착각하지 말고 주님을 향하여 뜨거운 마음을 가지고 생각을
바꾸고 가던 길을 돌이키며 인생의 남은 때를 신실하게 살아야 할 것이
다.

5) 회개하는 자에 대한 약속

20절에 "볼지어다 내가 문 밖에 서서 두드리노니 누구든지 내 음성을
듣고 문을 열면 내가 그에게로 들어가 그로 더불어 먹고 그는 나로 더불
어 먹으리라"고 말씀하신다. 여기에서 주님의 갈망을 볼 수 있다. 하나님
의 비밀은 여지껏 감추어져 있었다. 주님의 십자가의 죽으심은 드러나
있었지 감추어지지 않았다. 그러나 그리스도의 비밀은 감추어져 있었다.
"이 비밀은 너희 안에 계신 그리스도시니 곧 영광의 소망이니라"(골 1:
27)고 말한다. 주님 부활하심으로 말미암아 아버지께 받아서 성령을 우
리에게 부어 주신 것이다. 하나님은 인격의 하나님이신지라 문도 열어
주지 않는데 강제로 들어오시는 분이 아니시다. 환영하고 문을 열어 주
어서 영접하여야만 들어가서 거하시는 분이시다. 그렇기 때문에 문 밖에
서 문을 열어 주기를 기다리며 문을 두드리는 것이다. 문을 두드리는 것
은 주의 음성이라고 하신다. 주의 음성을 듣고 문을 열면 주님께서는 들
어오셔서 우리 안에 거하시며 그로 더불어 먹고 그는 나로 더불어 먹으

리라 하신다. 하나님께서는 광야에서 장막을 치시고 이스라엘 백성중에 거하셨다. 지금은 우리 몸을 성전 삼으시고 우리 안에 거하신다(고전 3:16). 이 얼마나 놀라우신 은혜인가! 새 예루살렘에서는 장과 광과 고가 일만 이천 스다디온인 확대된 지성소인 성에 거하시는 것이다. 주님의 갈망을 물리치지 말라. 문을 열어 주님을 영접하여 그리스도의 풍성을 누리며 살자! 아멘!

6) 이기는 자에 대한 주님의 약속

21절에 "이기는 그에게는 내가 내 보좌에 함께 앉게 하여 주기를 내가 이기고 아버지 보좌에 함께 앉은 것과 같이 하리라"고 말씀하신다. 이기는 것도 라오디게아 교회의 상황에서 이기는 것을 말한다. 차지도 더웁지도 아니한 가운데서 돌이켜 곤고와 가련한 것과 가난한 것과 눈먼 것과 벌거벗은 것에서 온전히 회개하여 주를 영접한다면 주님께서는 주님의 보좌에 함께 앉게 해 주신다는 것이다. 주님께서 이기시고 아버지 보좌에 함께 앉은 것같이 하신다는 것이다. 이 얼마나 놀라운 은혜인가! 마태복음 19:28에 "예수께서 가라사대 내가 진실로 너희에게 이르노니 세상이 새롭게 되어 인자가 자기 영광의 보좌에 앉을 때에 나를 좇는 너희도 열 두 보좌에 앉아 이스라엘 열 두 지파를 심판하리라"고 말씀하신다. 할렐루야!

7) 교회에 대한 두 가지 측면

"만민을 구원하시는 하나님의 은혜가 나타나 우리를 양육하시되 경건치 않는 것과 이 세상 정욕을 다 버리고 근심함과 의로움과 경건함으로 이 세상에 살고"(딛 2:11-12) 라고 말한다. 처음에는 이스라엘을 택하시고 주위에 있는 모든 이방인으로 하나님의 어떠하심을 보여 주시며 때가 되매 아들을 보내사 만민을 구원하시는 십자가의 구속의 역사를 이루셨다. 이 때 이스라엘 족속들은 주 예수님을 거역하였고 모든 이방인은 주께로 돌아왔다. 참 감람 나뭇가지 얼마가 꺾이었는데 돌 감람 나무가 그 가지에 접붙임이 되어 참 감람 나무 진액을 얻게 된 것이다. 비록 소아시아에 있는 일곱 교회이지만 온 땅에 복음이 전파되어 세워질 모든 교회를 대표한 것이다. 초대 교회 시대에 일곱 교회가 분류되듯이 어느 시대나 모든 교회들은 일곱 교회로 분류될 수 있는 것이다.

이것이 첫 번째 측면이고 두 번째는 예언적인 측면에서 에베소 교회부터 라오디게아 교회는 각 시대에 일어날 교회를 말하고 있다는 것이다. 에베소 교회는 초대 교회의 시작부터 1세기 말까지의 바람직한 교회를 말하며 이 때를 소년 때의 우의와 결혼 때의 사랑 곧 씨뿌리지 못한 땅 광야에서 어떻게 나를 좇았음을 내가 너희를 위하여 기억하노라 하심과 같이 열렬하고 순수하고 간절한 그 시대를 말한다.

서머나 교회는 1세기 말부터 4세기 초반까지 로마 제국의 박해 아래 있었던 교회로 「몰약」이라는 뜻이 말해 주듯(비유적으로 고난을 뜻함) 고난 받는 교회의 시대를 말하고 있다. 우리가 주님의 구속에는 참여할 수 없어도 주님의 고난에는 참여하는 것이다. 골로새서 1:24에 바울 사도는 "그리스도의 남은 고난을 그의 몸 된 교회를 위하여 내 육체에 채우노라"고 말하고 있다.

버가모 교회는 결혼으로 「연합하다」의 뜻을 가진 교회로 세상과의 결혼 즉 연합된 것을 가리킨다. 로마 제국의 핍박에서 콘스탄틴의 교회를 국교로 받아들이게 된 4세기 초부터를 말하며 콘스탄틴의 정치적 영향력으로 많은 사람들이 교회에 들어와 교회는 엄청나게 확대 되었었다. 그러나 교회는 구별되고 정결한 동정녀와 같은 교회가 아닌 세상과 타협하고 간음하는 그런 교회로 전락된 것이다.

두아디라 교회는 「향기로운 제물」 혹은 「그침 없는 제물」을 뜻한다. 6세기 후반부터 교황제도를 확립함으로써 변절한 교회로 로마 카톨릭 교회를 예시한다.

사데 교회는 「남은 자」라는 뜻을 가진 교회이다. 사데 교회는 종교 개혁의 시대로부터 그리스도 재림시까지의 개신교를 예시하며 종교 개혁은 타락한 두아디라 교회 즉 변절한 카톨릭 교회로부터의 회복을 말한다.

빌라델비아 교회는 「형제 사랑」을 의미하는 것으로 19세기 초 영국에서 일어났던 형제 회를 말하며 주님 다시 오실 때까지 이룰 것이다. 라오디게아 교회는 사람들이나 평신도들의 「의견과 판단」이란 뜻이 있다. 모든 시대를 거쳐 산출된 교회로 말씀도 풍성하며 교리적으로나 실행상으로 부족함이 없었다. 그러나 영적인 그리스도를 누리고 체험하는 데는 너무도 빈약하였다. 외모로 유대인 되는 것이 유대인이 아니요 이면적 유대인이 참 유대인인 것같이 영적으로 풍성하고 눈 멀지 않고 벌거벗은 수치를 보이지 않는 교회로 세우시기 위해 주님께서는 아멘이시요 충성되고 참 된 증거이시요 하나님의 창조의 근본이신 이로 나타나셨다.

제 3 부
이 세상의 심판과 하나님의 구원(4:1∼18:24)

■ 계시록 4장의 개요

이는 만물이 주에게서 나오고 주로 말미암고 주에게로 돌아감이라
영광이 그에게 세세에 있으리로다 아멘(롬 11:36). 많은 모래알 중에
서 사금을 채취하듯이 만민 중에서 미리 아시고 미리 정하신 자들을
부르셔서 교회로 구별하시고 일곱 금 촛대 사이를 거니시는 예수님.
일곱 교회의 형편에 따라 그 교회에 합당한 모습으로 나타나셔서 칭찬
하시며 책망도 하시고 회개하지 않는 자의 심판과 이기는 자에 대한
보상의 약속 등을 말씀하시며 주님 앞에 흠 없고, 점 없고, 책망할 것
이 없는 온전한 자들로 세우시기를 원하시며 온 세상 중에 주님의 모
든 관심은 교회에 집중되어 있으시다.

호수에 돌을 던지면 그 파장이 호수 구석 구석에 미치는 것같이 예
루살렘에서부터 시작된 구원의 복음이 온 천하에 퍼지게 될 때 어둠의
세상 주관자인 사단은 가진 계교와 방법 등을 동원하여 구원의 복음을
저지하려 한다. 여기에서부터 발생하는 일들 곧 바울 사도가 대표적으
로 당하는 것 같은 핍박, 즉 내가 수고를 넘치도록 하고 옥에 갇히기
도 더 많이 하고 매도 수 없이 맞고 여러 번 죽을 뻔하였으니 유대인
에게 40에 하나 감한 매를 다섯 번 맞았으며 세 번 태장으로 맞고 한
번 돌로 맞고 세 번 파선하는데 일주야를 깊음에서 지냈으며 여러 번
여행에서 강의 위험과…(고후 11:23-28) 결국에는 복음을 위하고 주
의 이름을 위한 영광스러운 순교로 일생을 마쳤다.

비록 바울 사도 뿐 아니라 열 두 사도들도 사도 요한을 제외하고는
모두 순교 당하였다. 고난과 핍박과 환난 등을 두려워하지 말아야 한
다. 얼마나 영광스런 소망인가! "하나님께서 각 사람에게 그 행한 대
로 보응하시되 참고 선을 행하여 영광과 존귀와 썩지 아니함을 구하는

자에게는 영생으로 하시고 오직 당을 지어 진리를 좇지 아니하고 불의를 좇는 자에게는 노와 분으로 하시리라"(롬 2:6-8)고 말하며 "너희로 환난 받게 하는 자들에게는 환난으로 갚으시고 환난 받는 너희에게는 우리와 함께 안식으로 갚으시는 것이 하나님의 공의시니"(살후 1:6-7)라고 말한다. 또 로마서 1:18에도 "하나님의 진노가 불의로 진리를 막는 사람들의 모든 경건치 않음과 불의에 대하여 하늘로 좇아 나타나나니"라고 말하며 계시록 8:5에는 재앙을 내리게 되는 원인을 말해 주는 말씀이 있다. "천사가 향로를 가지고 단 위의 불을 담아다가 땅에 쏟으매 뇌성과 음성과 번개와 지진이 나더라"고 말한다.

제단의 불에 의해 향이 나난 생축의 제물로 드려진 불이다. 이 불을 향로에 담아 땅에 쏟음은 그에 대한 응징인 것이다. 바로 그 후에 그의 보응으로 일곱 나팔 재앙이 내려진 것이다. 다시 말하거니와 제단 위의 불은 순교자를 사른 불이요 그 연기는 향연으로 하나님께 향기로운 냄새가 나며 불을 땅에 쏟음은 그에 대한 보응이요 당연한 응징인 것이다. 그 후에 첫째 나팔, 둘째 나팔, 여섯째 나팔 재앙인 세계 제1차, 제 2차, 제 3차 대전이 일어나게 된다. "또 하늘에 크고 이상한 다른 이적을 보매 일곱 천사가 일곱 재앙을 가졌으니 곧 마지막 재앙이라 하나님의 진노가 이것으로 마치리로다"(계 15:1) 그 후에 요한 계시록 16장의 대접 재앙이 내려지게 된다. 그 후에 큰 음녀인 큰 성 바벨론이 멸망 받으며 짐승과 거짓 선지자와 그의 추종자들을 아마겟돈 전쟁에서 멸하시고 짐승과 거짓 선지자는 산 채로 유황불 붙는 못에 던져 버린다. 그 후에 천년 왕국과 영원한 무궁 세계인 새 하늘과 새 땅을 창조하시며 새 예루살렘에서 세세에 이르도록 주님을 섬기며 생명수 샘물을 누리며 살 것이다.

성도들이여! 평안히 사는 것만이 복이라 생각지 말라. 마태복음에는 팔복에 대하여 말씀하시면서 의를 위하여 핍박을 받는 자는 복이 있나니 천국이 저희 것임이라 나를 인하여 너희를 욕하고 핍박하고 거짓으로 너희를 거스려 모든 악한 말을 할 때에는 너희에게 복이 있나니 기뻐하고 즐거워하라 하늘에서 너희의 상이 큼이라 너희 전에 있던 선지자들을 위하여 너희에게 은혜를 주신 것은 다만 그를 믿을 뿐 아니라 또한 그를 위하여 고난도 받게 하심이라"고 말한다. 이 모든 일을 담당하여 집행하시는 곳이 보좌요, 이 일을 보좌에 앉으신 이의 오른손에 일곱 인으로 봉한 책에 의해 어린양이 인봉을 개봉함으로 하나님의 구원과 세상을 심판하시는 모든 계시를 기록하고 있는 것이다.

1. 하나님의 보좌와 그의 영광스런 광경(4:1-11)

1) 이 일 후에

1절에 "이 일 후에 내가 보니 하늘에 열린 문이 있는데 내가 들은 바 처음에 내게 말하던 나팔 소리 같은 그 음성이 가로되 이리로 올라오라 이 후에 마땅히 될 일을 내가 네게 보이리라"고 말한다. 『이 일 후에』라는 말이 요한계시록에는 6회 기록되어 있다(4:1, 7:1, 18:1, 19:1, 7:9, 15:5). 첫 번째부터 네 번째까지는 장의 초두에 있지만 다섯 번째와 여섯 번째는 장의 중간에 있다.

첫째 요한계시록 4:1은 하나님의 보좌의 영광을 보여 주는 4장과 인봉된 책을 받으시는 어린양을 보여 주는 5장과 첫째 인부터 여섯째 인까지 떼시는 6장 까지를 한꺼번에 묶고 있다. 첫째 인부터 여섯째 인까지는 17절에 불과 하지만 그 기간은 매우 길어서 거의 신약 전 기간을 포함하고 있다는 것이다. 다섯째 인을 떼실 때 제단 아래 죽임을 당한 영혼들이 대 주재여 우리 피를 신원해 주지 아니 하시기를 어느 때까지 하시려나이까 하는 말을 볼 때 죽임을 당하고 얼마 후에 하는 호소가 아니라 기다리다 지쳐서 하는 호소라는 것이다. 그리고 여섯째 인을 떼실 때는 세상 끝에 나타나게 될 사건이라는 것이다. 땅의 임금들과 왕족들과 장군들과 부자들과 강한 자들과 각 종과 자주자가 굴과 바위 틈에 숨어 산과 바위에게 이르되 우리에게 떨어져 보좌에 앉으신 이의 낯에서와 어린양의 진노에서 우리를 가리우라 그들의 진노의 큰 날이 이르렀으니 누가 능히 피하리요 라고 말한다.

둘째는 요한계시록 7:1의 이일 후에는 요한계시록 7:1-8절 까지의 중간 계시인데 이 중간 계시는 본 계시와 밀접한 관계가 있다. 꼭 필요한 위치에서 전후 관계를 잘 설명하고 있다. 이스라엘 백성 중에 인 맞은 자와 각 나라와 족속과 백성과 방언 중에서 아무나 능히 셀 수 없는 큰 무리를 보여주는 중간 계시가 일곱째 인을 떼시기 직전에 기록된 것은 일곱째 인을 떼시고 일곱 나팔 재앙과 칠년 대 환난과 대접 재앙의 때에 참기 어려운 사건들이 발생하는 중에서도 소망 중에 확실한 믿음의 정절을 굳게 지키게 하려는데 하나님의 뜻이 있다.

요한계시록 7:9의 『이 일 후에』는 요한계시록 7:1-8절 까지의 사건과 연관되지 않았다는 뜻이 있다. 어떤 사람들은 인 맞은 자와 셀 수 없는 무리와 동일하게 보는 이들이 있는데 그러한 오류가 있을법 하기 때문에 더욱 동일하지 않는 것을 분명히 보여 주기 위한 말씀이 될 것이다. 또 한 면으로는 셀 수 없는 무리를 포함한 기록과 요한계시록 15:4 까지 나팔 재앙과 칠년 대 환난까지를 포함하고 있다. 이 일 후에라는 계시록 7:9-15:4절 까지의 기사를 계시록에서는 가장 비중있게 다루며 말하고 이다. 유브라데강 제 3차 세계대전과 힘센 천사의 손에 펴놓인 책을 받아 먹고서 칠년대환난 전 삼 년 반의 예언하는 기록과 후삼년반에는 많은 사람으로 더불어 세운 언약을 일방적으로 파기하며 제사와 예물드림을 금하며 적그리스도가 자기를 경배하게 하며 자기형상의 우상

을 만들어 절하게 하며 절하지 않는 자는 몇이든지 죽이며 그의 이름의
표 666을 오른 손에나 이마에 받게 하며 받지 아니하는 자는 매매들을
못하게 한다. 첫 열매의 휴거와 전삼년반 교회의 양육과 두 증인의 순교
와 휴거 및 전체곡식 추수와 일곱째 나팔 부는 것과 짐승과 그의 우상에
게 경배하지 아니하고 그의 이름의 수를 이긴 자들의 불이 섞인 유리바
다가에서의 노래를 부르는 일들이 기록되어 있다. 기간은 매우 짧지만
기록은 계시록 7:9-15:4절 까지의 9개장의 기록이라는 점을 유의하기
바란다.

요한계시록 15:5의 이 일 후에는 하나님의 진노를 가득히 담은 일곱
금 대접을 쏟는 것과 계시록 17장까지 큰 음녀들의 심판까지를 포함하
고 있다.

요한계시록 18:1의 『이 일 후에』라는 말은 큰 음녀인 큰 성 바벨론
의 멸망을 요한계시록 18:1-24절 까지를 포함하고 있다.

요한계시록 19:1의 『이 일 후에』라는 말은 19장부터 22장 까지를
포함하고 있다. 백마 타신 그리스도와 그의 군대들과 적그리스도와 거짓
선지자와 그의 추종자들과 아마겟돈 전쟁과 천년 왕국과 사단의 멸망과
새 하늘과 새 땅과 새 예루살렘에 관한 것이 요한계시록 22장 까지를 포
함하고 있다. 별로 뜻이 없는 말씀으로 넘겨 버리기 쉬운 말이지만 각
시대의 구분을 명확히 말해주는 의미있는 말씀임을 알 수 있다.

2) 하늘에 열린 문이 있는데

하나님께서는 "창세 전에 그리스도 안에서 우리를 택하사 사랑함으로
그 앞에 거룩하고 흠이 없게 하시려고 그 기쁘신 뜻대로 우리를 예정하
사 예수 그리스도로 말미암아 자기 아들들이 되게 하셨다"고 말하고 있
다. 이 거룩하신 뜻을 따라 모세와 시편과 모든 선지자들에게 조금씩 말

씀하시고 열어 주신 것을 하나님께서 십자가의 구속으로 더욱 분명하고 확실한 영원한 기업인 새 예루살렘까지의 계시를 보여 주기 위해 하늘 문이 열린 것이다. 바울 사도는 아시아에 복음을 전하려 하였으나 복음의 문이 열리지 않아 마게도냐로 가서 복음을 전하여 유럽에 전파되었으며 에스겔에게도 하늘이 열려 하나님의 이상을 내게 보였다고 말하고 있다.

왜 유대인들에게 복음의 진리가 꽉 막혀 깨닫지 못하게 하였는가! 이는 이사야 선지자로 하신 말씀을 이루려 하시기 때문이다. "너희가 듣기는 들어도 깨닫지 못할 것이요 보기는 보아도 알지 못하리라 이 백성들의 마음이 완악하여져서 그 귀는 듣기에 둔하고 눈은 감았으니 이는 눈으로 보고 귀로 듣고 마음으로 깨달아 돌이켜 내게 고침을 받을까 두려워함이라 하였느니라"(마 13:14-15)고 말한다. 하늘의 문이 열려 하나님의 신묘 막측한 비밀을 알 수 있게 된 것이 얼마나 큰 축복이며 누림이 되는가!

"이리로 올라 오라" 혹자는 이 말을 교회의 휴거로 보는 이들이 있다. 그러나 아니다. 사도 요한은 하나님의 말씀과 예수 그리스도의 증거를 위하여 밧모섬에 있었다. 주의 날에 성령의 감동을 받아 보여 주신 계시인 것이다. 낮은 곳에서는 보이는 것이 한계가 있듯이 더 많은 것 신령한 것들을 보고자 한다면 높은 곳으로 올라가야 되는 것이다.

"이 후에 마땅히 될 일을 네게 보이리라" 요한계시록은 5부로 구성되어 있다. 서론과 네 본 것과 이제 있는 일과 장차 될 일들과 결론으로 구성되어 있다. 이 후에 마땅히 될 일을 요한계시록 4장부터 22장 까지에 기록하고 있다. 장차 될 일을 주관하고 집행하실 곳이 보좌와 그 위에 앉으신 하나님이시다. 그 일을 집행하시는데 아무렇게나 하신 것이 아니요 일곱 인으로 봉인된 책에 의해 죽임을 당한 어린양이 하나 하나 떼심으로 성취하신다. 만민을 구원하시는 하나님의 복음이 나타났지만 복음을 순종치 아니하고 불의를 행하는 자들에게 재앙과 벌을 내리신다. 계시록에는 하나님의 진노가 3단계로 1단계는 비교적 가벼운 재앙과 벌이요(계 6:1-8, 겔 14:21) 2단계는 그 보다 더 큰 진노(계 8:1-9:21)로서 여섯째 나팔 재앙까지요, 마지막은 하나님의 진노의 절정으로(계 16:1-21) 일곱 대접 재앙과 큰 성 바벨론의 멸망과 아마겟돈 전쟁 등을 포함하고 있다. 그 후 천년 왕국과 새 예루살렘의 모든 사건들이 일어날 것이다.

3) 성령에 감동하여

2절에 "내가 곧 성령에 감동하였더니 보라 하늘에 보좌를 베풀었고 그 보좌 위에 앉으신 이가 있는데"라고 말한다. 『성령에 감동』하였다는 말이 계시록에서 4회 나온다.
① 밧모섬에서요(계 1:10)
② 보좌를 보여 주심이요(계 4:2)
③ 물 위에 앉은 큰 음녀의 심판을 보여 주심이요(계 17:3)
④ 성령으로 크고 높은 산에 올라가 새 예루살렘을 이상으로 보여 주심이다(계 21:10).

땅에 있을 때는 땅에 관한 것 밖에 볼 수 없다. 성령으로 감동하였다는 것은 높이 올려진 상태이며 하늘의 이상을 볼 수 있는 위치에 있게 된 것이다. 우리 안에 사시고 행하시는 이는 하나님이시다(빌 2:13) 라고 말한다. 우리 안에서 말씀하시고 행하시는 이의 인도와 감화와 감동을 소멸하지 말고 그의 인도를 따르라. 바울 사도는 고린도 교회에 이렇게 말한다. "기록된 바 하나님이 자기를 사랑하는 자들을 위하여 예비하신 모든 것은 눈으로 보지 못하고 귀로도 듣지 못하고 사람의 마음으로도 생각지 못하였다 함과 같으니라 오직 하나님이 성령으로 이것을 우리에게 보이셨으니 성령은 모든 것 곧 하나님의 깊은 것이라도 통달하시느니라"(고전 2:9-10)고 말하며 또 사도 요한은 그의 서신에서 이렇게 말한다. "너희는 주께 받은 바 기름 부음이 너희 안에 거하나니 아무도 너희를 가르칠 필요가 없고 오직 그의 기름 부음이 모든 것을 너희에게 가르치며 또 참되고 거짓이 없으니 너희를 가르치신 그대로 주 안에 거하라"(요일 2:27)고 말한다. 이러한 성령의 감화와 감동과 인도가 우리 안에 있다는 것은 얼마나 큰 축복인가! 이 성령으로 점점 변화하고 자라서 그리스도의 장성한 분량에까지 이른 것이다.

4) 보좌에 앉으신 이가 벽옥과 홍보석 같다

3절에 "앉으신 이의 모양이 벽옥과 홍보석 같고 또 무지개가 있어 보좌에 둘렸는데 그 모양이 녹보석 같더라"고 말한다. 벽옥은 푸른 빛나는 고운 옥으로 각종 보석 중 제일 먼저 거론되는 최상의 보석으로서 하나님의 어떠하심을 상징으로 보여 주는 보석이다. 새 예루살렘성의 성곽도 일백 사십 사규빗인데 벽옥으로 쌓여 그 성벽의 외관이 하나님 같다는 것이다(계 21:18). 성곽의 기초석도 각종 보석으로 쌓였는데 첫째는 벽옥이요 여섯째는 홍보석이다(계 21:19-20). 하나님은 사랑의 하나님이요, 구속의 하나님이요, 공의의 하나님, 자비의 하나님이라 말씀하셨다면 사람들이 이해하기가 쉽고 설명하지 않아도 좋았을 것을 벽옥과 홍보석이라 말씀하셨으니 더욱 하나님을 깊이 생각하고 음미할 수 있게 된 것 같다. 벽옥이 첫째이듯이 하나님을 가장 풍성하게 표현할 수 있는 말이 무엇일까 하여 성경에서 찾아 보았다.

요한일서 4:10의 하나님은 사랑이시라는 말보다 더 풍성하게 표현될 말이 없는것 같아 벽옥으로 상징된 하나님은 사랑의 하나님이라 결론을 내렸다. 그렇다면 홍보석은 무슨 뜻이 있는가? 홍보석이 붉다하여 피 흘려 구속하신 하나님이라 하는 이들도 있지만 필자는 거기에 동의하기가 어려웠다. "의와 공의가 주의 보좌의 기초라"(시 89:14)고 하였고 "의와 공평이 그 보좌의 기초로다"(시 97:2)라고 말하고 있다. 그러한 말씀에 근거하여 홍보석을 공의의 하나님이라 결론을 내렸다. 아담이 범죄하였다. 범죄한 아담을 하나님은 어떻게 처리하셨는가! 죄의 값은 사망이니 사망의 심판을 받는 것이 하나님의 공의이시다. 그러나 하나님은 아담을 공의로 처리하시지 않으셨다. 여기에 하나님의 아픔이 있으신 것이다. 하나님께서는 아담의 죄를 묵인하시지도 않으셨다. 묵인하여 없었던 일로 여기셨다면 하나님은 더더욱 공의의 하나님이 아닌 것이다.

하나님께서 아담의 죄를 처리하신 것은 하늘에서나 땅에서나 어디서든지 찾아볼 수 없는 최상의 방법인 것이다. "여호와 하나님이 아담과 그 아내를 위하여 가죽옷을 지어 입히시니라"(창 3:21) 가죽을 얻는 것은 양의 희생이 선행된다. 이 양은 요한복음 1:29의 "세상 죄를 지고 가는 하나님의 어린양이로다"의 말씀과 같이 주 예수님의 십자가 구속을 뜻한다. 하나님은 사랑의 하나님으로 독생자를 주셨고 공의의 하나님으로 죄값을 아들에게 심판하신 것이다. 홍보석에 대하여 더 설명하겠다. 홍보석은 성의 성곽의 기초석이 열 두 기초석인데 첫 번째는 벽옥이요 여섯 번째는 홍보석이다. 하나님께서 하늘과 땅을 창조하실 때 첫째날부터 여섯째날에 마치셨다. 여기에 비추어 벽옥과 홍보석은 처음이요 나중이며 시작과 끝이 되시는 하나님이라는 뜻도 있다. 사람들은 가정에서 부모들의 준엄함과 자애로운 양면의 교육과 돌보심 아래 살아간다. 모친의 사랑만 받은 자녀들은 버릇이 없다. 아비의 준엄한 책망과 꾸중만 들어온 자녀들은 주눅 들린다. 하나님은 사랑의 하나님이요 공의의 하나님이시다. 하나님은 지금까지도 이 양면의 하나님을 적절히 나타내시면서 하나님의 백성들을 양육하시고 만민을 다스리시고 계신다.

새 예루살렘에서 성곽의 기초석의 순서가 첫째가 벽옥이요 여섯째가 홍보석이었지만 구약 시대에는 그 순서가 조금 다르다. 대 제사장들의 흉패에 물린 보석이 첫줄 첫 번째는 홍보석이고 넷째줄의 열 두 번째는 벽옥이다. 왜 그 순서가 성곽의 기초석의 순서와 다를까? 구약 시대의 하나님께서는 하나님의 백성들을 다스리실 때 모세에게 주었던 율법을 따라 다스렸기 때문에 하나님의 사랑의 면보다 공의의 하나님이신 홍보석을 첫 번째로 하고 벽옥을 끝에 놓은 것 같다. 출애굽기 28:17-20절 "그것에 네 줄로 보석을 물리되 첫 줄은 홍보석 황옥 녹주옥이요 둘째 줄은 석류석 남보석 홍마노요 셋째 줄은 호박 백마노 자수정이요 넷째 줄은 녹보석 호마노 벽옥으로 다 금테에 물릴지니" 보좌에 앉으신 하나님은 벽옥 같고 홍보석 같다. 사랑의 하나님이시며 공의의 하나님이시다. 버릇없이 행하면 하나님의 다루심이 있을 것이요 신실하고 충성되게 행하라. 그리하면 칭찬이 있을 것이다.

5) 무지개가 보좌에 둘려 있다

무지개는 노아 홍수 이 후 언약을 세워 다시는 모든 생물들을 홍수로 멸하지 아니할 것이라고 노아와 그 아들들에게 언약하신 말씀이다. 그러므로 하나님은 약속의 하나님이시다. 창세기 3:15에 여인의 후손은 뱀의 후손의 머리를 상할 것이요 에서부터 시작하여 아브라함에게 네 씨로 말미암아 천하 만민이 복을 받을 것이라 하신 말씀과 아들이 되매 그 아들에게 영원하신 기업인 새 예루살렘까지 크고 작은 헤아릴 수 없는 약속을 주셨다. 갈라디아서 3:15-16 "형제들아 사람의 예대로 말하노니 사람의 언약이라도 정한 후에는 아무나 폐하거나 더하거나 하지 못하느니라 이 약속들은 아브라함과 그 자손에게 말씀하신 것인데 여럿을 가리켜 그 자손들이라 하지 아니하시고 오직 하나를 가리켜 네 자손이라 하셨으니 곧 그리스도라"고 말하고 또 에스겔 36:26-27에 "또 새 영을 너희 속에 두고 새 마음을 너희에게 주되 너희 육신에서 굳은 마음을 제하고 부드러운 마음을 줄 것이며 또 내 신을 너희 속에 두어 너희로 내 율례를 행하게 하리니 너희가 내 규례를 지켜 행할지라" 또 요엘 2:28-29에 "그 후에 내가 내 신을 만민에게 부어 주리니 너희 자녀들이 장래 일을 말할 것이며 너희 늙은이는 꿈을 꾸며 너희 젊은이는 이상을 볼 것이며 그 때에 내가 또 내 신으로 남종과 여종에게 부어 줄 것이며"라고 언약하신 대로 성령을 부어 주셨다. 주 예수님도 부활하신 후 40일 동안 하나님 나라 일을 말씀하시고 사도와 같이 모이사 저희에게 분부하여 가라사대 예루살렘을 떠나지 말고 아버지의 약속하신 것을 기다리라 요한은 물로 세례를 베풀었으나 너희는 몇 날이 못 되어 성령으로 세례를 받으리라고 말씀하셨다. 크게는 구약 39권의 약속과 예언은 신약 27권의 성취인 것이다. 사람들은 하루 앞의 일도 몰라서 점술이니 역술이니 하며 길흉을 점치곤 한다. 창세전부터 뜻하시고 계획하신 일들을 선지자들로 통하여 미리 말씀하시고 추호도 차질이 없이 성취하시는 하나님이시다. 상천하지에 이러한 분을 눈을 씻고 찾아도 찾을 수 없다. 우리 믿는 이들은 이러한 말씀에 더욱 충실해야 할 것이다.

"무지개의 모양이 녹보석 같다"함은 온 땅이 푸른 풀과 푸른 나무로 푸르름이 가득한 것같이 하나님의 약속이 이 땅에 가득함을 뜻하신 것이다. 하나님은 미쁘셔서 한 번 약속하신 것은 해로울지라도 파기하시지 않으시는 하나님이시기 때문에 얼마든지 하나님의 약속에는 "아멘" 하고 영광을 돌리며 따를 것이다.

6) 이십 사 보좌와 이십 사 장로

4절에 "또 보좌에 둘려 이십 사 보좌들이 있고 그 보좌들 위에 이십 사 장로들이 흰 옷을 입고 머리에 금 면류관을 쓰고 앉았더라"고 말한다.

이스마엘이 열 두 방백을 낳았고(창 25:12-16) 야곱이 열 두 족장들을 낳아 이스라엘 열 두 지파라 한다. 우리 몸의 심장부를 감싸고 있는 갈비도 좌우로 24골이다. 하나님은 광야에서 진행할 때나 장막을 칠 때나 항상 성막이 가운데 있고 그 주위에 열 두 지파가 장막을 치며 거하였다. 하나님은 하늘에도 계시지만 구속하신 하나님은 백성과 함께 거하시기를 갈망하신다. 이스라엘 열 두 지파와 이스마엘 열 두 지파는 전 세계를 상징한다. 하나님께로 창조된 피조물이기 때문에 누구나 하나님께로 돌아와서 섬겨야 하겠지만 아직도 하나님을 모르는 백성이 많은 것은 안타까운 일이 아닐 수 없다. 이십 사 장로들이 보좌에 앉아 보좌에 앉으신 이와 어린양에게 경배하며 찬양하며 화답하여 하는 것은 전 인류가 그와 같이 하나님을 섬겨야 된다고 하는 축소판의 그림이기도 하다. 그러면 이십 사 장로들은 어떠한 사람인가? 영광스런 교회를 대표한 사람인가? 이스라엘 열 두 족장들과 신약의 십 이 사도들인가? 아니면 천사들 중에 선별된 사람들인가? 알아보기로 하자.

① 이십 사 장로들의 찬송은 구원의 노래가 아니고 만물을 창조하신 찬송이다. "우리 주 하나님이여 영광과 존귀와 능력을 받으시는 것이 합당하오니 주께서 만물을 지으신지라 만물이 주의 뜻대로 있었고 또 지으심을 받았나이다"(계 4:11).

② 예수님은 서 있는데 요한계시록 5:6의 이십 사 장로들은 보좌에 앉아 있었다. 족장들과 열 두 사도라면 자기를 구속하신 예수님은 서 있는데 보좌에 앉았다는 것은 이치에 맞지 않는다. 히브리서 2:6-8에 "오직 누가 어디 증거하여 가로되 사람이 무엇이관대 주께서 저를 생각하시며 인자가 무엇이관대 주께서 저를 권고하시나이까 저를 잠간 동안 천사보다 못하게 하시며 영광과 존귀로 관 씌우시며 만물을 그 발 아래 복종케 하셨느니라" 그리고 요한계시록 19:4절 이후에는 장로들은 더 이상 나타남이 없다.

③ "책을 취하시매 네 생물과 이십 사 장로들이 어린양 앞에 엎드려 각각 거문고와 향이 가득한 금 대접을 가졌으니 이 향은 성도의 기도들이라"(계 5:8). 여기서 족장들과 사도들이 성도의 기도들을 금 대접에다 받을 수 있느냐 하는 것이다. 요한계시록 8:3-4에는 "또 다른 천사가 와서 제단 곁에 서서 금 향로를 가지고 많은 향을 받았으니 이는 모든 성도의 기도들과 합하여 보좌 앞 금단에 드리고자 함이라 향연이 성도의 기도와 함께 천사의 손으로부터 하나님 앞으로 올라가는지라 "이 일은 사도나 족장들이 하는 몫이 아니고 천사들의 몫이라는 것이다.

④ 요한계시록 5:9-10에 "새 노래를 노래하여 가로되 책을 가지시고 그 인봉을 떼기에 합당하시도다 일찍 죽임을 당하사 각 족속과 방언과 백성과 나라 가운데서 사람들을 피로 사서 하나님께 드리시고 저희로 우리 하나님 앞에서 나라와 제사장을 삼으셨으니 저희가 땅에서 왕 노릇하리로다 하더라" 이 말씀에서 『저희로』라는 말이 2회 나온다. 만일 그들이 열 두 족장들이요 열 두 사도라면 『저희로』라는 말을 『우리로』라고 말하였을 것이다.

⑤ 사도 요한이 장로중 물어 보는 이에게 내 주여 당신이 알리이다 라고 말한 것은 그 장로가 요한보다 뛰어난 위치에 있는 존재다 함을 보여준다(계 7:13-14).

⑥ "세상이 새롭게 되어 인자가 자기 영광의 보좌에 앉을 때에 나를 좇는 너희도 열 두 보좌에 앉아 이스라엘 열 두 지파를 심판하리라"(마 19:28) 하셨고 또 "하나님이 우리의 말한 바 장차 오는 세상을 천사들에게는 복종케 하심이 아니라"(히 2:5)고 말한다. 이상과 같은 증거를 보아 이십 사 장로는 족장들이나 사도들이 아니요 천사들중 선택된 자로 본다.

"이십 사 장로들이 흰 옷을 입고 머리에 금 면류관을 쓰고 앉았더라"고 말한다. 흰 옷은 요한계시록 7:14의 흰 옷 입은 무리들이 어린양의 피

에 그 옷을 씻어 희게 하였다는 말이 아니고 천사가 죄가 없음을 보여
주는 것이다.

7) 보좌로부터 번개와 음성과 뇌성이 나옴

5절에 "보좌로부터 번개와 음성과 뇌성이 나고 보좌 앞에 일곱 등불
켠 것이 있으니 이는 하나님의 일곱 영이라"고 말한다. 계시록에는 『번
개와 음성과 뇌성』이라는 말이 4회 나온다.

① 요한계시록 8:5에 "천사가 향로를 가지고 단 위의 불을 담아다가
땅에 쏟으매 뇌성과 음성과 번개와 지진이 나더라"고 말한다. 제단에서
생축을 사르고 그 기름을 사르는 불을 담아서 땅에 쏟는다는 것은 이 후
에 일어날 나팔 재앙의 원인이 되는 것을 보여 주는 것이다. 하나님의
위엄과 심판에 대한 중한 경고가 되는 것이다. 마치 대연주회에서 전주
곡과도 같은 것이다.

② 요한계시록 11:9에 "이에 하늘에 있는 하나님의 성전이 열리니 성
전 안에 하나님의 언약궤가 보이며 또 번개와 음성들과 뇌성과 지진과
큰 우박이 있더라"고 말한다.

③ 요한계시록 16:17-18에 "일곱째가 그 대접을 공기 가운데 쏟으매
큰 음성이 성전에서 보좌로부터 나서 가로되 되었다 하니 번개와 음성들
과 뇌성이 있고 또 큰 지진이 있어 어찌 큰지 사람이 땅에 있어 옴으로
이 같이 큰 지진이 없었더라" 대접 재앙은 하나님의 진노가 절정에 이르
는 마지막 재앙으로 하나님의 진노가 마치는 것이다. 요한계시록 1:15
은 주의 음성은 많은 물소리와 같다 하였는데 왜 여기에는 보좌로부터
번개와 음성들과 뇌성이 나오는가? 이 보좌는 심판의 보좌라는 것을 나
타내고 있는 증거라는 것이다. 그러므로 믿는 이들은 깨어서 신실하게
주 앞에 설 때에 책망 없는 자로 주 앞에 서도록 살아야 될 것이다. 많은

사람들이 하나님의 말씀과 그 증거 때문에 핍박을 당하며 옥에 갇히고 순교하기도 한다. 순교의 제물로 드려지는 제단불을 담아다가 땅에 쏟을 때 번개와 음성과 뇌성과 지진이 났다. 이 음성이 보좌로부터 났다는 것은 그 보좌가 심판의 보좌요 진노와 응징의 보좌라는 것이다.

요한계시록 4장부터 22장 까지의 내용은 이 세상의 심판과 하나님의 구원으로 요약할 수 있다. 하나님의 인자와 엄위를 보자. 넘어지는 자들에게는 엄위가 있으니 너희가 만일 하나님의 인자에 거하면 그 인자가 너희에게 있으리라 말한다. 하나님은 사랑의 하나님이다. 버릇없이 행하면 하나님의 엄위로 다스림을 받을 것이다. 항상 경외함으로 불꽃 같은 눈으로 보실줄 알고 행하여야 할 것이다.

8) 일곱 등불과 하나님의 일곱 영

"일곱 등불 켠 것이 있으니 이는 하나님의 일곱 영이라"고 말한다. 요한계시록 1:4절의 보좌 앞에 일곱 영과 요한계시록 5:6에는 일곱 뿔과 일곱 눈이 있으니 이는 하나님의 일곱 영이더라 일곱 영은 일곱의 영이 아니요 하나님의 영의 유여하심을 상징한다. 빛 비추심에 완전하심과 일곱 뿔 즉 영의 능력과 권세에 대하여 완전하심과 일곱 눈 즉 지혜에 대하여 완전하심의 상징으로 일곱 등불이라 하며 일곱 뿔이라 일곱 눈이라 말하고 있는 것이다. 이 등불 빛이 사람들의 마음을 비추어 어두움에서 빛으로 사망에서 생명으로 인도하는 역사를 이루시는 것이다. 사람은 하나님의 법을 순종할 수 없다. 왜 하나님께서는 선악을 알게 하는 실과를 먹지 말라고 하셨는가?

사람이 범죄하고 타락하기 전에는 선악을 알아도 그 법을 행할 수 없기 때문에 먹지 못하게 하셨고 먹는 날에는 반드시 죽으리라고 하셨던 것이다. 그 후 선악과를 따 먹은 결과 하나님께서는 선악과의 실체가 되는 율법을 중보의 손을 빌어 이스라엘 족속에게 주셨다. 그것을 이스라엘 사람들은 하나님 앞에서 철저하게 지키겠다고 다짐하며 말하였지만 한 사람도 그 법을 지키지 못하여 율법은 범죄자로 정죄에 이르게 한 것이다. 율법은 선하고 의롭고 신령한 것이지만 나 자신에게 문제가 있어 그 법에 이르지 못하기에 사망 아래 다스림을 받게 되는 것이다. 법이 없을 때에는 내가 살았더니 계명이 이르매 죄는 살아나고 나는 죽었도다. 이렇게 죽게된 인생들을 구하시려 주 예수님은 십자가에서 피 흘려 죽으심으로 우리의 죄를 사하시며 믿음으로 의를 주시고 보혜사 성령을 우리에게 주심으로 우리가 살게 되었고 하나님의 법을 행할 수 있는 수준에까지 이른 것이다.

계명의 율법도 지키지 못하여 죽게 된 인생에게 그리스도 예수 안에 있는 훨씬 높여진 자유의 법을 행할 수 있겠는가? 율법은 하나님의 요구인 것이다. 삼위이신 성령께서 우리 안에 계시니 그 성령으로 하나님의 요구를 행할 수 있는 것이다. 디모데후서 1:14에 "우리 안에 거하시는 성령으로 말미암아 네게 부탁한 아름다운 것을 지키라"고 말씀하신다. 자아가 할려고 하기 때문에 행하다가 지치고 쓰러지고 불가능하게 되는 것이다. 그 영은 일곱 뿔의 영 즉 능력과 권세가 무한하신 영이시다. 개의 생명을 가진 자는 개 같이 살고, 고양이의 생명을 가진 자는 고양이 같이 산다. 사람의 생명을 가진 자는 사람 같이 살 것이다. 이와 같이 하나님의 생명을 가진 자는 하나님의 생명을 살아내는 것이다. 로마서 8:1-2에 "그러므로 이제 그리스도 예수 안에 있는 자에게는 결코 정죄함이 없나니 이는 그리스도 예수 안에 있는 생명의 성령의 법이 죄와 사망의 법에서 너를 해방하였음이라"고 말한다. 요한복음 15:4-5에 "내 안에 거하라 나도 너희 안에 거하리라 가지가 포도 나무에 붙어 있지 아니하면 절로 과실을 맺을 수 없음 같이 너희도 내 안에 있지 아니하면 그러하리라 나는 포도 나무요 너희는 가지니 저가 내 안에, 내가 저 안

에 있으면 이 사람은 과실을 많이 맺나니 나를 떠나서는 너희가 아무것
도 할 수 없음이라" 예수 안에 있으면 열매를 많이 맺게 된다. 그러면 예
수 안에 있다는 것은 어떤 것을 말하는가? 요한일서 3:24에 "그의 계명
들을 지키는 자는 주 안에 거하고 주는 저 안에 거하시나니 우리에게 주
신 성령으로 말미암아 그가 우리 안에 거하시는 줄을 우리가 아느니라"
고 말하고 요한일서 4:13에 "그의 성령을 우리에게 주시므로 우리가 그
안에 거하고 그가 우리 안에 거하시는 줄을 아느니라"고 말한다. 골로새
서 1:27에 "하나님이 그들로 하여금 이 비밀의 영광이 이방인 가운데 어
떻게 풍성한 것을 알게 하려 하심이라 이 비밀은 너희 안에 계신 그리스
도시니 곧 영광의 소망이니라"

  하나님은 우리 안에 계신다. 갈라디아서 2:20에도 "내가 그리스도와
함께 십자가에 못박혔나니 그런즉 이제는 내가 산 것이 아니요 오직 내
안에 그리스도께서 사신 것이라 이제 내가 육체 가운데 사는 것은 나를
사랑하사 나를 위하여 자기 몸을 버리신 하나님의 아들을 믿는 믿음 안
에서 사는 것이라"고 말하며 빌립보서 1:21에 "이는 내게 사는 것이 그
리스도니 죽는 것도 유익함이니라"고 말한다. 에스겔 36:26-27에도 "또
새 영을 너희 속에 두고 새 마음을 너희에게 주되 너희 육신에서 굳은
마음을 제하고 부드러운 마음을 줄 것이며 또 내 신을 너희 속에 두어
너희로 내 율례를 행하게 하리니 너희가 내 규례를 지켜 행할지라"고 말
씀하고 있다. 하나님께 감사하자! 우리 안에 거하신 성령님의 인도와 감
화와 감동을 따라 그리스도의 장성한 분량에까지 이르자! 할렐루야!

  9) 보좌 앞에 수정과 같은 유리 바다

  6절에 "보좌 앞에 수정과 같은 유리 바다가 있고 보좌 가운데와 보좌
주위에 네 생물이 있는데 앞뒤에 눈이 가득하더라"고 말한다. 사람들의

아는 것이나 보는 것은 유한하기 때문에 한 눈에 우주를 다 볼 수 없다. 천지와 만물을 창조하신 하나님은 그 보좌를 베푸셨는데 그 보좌는 영광스럽고 장엄하며 우주를 축소시킨 영광의 보좌임을 볼 수 있다. 보좌에 둘러 우주의 장로인 이십 사 보좌가 있고 그 위에 이십 사 장로가 흰 옷을 입고 머리에 금 면류관을 쓰고 앉았으며 보좌로부터 번개와 음성과 뇌성이 나고 보좌 앞에 일곱 영이 있고 보좌 앞에 수정과 같은 유리 바다가 있고 보좌 가운데와 보좌 주위에 피조물을 대표한 네 생물이 있고 그들이 밤낮 쉬지 않고 거룩하다 거룩하다 거룩하다 하여 하나님의 영광과 존귀를 찬양하며 만사를 성취하시는 어린양 예수 그리스도께서 보좌 가운데 계신다. 사람들의 보기에는 우주의 축소판 같지만 창조주 하나님께는 이 모든 것이 손 안에 있는 것이다. 욥기 28:1, 12, 17에는 은은 나는 광이 있으며 연단하는 금은 나는 곳이 있지만 지혜는 어디서 얻으며 명철의 곳은 어디인고 그 값은 사람이 알지 못하니 사람 사는 땅에서 찾을 수 없으나 황금이나 유리라도 비교할 수 없고 정금 장식으로 바꿀 수 없구나 산호나 수정으로도 말할 수 없으니 지혜 값은 홍보석보다 귀하구나 여기에 지혜의 값짐과 귀함이 땅의 어떤 것보다 월등하다 하며 유리나 수정과도 비교할 수 없다고 말하고 있다. 새 예루살렘의 어떠 어떠함도 유리같더라고 말하고 있다. 요한계시록 21:18에 "그 성곽은 벽옥으로 쌓였고 그 성은 정금인데 맑은 유리 같더라" 이어서 21절에는 "그 열 두 문은 열 두 진주니 문마다 한 진주요 성의 길은 맑은 유리 같은 정금이더라"

이상의 말씀을 종합해 볼 때 보좌 앞에 수정과 같은 유리 바다가 있다고 하는 것은 그 보좌의 아름다움과 성결함과 투명하며 영광스러움을 보여 주는 것이라 하겠다.

10) 앞 뒤에 눈이 가득한 네 생물

6절 하반절에 "보좌 가운데와 보좌 주위에 네 생물이 있는데 앞뒤에 눈이 가득하더라"고 말한다. 네 수는 땅의 수로써 땅에서 구속 받은 피조물들을 가리킨다. 하나님의 구속은 비단 사람뿐만 아니라 모든 만물도 포함한다. 골로새서 1:20에 "그의 십자가의 피로 화평을 이루사 만물 곧 땅에 있는 것들이나 하늘에 있는 것들을 그로 말미암아 자기와 화목케 되기를 기뻐하심이라"고 하셨고 히브리서 2:9에 "오직 우리가 천사들보다 잠간 동안 못하게 하심을 입은 자 곧 죽음의 고난 받으심을 인하여 영광과 존귀로 관 쓰신 예수를 보니 이를 행하심은 하나님의 은혜로 말미암아 모든 사람을 위하여 죽음을 맛보려 하심이라" 이 생물들이 여섯 날개가 있으며 앞 뒤에 눈이 가득하며 안밖으로 눈이 가득하다. 이 네 생물들의 특징은 앞 뒤에 안밖으로 눈이 가득하다는 것이다. 그리고 네 생물들의 하는 일은 첫째 인부터 넷째 인까지의 인을 개봉한 천사들을 오라하는 명령을 하였고 요한계시록 15:7에 하나님 진노의 일곱 대접을 일곱 천사에게 주는 일을 담당하였다. 피조물의 대표로서 하나님 일을 수행하는 데 여섯 날개가 있다는 것은 신속성을 보임이며 눈이 가득하다는 것은 지혜와 통찰력이 뛰어남을 보이는 것이다.

11) 네 생물의 모습

7절에 "그 첫째 생물은 사자 같고 그 둘째 생물은 송아지 같고 그 셋째 생물은 얼굴이 사람 같고 그 넷째 생물은 날아가는 독수리 같은데" 라고 말한다. 보좌에 둘러 이십 사 장로들은 모든 천사를 대표하며 첫째 생물은 사자로서 들짐승을 대표하며 둘째 생물은 송아지로서 가축을 대표하며 셋째 생물은 얼굴이 사람 같아서 인류를 대표하며 넷째 생물은 독수리로서 조류를 대표한다. 모든 피조물중 여섯 부류의 생물들이 있지만 기는 것과 물 속에 있는 것들은 여기에 대표 되지 않는다. 이 생물들은 이사야 6:2-3의 스랍들과 비슷하다. "스랍들은 모셔 섰는데 각기 여섯 날개가 있어 그 둘로는 그 얼굴을 가리었고 그 둘로는 그 발을 가리었고 그 둘로는 날며 서로 창화하여 가로되 거룩하다 거룩하다 거룩하다 만군의 여호와여 그 영광이 온 땅에 충만하도다"라고 말한다.

12) 하나님께 대한 경배

요한계시록 4:8-11절 까지는 네 생물과 이십 사 장로들의 하나님께 대한 경배와 찬양을 본다. 에베소서 1:3-6에 하나님 아버지께서 베푸신 은혜의 영광을 찬미하기 위해 창세 전에 그리스도 안에서 택하셨다고 한다. "찬송하리로다 하나님 곧 우리 주 예수 그리스도의 아버지께서 그리스도 안에서 하늘에 속한 모든 신령한 복으로 우리에게 복 주시되 곧 창세 전에 그리스도 안에서 우리를 택하사 우리로 사랑 안에서 그 앞에 거룩하고 흠이 없게 하시려고 그 기쁘신 뜻대로 우리를 예정하사 예수 그리스도로 말미암아 자기의 아들들이 되게 하셨으니 이는 그의 사랑하시는 자 안에서 우리에게 거저 주시는 바 그의 은혜의 영광을 찬미하게 하려는 것이라" 영영한 죄에서 멸망 받을 자들을 십자가의 구속으로 속량하신 그 은혜는 만입이 있어도 다 드리기에 부족할 것이다. 구속함을 받은 그들이 밤낮 쉬지 않고 거룩하다 거룩하다 거룩하다 주 하나님 곧 전능하신이여 전에도 계셨고 이제도 계시고 장차 오실 자라하고 영광과 존귀와 감사를 돌렸다. 이들은 구속받았기 때문에 구속에 대한 감사를 드릴 수 있지만 이십 사 장로들은 다만 만물을 지으신 하나님께 지으심에 대한 능력을 찬송하였다. 여기서도 이십 사 장로들이 열 두 지파 족장들이나 열 두 사도가 아니라 천사 중에서 선택 받은 우주적인 장로들이라는 것을 입증한다. 우리는 영광과 존귀와 감사와 능력을 드릴 때 내 것을 가지고 드리는 것이 아니고 주께서 받은 것을 다만 드릴 뿐이다. 우리는 하나라도 주께 받지 아니한 것들이 없다. 하나님 아버지께서는 핵 가족으로 단란하게 거하시는 것보다 독생자 외아들을 주시고 많은 아들들을 얻어 그 아들들로 베푸신 은혜의 영광을 찬미케 하는 것이 아버지 하나님의 뜻이다. 십자가에 죽으시고 부활하셔서 많은 사람에게 보혜사 성령을 주심으로 하나님의 아들이 되게 하셨다. 할렐루야!

13) 계시록에 기록된 수의 의미

계시록의 이해를 돕기 위해 성경에 나타난 수를 이해하는 것은 큰 도움이 될 것이다.

「1」은 절대 수이다. 유일하신 하나님을 표시하는 수이다.

「2」는 증거 수이다. 요한복음 8:17-18에 "너희 율법에도 두 사람의 증거가 참되다 기록하였으니 내가 나를 위하여 증거하는 자가 되고 나를 보내신 아버지도 나를 위하여 증거하시느니라". 두 감람나무 두 촛대 1,260일 증거(계 11:3)

또 누가복음 10:1 "이 후에 주께서 달리 칠십 인을 세우사 친히 가시려는 각동 각처로 둘씩 앞서 보내시며"에서 바울과 바나바를 짝지어 보내셨고 또 바울과 실라가 둘이 짝을 지어 복음의 증인이 되게 하셨다. 마가복음 6:7 "열 두 제자를 부르사 둘씩 둘씩 보내시며"

「3」은 하늘의 수이다. 삼위일체 하나님 즉

① 아브라함이 이삭을 드릴 때 3일 길을 가다.(예수님 공생애 3일간을 거쳐서 십자가에 죽으심에 대한 모형)

② 예수님 3년 동안 공생애(눅 13:33에 그러나 오늘과 내일과 모레는 내가 가야할 길을 가야하리니…)

③ 예수님 3일만에 부활하시다.

「4」는 땅의 수이다. 본문에서도 네 생물이라 말하고 땅의 피조물의 대표이다.

① 요한계시록 7:1 "이 일 후에 내가 네 천사가 땅 네 모퉁이에 선 것을 보니 땅의 사방의 바람을 붙잡아 바람으로 하여금 땅에나 바다에나 각종 나무에 불지 못하게 하더라"

② 요한계시록 20:7-8 "천 년이 차매 사단이 그 옥에서 놓여 나와서 땅의 사방 백성 곧 곡과 마곡을 미혹하고 모아 싸움을 붙이리니 그 수가 바다 모래 같으리라"

③ 다니엘 7:2 "다니엘이 진술하여 가로되 내가 밤에 이상을 보았는데 하늘의 네 바람이 큰 바다로 몰려 불더니"(계 16:1에 땅은 태양과 공기까지 포함하고 있다)

④ 이사야 11:12 "여호와께서 열방을 향하여 기호를 세우시고 이스라엘의 쫓긴 자를 모으시며 땅 사방에서 유다의 이산한 자를 모으시리니"

⑤ 요한계시록 16:1 "일곱 대접을 땅에 쏟으라" 말하며 이 땅은 범위가 넓다. 땅과 바다와 강, 태양, 짐승의 보좌, 유브라데 강, 공기를 포함한다. 사람들의 관념은 지구라 하면 땅이라 생각한다. 이 말씀에서는 태양과 공기까지를 포함해서 땅이라 말한다.

「6」은 종말의 수이다.

① 창조 6일만에 창조를 마치셨다.

② 주님 십자가에 달리셔서 여섯 시간 후에 운명하셨다(오전 9시-오후 3시).

③ 포도원의 비유에서 오후 6시에 품삯을 주시며 마치셨다.

「7」은 완전 수이다. 땅의 수「4」와 하늘의 수「3」의 합은「7」이다. 창조 6일째에 마치시고 7일째에 안식하다. 일곱 영, 일곱 눈, 일곱 뿔, 일곱 번까지 하오리이까 일흔 번씩 일곱 번이라도 하라.

「8」은 구원의 수이다.(노아의 여덟 식구를 구원함) 부활의 수이기도 하다. 이레 중 첫 날로 주일이며 부활의 날이다.

「10」은 시험의 수이다. 10일 동안 환난을 받으리라 네가 죽도록 충성하라(계 2:10). 열흘 동안 시험하여 채식을 먹게하고 물을 마시게 한 후 왕의 진미를 먹은 소년들과 비교하여 보아서…(단 1:12-13)

「12」는 택한 수요 하나님 행정의 완전 수이다.

① 요한복음 6:70 "내가 너희 열 둘을 택하지 아니하였느냐 그러나 너희 중에 한 사람은 마귀니라"

② 누가복음 6:12-13 "이 때에 예수께서 기도하시러 산으로 가사 밤이 맞도록 하나님께 기도하시고 밝으매 제자들을 부르사 그 중에서 열 둘을 택하사 사도라 칭하셨으니" 이스라엘 열 두지파 택함. 새 예루살렘은 열 둘의 성이다. 열 두 사도, 열 두 기초석, 열 두 진주문, 144 규빗(12×12), 12,000(12×1,000), 열 두실과 열 두달

「40」은 시련의 수요 시험의 수이다.

① 예수님은 40일 금식하시고 마귀에게 시험 당하심.

② 이스라엘 백성들 광야 40년 동안 시련을 받고 연단받음.

「1,000」은 많은 수이다. 베드로후서 3:8 "사랑하는 자들아 주께는 하루가 천 년 같고 천 년이 하루 같은 이 한 가지를 잊지 말라" 1,600은 땅의 사방을 상징하는 수이다. 4(땅의 수)×4(땅의 사방의 수)=16

「12,000」은 12(택한 수)×1,000(많은 수)=12,000(택한 많은 수)이다. 12,000 스다디온 장과 광과 고가 같음(새 예루살렘성)

「144,000」은 구원 받은 많은 수이다. 여자(如字)적인 뜻이 아니고 상징적인 수이다.

12(택한 수)×12(이스라엘 전체)=144가 되며 많은 수 1,000을 곱할 때 144,000이 된다. 인 맞은 자도 144,000 첫 열매도 144,000 새 예루살렘 성곽도 144규빗.

다시 말하거니와 이 수는 절대로 상징적인 수이지 여자(如字)적인 수가 아니다. 그러므로 네 생물의 수는 모든 땅의 피조물들을 대표함을 의

미한다.

■ 계시록 5장의 개요

하나님은 목적과 뜻이 계신 분이시다. 아담의 범죄를 바로 심판하지 아니 하시고 아들을 보내사 구속하실 것을 보이셨다. 아담은 드러난 죄의 수치를 자기 노력과 수고로 가려 보려고 하였다. 그러나 그것은 불가능한 것이다. 이것은 율법의 행위로는 절대로 의를 얻을 수 없다는 것의 실증인 것이다. 하나님께서는 아담을 생각하사 양을 잡아 가죽 옷을 지어 입혔다. 그로 인해 아담과 하와는 오래도록 부끄러운 죄의 수치가 드러나지 않게 된 것이다. 예수님은 이 세상에 오셔서 십자가의 구속으로 영원한 속죄를 이루심으로 우리들의 먹과 같이 검고 피와 같이 붉은 죄가 동에서 서가 먼 것같이 제거된 것이다.

히브리서 1:1-2에 "옛적에 선지자들로 여러 부분과 여러 모양으로 우리 조상들에게 말씀하신 하나님이 이 모든 날 마지막에 아들로 우리에게 말씀하셨으니"라고 말한다. 모세와 시편과 선지자들에게 말씀하신 그 분이 "때가 차매 하나님이 그 아들을 보내사 여자에게서 나게 하시고 율법 아래 나게 하신 것은 율법 아래 있는 자들을 속량하시고 우리로 아들의 명분을 얻게 하려 하심이라"(갈 4:4-5)고 말한다. 3×9=27이 되듯이 구약의 예언은 신약의 성취인 것이며 죽임을 당하신 어린양이 일곱 인으로 봉한 책을 하나 하나 개봉하므로 장차 될 일들을 성취하신 것이다. 하나님의 복음이 전파되고 만민을 구원하시는 구원의 길이 환히 열렸다. 그러나 하나님을 불순종하고 믿지 아니하며 불의를 행하는 자들에게 하나님은 진노로 갚으신다. 63빌딩을 건축사의 설계에 의하여 건축한 것

같이 하나님께서도 장차 될 일을 무계획적으로 성취하시는 것이 아니라 안팎으로 기록한 봉인된 책을 개봉하므로 성취하시는 것이다. 할렐루 야!!

"땅에 있는 자를 스승이라 하지 말라 너희 스승은 하나이니 곧 그리스 도니라"(마 23:10)고 말한다. 장차 될 일을 시행하시는 분을 우리의 스 승으로 구주로 모시며 그를 섬기며 따르게 됨은 실로 놀라운 축복이 아 닐 수 없다. 한 치 앞을 모르는 풀 같은 인생들이 참 스승인 것같이 가장 하고 자랑하지만 호흡이 코에 있는 인생들은 코만 누르면 하루 아침에 그 도모가 소멸되고 말 것이다. 변화 산에 올라 하나님께서 구름 속에서 들려 주시는 음성이 "이는 내 사랑하는 아들이요 내 기뻐하는 자니 너희 는 저의 말을 들으라"고 말씀하셨다(마 17:5).

2. 봉인된 책을 개봉하시는 어린양(5:1-14)

1) 하나님의 오른손에 일곱 인으로 봉인된 책

1절에 "내가 보매 보좌에 앉으신 이의 오른손에 책이 있으니 안팎으로 썼고 일곱 인으로 봉하였더라"고 말한다. 안팎으로 기록되었다는 것은 에스겔 2:10에 "그가 그것을 내 앞에 펴시니 그 안팎에 글이 있는데 애 가와 애곡과 재앙의 말이 기록 되었더라"고 말한다. 애가와 애곡과 재앙 의 말이 기록 된 책에는 슬픈 면, 어두움의 면들이 기록 되었지만 보좌 에 앉으신 이의 오른손에 있는 안팎으로 기록된 봉인된 책은 기쁨의 소 리 밝은 면들도 기록되어 있다. 구원된 자들의 어린양의 혼인과 천년 왕 국과 새 하늘과 새 땅과 새 예루살렘의 수정 같이 맑은 생명수의 누림이 있다. 복음을 증거하는 자들을 핍박하고 투옥하며 심지어는 죽이기까지

하는 세상의 심판과 재앙과 진노 등이 기록되어 있다. 즉 내용이 풍부하다는 뜻이 있다. 재앙들과 심판과 영원한 의가 기록된 것이다. 오른손이란 어떤 손인가!

① 오른손은 구원의 손이다. 시편 108:6 "주의 사랑하는 자를 건지시기 위하여 우리에게 응답하사 오른손으로 구원하소서"

② 붙드시는 손이다. 시편 139:10 "곧 거기서도 주의 손이 나를 인도하시며 주의 오른손이 나를 붙드시리이다" 오른손에 일곱 별을 붙잡고 (보장과 인도)

③ 권능의 손이다. 시편 118:15-16 "의인의 장막에 기쁜 소리, 구원의 소리가 있음이여 여호와의 오른손이 권능을 베푸시며 여호와의 오른손이 높이 들렸으며 여호와의 오른손이 권능을 베푸시는도다"

④ 시여의 손이다. 하나님 아버지께서는 모든 일을 계획하시고 성자 하나님께서는 시행하시고 성령 하나님께서는 모든 일을 우리에게 적용하신다.

그래서 장차 될 일을 아들로 하여금 시행하도록 주시기 위함이다. 만사는 하나라도 스스로 있는 것이 없다. 로마서 11:36에 "이는 만물이 주에게서 나오고 주로 말미암고 주에게로 돌아감이라 영광이 그에게 세세에 있으리로다 아멘"이라 말하고 있다. 한편으로는 구속의 역사요 한편으로는 거스리고 대적하는 불의의 모든 것을 심판하시고 진노하시는 역사인 것이다.

2) 일곱 인으로 인봉된 책

예수 그리스도의 계시라는 말씀에서 감추인 것이 보자기를 벗김으로 드러나듯이 하나님의 계획이 어린양이 되신 주께서 인봉된 책을 개봉 하심으로 성취되는 것이다. 6장부터 16장까지 일곱째 인을 떼실 때 하나님 앞에 시위한 일곱 천사가 일곱 나팔을 받아 불게 된다. 일곱째 나팔을 분 후 또 일곱 천사가 일곱 대접을 받아 가지고 땅에 쏟음으로 일곱 인의 내용이 모두 마치는 것이다. 하나님의 계획은 정확하시다. 세상 역사는 과거사를 사실대로 기록한 것 뿐이다. 하나님의 역사는 그와는 정반대로 미리 말씀하시고 그 말씀하신 대로 성취하시는 전지 전능하신 하나님이시다. 이러한 분이 하늘 위에나 땅 위에나 어디 있겠는가! 그러기에 이 말씀을 예언의 말씀이라 하지 않는가! 더 나아가 요한계시록 22:18-19에 "내가 이 책의 예언의 말씀을 듣는 각인에게 증거하노니 만일 누구든지 이것들 외에 더하면 하나님이 이 책에 기록된 재앙들을 그에게 더하실 터이요 만일 누구든지 이 책의 예언의 말씀에서 제하여 버리면 하나님이 이 책에 기록된 생명 나무와 및 거룩한 성에 참예함을 제하여 버리시리라"고 말씀하시지 않는가! 베드로후서 1:19에 "또 우리에게 더 확실한 예언이 있어 어두운 데 비취는 등불과 같으니 날이 새어 샛별이 너희 마음에 떠오르기까지 너희가 이것을 주의하는 것이 가하니라"고 말한다. 이 확실한 예언의 말씀을 깊고 높고 넓게 연구하므로 이 말세 지말에 확신있게 서야 할 것이다.

 3) 힘 있는 천사의 음성

 2절에 "또 보매 힘 있는 천사가 큰 음성으로 외치기를 누가 책을 펴며 그 인을 떼기에 합당하냐 하니"라고 말한다. 일곱 인을 개봉할 적임자를 찾기 위한 힘 있는 천사의 외침이다. 사람들은 모든 일에 적임자를 찾기 위해 시험도 치르고 훈련도 시켜 보며 맡겨 보기도 하며 많은 시행착오도 경험하게 된다. 예수님은 열 두 제자를 택하실 때에 이런 인간의 방법들을 택하지 않으셨다. 오히려 갈릴리 바다에서 불학 무식한 가장 약한 자들을 택하셨다. 그러나 여기서는 우주간에 대 사건들을 수행하며 성취시키는 데는 특별한 자격이 있어야 할 것이다. 그러나 하늘 위에나 땅 위에나 땅 아래 능히 책을 펴거나 보거나 할 이가 없었다. 무식한 자에게 63빌딩의 청사진을 주면서 건축하라 하면 할 수 없는 것과 같다. 자격자는 하나님 아버지께서 계획하신 일이니 하나님 아버지와 동등한 자격이 있으신 분이라야 할 것이다. 이와 같은 자격이 없으시다면 수행하며 성취할 수 없을 것이다.

하늘 위에나 땅 위에나 땅 아래 이러한 자격자가 없다는 것은 당연지사라 하겠다. 열면 닫을 사람이 없고 닫으면 열 사람이 없다(계 3:7)고 말한다. 하나님의 행하시는 일을 보라 하나님이 굽게 하신 것을 누가 능히 곧게 하겠느냐(전 7:13) 이러한 자격자가 있다면 천사와 모든 사람에게 큰 기쁨이 될 것이다. 그러나 불행하게도 이러한 자격자가 보이지 않았다.

4) 요한의 통곡

4절은 "이 책을 펴거나 보거나 하기에 합당한 자가 보이지 않기로 내가 크게 울었더니"라고 말한다. 많은 사람들은 이민을 간다. 그 이유인즉, 교육의 부재를 들고 있다. 이는 교육을 담당할 정책 수행자가 없어 교육에 혼선을 빚을 뿐만 아니라 자녀의 장래가 없다는 것이다. 하갈이 아들 이스마엘을 데리고 주모의 낯을 피하여 브엘세바 들에서 방황할 때 가죽 부대의 물은 다하고 아들의 죽는 것을 참아 보지 못하여 떨기 나무 아래 두며 마주 대하여 방성 대곡 하였다(창 21:16). 이 세상에는 크고 작은 많은 문제들이 있다. 문제들이 있는 것이 문제 되는 것이 아니라 그 문제를 해결하는 자가 없는 것이 문제이다. 그러나 하갈은 방성대곡하며 울었다. 하나님이 하갈의 눈을 밝히시매 샘물을 보고 가서 가죽부대에 물을 채워다가 그 아이에게 마시웠더라 고 말한다. 요한도 하갈과 같이 크게 울었다. 불신자의 울음은 좌절과 슬픔과 원망 섞인 것이라면 믿는 이들의 울음은 전능자 즉 해결자에게 부르짖는 기도일 것이다. 성도들이여! 무슨 일을 만나든지 실망하지 말자. 우리 기도를 유의하여 귀를 기울이시는 살아계신 하나님께 부르짖자!

5) 장로의 위로

5절은 "장로 중에 하나가 내게 말하되 울지 말라 유대 지파의 사자 다윗의 뿌리가 이기었으니 이 책과 그 일곱 인을 떼시리라"고 말한다. 일곱 인으로 봉한 책을 펴거나 보거나 할 자가 없어 통곡했던 요한에게 이 책과 일곱 인을 떼실 자격자가 나타났다고 하는 말은 요한에게 얼마나 큰 기쁨이 되었겠는가! 그 자격자는 유대 지파의 사자 다윗의 뿌리가 이기었으니 이 책과 그 일곱 인을 떼시리라고 말한다. 하나님은 말씀하신다. "여호와께 능치 못할 일이 있겠느냐 기한이 이를 때에 내가 네게로 돌아오리니 사라에게 아들이 있으리라"(창 18:14)하셨고 아브라함에게 또 네 씨로 말미암아 천하만민이 복을 얻으리라 약속하셨으며 이 약속은 아브라함과 그 자손에게 말씀하신 것인데 여럿을 가리켜 네 자손들이라 하지 아니하시고 오직 하나를 가리켜 네 자손이라 하셨으니 곧 그리스도라(갈 3:16). 아브라함이 99세가 되고 사라가 89세가 될 때 죽은 자와 방불한 사람으로 하늘의 별과 같이 바닷가의 모래 같이 번성케 하실 것을 약속하시었다. 이사야 11:1에 "이새의 줄기에서 한 싹이 나며 그 뿌리에서 한 가지가 나서 결실할 것이요" 이 자격자는 하늘에서 뚝 떨어진 것도 아니요 땅에서 불끈 솟은 것도 아니시다. 창세 전부터 미리 아신 바 된 자시요 창세기 3:15에는 "여자의 후손은 뱀의 후손의 머리를 상하게 할 것이요"라고 말한다. 그리고 모세와 선지자와 시편에서 미리 말씀하신 분이다. 때가 되매 말씀이 육신이 되어 오신 것이다. 그는 온전한 하나님이시며 온전한 사람이시다.

하나님께서 계획하신 것을 누가 능히 집행하시며 성취할 수 있겠는가! 오직 하나님만이 하실 수 있으시다. 왜 오늘날 기독교 신자들이 그리스도의 삶이 생활 속에서 나타나지 않는가? 자기의 노력과 의지로만 행하려고 하기 때문에 불가능할 뿐 아니라 지치고 형식적이고 표면적인 그리스도인이 되고 마는 것이다. 하나님은 우리를 지옥에서 천국으로 구원해 주시는 것이 전부가 아니다. 하나님을 각자에게 분배하여 내 안에 계시고 내 안에서 행하시는 이의 역사를 따라 그리스도의 생명을 살아내는 것이다. 그래서 우리 생활 속에서 언행심사 모든 면에서 그리스도의 향기가 되고 그리스도의 편지가 되어 하나님께 영광을 돌리는 것이다. 이 길만이 자아와 죄와 사단 마귀를 이기고 승리할 수 있는 것이다.

6) 죽임을 당하신 어린양

6절에 "내가 또 보니 보좌와 네 생물과 장로들 사이에 어린양이 섰는데 일찍 죽임을 당한 것 같더라"고 말한다. 마태복음 13:31-32은 이렇게 말한다. "또 비유를 베풀어 가라사대 천국은 마치 사람이 자기 밭에 갖다 심은 겨자씨 한 알 같으니 이는 모든 씨보다 작은 것이로되 자란 후에는 나물보다 커서 나무가 되매 공중의 새들이 와서 그 가지에 깃들이느니라"고 말하며 요한복음 12:24에 "내가 진실로 진실로 너희에게 이르노니 한 알의 밀이 땅에 떨어져 죽지 아니하면 한 알 그대로 있고 죽으면 많은 열매를 맺느니라"고 하며 히브리서 2:12에 "자녀들은 혈육에 함께 속하였으매 그도 또한 한 모양으로 혈육에 함께 속하심은 사망으로 말미암아 사망의 세력을 잡은 자 곧 마귀를 없이 하시며 또 죽기를 무서워하므로 일생에 매여 종 노릇하는 모든 자들을 놓아 주려 하심이니"라고 말한다.

참 승리자가 되기 원하는 사람은 먼저 자아가 죽어야 되는 것이다. 예수님께서도 죽으셔서 부활하심으로 사망의 권세를 잡은 자 마귀를 없이하신 것이다. 빌립보서 2:8에 "사람의 모양으로 나타나셨으매 자기를 낮추시고 죽기까지 복종하셨으니 곧 십자가에 죽으심이라 이러므로 하나님이 그를 지극히 높여 모든 이름 위에 뛰어난 이름을 주사 하늘에 있는 자들과 땅에 있는 자들과 땅 아래 있는 자들로 모든 무릎을 예수의 이름에 꿇게 하시고 모든 입으로 예수 그리스도를 주라 시인하여 하나님 아버지께 영광을 돌리게 하셨느니라" 왜 죽임을 당하신 어린양이라 하셨는가! 막강한 힘을 가진 자가 승리자가 되는 것이 아니라 먼저 죽은 자가 참 승리자가 되는 것이며 이것이 하나님의 뜻인 것이다. 누구든지 크고자 하면 섬기는 자가 되어야 하고 살고자 하면 죽어야 되는 것이며 주를 위하여 죽고자 할 때 살게 되는 것이다. 이 역설의 말씀이 깨달아질 때 더 성숙한 삶이 나타나게 될 것이다. 할렐루야!!

7) 일곱 영

6절 하반 절에 "일곱 뿔과 일곱 눈이 있으니 이 눈은 온 땅에 보내심을 입은 하나님의 일곱 영이더라"고 말한다.

"일곱 등불 켠 것이 있으니 이는 하나님의 일곱 영이라"(계 4:5)

"일곱 뿔과 일곱 눈이 있으니 이 눈은 온 땅에 보내심을 입은 하나님의 일곱 영이더라"(계 5:6)

"그 보좌 앞에 일곱 영과"(계 1:4)

이상에서 일곱 영의 세 방면을 보게 된다. 등불로 상징된 일곱 영은 온 땅을 비추고 우리 마음을 비추어 깨닫게 하고 회개케 하며 진리 가운데로 인도하는 역사를 하며 뿔로 상징된 일곱 영은 능력과 권세가 충만한 일곱 영을 말하며 눈으로 상징된 일곱 영은 지혜와 명철이 한이 없음을 말하는 것이다. 일곱 영은 믿는 자 속에서 역사하며 내주하셔서 하나님의 자녀로 그리스도의 장성한 분량에까지 자라게 하여 하나님 아버지께 영광을 돌리게 하는 것이다.

8) 책을 취하신 어린양

7절은 "어린양이 나아와서 보좌에 앉으신 이의 오른손에서 책을 취하시니라"고 말한다. 요한은 인봉된 책을 펴거나 보거나 할 자가 없어 크게 울었다. 장로 중 하나가 나아와서 울지 말라 유대 지파의 사자 다윗의 뿌리가 이기었으니 이 책과 일곱 인을 떼시리라 말하였는데 이제는 어린양이 나아와 그 봉인된 책을 취하시는 것이다. 하나님은 모든 일을 계획하시고 예수님은 그 모든 일을 성사시키시고 성령께서는 우리에게 모든 일을 적용하신다. 어린양 되신 예수께서 장차 될 일들을 일곱 인을 하나하나 개봉함으로 성취하시는 것이다. 장차 될 일들을 주관하시고 집행하시는 곳이 보좌이요 집을 건축하는 목수가 청사진에 의하여 건축하는 것같이 일곱 인으로 봉인된 책에 의하여 그 인봉을 개봉하므로 성취하시는 것이다.

9) 네 생물과 이십 사 장로들의 경배와 찬양

8-10절 까지에서 네 생물과 이십 사 장로들이 어린양께 드리는 경배와 찬양을 본다. 네 생물과 이십 사 장로들은 거문고와 금 대접을 가졌는데 거기에는 성도들의 기도인 향이 가득하였다. 이 향은 천사의 손으로부터 하나님 앞에 드려진 요한계시록 8:3-4에 합하다. 이로써 이십사 장로는 성도들의 대표인 열 두 사도나 열 두 족장들이 아님을 알게 된다. 그들이 새 노래를 노래하면서 책을 가지고 그 인봉을 떼기에 합당

한 자격자이심을 찬양하였다. 사람들은 어떤 자리에 적격자가 등용되지 않을 때 편중 인사니 안배니 하며 부당성을 지적하곤 한다. 그러나 적격자이신 어린양은 일찍 죽임을 당하사 각 족속과 방언과 백성과 나라 가운데서 사람들을 피로 사서 하나님께 드렸다. 하나님의 최종 목적은 창세 전에 그리스도 안에서 우리를 택하사 십자가의 구속의 사랑으로 그 앞에 거룩하고 흠 없게 하시려고 우리를 예정하사 예수 그리스도로 말미암아 자기 아들들이 되게 하신 것이다. 또 저희로 우리 하나님 앞에서 나라의 백성과 제사장을 삼으셨으니 저희가 땅에서 왕 노릇 하시리로다. 이 얼마나 큰 은혜인가! 필자는 간혹 이런 감사를 드린다. 만일 내가 150년 전에 태어나서 복음의 진리의 말씀을 들을 수 없었다면 어둠에서 왔다 어둠으로 갈 존재였을 것인데 이 시대에 태어나서 많은 사람들 가운데 택정함을 입은 이 은혜를 생각할 때에 밤낮 쉬지 않고 구원하심에 대한 찬양과 감사와 영광을 드려도 다함이 없을 것 같다.

여기 10절에 "저희로"라는 말이 두 번 사용된다. 만일 이십 사 장로가 성도들의 대표라면 이런 말을 사용하지 않고 "우리로"라는 말을 사용하였을 것이다.

11-12절 까지는 "보좌와 생물들과 장로들을 둘러 선 많은 천사의 음성이 있으니 그 수가 만만이요 천천이라 큰 음성으로 가로되 죽임을 당하신 어린 양이 능력과 부와 지혜와 힘과 존귀와 영광과 찬송을 받으시기에 합당하도다"라고 말한다. 이십 사 장로들과 많은 천사들은 감사의 찬송이 없는 반면 네 생물 즉 구속 받은 피조물 대표들은 감사의 찬송을 드리고 있다(계 4:9-11). 왜 그러한가! 피조물들은 구속을 받았기 때문이다(골 1:20, 히 2:9).

■ 계시록 6장의 개요

만민을 구원하시는 하나님의 은혜가 나타나 전파되나 자기의 행위가 악하므로 하나님께 돌아오지 않고 복음을 거스리며, 전하는 자들을 핍박하고 옥에 가두며 죽이고 믿지 아니하며 우상 등을 섬기며 하나님의 노를 격발케 하므로 하나님께서 거기에 상응하는 진노를 내리신다. 하나님의 진노가 3단계 있지만 요한계시록 6장에는 1단계로 비교적 가벼운 진노와 벌이며 전쟁(민족이 민족을, 나라가 나라를 대적)과 기근과 사망(온역)과 땅의 짐승으로써 진노를 내리신다. 기록은 매우 짧지만(계 6:1-17) 그 기간은 매우 길다. 거의 신약 전 기간을 포함하고 있다는 것이다. 이 네 말이 뛰어 다니는 곳마다 거의 신약 전 기간 국부적인 전쟁, 기근, 사망(온역), 땅의 짐승으로 나타나게 된다. 땅의 짐승은 구약 때에는 사나운 짐승이라 하여 맹수들을 가리켜 말하고 있지만 신약 시대에는 거짓 선지자와 적그리스도를 말한다. 바울 사도는 "내가 범인처럼 에베소에서 맹수로 더불어 싸웠으면 내게 무슨 유익이 있느뇨 죽은 자가 다시 살지 못할 것이면 내일 죽을 터이니 먹고 마시자 하리라"(고전 15:32)고 말한다.

3. 일곱 인으로 나타난 심판(6:1-17)

1) 첫째 인 개봉(흰 말)

1-2절에 "내가 보매 어린양이 일곱 인 중에 하나를 떼시는 그 때에 내가 들으니 네 생물 중에 하나가 우뢰소리 같이 말하되 오라 하기로 내가

이에 보니 흰 말이 있는데 그 탄 자가 활을 가졌고 면류관을 받고 나가서 이기고 또 이기려고 하더라"고 말한다. 이 인은 아무나 뗄 수가 없다. 하늘 위에나 땅 위에나 땅 아래 어디에서도 찾아볼 수 없다. 말씀이 육신이 되시고 십자가에 죽으시고 장사 지낸 바 되었다가 삼일만에 사망 권세를 이기시고 부활 승천하신 예수 그리스도만이 뗄 수 있는 것이다. 일곱 인으로 봉인된 책이 하나님의 계획이시기에 하나님과 같은 분이라야 가능하다. 우리 믿는 성도들은 근심, 걱정, 염려, 두려움 등 모두 버려야 하며 오히려 감사와 찬양과 영광만을 주께 돌려야 할 것이다. 할렐루야!

네 생물 중에 하나는 첫째 생물인 사자인 것이다. 왜 그런가! 둘째 인을 뗄 때 둘째 생물이 오라 하였고 셋째 인을 뗄 때 셋째 생물이 오라 하였으며 넷째 인을 뗄 때 넷째 생물이 오라 하였다. "그 첫째 생물은 사자 같고 그 둘째 생물은 송아지 같고 그 셋째 생물은 얼굴이 사람 같고 그 넷째 생물은 날아가는 독수리 같은데"(계 4:7) 라고 말하였기 때문이다. 첫째 생물인 사자가 우뢰소리 같이 장엄한 소리로 오라 하였더니 흰 말이 있다 하였다. 흰 말은 넷째 인을 뗄 때에 청황색 말이 나와 검과 흉년과 사망(온역)과 땅의 짐승으로 죽이더라 하여 네 번째 나와야 순서가 옳을 것인데 가장 먼저 흰 말이 나왔을까? 마태복음 24:1-2에 제자들이 예루살렘 성전 건물들을 가리켜 보이려고 나아왔다. 예수께서 말씀하시기를 내가 진실로 너희에게 이르노니 돌 하나도 돌 위에 남지 않고 무너뜨리우리라고 하셨다. "예수께서 감람산 위에 앉으셨을 때에 제자들이 종용히 와서 가로되 우리에게 이르소서 어느 때에 이런 일이 있겠사오며 또 주의 임하심과 세상 끝에는 무슨 징조가 있사오리이까 예수께서 대답하여 가라사대 너희가 사람의 미혹을 받지 않도록 주의하라 많은 사람이 내 이름으로 와서 이르되 나는 그리스도라 하여 많은 사람을 미혹케 하리라"(마 24:3-5)고 말씀하셨다.

붉은 말, 검은 말, 청황색 말(검과 흉년과 사망)의 재앙도 큰 것이지만 믿는 성도에게 중대한 해를 입힐 수 있는 것은 흰 말이기 때문에 제일 먼저 기록한 것이다. 거짓 선지자의 미혹을 받지 않도록 말씀 위에 서서 좌우로 치우치지 말아야 할 것이다.

요한계시록 2:1에서의 에베소 교회와 같이 자칭 사도라 하되 아닌 자를 시험하여 그 거짓된 것을 네가 드러낸 것과 같이 확실히 분별하여 오류에 빠지지 말아야 한다. 그렇다면 과연 흰 말이 복음 운동이며 그리스도인가 아니면 거짓 선지자인가? 대부분의 주석가들은 복음 운동이니 예수님이라고 말한다. 요한계시록 19:11에 백마 탄 자가 충신과 진실이라 그 이름은 하나님 말씀이라 말하기 때문에 6장에 나오는 흰 말도 복음 운동이니 예수님이니 하는 말들을 한다. 결론을 말하면 마음이 상하기 때문에 자세하게 살펴본 후에 결론을 말하겠다.

먼저 하나님의 뜻을 이해 하려면 선입견을 버려야 한다. 그리고 주님께서 이 말씀 가운데 담으신 주님의 뜻을 알게 하소서라고 기도하며 말씀을 상고하여야 옳을 것이다. 이것을 정확히 이해 하려면 흰 말보다 말 탄 자를 주의하여 보아야 한다. 왜냐하면 말 탄 자가 말을 이리 저리 어거하며 끌고 가기 때문이다. 요한계시록 19:11의 백마는 탄 자와 일치가 되기 때문에 예수님이라 말하지만 말과 탄 자가 일치하지 않으면 그렇게 결론을 내릴 수가 없는 것이다.

첫째로 말 탄 자가 활을 가졌다.

활은 하나님도 사용하신 면이 있으시며 악한 자도 활을 사용한 면이 있다. 그래서 사용한 면으로 보아서는 그 정체를 알 수가 없다.

※ 하나님께서 사용하신 면
  - 시편 7:12 "그가 회개치 않음이여 그가 활을 당기어 예비하였도다"
  - 하박국 3:9 "주께서 활을 꺼내시고 살을 바로 정하셨나이다"
  - 시편 144:6 "주의 살을 발하사"

※ 악한 자가 사용한 면
 - 시편 11:2 "악인이 활을 당기어 마음이 바른 자를 어두운 데서 쏘
   려하는도다"
 - 에베소서 6:16 "악한 자의 화전을 소멸하며"
 - 시편 37:14 "악인이 칼을 빼고 활을 당김이여"
   활은 하나님 편에서도 사용하고 악한 자 편에서도 사용한 기록이 있
   으니 분별이 불가능하다. 그러나 필자는 성경에서 활을 최초로 사용
   한 것을 찾아보았다.
 - 창세기 21:20 "이스마엘이 장성하여 광야에 거하여 활 쏘는 자가
   되었더니"
 - 창세기 27:3 "네 기구 곧 전통과 활을 가지고 들에 가서 나를 위하
   여 사냥하여"

이 두 구절의 말씀은 이스마엘이나 에서나 똑같이 하나님의 축복을 받
지 못한 자가 활을 사용하였다는 것이다. 그리고 활을 그들의 기구라 하
였으며 신약에 와서 하나님께서는 활을 사용한 면이 없으며(엡 6:16)
오히려 악한 자가 사용하였다는 것이다. 성도가 악한 자와 싸워 승리하
기 위해서는 하나님의 전신갑주를 입어야 한다고 말씀하셨다. "그런즉
서서 진리로 너희 허리띠를 띠고 의의 흉배를 붙이고 평안의 복음의 예
비한 것으로 신을 신고

모든 것 위에 믿음의 방패를 가지고 이로써 능히 악한 자의 모든 화전
을 소멸하고 구원의 투구와 성령의 검 곧 하나님의 말씀을 가지라"(엡
6:14-17). 여기까지의 말씀을 볼 때 어느 정도 거짓 선지자라는 확증이
가지만 아직은 부족하다.

"면류관을 받고 나가서 이기고 또 이기려고 하더라"고 말한다. 예수님
이나 성도들은 이 땅 위에서는 면류관이 없다. 예수님은 가시 면류관을
쓰셨고 성도들은 면류관은 고사하고 칭찬도 받아서는 아니된다 하신다.

바울 사도는 "내가 선한 싸움을 싸우고 나의 달려갈 길을 마치고 믿음을 지켰으니 이제 후로는 나를 위하여 의의 면류관이 예비되었으므로 주 곧 의로우신 재판장이 그 날에 내게 주실 것이니 내게만 아니라 주의 나타나심을 사모하는 모든 자에게니라"(딤후 4:7-8)고 말한다. 의의 면류관을 언제 받는가! 그 날이다. 주님 다시 오시는 그 날에 받는다. 복음을 전하면서 핍박과 멸시, 천대, 투옥, 갖은 어려움을 당한다. 그러나 다른 예수, 다른 복음을 전하는 자들은 자기를 그리스도의 사도로 가장한다. "저런 사람들은 거짓 사도요 궤휼의 역군이니 자기를 그리스도의 사도로 가장하는 자들이니라 이것이 이상한 일이 아니라 사단도 자기를 광명의 천사로 가장하나니 그러므로 사단의 일군들도 자기를 의의 일군으로 가장하는 것이 또한 큰 일이 아니라 저희의 결국은 그 행위대로 되리라"(고후 11:13-15)고 말한다. 이 땅에서 거짓 사도요 궤휼의 역군들이 자기를 그리스도의 사도로 사단도 자기를 광명의 천사로 가장하고 칭찬 받고 인정 받고자 하는 것이다. 예수님이나 성도들은 분명 면류관을 받는 것은 확실하다. 그러나 이 땅에서는 받지 않고 그 날에 받는다. 성도들이 받는 면류관은 의의 면류관(딤후 4:8), 영광의 면류관(벧전 5:4), 생명의 면류관(약 1:12) 등이 있다. 그러나 이 땅에서는 받지 못하고 그 날에 받는다는 것을 잊지 말라! 흰 말 탄 자가 면류관을 받았다. 복음운동도 아니요 예수님도 아닌 것이다.

"이기고 또 이기려고 하더라"고 말한다. 필자는 불쾌한 것이 하나 있다. 하나님은 완전 수인 7이요 사단은 마귀 수인 6이기 때문에 한 수가 부족하다는 것이다. 그러니 싸우면 질 수밖에 없다는 말이나 책의 기록들을 접할 때 믿는 분들이 이렇게 말해도 되는가 하는 생각이 든다.

하나님은 창조주요 사단은 피조물이다. 전지 전능하신 이를 한 수가 앞선다고 말하는 것은 불경의 말이다. 할아버지와 손자가 씨름을 한다. 할아버지가 애쓰며 이길려고 하는가 아니면 손자가 애쓰며 이길려고 하는가? 손자가 이길려고 하지 않는가! 하나님께서는 하나님의 뜻이 다 이루룰때까지는 사단의 역사를 묵인하시고 계시는 것 뿐이시다. 이상의 여러 말씀에서도 예수님이니 복음 운동이니 말할 수 없는 것은 확실하지만 그러나 더 분명한 것이 있다. "땅의 짐승(거짓 선지자)" 예수님이 첫째 인을 개봉하셨는데 어찌 흰 말이 예수님이 될 수 있으며 요한계시록 6:7-8에 "넷째 인을 떼실 때에 내가 넷째 생물의 음성을 들으니 가로되 오라 하기로 내가 보매 청황색 말이 나오는데 그 탄 자의 이름은 사망이니 음부가 그 뒤를 따르더라 저희가 땅 사분 일의 권세를 얻어 검과 흉년과 사망과 땅의 짐승으로써 죽이더라"고 말한다. 이것을 알기 쉽게 아래 표로 설명하고자 한다.

제 1 인	제 2 인	제 3 인	제 4 인
흰 말	붉은 말	검은 말	청황색 말
땅의 짐승	검(칼)	흉년(기근)	사망(온역)

이것이 하나님께서 하나님을 알지 못하는 자와 불의로 진리를 막는 자와 복음의 말씀을 불순종하는 사람들에게 내린 비교적 가벼운 제1단계 재앙이다. 에스겔 14:21에 "주 여호와께서 가라사대 내가 나의 네 가지 중한 벌 곧 칼과 기근과 사나운 짐승과 온역을 예루살렘에 함께 내려 사람과 짐승을 그 중에서 끊으리니 그 해가 더욱 심하지 않겠느냐" 에스겔 14:12-23에는 범죄함으로 네 가지 중한 벌 기근과 사나운 짐승과 칼과 온역으로 쏟을 때 가령 노아, 다니엘, 욥이 거기 있다 할찌라도 자기 의로 자기 생명만 건지리라 말한다. 흰 말은 복음 운동이 아니라 이 복음이 전파되어 일곱 교회가 2장과 3장에 기록되어 있고 죽임을 당한 어린 양이 일곱 금 촛대 사이에 거니시며 칭찬과 권면과 회개의 촉구와 회개하지 않는 자에 대한 경고와 이기는 자에 대한 보상들을 말씀하시면서

피로 값 주고 사신 교회를 흠 없고 점 없고 책망할 것이 없는 자로 온전하게 세우시기를 원하신다.

설명을 더하겠다. 왜 땅의 짐승이 거짓 선지자냐! 하나님께서 하늘과 땅을 창조하실 때 셋째 날에 물은 한 곳으로 모이라 모인 물을 바다라 하시고 드러난 뭍을 땅이라 하였다. 바다에는 각종 생물들이 번성하고 땅에는 푸른 풀과 채소와 수목들이 번성하라 하셨으며 그의 말씀대로 땅은 온통 푸른 풀과 채소와 수목들로 가득한 푸른 땅이 되었다. 요한계시록 9:4에 "저희에게 이르시되 땅의 풀이나 푸른 것이나 각종 수목은 해하지 말고 오직 이마에 하나님의 인 맞지 아니한 사람들만 해하라 하시더라"고 황충에게 명령하고 있다. 여기에서 땅에 있는 푸른 풀, 채소, 수목은 하나님의 인 맞은 자라는 것이다. 땅에서 푸른 풀, 채소, 수목들이 자라듯이 교회에서 하나님의 인 맞은 성도들이 자라는 것이다.

이러한 의미에서 땅은 교회를 말하는 것이다. 시편 49:20에 "존귀에 처하나 깨닫지 못하는 사람은 멸망하는 짐승 같도다"라고 말한다. 그러한 의미에서 땅의 짐승은 교회 안에서 파생하여 독 버섯 같이 자라가는 거짓 선지자를 말하는 것이다. 마태복음 7:15-16에 "거짓 선지자들을 삼가라 양의 옷을 입고 너희에게 나아오나 속에는 노략질하는 이리라 그의 열매로 그들을 알지니 가시나무에서 포도를, 또는 엉겅퀴에서 무화과를 따겠느냐"고 말씀하신다.

설명을 더하겠다. 요한계시록 13:11에 "내가 보매 또 다른 짐승이 땅에서 올라오니 새끼양 같이 두 뿔이 있고 용처럼 말하더라" 여기에 땅도 역시 교계를 말한다. 새끼양 같이 생겼다. 새끼양은 어린양의 다른 표현이다. 두 뿔이 있다고 하였는데 어린양은 뿔이 없다. 그런데 여기에 나온 새끼양은 뿔이 있다. 뿔은 권세를 의미하며 신교와 구교에서 나올 어떤 것일 것이다. 마지막 칠년 대 환난 후삼년반 동안 적그리스도와 거짓 선지자가 합세하여 이적을 행하며 성도들을 미혹하고 짐승의 표인

『666』을 받게 할 거짓 선지자인 것이다. 교계에서 나왔고 희한한 이
적을 행하기 때문에 미혹되어 그들이 받게 하는 짐승의 표 『666』을
받고 우상에게 절하게 될 것이다. 거짓 선지자는 적그리스도를 위하여
우상을 만들어 그 우상에게 생기를 주어 말하게 하고 그 우상에게 경배
하게 하며 경배하지 않는 자는 몇이든지 죽이게 할 것이다.

새끼양은 어린양의 다른 표현이기 때문에 어린양 같이 말을 해야 할
것이나 반대로 용처럼 말을 하였다. 이 땅에서 올라오는 이 짐승이 용인
가 어린양인가? 요한계시록 20:2에 "용을 잡으니 옛뱀이요 마귀요 사단
이라"고 말한다. 말 할 것도 없이 교계에서 나온 거짓 선지자인 것이다.
거짓 선지자는 양의 옷을 입고 나아오지만 속에는 노략질하는 이리이기
때문에 분별력이 있어야 한다. 마태복음 24:5에 "많은 사람이 내 이름으
로 와서 이르되 나는 그리스도라 하여 많은 사람을 미혹케 하리라"고 말
씀하셨다. 그러므로 흰 말은 복음 운동도 아니요 예수님도 아닌 양의 옷
을 입고 출현한 거짓 선지자인 것이다. 첫째 인부터 이 사실을 숨기고
있는 사단의 계교에 빠져 있으니 그 다음의 사건들을 어찌 올바르게 볼
수 있겠는가!

2) 둘째 인 개봉(붉은 말)

3-4절에 "둘째 인을 떼실 때에 내가 들으니 둘째 생물이 말하되 오라
하더니 이에 붉은 다른 말이 나오더라 그 탄 자가 허락을 받아 땅에서
화평을 제하여 버리며 서로 죽이게 하고 또 큰 칼을 받았더라"고 말한다.
붉은 색은 피의 색이며 탄 자가 허락을 받아 지상에서 화평을 제하여 버
리며 큰 칼을 가지고 서로 죽이게 되는 재앙 등을 말한다. 마태복음
24:6-7절에 "난리와 난리 소문을 듣겠으나 너희는 삼가 두려워 말라 이
런 일이 있어야 하되 끝은 아직 아니니라 민족이 민족을, 나라가 나라를

대적하여 일어나겠고" 말함과 같이 불의로 진리를 막는 자와 모든 불의에 대하여서와 하나님의 복음과 진리를 불순종하는 자들에게 내리는 재앙이다. 세계 역사는 끊임없이 이런 전쟁이 있어 왔으며 그 피해도 말할수 없지만 그러나 문제는 이 전쟁이 왜 일어나고 있다는 것조차도 모르고 있다는 것이다. 아합 왕이 왕후 이세벨의 충동으로 많은 범죄를 행하였는데 길르앗 라못을 취하려 하다 전쟁에서 돌아오지 못하였고 다윗 왕도 철저하게 의지하지 못하고 인구조사로 인하여 범죄한 고로 사흘 온역과 석달 전쟁과 칠년 기근중 하나를 택하라는 명령을 받았고 일제 때 신사 참배한 범죄로 6·25사변의 참상으로 많은 사람의 인명과 재산의 피해를 입었다. 이 백성들의 범죄와 교회의 범과로 언제 하나님의 재앙이 임할런지 모른다. 믿음으로 하나님을 온전히 의지하고 진리를 순종하며 그리스도를 온전히 살아내는 삶을 산다면 대적들이 한 길로 쳐들어 오다가 일곱 길로 도망케 할 것이며 또 대적들은 네 손에 붙여서 승리하게 하실 것이다. 전쟁은 하나님께 속한 것이니 하나님께서 지키신다면 누가 능히 해하겠는가.

3) 셋째 인 개봉(검은 말)

5절에 "셋째 인을 떼실 때에 내가 들으니 셋째 생물이 말하되 오라 하기로 내가 보니 검은 말이 나오는데 그 탄 자가 손에 저울을 가졌더라"고 말한다. 검은 말은 기근을 상징한다. 그러나 그 기근시에 에스겔 4:10에 "너는 식물을 달아서 하루 이십 세겔 중씩 때를 따라 먹고" 레위기 26:26에 "내가 너희 의뢰하는 양식을 끊을 때에 열 여인이 한 화덕에서 너희 떡을 구워 저울에 달아 주리니 너희가 먹어도 배부르지 아니하리라"고 말한다. 셋째 인의 사실이 이런 것을 말하는지 아니면 기근시에 믿는 사람들의 마음을 달아 보시려는 말씀인지 알아보자. 사람의 행위가 자기 보기에는 모두 깨끗하여도 여호와는 심령을 저울질 하시느니라(잠 16:2, 21:2, 24:12). "진실로 천한 자도 헛되고 높은 자도 거짓되니 저울에 달면 들려 입김보다 경하리로다"(시 62:9). "내가 공평한 저울에 달려서"(욥 31:6). "여호와는 지식의 하나님이시라 행동을 달아 보시느니라"(삼상 2:3). "기록한 글자는 이것이니 곧 메네 메네 데겔 우바르신이라 그 뜻을 해석하건대 메네는 하나님이 이미 왕의 나라의 시대를 세어서 그것을 끝나게 하셨다 함이요 데겔은 왕이 저울에 달려서 부족함이 뵈었다 함이요"(단 5:25-27)라고 말한다.

6절에 "내가 네 생물 사이로서 나는 듯하는 음성을 들으니 가로되 한 데나리온에 밀 한 되요 한 데나리온에 보리 석 되로다 또 감람유와 포도주는 해치 말라 하더라"고 말한다. 이 말씀에서 감람유와 포도주는 해치 말라는 말은 밀과 보리(밀 1되, 보리 3되)는 해침을 받았다는 뜻이다. 기근시에 하루의 임금인 데나리온 때문에 얼마나 많은 사람들이 신앙을 저버리고 세상으로 불신앙으로 타락하는가! 신명기 8:2~3에 "네 하나님 여호와께서 이 사십년 동안에 너로 광야의 길을 걷게 하신 것을 기억하라 이는 너를 낮추시며 너를 시험하사 네 마음이 어떠한지 그 명령을 지키는지 아니 지키는지 알려 하심이라 너를 낮추시며 너로 주리게 하시며 또 너도 알지 못하며 네 열조도 알지 못하던 만나를 네게 먹이신 것은 사람이 떡으로만 사는 것이 아니요 여호와의 입에서 나오는 모든 말씀으로 사는 줄을 너로 알게 하려 하심이니라" 참 신앙은 어려울 때 굶주릴 때 시련의 때에 알게 된다. 같은 한 데나리온에 밀은 한 되요 보리는 석 되일까? 보리 성도에 해당된 자는 미련한 자를 가리킨다. 잠언 27:22에는 "미련한 자를 곡물(보리)과 함께 절구에 넣고 공이로 찧을지라도 그의 미련은 벗어지지 아니하느니라" 지혜 있는 성도는 주 하나님 아버지의 뜻을 알고 그 옳고 그름을 분별하고 좌우로 치우치지 않으며 어떠한 경우라도 신앙을 지키는 자를 말한다.

감람유와 포도즙은 어찌하여 해치 말라 하는가! 이는 자아가 완전히 깨지고 부서진 자를 뜻하기 때문에 기근 따위는 그를 감히 해할 수 없는 것이다. 자아가 죽고 부서지고 깨지고 옛 정욕과 구습을 따라 사는 모든 것이 지나갔다. 하나님의 풍성으로 충만해진 그들은 오직 하나님의 영광과 기쁘시게 하는 삶을 사는 자들이다. "하루는 나무들이 나가서 기름을 부어 왕을 삼으려 하여 감람 나무에게 이르되 너는 우리 왕이 되라 하매 감람 나무가 그들에게 이르되 나의 기름은 하나님과 사람을 영화롭게 하나니 내가 어찌 그것을 버리고 가서 나무들 위에 요동하리요 한지라"(삿 9:8-9). "나무들이 또 포도 나무에게 이르되 너는 와서 우리의 왕이 되라 하매 포도 나무가 그들에게 이르되 하나님과 사람을 기쁘게 하는 나의 새 술을 내가 어찌 버리고 가서 나무들 위에 요동하리요 한지라"(삿 9:12-13). 감람유와 포도즙은 명예로도 물질로도 그 어떠한 것으로도 유혹하며 넘어뜨릴 수 없는 것이다. 그러므로 우리 믿는 모든 이들이 신앙의 장성한 분량에 이르러 오직 하나님만 기쁘시게 영화롭게 하는 신앙인이 되어야 할 것이다. 이 말씀은 기근시에 식량을 달아서 먹는 사건을 말함이 아니라 기근시에 보리, 밀, 감람유, 포도주에 해당되는 성도들이 하나님의 저울에 달려서 해침을 받는가 받지 않는가에 대한 기록인 것이다. 광야에서 만나를 주심은 사람이 떡으로만 사는 것이 아니라 오직 여호와 입에서 나오는 모든 말씀으로 사는 줄을 너로 알게 하려 하심이니라고 말한다. 고로 성도들이여 삼가 조심하라!

4) 넷째 인 개봉(청황색 말)

7-8절은 이렇게 말한다. "넷째 인을 떼실 때에 내가 넷째 생물의 음성을 들으니 가로되 오라 하기로 내가 보매 청황색 말이 나오는데 그 탄자의 이름은 사망이니 음부가 그 뒤를 따르더라 저희가 땅 사분 일의 권

세를 얻어 검과 흉년과 사망과 땅의 짐승으로써 죽이더라"고 말한다. 첫째 인, 둘째 인, 셋째 인을 뗄 때는 단색의 말이 나왔다. 그러나 넷째 인을 뗄 때는 청색과 황색 두 가지 색의 말이 나왔으며 해하는 것도 검과 흉년과 사망(온역)과 땅의 사나운 짐승으로 해한다. 넷째 인을 뗄 때는 4가지 방법으로 죽였다. 4인의 재앙 중 넷째 인의 재앙이 다른 인의 재앙보다 가혹하다. 여기 탄 자의 이름이 사망이라고 말한 것은 온역, 질병등을 말한다. 얼마나 많은 사람들이 전쟁 후와 기근 후에 온역으로 죽어가는가!

그러기에 "음부가 그 뒤를 따르더라"고 말한다. 그러나 그 권세도 하나님의 주권하에서 땅 사분의 일만 다스리는 권세 밖에 주어지지 않았다. 검과 흉년과 사망과 땅의 짐승은 하나님의 중한 벌이다. 제1단계 중한 벌과 진노는 비교적 가벼운 것이다. 그의 증거로는 에스겔 14:21에 "주 여호와께서 가라사대 내가 나의 네 가지 중한 벌 곧 칼과 기근과 사나운 짐승과 온역을 예루살렘에 함께 내려 사람과 짐승을 그 중에서 끊으리니 그 해가 더욱 심하지 않겠느냐"(겔 14:12-23). "내가 기근과 악한 짐승을 너희에게 보내어 외롭게 하고 너희 가운데 온역과 살륙으로 행하게 하고 또 칼이 너희에게 임하게 하리라 나 여호와의 말이니라"(겔 5:17). "여호와의 말씀이 또 내게 임하여 가라사대 인자야 가령 어느 나라가 불법하여 내게 범죄하므로 내가 손을 그 위에 펴서 그 의뢰하는 양식을 끊어 기근을 내려서 사람과 짐승을 그 나라에서 끊는다 하자 비록 노아, 다니엘, 욥, 이 세 사람이 거기 있을지라도 그들은 자기의 의로 자기의 생명만 건지리라 나 주 여호와의 말이니라"(겔 14:12-14).

욥기 37:12-13에 여호와께서 구름으로 이리 저리 인도하시는 대로 두루 행하나니 이는 그 명하시는 것을 세계상에 이루려 함이라 혹 징벌을 위하여 혹 토지를 위하여 혹 긍휼 베푸심을 위하여 구름으로 오게 하시는 것과 같이 하나님께서도 진노와 중한 벌을 위하여 세계상에 말이 뛰어 다니는 곳마다 재앙이 나타나게 되는 것이다. 이 네 말들은 신약 전기간 동안 이곳 저곳을 뛰어 다니면서 국부적인 전쟁과 기근과 사망(온역)과 땅의 짐승으로 죽이는 것이다. 이것이 진리를 불순종하고 불의를 행하는 자들에게 내리는 하나님의 중한 벌과 재앙인 것이다(겔 14:21).

5) 다섯째 인 개봉(순교자의 호소)

9-11절에 "다섯째 인을 떼실 때에 내가 보니 하나님의 말씀과 저희의 가진 증거를 인하여 죽임을 당한 영혼들이 제단 아래 있어 큰 소리로 불러 가로되 거룩하고 참되신 대주재여 땅에 거하는 자들을 심판하여 우리 피를 신원하여 주지 아니하시기를 어느 때까지 하시려나이까 하니 각각 저희에게 흰 두루마기를 주시며 가라사대 아직 잠시 동안 쉬되 저희 동무 종들과 형제들도 자기처럼 죽임을 받아 그 수가 차기까지 하라 하시더라"고 말한다.

이 말씀들은 순교자들의 호소이다. 왜 순교를 당하는가! 어두움의 세상 주관자들인 사단 마귀들이 주장하고 있는 세상에 구원의 생명의 말씀이 전파되니 사단 마귀들은 가진 계교와 수단과 방법들을 동원하여 전파자들을 핍박하고 복음을 전하지 못하게 하며 심지어는 죽이기도 한다. 이 순교자들은 죄가 있어 핍박과 환난과 죽임을 당한 것이 아니라 하나님의 말씀과 저희 가진 증거를 위하여 죽임을 당하였다고 말하고 있다.

사도 요한도 하나님의 말씀과 예수의 증거를 위하여 밧모섬에 유배되어 계시록을 받아 써서 하나님의 뜻을 따라 하나님의 종들에게 편지로써 증거하신 것이다. 이 세상은 참 빛을 받은 성도들이 살기에 합당치 않는 곳이다. 모래알 중에서 금싸라기를 채취하듯 하나님의 부름받고 예수를 구주로 하나님을 아버지로 모시게 되었으니 얼마나 큰 축복인가! 빌립보서 1:29에는 "그리스도를 위하여 너희에게 은혜를 주신 것은 다만 그를 믿을 뿐 아니라 또한 그를 위하여 고난도 받게 하심이라"고 말한다. 본문의 순교자들이나 사도 요한도 하나님의 말씀을 지키며 전하며 증거하는 모든 일 때문에 죽임을 당하였다고 한다. 핍박과 환난이 더 심할수록 하나님의 말씀은 더 힘있게 전파되는 것이다. 사람의 생각 같으면 좌절하고 말것 같아도 하나님이 함께 하시기 때문에 말씀에 힘을 얻어 그칠 줄 모르고 예루살렘에서부터 시작하여 온 유대와 사마리아와 땅 끝까지 전파되어 오늘 우리에게까지 이른 것이다. 환난을 두려워 말라. 아무나 순교를 당하는 것이 아니다. 바울 사도는 로마 교회에 보낸 편지 중에 이렇게 말한다. "생각건대 현재의 고난은 장차 우리에게 나타날 영광과 족히 비교할 수 없도다"(롬 8:18)라고 말한다.

요한계시록 20:4에도 천년 왕국의 때 그리스도와 공동왕이 될 사람들의 자격에 대하여 말하고 있다. "또 내가 보니 예수의 증거와 하나님의 말씀을 인하여 목 베임을 받은 자의 영혼들과 또 짐승과 그의 우상에게 경배하지도 아니하고 이마와 손에 그의 표를 받지도 아니한 자들이 살아서 그리스도로 더불어 천 년 동안 왕 노릇하니"라고 말한다. 하나님 나라의 영광은 거저 오는 것이 아니라 그 만큼 받을 일을 하는 자들이 받게 되는 것이다. 인생에 무슨 소망이 있으랴. 하나님 나라는 영원 무궁한 것이다. 모든 순교자들이나 예수의 이름을 위하여 기꺼이 고난 당하는 자들이 더 좋은 부활과 그 영광을 바라보고 소망 중에 나아가는 것이다.

죽임을 당한 영혼들이 제단 아래 있어 피의 신원을 해 달라고 호소한다. 이 제단은 성전 뜰에 있는 제단이다. 이 세상에서 하나님의 말씀과 저희의 가진 증거 때문에 어떠한 장소에서 어떻게 순교 당하든 하나님 앞에서는 제단 위에서 향기로운 제물로 드려진 것이다. 이 순교자들은 데살로니가후서 1:6-8절 까지의 말씀에 의거하여 호소하였다. "너희로 환난 받게 하는 자들에게는 환난으로 갚으시고 환난 받는 너희에게는 우리와 함께 안식으로 갚으시는 것이 하나님의 공의시니 주 예수께서 저의 능력의 천사들과 함께 하늘로부터 불꽃 중에 나타나실 때에 하나님을 모르는 자들과 우리 주 예수의 복음을 복종치 않는 자들에게 형벌을 주시리니"라고 말한다.

하나님은 실로 자비가 한이 없으시다. 증인들의 피를 흘린 자라도 다 회개하기를 바라고 계신다. 베드로후서 3:8-9에는 "사랑하는 자들아 주께는 하루가 천 년 같고 천 년이 하루 같은 이 한 가지를 잊지 말라 주의 약속은 어떤 이의 더디다고 생각하는 것같이 더딘 것이 아니라 오직 너희를 대하여 오래 참으사 아무도 멸망치 않고 다 회개하기에 이르기를 원하시느니라"고 말한다. 마지막으로 바벨론을 심판하시고 피의 신원을 이루셨다고 선포하신다. 요한계시록 18:20에 "하늘과 성도들과 사도들과 선지자들아 그를 인하여 즐거워하라 하나님이 너희를 신원하시는 심판을 그에게 하셨음이라 하더라" 말한다. 이런 소망을 바라보고 사도행전 20:22-24의 말씀에 의지하여 살아가야 할 것이다. "보라 이제 나는 심령에 매임을 받아 예루살렘으로 가는데 저기서 무슨 일을 만날는지 알지 못하노라 오직 성령이 각 성에서 내게 증거하여 결박과 환난이 나를 기다린다 하시나 나의 달려갈 길과 주 예수께 받은 사명 곧 하나님의 은혜의 복음 증거하는 일을 마치려 함에는 나의 생명을 조금도 귀한 것으로 여기지 아니하노라"

11절에 "각각 저희에게 흰 두루마기를 주시며 가라사대 아직 잠시 동안 쉬되 저희 동무 종들과 형제들도 자기처럼 죽임을 받아 그 수가 차기까지 하라 하시더라"고 말한다. 요한계시록 11:1에 "또 내게 지팡이 같은 갈대를 주며 말하기를 일어나서 하나님의 성전과 제단과 그 안에서 경배하는 자들을 척량하되"라고 말한다. 제단에서 경배하는 자들은 포도 추수에 해당된다. 포도원의 비유에서도 포도를 추수하여 즙 짜는 틀에 포도를 넣어 틀을 밟아 짠다. 이것은 하나님의 말씀과 예수 그리스도의 증거 때문에 순교 당할 자들의 예표인 것이다. 순교는 아무나 하는가! 순교는 두 가지가 있다. 죽임을 당한 순교와 산 순교가 있다.

모두 하나님 앞에는 값진 것이다. 어느 때 그 수가 차게 되는가! 이는 최후의 환난인 칠년 대 환난 후삼년반에 짐승과 그 우상에게 경배하지 않는 자는 몇이든지 죽이는 그 때 모두 차게 될 것이다.

"흰 두루마기"를 주시는 것은 그들의 삶과 순교가 하나님 앞에 인정 받았다는 증거인 것이다. 필자는 모든 성도들이 오늘 주어진 삶을 성실하고 주 앞에 인정 받도록 살아서 온 땅에 거하는 자들을 시험할 때 면하게 해 주신다는 요한계시록 3:10의 말씀 같이 첫 열매로 하나님의 보좌로 들림 받기를 바란다. 만일 그렇게 되지 않는다면 후삼년반의 시련 속에 들어갈 것이다. 그 때는 거짓 선지자가 이적을 행하면서 성도들을 미혹하여 바다에서 올라온 짐승을 경배하게 할 것이다. 짐승을 위하여 우상을 만들고 그 우상에게 생기를 주어 말하게 하여 우상을 경배케 할 것이다. 그리고 더 나아가 그 짐승의 이름의 표를 받게 할 것이다. 이를 거절하고 믿음을 지킬려고 할 때는 죽임을 당할 것이다.

역대의 모든 순교자들은 이 말씀 때문에 말씀에 매여 순교하였다고 한다. 디모데후서 2:11-13에 "미쁘다 이 말이여, 우리가 주와 함께 죽었으면 또한 함께 살 것이요 참으면 또한 함께 왕 노릇할 것이요 우리가 주를 부인하면 주도 우리를 부인하실 것이라"고 말한다. 이 말씀을 마음에 인 같이 새기어 끝까지 신앙의 정절을 지키기를 바란다.

6) 여섯째 인 개봉(초자연적 재앙)

12절에 "내가 보니 여섯째 인을 떼실 때에 큰 지진이 나며 해가 총담 같이 검어지고 온 달이 피 같이 되며"라고 말한다. 첫째 인과 둘째, 셋째, 넷째 인은 불의를 행하는 자들과 복음의 진리를 불순종하는 자들에게 내리는 하나님의 재앙이요 중한 벌이라고 말한 바 있다(겔 14:21). 기록은 요한계시록 6:1-8에 불과하지만 그 기간은 거의 신약 전 기간이라 할 수 있다. 이 말들이 뛰어 다니는 곳마다 재앙과 벌이 나타나는 것이다. 일곱째 인을 떼시므로 하나님의 진노가 마치는 것이다. 일곱째 인을 떼시므로 일곱 천사가 일곱 나팔을 가지고 나와 나팔을 불므로 재앙들이 나타나고 일곱 나팔을 불므로 일곱 천사가 일곱 대접을 가지고 쏟으므로 하나님의 진노가 마치는 것이다. 그런고로 일곱 인은 일곱 나팔 재앙과 일곱 대접 재앙을 포함하고 있다는 것이다. 최후의 일곱 인을 남겨 두고 여섯째 인이 개봉되고 있다. 그 내용인 즉 하늘의 천체들이 어두워지고 하늘은 종이 축이 말리는 것같이 말리우고 산과 섬이 제자리에서 옮기워 간다. 땅에 있는 모든 자들이 산과 바위에게 이르되 우리 위에 떨어져 보좌에 앉으신 이와 어린양의 진노에서 우리를 가리우라고 마치 최후에 있을 상황이 벌어지고 있는 것이다. 이는 최후의 하나님의 심판을 앞두고 땅에 있는 자들에게 중요한 경고를 주시기 위함이다. 마치 엿장수가 엿의 맛이 어떠하다는 것을 알려 주려고 맛배기를 주는 것 같은 이치인 것이다. 하나님의 최후의 진노가 이러할 것이니 너희들도 진노의 날을 피하기 위하여 하나님께로 돌아오라는 강력한 메시지가 담겨 있는 것이다.

"해가 총담 같이 검어지고" 검은 머리카락으로 짜여진 것을 말한다. "온 달이 피 같이 되며" 마태복음 24:29에 "그 날 환난 후에 즉시 해가 어두워지며 달이 빛을 내지 아니하며 별들이 하늘에서 떨어지며 하늘의 권능들이 흔들리리라 그 때에 인자의 징조가 하늘에서 보이겠고"라고 말한다. 별들은 무화과 나무가 대풍에 흔들려 선 과실이 떨어지는 것같이 떨어지며 하늘은 종이 축이 말리는 것같이 떠나가고 산과 섬이 제자리에 옮긴다. 큰 지진과 함께 이런 무시 무시한 일들이 일어나니 단 일회적으로 영원히는 아니지만 그 피해는 클 것이다. 이 사건으로 주님 다시 오실 때를 대비하며 사는 것이 지혜로운 삶이 아니겠는가!

15-17절에서는 "땅의 임금들과 왕족들과 장군들과 부자들과 강한 자들과 각 종과 자주자가 굴과 산 바위 틈에 숨어 산과 바위에게 이르되 우리 위에 떨어져 보좌에 앉으신 이의 낯에서와 어린양의 진노에서 우리를 가리우라 그들의 진노의 큰 날이 이르렀으니 누가 능히 서리요 하더라"고 말한다. 땅의 거민들은 이 사건을 보고 최후의 날로 착각을 한 것같다. 그도 그럴 것이 맛배기가 전체 엿 맛이듯이 비록 하나님 편에서 최후의 날의 경고이지만 그 내용은 최후의 심판과 동일하기 때문이다. 이 경고를 받는 땅의 모든 거민들은 겸허한 마음으로 하나님께 돌아와 하나님이 보시기에 합당한 남은 생을 경건한 마음으로 살아야 할 것이다.

4. 제1의 중간 계시(십 사만 사천인에게 인 치심-7:1-8)

요한계시록 7장은 중간 계시이다. 본 계시와 중간 계시를 정확히 구분하는 것은 계시록을 연구하고 이해하는데 큰 도움을 준다. 본 계시의 전후에 위치하여 하나님의 깊은 뜻을 잘 설명해 주고 있다. 본 계시는 일곱 인, 일곱 나팔, 일곱 대접 재앙을 말하고 중간 계시는 본 계시와 밀접한 관계를 가지고 전후에 위치해 있다. 중간 계시는 7장과 10장, 11장, 12장, 13장, 14장으로 구성되어 있다.

1) 인 맞은 자들(십 사만 사천)

(1) 칠장의 중간 계시를 주신 목적

　6장에서 첫째 인부터 여섯째 인까지 떼고 일곱째 인의 재앙만 남았다. 일곱째 인의 재앙은 8장부터 16장까지 일곱 나팔 재앙과 일곱 대접 재앙을 포함한다. 일곱 대접 재앙은 하나님의 마지막 재앙으로 하나님의 진노가 절정에 이르는 것을 말한다. 이것이 일곱째 인의 내용이다. 7장부터 16장까지는 방대한 기록들이지만 기간은 매우 짧다는 것이다. 마지막 칠년 대 환난은 전에도 없었고 후에도 없는 큰 환난이며 그 날들을 감하지 아니할 것이면 모든 육체가 구원을 얻지 못할 것이나 택하신 자들을 위하여 그 날들을 감하시리라. 이 극한 대 환난을 앞두고 하나님은 절대 전능하신 주권으로 구원을 성취하시는 하나님의 따사로운 배려를 계시하신 것이다. 이 사실을 중간 계시로 끝에 기록하지 않고 일곱째 인의 재앙이 일어나기 전 서두에 중간 계시로 기록한 것은 성도들로 하여금 큰 위로를 얻고 어떠한 환난과 핍박 중에서도 신앙을 견고히 지키며 승리할 것을 당부하기 위함이다. 할렐루야!!

　마태복음 20장에는 천국은 마치 품꾼을 얻어 포도원에 들여 보내려고 이른 아침에 나간 집 주인과 같으니 저가 하루 한 데나리온씩 품꾼들과 약속하고 포도원에 들여 보내고 제 3시에, 제 6시에, 제 9시에 나가 또 그와 같이 하고 제 11시에도 나가 보니 섰는 사람들이 또 있는지라 가로되 너희는 어찌하여 종일토록 놀고 여기 섰느뇨 가로되 우리를 품꾼으로 쓰는 이가 없음이니이다 저물매 포도원 주인이 청지기에게 이르되 나중 온 자로부터 시작하여 먼저 온 자까지 삯을 주라 11시에 포도원에 들어가서 한 시간 일한 사람부터 삯을 주었다. 여기 기록에도 해가 뉘엿뉘엿 서산에 저무는 절박한 시간에 포도원에 들어간 것같이 일곱째 인의 마지막 재앙도 남은 기간이 아주 짧고 중한 나팔 재앙들과 칠년 대 환난을 포함한 마지막 대접 재앙까지 이런 극한 상황에서도 하나님의 택한 백성에 대한 인치고 구원하시는 하나님의 계획은 추호의 차질도 없이 성취하시는 하나님을 계시하신 것이다.

　요한 계시록은 절대로 우리에게 겁을 주고 두려워 떨게 하는 책이 아니라 확실히 소망과 안위를 듬뿍 안겨 주는 위로의 책이라는 것을 보여 주는 중간 계시라는 것이다.

　(2) 땅 네 모퉁이에 선 네 천사와 땅의 사방 바람

　1절에 "이 일 후에 내가 네 천사가 땅 네 모퉁이에 선 것을 보니 땅의 사방의 바람을 붙잡아 바람으로 하여금 땅에나 바다에나 각종 나무에 불지 못하게 하더라"고 말한다. 땅과 바다와 나무는 무엇을 상징하는가! 땅과 바다와 나무는 온 지구상과 모든 사람들을 가리키는 말이다. 땅은 교계를 상징한다. 요한계시록 6:8에 거짓 선지자를 땅의 짐승이라 하였다(흰 말). 요한계시록 9:4에서는 "땅의 풀이나 푸른 것이나 각종 수목은 해하지 말고 오직 이마에 하나님의 인 맞지 아니한 사람들만 해하라"고 하셨으니 풀이나 푸른 것이나 각종 수목은 하나님의 인 맞은 자라는 것이다.

　요한계시록 13:11 "또 다른 짐승이 땅에서 올라오니 새끼양 같이 두 뿔이 있고 용처럼 말하더라" 땅은 실제 땅을 말하는 경우도 있고 교계를 말하는 경우도 있다. 이상의 세 구절에서 말한 땅은 교계를 말한다. 땅에서 새끼 양이 올라왔다. 새끼 양은 어린 양의 다른 표현이다. 어린양 같이 생겼으면 말도 어린양 같이 해야 할 것이나 반대로 용처럼 말하였다. 거짓 선지자는 무엇으로 분별하는가! 그 맺힌 열매로 그 정체를 알 수 있다. 가시 나무에서 포도를 엉겅퀴에서 무화과를 따겠느냐고 말한다. 사단의 역사를 따라 행하는 자들은 사단의 말을 하는 것이다. "양의 옷을 입고 너희에게 나아오나 속에는 노략질하는 이리라".

　바다는 세상을 상징한다. 다니엘 7:2-3 "하늘의 네 바람이 큰 바다로 몰려 불더니 큰 짐승 넷이 바다에서 나왔는데 그 모양이 각각 다르니" 큰 짐승 넷은 바벨론, 메데파사, 헬라와 로마이다. 다니엘 7:16-17 "내가 그 곁에 모신 자 중 하나에게 나아가서 이 모든 일의 진상을 물으매 그가 내게 고하여 그 일의 해석을 알게 하여 가로되 그 네 큰 짐승은 네 왕이라 세상에 일어날 것이로되"라고 말한다. 바다에서 나온 네 큰 짐승은 세상에서 일어날 왕이요 국가들이다. 요한계시록 13:1 "바다에서 한 짐승이 나오는데 뿔이 열이요 머리가 일곱이라" 이 바다는 대서양도 태평양도 아니요 지중해도 아니다. 바로 세상 열국 중에서 나올 적그리스도 짐승을 말하는 것이다.

나무는 모든 사람들을 가리킨다. 땅(교계)에서 바다(세상)에서 지구상에 거하는 모든 사람을 총칭한다. 세상의 모든 일은 보좌에 앉으신 하나님의 주권하에서 하나님에 의해 성사되는 것이다. "만물이 주에게서 나오고 주로 말미암고 주에게로 돌아감이라 영광이 그에게 세세에 있으리로다"(롬 11:36)

땅의 사방 바람을 붙잡고 있는 천사는 요한계시록 16:4-6에 나온 물을 차지한 천사와 같이 바람을 차지한 천사이다. "셋째가 그 대접을 강과 물 근원에 쏟으매 피가 되더라 내가 들으니 물을 차지한 천사가 가로되 전에도 계셨고 시방도 계신 거룩하신 이여 이렇게 심판하시니 의로우시도다 저희가 성도들과 선지자들의 피를 흘렸으므로 저희로 피를 마시게 하신 것이 합당하니이다"(계 16:4-6). 땅의 사방은 동서남북이다. 동풍은 비를 몰고 오고 북풍은 찬 기운을 몰고 오며 남풍은 태풍을 몰고 오고 서풍은 더위를 몰고 온다고 한다. 우리 믿는 이들은 가시밭에 백합화이다. 동남풍아 불어라 서북풍아 불어라 가시밭에 백합화 예수 향기 날리니 라고 노래한다. 마태복음 7:24-25에 "그러므로 누구든지 나의 이 말을 듣고 행하는 자는 그 집을 반석 위에 지은 지혜로운 사람 같으리니 비가 내리고 창수가 나고 바람이 불어 그 집에 부딪히되 무너지지 아니하나니 이는 주초를 반석 위에 놓은 연고요"라고 말한다. 이 집에 비가

내리고 창수가 나고 바람이 불어 그 집에 부딪히는 것은 시련과 환난과
핍박등을 말하며 이러한 상황 가운데서도 무너지지 아니함은 잘 지은 연
고이다.

설명을 더 하겠다. 다니엘 7:2-3에 하늘의 네 바람이 큰 바다로 몰려
불더니 큰 짐승 넷이 바다에서 나왔는데 그 모양이 각각 다르더라 첫째
는 사자 같고 둘째는 곰과 같고 셋째는 표범 같고 넷째는 무섭고 놀라우
며 또 극히 강하여 철이가 있더라고 말한다. 이 짐승들은 바벨론, 메데
파사, 헬라, 로마를 말한다. 또 예레미야 49:36-37에는 "하늘의 사방에
서부터 사방 바람을 엘람에 이르게 하여 그들을 사방으로 흩으리니 엘람
에서 쫓겨난 자의 이르지 아니하는 나라가 없으리라 나 여호와가 말하노
라 내가 엘람으로 그 원수의 앞, 그 생명을 찾는 자의 앞에서 놀라게 할
것이며 내가 재앙 곧 나의 진노를 그 위에 내릴 것이며 내가 또 그 뒤로
칼을 보내어 그를 진멸하기까지 할 것이라" 이는 주변국들로 통하여 엘
람에 이르게 하여 엘람을 멸할 것을 말 하는 것이다. 사방 바람은 무엇
인가? 이상의 근거로 보아 주변국들로 하여금 전쟁과 환난과 시련등을
일으키게 함을 볼 수 있다. 바람을 차지한 천사가 바람을 붙잡고 있는
것은 남은 하나님의 백성에게 인 치기 위한 하나님의 특별한 배려인 것
이다.

(3) 다른 천사가 해 돋는 데서 올라오다

2절에는 "또 보매 다른 천사가 살아 계신 하나님의 인을 가지고 해 돋
는 데로부터 올라와서 땅과 바다를 해롭게 할 권세를 얻은 네 천사를 향
하여 큰 소리로 외쳐 가로되"라고 말한다. 다른 천사를 예수님이라 하는
자들도 있다. 그러나 3절에 땅의 사방 바람을 붙잡고 있는 천사들에게
인 치는 천사가 우리가 우리 하나님의 종들의 이마에 인치기까지라 하였

다. 인을 가진 천사가 예수님이라 하면 바람을 붙잡고 있는 천사에게 우리가 우리 하나님이라 말할 수 있을까 하는 것이다. 그러므로 다른 천사는 하나님의 일을 담당하는 천사들과 같은 천사로 보는 것이 옳을 것이다. 그러면 살아 계신 하나님의 인은 무엇일까?

에베소서 1:13 "주 안에서 너희도 진리의 말씀 곧 너희의 구원의 복음을 듣고 그 안에서 또한 믿어 약속의 성령으로 인치심을 받았으니" 에베소서 4:30 "하나님의 성령을 근심하게 하지 말라 그 안에서 너희가 구속의 날까지 인치심을 받았느니라" 고린도후서 1:22 "저가 또한 우리에게 인치시고 보증으로 성령을 우리 마음에 주셨느니라" 이상의 말들을 볼 때에 성령으로 인침이 확실하다. 본문에는 살아 계신 하나님의 인을 가지고 와서 인을 쳤다. 믿는 이들이 성령을 받아 인침을 받는 것은 믿음으로 받는다. "어리석도다 갈라디아 사람들아 예수 그리스도께서 십자가에 못 박히신 것이 너희 눈앞에 밝히 보이거늘 누가 너희를 꾀더냐 내가 너희에게 다만 이것을 알려 하노니 너희가 성령을 받은 것은 율법의 행위로냐 듣고 믿음으로냐 너희에게 성령을 주시고 너희 가운데서 능력을 행하시는 이의 일이 율법의 행위에서냐 듣고 믿음에서냐"(갈 3:1-2, 5) 믿는 이들은 믿음으로 값 없이 의롭다 함을 얻고 믿음으로 약속의 성령을 받는다. 그런데 이스라엘 자손에게 인 치는 일은 왜 천사가 하였을까? 천사가 성령을 주는 것일까? 아니다. 그렇다면 인이 다른 어떤 인이 아닐까? 요한계시록 9:4에 황충에게 이마에 하나님의 인 맞지 아니한 사람만 해하라는 말을 볼 때 이마에 그 인을 맞은 인은 식별할 수 있는 것 같지만 어떤 인인지 알 수는 없다.

"해 돋는 데"는 어떤 곳일까? 어떤 이는 한국에서 인치는 자가 일어날 것이라고 한다. 한국도 아니요 동방의 어떤 제국도 아니다. 시편 84:11 "여호와 하나님은 해요 방패시라" 하였고 누가복음 1:78-79 "이로써 돋는 해가 위로부터 우리에게 임하여 어두움과 죽음의 그늘에 앉은 자에게 비취고 우리 발을 평강의 길로 인도하시는도다 하니라" 해는 하나님이시고 돋는 해는 예수 그리스도시다. 하나님이 계신 곳으로부터 사명을 부여 받아 올라 오는 천사이기에 이런 표현을 한 것이다. 하나님의 인 치는 사명을 받은 천사가 살아 계신 하나님의 인을 가지고 하나님께로부터 (해 돋는데로부터) 올라 오는 것은 극히 자연스러운 일이라 하겠다.

  (4) 이스라엘 자손 중에서 인 맞은 십 사만 사천 명

  4절에 "내가 인맞은 자의 수를 들으니 이스라엘 자손의 각 지파 중에서 인맞은 자들이 십 사만 사천이니"라고 말한다. 십 사만 사천에 대하여는 구구한 해석들이 있다. 계시록은 이 기록들이 사실을 말함인지 상징적인 말씀인지를 분별하는 것은 계시록을 이해하는데 큰 도움이 된다. 여자적인 것을 뜻하는 말씀을 상징적으로 또는 상징적인 말씀을 여자적으로 해석한다면 얼마나 큰 오류가 되겠는가! 십 사만 사천은 그 수가 어떻게 구성 되었는가를 보아야 한다. 각 지파 중에서 인 맞은 자가 일만 이천이며 열 두 지파를 합한 것이 십 사만 사천이다.
  열 둘은 하나님의 택한 수요 하나님의 행정에 있어서 완전 수이다. 요한복음 6:70 "내가 너희 열 둘을 택하지 아니하였느냐 그러나 너희 중에 하나는 마귀니라" 누가복음 6:12-13 "이 때에 예수께서 기도하시러 산으로 가사 밤이 맞도록 하나님께 기도하시고 밝으매 그 제자들을 부르사 그 중에서 열 둘을 택하여 사도라 칭하셨으니" 천이라는 수는 많은 것을 상징한다. 베드로후서 3:8 "사랑하는 자들아 주께는 하루가 천 년 같고 천 년이 하루 같은 이 한 가지를 잊지 말라" 열 두 지파는 하나님의 택한 백성들 전체를 말한다. 12(택한 수)×12(이스라엘 전체 열 두 지파)×1,000(많은 수)=144,000(이스라엘 전체에서 인 맞은 많은 수이다). 그러한 이유하에서 십 사만 사천은 하나님의 택한 백성들의 많은 수 곧

전체를 의미하는 것이다. 이 십 사만 사천을 요한계시록 14:1의 십 사만 사천과 동일하게 보는 이들도 있으나 사실은 다르다. 요한계시록 14:1의 십 사만 사천은 처음 익은 열매에 해당되는 자들이요 적은 수이다.

레위기 23:10에 "너희는 곡물을 거둘 때에 위선 너희의 곡물의 첫 이삭 한 단을 제사장에게로 가져갈 것이요"라고 말씀하신다. 밭에서의 곡식 추수는 성도들의 추수에 대한 그림자인 것이다. 먼저 첫 이삭을 하나님의 만족을 위하여 거두고 전체 곡식은 얼마 후에 거두는 것이다. 성도들의 추수도 처음 익은 열매 한 단을 거두고 그 후에 요한계시록 14:14-16에서와 같이 전체 곡식을 거두는 것이다. 열 두 지파마다 동일하게 인 맞은 자가 일만 이천이다. 무슨 뜻이 있지 않겠는가! 출애굽시 20세 이상으로 싸움에 나갈만한 자를 계수하니 각 지파마다 계수하는 수가 다르다. 계수는 1차, 2차 실시하였는데 계수하는 수가 다른데 인 맞은 수도 달라야 마땅하지 않겠는가! 그런데 동일한 이유는 인 맞은 수의 많고 적음에 관계없이 지파마다 택하여 인 맞은 모든 자를 뜻하기에 동일하게 일만 이천이 되며 이스라엘 전체인 열 두 지파를 합한 것이 십 사만 사천이 되는 것이다. 그런고로 십 사만 사천의 수는 상징적인 수이지 절대로 여자적인 수가 아니다.

(5) 출생시의 열 두 지파의 순서가 바뀌어진 이유

"야곱이 그 아들들을 불러 이르되 너희는 모이라 너희의 후일에 당할 일을 내가 너희에게 이르리라 너희는 모여 들으라 야곱의 아들들아 너희 아비 이스라엘에게 들을지어다"(창 49:1-2) 말하고 그들의 행위를 따라 후일에 될 일을 말하였다. 그 순서가 뒤로 물려진 지파는 르우벤과 시므온과 레위지파이다. 아무렇게나 기록된 것이 아니다. 그 이유가 분명히 있다. "르우벤아 너는 내 장자요 나의 능력이요 나의 기력의 시작이라 위광이 초등하고 권능이 탁월하도다마는 물의 끓음 같았은즉 너는 탁월치 못하리니 네가 아비의 침상에 올라 더럽혔음이로다 그가 내 침상에 올랐었도다"(창 49:3-4) 장자로써 차자의 위치로 내려간 것은 마치 에서가 사냥하러 갔다 돌아와서 야곱에게 팥죽과 떡을 장자 명분과 바꾼것으로 비교된다. "야곱이 죽을 쑤었더니 에서가 들에서부터 돌아와서 심히 곤비하여 야곱에게 이르되 내가 곤비하니 그 붉은 것을 나로 먹게 하라 한지라 그러므로 에서의 별명은 에돔이더라 야곱이 가로되 형의 장자의 명분을 오늘날 내게 팔라 에서가 가로되 내가 죽게 되었으니 이 장자의 명분이 내게 무엇이 유익하리요 야곱이 가로되 오늘 내게 맹세하라 에서가 맹세하고 장자의 명분을 야곱에게 판지라 야곱이 떡과 팥죽을 에서에게 주매 에서가 먹으며 마시고 일어나서 갔으니 에서가 장자의 명분을 경홀히 여김이었더라"(창 25:29-34)고 말한다. 시므온과 레위는 어떠하였는가! "시므온과 레위는 형제요 그들의 칼은 잔해하는 기계로다 내 혼아 그들의 모의에 상관하지 말지어다 내 영광아 그들의 집회에 참여하지 말지어다 그들이 그 분노대로 사람을 죽이고 그 혈기대로 소의 발목 힘줄을 끊었음이로다 그 노염이 혹독하니 저주를 받을 것이요"(창 49:5-7)라고 말한다. 혈기와 분노가 가득한 그 모양으로 행한 지파이다. 그러기 때문에 둘째와 셋째로 태어났다가 일곱째와 여덟째로 밀려난 것이다.

그와 반대로 그 위치가 올라간 지파는 유다와 갓과 아셀 납달리이다. 유다는 넷째에서 첫 번째 장자의 위치에 올랐다. 어떠한 연고인가! 유다는 형제의 찬송이 될지라. 유다는 사자 새끼로다. 홀이 유다를 떠나지 아니하며 치리자의 지팡이가 그 발 사이에서 떠나지 아니하다고 말한다. 요셉을 형제들이 해하려 할 때에도 피 흘리는 것보다 파는 것이 낫다고 제안하였고(창 37:26), 자신을 베냐민의 담보물로 제공하였고(창 43: 9), 총리 대신 요셉 앞에서 당당하게 변호하는 것은 형제들의 찬송과 칭찬이 될 만하다(창 44:16-34).

이와 같이 분명한 이유하에서 그 위치가 바뀐 것이다. 우리들도 오늘의 우리의 삶을 따라 풍성한 영광으로 또는 수치로 나타나게 될 것이다. 앞의 열 두 지파의 20세 이상 인구 조사와 이차는 거의 광야 생활을 마칠 무렵 모압 평지에서 실시하고, 이차 인구 조사의 수효의 많고 적음에 따라 가나안 복지를 분배하도록 하였다. 일차 계수에서 이 인구가 많았다 하더라도 이차에 적으면 적게 분배 받은 것이다. 반면에 일차에 적었다 할지라도 이차에 많으면 많은 땅을 분배 받았다. 이것은 우리의 행위대로 보응하시는 하나님의 뜻을 보여주는 확실한 예이다(민 26:52~56).

민수기 26:63-65 일차 계수에 든 사람 중에서는 한 명도 이차에 들지 못하는 것은 그들이 광야에서 엎드러졌기 때문이다. "하나님께서 각 사람에게 그 행한 대로 보응하시되 참고 선을 행하여 영광과 존귀와 썩지 아니함을 구하는 자에게는 영생으로 하시고 오직 당을 지어 진리를 좇지 아니하고 불의를 좇는 자에게는 노와 분으로 하시리라"고 말한다. 믿는 성도에게는 두 종류의 옷이 있다고 앞에서 말하였다. 그 하나는 어린양의 피에 그 옷을 씻어 희게 하는 의의 옷이요, 또 하나는 혼인 잔치에 입은 성도들의 옳은 행실의 세마포 흰 옷이다.

그리고 단 지파가 누락된 이유는 "단은 길의 뱀이요 첩경의 독사리로다 말굽을 물어서 그 탄 자로 뒤로 떨어지게 하리로다 여호와여 나는 주의 구원을 기다리나이다"(창 49:17-18) 예수님의 열 두 제자 중에 가룟 유다가 제외 되듯이 하나님께서 심지 않는 것마다 모두 뽑히는 것이다. "너희가 깨끗하나 다는 아니니라"(요 13:10)고 한 것은 가룟 유다를 가리키는 말이다. 이와 같이 길의 뱀이요 첩경의 독사인 단 지파는 누락된 것이다.

순서	출생시의 이스라엘(창29:31~30:24)		계시록 7장의 순서인 이스라엘	
	지파명	의 미	지파명	의 미
1	르우벤	권고하다	유다↑	
2	시므온	들으심	르우벤↓	
3	레위	연합함	갓↑	
4	유다	찬송함	아셀↑	
5	단	억울함을 푼다(누락됨)	납달리↑	
6	납달리	경쟁함	므낫세	요셉의 장자 (창48:10~20) 삽입되다
7	갓	복됨	시므온↓	
8	아셀	기쁨	레위↓	
9	잇사갈	삯	잇사갈	
10	스불론	거함	스불론	
11	요셉	더함	요셉	
12	베냐민	슬픔의 아들	베냐민	

(6) 십 사만 사천인과 인 맞은 자와 셀 수 없는 무리는 동일한가

이 말씀도 많은 이론이 있다. 십 사만 사천과 요한계시록 7:9에 있는 셀 수 없는 무리들은 과연 동일한가 아니면 다른가! 동일하다고 보는 이들은 첫째 이스라엘이 출생시의 이스라엘이 아니요 순서가 바뀌고 므낫세가 삽입되고 단이 누락되어 영적인 이스라엘이요 둘째로는 인 맞은 자는 수를 들었고 셀 수 없는 무리는 그 수의 실체라는 것이다. 과연 그러한가! 필자는 거기에 동의할 수가 없었다. 자세히 살펴 보기로 하자.

① 인 맞은 십 사만 사천은 이스라엘 자손의 각 지파 중에서라 하였고 셀 수 없는 무리들은 각 나라와 족속과 백성과 방언에서 아무라도 셀 수 없는 큰 무리라 하였다. 각 나라와 족속과 백성과 방언은 전 세계를 상징한다. 노아의 아들 셈과 함과 야벳의 자손들이 번성할 때 각기 족속과 방언과 지방과 나라대로 이었더라고 말한다(창 10:5, 20, 31).

② 단이 누락되고 요셉의 아들 므낫세가 삽입됐다. 열 두 제자 중에서

도 가룟 유다는 예수님을 팔고 스스로 정죄됨을 알고 목 매어 죽었다. 대신 맛디아가 열 두 사도의 위치에 들어갔다. 그리고 단지파 대신 누가 들어갔느냐! 므낫세이다. 므낫세는 요셉의 두 아들 므낫세와 에브라임중 첫째 아들이다. 요셉의 첫째 아들이 단 지파 대신에 삽입된 것은 의미가 깊다. 요셉은 예수 그리스도의 그림자이다. 요셉은 형제들에게 은 이십에 팔렸지만 예수님은 은 삼십에 팔렸다. 요셉은 두 꿈을 형제들에게 말한 것으로 그러면 네가 우리왕이 되겠느냐 하고 시기하여 이스마엘 사람에게 팔았다. 예수님도 내가 하나님의 아들이란 말 때문에 저가 사람이 되어 자칭 하나님의 아들이라 한다 하여 참람함을 인하여 십자가에 못박혔다.

요셉은 옥중에서 옥에 갇힌 자들을 간검하고 있을 때 두 관원이 꿈을 꾸고 몽조가 있는 꿈인지라. 서로가 꿈을 말하여 해몽을 해 보려 하였지만 불가능하기 때문에 그들에게 수심이 가득하였다. 요셉이 수종들 때 그들에게 수심이 있는 것을 보고 물었다. 우리가 꿈을 꾸고 몽조가 있는 꿈인지라 서로 꿈을 말하였지만 해몽할 수 없어 우리에게 수심이 가득하다 하였다. 요셉이 그들에게 말하기를 꿈의 해몽은 하나님께 있지 아니하나이까 청컨대 내게 고하소서(창 40:8)라 하였다. 자기가 하나님이 아니면 청컨대 하나님께 고하소서 하였을 것이다. 그러나 청컨대 내게 고하소서라고 말하였다. 그러므로 요셉은 육신을 입고 세상에 오신 예수 그리스도 하나님 아들의 그림자인 것이 분명하다.

설명을 더하겠다. "한 사람이 두 아들이 있는데 맏아들에게 가서 이르되 애 오늘 포도원에 가서 일하라 하니 대답하여 가로되 아버지여 가겠소이다 하더니 가지 아니하고 둘째 아들에게 가서 또 이 같이 말하니 대답하여 가로되 싫소이다 하더니 그 후에 뉘우치고 갔으니 그 둘 중에 누가 아비의 뜻대로 하였느뇨 가로되 둘째 아들이니이다 예수께서 저희에게 이르시되 내가 진실로 너희에게 이르노니 세리들과 창기들이 너희보다 먼저 하나님의 나라에 들어 가리라 요한이 의의 도로 너희에게 왔거늘 너희는 저를 믿지 아니하였으되 세리와 창기는 믿었으며 너희는 이것을 보고도 종시 뉘우쳐 믿지 아니하였도다"(마 21:28-32). 여기에서 첫째 아들은 유대인 이스라엘 사람들을 가리키고 둘째 아들은 그들이 죄인시하고 같이 먹지도 아니하였던 세리와 창기 곧 이방인을 가리키는 것이다. 만일에 단 지파 대신에 요셉의 둘째 아들 에브라임이 삽입 되었다면 영적인 이스라엘로 볼 만하다. 그러나 이스라엘을 상징하는 맏아들 므낫세가 삽입이 되었으니 인 맞은 십 사만 사천이 이스라엘 중에서 인 맞은 것이 더욱 확실하게 되었다.

③ 요한계시록 7:1에 『이 일 후에』가 있고 요한계시록 7:9에 『이 일 후에』가 있다. 이스라엘 중에서 인 맞은 자 144,000과 각 나라와 족속과 나라와 방언에서 셀 수 없는 무리가 이 일 후라는 말로 인해 같은 내용이 아니고 서로 독립적이며 같이 묶어서 생각할 수 없도록 하였다는 것이다. 그러므로 성경에 같이 묶어서 생각 못하게끔 분별하였거늘 왜 같이 묶어서 같은 내용으로 보려 하는가! 고로 이스라엘 중에 인 맞은 십 사만 사천은 각 나라와 백성과 족속과 방언에서 셀 수 없는 큰 무리와는 전혀 다른 것이라는 것을 인식하여야 할 것이다. 선인들의 주석만 보고 그러려니 하고 쉽게 넘겨 버리는 것은 주님이 바라시는 뜻이 아니다. 필자도 여기에서 자극을 받아 과연 이것이 하나님께서 여기에 담으신 뜻일까 상고하는 중에 이 책을 쓰게 된 것이다.

5. 제2의 중간 계시(구원 받은 자들의 찬송 – 7:9-17)

1) 구원 받은 자들

이스라엘 자손 중 택한 남은 자들에 인 치고 그 후에 셀 수 없는 큰 무리가 각 나라와 족속과 백성과 방언에서 즉, 전 세계에서 구원 되어 보좌 앞과 어린양 앞에 서 있다. 이 사건은 여섯째 인이 떼어지고 마지막 일곱째 인이 떼어지게 되는 중간 계시로서 계시되고 있다. 이 구원 받은 자들은 보좌 앞에 있고 성전에서 밤낮 하나님을 섬기며 보좌에 앉으신 이가 그들 위에 장막을 치며 주리지도 아니하고 목마르지도 아니하고 해나 아무 뜨거운 가운데 상하지도 아니하고 보좌에 계신 어린양이 저희 목자가 되사 생명수 샘으로 인도하시며 저희 눈에서 모든 눈물을 씻어 주실 것임이니다고 말한다. 요한계시록 21:3-6에 있는 말씀과 흡사하다.

요한계시록 7장은 영원까지 이르며 하나님의 돌보심과 어린양의 목양 아래 있을 것이다. 믿는 이들은 값 없이 하나님의 은혜로 믿음으로 말미암아 구원 받았다. 그러나 몸의 구속은 아직 이루어지지 않고 있다. 몸의 구속은 언제 이루어지는가! 마태복음 24:29-31에 "그 날 환난 후에 즉시 해가 어두워지며 달이 빛을 내지 아니하며 별들이 하늘에서 떨어지며 하늘의 권능들이 흔들리리라 그 때에 인자의 징조가 하늘에서 보이겠고 그 때에 땅의 모든 족속들이 통곡하며 그들이 인자가 구름을 타고 능력과 큰 영광으로 오는 것을 보리라 저가 큰 나팔 소리와 함께 천사들을 보내리니 저희가 그 택하신 자들을 하늘 이 끝에서 저 끝까지 사방에서 모으리라"고 말한다.

데살로니가전서 4:16, 고린도전서 15:51-52은 "보라 내가 너희에게 비밀을 말하노니 우리가 다 잠잘 것이 아니요 마지막 나팔에 순식간에 홀연히 다 변화하리니 나팔 소리가 나매 죽은 자들이 썩지 아니할 것으로 다시 살고 우리도 변화하리라" 이 마지막 나팔은 칠년 대 환난이 지난 후 불게 된다. 그것이 곡식 추수의 구원으로 보며 밭의 전체 수확물인 것이다. 밭의 전체 수확 전에 처음 익은 곡식 한 단은 제사장에게 가져갈 것이요라고 말한다. 이것은 첫 열매의 수확물이다. 레위기 23:10에 "이스라엘 자손에게 고하여 이르라 너희는 내가 너희에게 주는 땅에 들어가서 너희의 곡물을 거둘 때에 위선 너희의 곡물의 첫 이삭 한 단을 제사장에게로 가져갈 것이요 제사장은 너희를 위하여 그 단을 여호와 앞에 열납되도록 흔들되 안식일 이튿날에 흔들 것이며"라고 말한다. 곡식 추수도 처음 익은 한 단을 먼저 여호와 앞에 드리는 것과 같이 믿는 사람들의 추수도 처음 익은 추수가 있고 전체 추수가 있다. 이 말씀은 그것의 모형으로 주신 것이다. 아직 다가 오지도 않은 구원자의 큰 무리를 중간 계시를 통하여 먼저 계시하심은 무슨 뜻일까?

일곱째 인을 떼심으로 나팔 재앙과 칠년 대 환난의 시련과 대접 재앙의 모든 재앙들은 너무나 가혹하다. 그러기 때문에 그 어려운 환난 가운데서도 하나님께서는 머리터럭 하나라도 상치 아니하며 하나님의 백성을 보호하시며 영원한 구원의 소망과 위로를 주시는 하나님이심을 계시하신 것이라 하겠다. 셀 수 없는 큰 무리는 요한계시록 12:5에 장차 철장으로 다스릴 사내 아이의 휴거를 비롯해서 요한계시록 14:1-5에 시온산에 선 땅에서 구속 받은 십 사만 사천인의 처음 익은 열매와 요한계시록 14:16의 곡식 추수와 요한계시록 11:12의 두 증인들의 부활과 요한계시록 15:2의 짐승과 그 우상의 수를 이기고 벗어난 자들이 유리 바닷가에 서서 노래하는 모든 성도들의 총체인 것이다.

요한계시록 3:10은 "네가 나의 인내의 말씀을 지켰은즉 내가 또한 너를 지키어 시험의 때를 면하게 해 주실 것이라"고 말씀하셨다. 그 시험의 때는 땅에 거하는 모든 사람들에게 임한다. 이 시험의 때가 여섯째 인을 떼시는 때인가 아니면 나팔 재앙의 때인가 아니면 대접 재앙의 때인가! 아니다. 이것은 칠년 대 환난의 때 갈대 지팡이를 주며 하나님의 성전과 제단과 그 가운데서 경배하는 자들을 척량하라 하신 바로 그 때인 것이다. 이 시험의 때에 누가 성전에서 하나님을 섬기는 자인지 제단에서 하나님을 섬기는 자인지 성전밖 마당만 밟고 있는 자인지 알게 될 것이다.

우리는 더 강하게 되고 성숙하게 되어 칠년 대 환난을 통과하지 않고 처음 익은 열매로 주님 앞에 서기를 원한다. 그렇게 되려면 완숙되어야 한다. 아직도 푸르고 설익었으면 환난중에 들어가서 그 때에 비로소 완숙되는 것이다. 완숙되는 것을 소홀히 여기지 말자. 하나님의 말씀은 추호도 어김이 없다. 이 구원 받는 자들은 휴거라 하기 보다는 환난 전 구원받을 무리들을 미리 보여 주는 계시이기 때문에 어찌 이런 일이 있을 수 있는가! 에베소서 2:1에 "너희의 허물과 죄로 죽었던 너희를 살리셨도다" 6절에는 "또 함께 일으키사 그리스도 예수 안에서 함께 하늘에 앉히시니"라고 말한다. 예수 안에서 이미 하늘에 앉은 것이다. 그와 같이 이 큰 무리들도 구원은 받았어도 몸의 구속은 아직 받지 못하는 중에서 하늘 보좌에 있는 것은 예수 그리스도 안에서 이미 하나님 보좌에 앉은 것은 당연한 것이라 하겠다.

(1) 각 나라와 족속과 백성과 방언

9절에 "내가 보니 각 나라와 족속과 백성과 방언에서 아무라도 능히 셀 수 없는 큰 무리가 흰 옷을 입고 손에 종려 가지를 들고 보좌 앞과 어린양 앞에 서서"라고 말한다. 각 나라와 족속과 백성과 방언들은 전 세계를 말한다. 노아 홍수 후에 노아의 세 아들 셈과 함과 야벳이 각 족속과 방언과 지방과 나라대로 이었더라(창 10:20, 31-32) 창세기 10:20에 "이들은 함의 자손이라 각기 족속과 방언과 지방과 나라대로 이었더라" 창세기 10:31에 "이들은 셈의 자손이라 그 족속과 방언과 지방과 나라대로 였더라" 창세기 10:32에 "이들은 노아 자손의 족속들이요 그 세계와 나라대로라 홍수 후에 이들에게서 땅의 열국 백성이 나뉘었더라" 앞의 인 맞은 자들은 이스라엘 자손의 각 지파중에서라 하였고 여기서는 전 세계를 의미하는 각 나라와 족속과 백성과 방언들이라 하였기 때문에 인 맞은 자와 셀 수 없는 무리는 같은 무리라고 볼 수 없다.

천국 복음이 모든 민족에게 증거되기 위하여 온 세상에 전파되리니 그제야 끝이 오겠다고 말한다. 하나님은 처음에 이스라엘을 택하셨지만 그들의 거역으로 말미암아 구원이 이방으로 향하였다. 로마서 11:17-20절 까지는 이렇게 말한다. "또한 가지 얼마가 꺾여졌는데 돌 감람 나무인 네가 그들 중에 접붙임이 되어 참 감람 나무 뿌리의 진액을 함께 받는 자 되었은즉 그 가지들을 향하여 자긍하지 말라 자긍할지라도 네가 뿌리를 보전하는 것이 아니요 뿌리가 너를 보전하는 것이니라 그러면 네 말이 가지들이 꺾이운 것은 나로 접붙임을 받게 하려 함이라 하리니 옳도다 저희는 믿지 아니하므로 꺾이우고 너는 믿으므로 섰느니라 높은 마음을 품지 말고 도리어 두려워하라"고 말한다. 이스라엘은 소의 간의 쓸개와 같고 모든 이방은 소의 몸통과도 같다. 땅 끝까지 전파된 복음으로 구원 받은 무리들을 누가 능히 셀 수 있으랴! 셀 수 없는 무리들은 이방인 중에서 구원받은 무리들이다.

(2) 흰 옷을 입고

14절에 "어린양의 피에 그 옷을 씻어 희게 하였느니라"고 말한다. 앞에서도 말하였지만 믿는 이들은 두 종류의 옷이 있다. 그 중 하나는 어린양의 피에 그 옷을 씻어 희게 한 의의 흰 옷이요 또 하나는 요한계시록 19:8에 "그에게 허락하사 빛나고 깨끗한 세마포를 입게 하셨은즉 이 세마포는 성도들의 옳은 행실이로다" 우리들은 이 두 종류의 옷으로 자신들을 단장하여 흠 없고 점 없고 책망할 것이 없는 자로 주 앞에 서야 할 것이다.

(3) 손에 종려 가지를 들고 대 환난에서 나옴

9절에 언급한 큰 무리에 대해 말하기를 이들은 14절에 "큰 환난에서 나오는 자들인데 어린양의 피에 그 옷을 씻어 희게 하였느니라"고 했다. 이 큰 환난은 어떻게 해석하느냐에 따라 전체의 해석을 달리 할 수 있다. 마태복음 24:21에 "큰 환난은 그 다음에 창세로부터 지금까지 이런 환난이 없었고 후에도 없으리라" 마가복음 13:19에 "이는 그 날들은 환난의 날이 되겠음이라 하나님의 창조하신 창초부터 지금까지 이런 환난이 없었고 후에도 없으리라" 다니엘 12:1에는 "또 환난이 있으리니 이는 개국 이래로 그 때까지 없던 환난일 것이며"라고 말한다. 칠년 대 환난의 환난은 이같이 말하고 있지만 14절의 환난은 큰 환난이라고만 하였다.

복음이 온 땅에 전파되면서 많은 환난, 핍박, 옥고 순교 등이 많았지만 그 표현을 환난, 큰 환난, 큰 핍박등 다양한 표현으로 보아 이 큰 환난은 초대 교회의 환난으로 시작하여 현세와 앞으로의 칠년대환난에서 나오는 모든 환난을 총칭한 것으로 본다. 사도행전 7:11에 "그 때에 애굽과 가나안 온 땅에 흉년 들어 큰 환난이 있을새 우리 조상들이 양식이 없는지라" 고린도후서 2:4에는 "내가 큰 환난과 애통한 마음이 있어 많은 눈물로 너희에게 썼노니 이는 너희로 근심하게 하려 한 것이 아니요 오직 내가 너희를 향하여 넘치는 사랑이 있음을 너희로 알게 하려 함이라" 하였고 사도행전 8:1 "그 날에 예루살렘에 있는 교회에 큰 핍박이 나서 사도 외에는 다 유대와 사마리아 모든 땅으로 흩어지니라"고 하였다. 환난과 핍박은 작물에게 비료와도 같고 봄 바람에 뿌리를 깊이 내리는 나무와도 같다. 이로 인하여 "너희 믿음의 시련이 불로 연단하여도 없어질 금보다 더 귀하여 예수 그리스도의 나타나실 때에 칭찬과 영광과 존귀를 얻게 하려 함이라"고 말한다.

다시 한번 요한계시록 7:9-17절 까지의 결론을 요약한다면 앞으로

다가올 칠년대환난은 아직 다가오지도 않았는데 어찌하여 중간계시로 여기에 기록하였을까 요한계시록 7:9절의 "이 일 후에"라는 말의 의미가 계시록 7:9절부터 일곱째 인을 때는 계시록 8장에서부터 요한계시록 15:4절 까지를 함께 묶어서 말하고 있다는 것이다. 일곱째 인은 나팔재앙과 대접 재앙을 포함하고 있다. 그 중간에 일어날 요한계시록 8장과 9장의 나팔재앙과 요한계시록 10장-14장의 중간계시와 요한계시록 15:4절 까지의 처음 익은 열매의 추수(계 14:1-5)와 칠년대환난 후의 두 증인의 휴거(계 11:12)와 전체곡식 추수(계 14:14-16)와 계시록 15:2절의 불이 섞인 유리바다 가에서 짐승과 그의 우상과 그의 이름의 수를 이기고 벗어난 자들이 유리바다 가에서 하나님의 거문고를 가지고 모세와 노래와 어린양의 노래를 부른다. 이들이 천년왕국이 끝나고 새예루살렘에서 어린양의 목양 아래 주리지도 목타지도 아니하고 해나 뜨거운 기운에 상하지도 아니하며 사망이나 애통하는 것이나 곡하는 것이나 아픈 것이 없는 영원한 안식처에서 생명수 샘으로 인도하시며 눈물을 그의 눈에서 씻기시며 주님의 얼굴을 보며 세세무궁토록 섬기며 살것의 위로의 말씀을 계시록 7:15-17까지 중간계시로 여기에 기록한 것은 무슨 뜻일까 이는 소망과 인내를 가지고 어떠한 환난 중에서라도 죽기까지 하나님께 충성하며 참고 견디면서 신앙의 정절을 굳게 지키며 승리하게 하시는 하나님의 안배하심인 것이다. 칠년대환난 후삼년반은 적그리스도 짐승이 자기를 하나님이라 하며 경배하게 하고 그의 우상을 만들어 절하게 하고 그의 이름의 표인 666을 받게 하며 받지 아니하는 자는 매매들을 못하게 하고 남녀노소를 무론하고 몇이든지 죽인다. 이러한 악랄한 환난 중에도 끝까지 참고 견디며 죽기까지 충성하라는 메시지가 담겨있는 것이다.

이 구원 얻은 무리들이 칠년대환난 전에 구원받은 자라 생각지 말라 칠년대환난을 통해서 누가 성전에서 제단에서 경배하는 자인지가 분별될 것이다(계 11:1). 칠년대환난 끝나고 전체곡식 추수와(계 14:14-16) 두 증인의 휴거(계 11:11-12)와 불이 섞인 유리바다 가에서 적그리스도 짐승과 그의 우상과 그 이름의 수를 이기고 벗어난 자들이 모세의 노래와 어린양의 노래를 부른다(계 15:2). 이들이 새예루살렘에서 누리는 그 위로와 복을 미리 기록한 것이다(계 21:3-4, 22:3-5).

그리고 요한계시록 7:14절에 이는 큰 환난에서 나오는 자라고 말하고 있으니 어찌 칠년대환난을 당하지 않고 구원받은 자라 말할 수 있겠는가 칠년환난을 당하지 않고 구원받은 자는 처음 익은 열매(계 14:1-5)인 십사만 사 천 인 외에는 환난때 생존해 있는 자는 모두 환난을 통과하게 되는 것을 잊지 말라.

(4) 보좌 앞과 어린양 앞에 서 있음

믿는 이들의 최대 관심사는 그 날에 하나님 앞에서와 어린양 앞에서 어떤 모습으로 설 것인가 하는 것이 유일의 관심사가 되어야 할 것이다. 누가복음 21:34-36은 이렇게 말한다. "너희는 스스로 조심하라 그렇지 않으면 방탕함과 술취함과 생활의 염려로 마음이 둔하여지고 뜻밖에 그 날이 덫과 같이 너희에게 임하리라 이 날은 온 지구상에 거하는 모든 사람에게 임하리라 이러므로 너희는 장차 올 이 모든 일을 능히 피하고 인자 앞에 서도록 항상 기도하며 깨어 있으라 하시니라"고 했고 마태복음 24:48-51에는 "만일 그 악한 종이 마음에 생각하기를 주인이 더디 오리라 하여 동무들을 때리며 술친구들로 더불어 먹고 마시게 되면 생각지 않은 날 알지 못하는 시간에 그 종의 주인이 이르러 엄히 때리고 외식하는 자의 받는 율에 처하리니 거기서 슬피 울며 이를 갊이 있으리라"고 말한다. 그러므로 세상의 안일과 잠시 보이다가 없어지는 행복만을 추구하지 말고 눈을 들고 멀리 바라보는 지혜가 있어야 할 것이다.

(5) 하나님과 어린양을 찬양함

10절은 "큰 소리로 외쳐 가로되 구원하심이 보좌에 앉으신 우리 하나님과 어린 양에게 있도다"라고 말한다. 에베소서 1:4-6에 "창세 전에 그리스도 안에서 우리를 택하사 우리로 사랑 안에서 그 앞에 거룩하고 흠이 없게 하시려고 그 기쁘신 뜻대로 우리를 예정하사 예수 그리스도로 말미암아 자기의 아들들이 되게 하셨으니 이는 그의 사랑하시는 자 안에서 우리에게 거저 주시는 바 그의 은혜의 영광을 찬미하게 하려는 것이라"고 말한다. 하나님은 오늘날 우리들의 핵가족 제도와 같이 독자와 함께 단란하게 사는 것이 목적과 의도가 아니다. 우리를 사랑하심으로 독생자를 내어 주시고 그로 많은 아들들을 얻으사 그들로 세세 무궁토록 그의 은혜의 영광을 찬미토록 하신 것이다. 셀 수 없는 큰 무리는 모두가 한결 같이 하나님과 어린양에게 자신들을 죄에서 구원하시는 것에 대한 감사와 찬송을 쉼 없이 드리고 있는 것이다.

① 셀 수 없는 큰 무리의 하늘 보좌에서의 위로(15-17)

예수께서는 이렇게 말씀하셨다. "나와 및 복음을 위하여 집이나 형제나 자매나 어미나 아비나 자식이나 전토를 버린 자는 금세에 있어 집과 형제와 자매와 모친과 자식과 전토를 백 배나 받되 핍박을 겸하여 받고 내세에 영생을 받지 못할 자가 없느니라"(막 10:29-30). 로마서 8:17-18에는 "우리가 그와 함께 영광을 받기 위하여 고난도 함께 받아야 될 것이니라 생각건대 현재의 고난은 장차 우리에게 나타날 영광과 족히 비교할 수 없도다" 말한다. 이제는 저희 눈에서 모든 눈물을 씻고 위로와 영광과 감사와 기쁨만 있을 것이다. 여기의 내용들은 요한계시록 21:3-4과 요한계시록 22:3-5절 까지의 내용과 흡사하다.

② 성전에서 섬기매

갈라디아서 5:13은 이렇게 말한다. "형제들아 너희가 자유를 위하여 부르심을 입었으나 그러나 그 자유로 육체의 기회를 삼지 말고 오직 사랑으로 서로 종 노릇하라" 얼마나 큰 자유인가! 주 예수께서는 섬기는 자가 크냐 섬김을 받는 자가 크냐 섬김을 받는 자가 크지 아니하냐 그러나 나는 섬기는 자로 너희 중에 있노라 마땅히 섬길 분을 밤낮 섬긴다는 것은 얼마나 큰 기쁨인가!

③ 하나님이 그들 위에 장막을 치심

하나님이 그들 위에 장막을 치신다는 것은 모든 수고와 고생과 아픔과 근심과 해됨이 모두 끝났다는 것이다.

16-17절은 "저희가 다시 주리지도 아니하며 목마르지도 아니하고 해나 아무 뜨거운 기운에 상하지 아니할지니 이는 보좌 가운데 계신 어린 양이 저희의 목자가 되사 생명수 샘으로 인도하시고 하나님께서 저희 눈에서 모든 눈물을 씻어 주실 것임이러라"고 말씀하신다. 얼마나 큰 소망과 위로인가! 농부가 땅에서 나는 좋은 열매를 바라며 이르고 늦은 비를 기다리는 것같이 믿는 성도에게는 이런 큰 위로와 소망이 있다. 그러므로 앞으로 다가 올 칠년 대 환난 중에서도 좌절하지 말고 앞서간 성도들의 신앙 따라 죽도록 충성하자! 일곱째 인을 떼기 전에 이 위로와 소망의 중간 계시를 기록한 것은 이 때문인 것이다.

④ 어린양이 저희 목자가 되며 생명수 샘으로 인도하심

예수께서는 이렇게 말씀하셨다. "너희는 랍비라 칭함을 받지 말라 너희 선생은 하나요 너희는 다 형제니라 땅에 있는 자를 아비라 하지 말라 너희 아버지는 하나이시니 곧 하늘에 계신 자시니라 또한 지도자라 칭함을 받지 말라 너희 지도자는 하나이니 곧 그리스도니라"(마 23:8-10). 얼마나 많은 소경된 선생들이 많은 사람을 수렁에 빠뜨리고 있는가! 주님께서는 이 세상에서도 우리의 목자가 되셨고 영원 안에서도 우리의 목자가 되셔서 생명수 샘물로 인도하신다. 얼마나 큰 기쁨인가! 이스라엘 백성을 광야에서 앞서 인도하시며 장막 칠 곳을 정하시며 잔잔한 물가와 푸른 초장으로 인도하시며 음침한 골짜기로 다닐지라도 주의 막대기와 지팡이가 안위를 주시는 선한 목자 되신 어린양. 요한계시록 12:5 사내 아이, 요한계시록 14:1-5 처음 익은 열매, 요한계시록 14:14-16 곡식 추수 성도, 요한계시록 15:2 짐승의 수를 이기고 벗어난 자들, 요한계시록 11:12 두 증인들의 휴거에도 그런 위로의 말씀을 하지 않았다.

요한계시록 21장과 22장의 새 예루살렘에 대한 말씀을 요한계시록 7장 중간 계시에 하셨다. 앞에서도 말하였거니와 일곱째 인이 떼어지는 나팔 재앙과 칠년 대 환난과 대접 재앙들이 있다. 그 환난은 어느 환난보다 가혹하다. 전에도 없었고 후에도 없는 환난 즉 지구상에 거하는 모든 사람에게 임하는 환난이다. 그 날들을 감하지 아니할 것이면 구원 얻을 육체가 없는 가혹한 날에 이러한 소망과 안위와 즐거움이 있기 때문에 끝까지 참고 하나님의 뜻을 행하며 승리하게 하시는 격려요 당부인 것이다.

⑤ 모든 눈물을 씻어 주심

값진 물건일수록 값진 대가를 지불해야 한다. 헐값에 어찌 값진 것을 얻을 수 있단 말인가! 보좌 앞에서 하나님께서 모든 눈물을 씻어 주신 것은 이 세상에 있어서 그 나라를 위하여 많은 환난을 당했다는 것이며 이제는 주님께서 그 눈의 눈물을 씻어 주신 것이다. 이제는 이전 고생과 환난과 어려움은 다시 생각나지 않을 것이다.

■ 계시록 8장의 개요

요한계시록 6장에 나오는 칼과 기근과 사망과 땅의 짐승은 하나님을 거역하여 믿지 않고 진리를 불순종하는 자들에게 내리는 중한 벌과 가벼운 재앙을 말한다. 이어 여섯째 인이 떼어진 후 7장 중간 계시로 이스라엘 각 지파들에게 하나님의 인을 치게 되며 또 각 나라와 족속과 백성과 방언들에서 셀 수 없는 큰 무리의 소망과 위로와 누림에 대한 계시를 주신 후 마지막 일곱째 인이 개봉되는 계시록 8장에 이른다. 일곱째 마지막 인은 일곱 나팔 재앙으로 일곱째 나팔을 분 후 일곱 대접 재앙으로 하나님의 진노가 절정에 이르게 된다.

일곱째 인의 떼심으로 세계 대전이 시작되며 칠십 주의 마지막 한 이레의 칠년 대 환난이 있게 된다. 필자는 세계 문제의 전문가도 아니다. 그러나 계시록을 연구하던 중 세계 문제까지도 손바닥을 보는 것같이 덤으로 얻을 수 있게 되었다.

필자가 시골에서 목회할 때, 초등학교 교사가 부산으로 발령이 났다. 마침 주일 저녁에 계시록을 공부하는 중인데 다 듣지 못하고 전근을 가게 되었다며 몹시 아쉬워하고 있었다. 그리고 필자에게 간절한 부탁을 하면서 특별히 시간을 내어서 대강이라도 가르쳐 달라는 것이다. 쾌히 승낙을 하고 가르쳐 주었다. 얼마 후 편지가 왔는데 목사님, 이제 세상을 보는 안목을 갖게 된 것을 감사합니다라고 하였다.

바울 사도는 항해사가 아니다. 바울이 저희를 권하여 "말하되 여러분이여 내가 보니 이번 행선이 하물과 배만 아니라 우리 생명에도 타격과 많은 손해가 있으리라 하되 백부장이 선장과 선주의 말을 바울의 말보다 더 믿더라"고 사도행전 27:9-11은 말한다. 그 선장과 선주의 말대로 항해는 계속 되었다. 결과는 배와 하물을 유라굴로 광풍을 만나 다 잃었다. 하나님의 말씀을 한 말씀도 소홀히 생각지 말자! 한 말씀이라도 다 뜻이 있어 기록된 것이다.

6. 일곱째 인 개봉(일곱 나팔 재앙 - 8:1-11:15)

1) 하늘이 반시 동안쯤 고요함

1절에 "일곱째 인을 떼실 때에 하늘이 반시 동안쯤 고요하더니"라고 말한다. 하늘이 고요하면 땅도 고요하고 하늘에 이상이 있으면 땅에서도 거기에 상응한 사건들이 나타난다. 필자는 이 말씀을 그대로 넘길 수 없었다. 하나님의 시제와 인간들의 시제에 대한 것을 알 수가 있을 것 같았기 때문이다.

하나님의 시제에 관한 것을 사람들의 시제와 같이 생각함으로 얼마나 많은 오류를 저질러 왔는가! 주께는 하루가 천 년 같고 천 년이 하루 같은 이 한가지를 잊지 말라고 당부하고 있다. 이것은 절대 호기심이 아니다. 이로 인해 하나님의 시제에 대한 것을 깨닫게 된다면 얼마나 큰 수확인가.

성경에서 시간에 대하여 가장 많이 말한 부분은 마태복음 20장이다. 천국은 마치 품꾼을 얻어 포도원에 들여 보내려고 이른 아침에 나간 집 주인과 같으니 저가 하루 한 데나리온씩 품꾼들과 약속하여 포도원에 들여 보내고 제 3시, 제 6시, 제 9시, 제 11시에도 나가 보니 서 있는 사람들이 또 있는지라… 받은 후 집 주인을 원망하여 가로되 나중 온 이 사람들은 한 시간만 일하였거늘 저희를 종일 수고와 더위를 견딘 우리와 같이 하였나이다 라고 말한다. 주인께서 믿는 모든 사람에게 포도원에서 수고한 대로 삯을 준 것이다.

석양에 해가 질 무렵 11시 포도원에 들어간 자는 1시간만 일했다. 11시에 포도원에 들어간 시간과 일곱째 인을 떼는 시기는 아주 흡사하다. 때가 아주 긴박한 때인 것이다.

다음의 표를 보자.

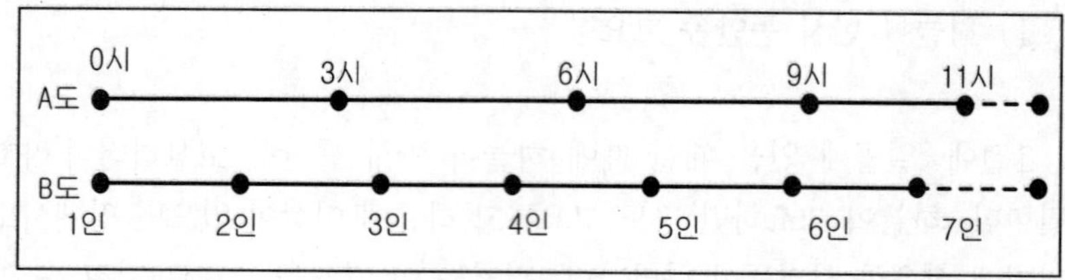

　상기 A도표와 B도표에서 11시와 7인과는 아주 시기적으로 거의 같다는 것이다. 그러면 일곱째 인을 뗄 때 반시쯤 고요하였다고 한다. 신약 전 기간을 약 2,000년으로 보고 2,000년÷12시=166.67년 정도 된다. 반시쯤은 166.67÷2=83.3쯤 된다. 이 시간을 절대로 정확한 것으로 보아서는 안 된다. 신약 2,000년의 기간도 대략이고 반시도 반시쯤이다. 대강의 반시쯤의 시간을 알아본 것 뿐이다. 일곱째 인의 내용에 일곱 나팔 재앙이 있고 칠년 대 환난이 있으며 일곱 대접 재앙이 있다. 기록은 8장부터 16장까지 방대하지만 기간은 매우 짧다는 것이다.

　필자는 어느 주석에서도 반시 동안쯤에 대한 자세한 기록을 보지 못했다. 성경에는 결코 불필요한 말씀은 기록하지 않았다. 이사야 34:16에 "너희는 여호와의 책을 자세히 읽어 보라 이것들이 하나도 빠진 것이 없고 하나도 그 짝이 없는 것이 없으리니 이는 여호와의 입이 이를 명하셨고 그의 신이 이것들을 모으셨음이라"고 말한다. 마태복음 5:17-18에는 "내가 율법이나 선지자나 폐하러 온 줄로 생각지 말라 폐하러 온 것이 아니요 완전케 하려 함이로라 진실로 너희에게 이르노니 천지가 없어지기 전에는 율법의 일점 일획이라도 반드시 없어지지 아니하고 다 이루리라"고 말씀하신다.

　요한계시록 22:18-19에 "내가 이 책의 예언의 말씀을 듣는 각인에게 증거하노니 만일 누구든지 이것들 외에 더하면 하나님이 이 책에 기록된 재앙들을 그에게 더하실 터이요 만일 누구든지 이 책의 예언의 말씀에서 제하여 버리면 하나님이 이 책에 기록된 생명 나무와 및 거룩한 성에 참예함을 제하여 버리시리라"고 말한다. 믿는 이들은 하나님의 말씀에 신실해야 한다. 그렇다 하면 그렇고 아니라 하면 아닌 것이다.

2) 일곱 나팔을 받은 일곱 천사

2절은 "내가 보매 하나님 앞에 시위한 일곱 천사가 있어 일곱 나팔을 받았더라"고 말한다. 일곱째 인의 내용은 앞에서도 말했지만 일곱 나팔 부는 재앙과 일곱째 천사가 나팔을 분 후 일곱 천사가 일곱 대접을 가지고 쏟는 재앙으로 이것이 일곱째 인에 속한 것이며 하나님의 진노가 절정에 이르며 이것으로 재앙이 마치게 되는 것이다.

3) 제단 곁에서 향을 받은 다른 천사

3절은 "또 다른 천사가 와서 제단 곁에 서서 금 향로를 가지고 많은 향을 받았으니 이는 모든 성도의 기도들과 합하여 보좌 앞 금단에 드리고자 함이라"고 말한다. 이 제단은 번제단이다. 생축을 잡아 그 피를 단 사면에 뿌릴 것이며 번제 희생의 가죽을 벗기고 각을 뜰 것이며 단 위에 불을 두고 불 위에 나무를 벌여 놓고 제사장들은 그 뜬 각과 머리와 기름을 단 윗 불 위에 있는 나무에 벌여 놓을 것이며 그 내장과 정갱이를 물로 씻을 것이요 제사장은 그 전부를 단 위에 불살라 번제를 삼을찌니 이는 화제라 여호와께 향기로운 냄새니라(레 1:3-9).

다섯째 인을 뗄 때 제단 아래 하나님의 말씀과 저희의 가진 증거를 인하여 죽임을 당한 영혼들이 있어 가로되 거룩하시고 참 되신 대주재여 땅에 거하는 자들을 심판하사 우리 피를 신원해 주지 아니하시기를 어느 때까지 하시려나이까 하고 호소한다. 이들은 모두 순교를 당한 성도들로서 하나님 앞에서 볼 때 제단에서 드려진 희생 제물인 것이다. 다른 천사는 금 향로에 이들의 향을 받은 것이다. 보좌 앞 금 단에 드리기 위하여 이 향이 성도의 기도와 합하여 하나님 앞 금 단에 드려지는 것이다. 베드로는 옥에 갇혔고 교회는 그를 위하여 간절히 하나님께 빌더라(행 12:5). 순교는 자기 혼자 순교를 당하는 것이 아니라 배후에서 그를 위하여 기도하는 성도들과 함께 순교를 당하는 것이다.

요한삼서 1:5-8에는 이렇게 말한다. "사랑하는 자여 네가 무엇이든지 형제 곧 나그네 된 자들에게 행하는 것이 신실한 일이니 저희가 교회 앞에서 너의 사랑을 증거하였느니라 네가 하나님께 합당하게 저희를 전송하면 가하리로다 이는 저희가 주의 이름을 위하여 나가서 이방인에게 아무것도 받지 아니함이라 이러므로 우리가 이같은 자들을 영접하는 것이 마땅하니 이는 우리로 진리를 위하여 함께 수고하는 자가 되게 하려 함이니라" 나그네 된 형제들은 이곳 저곳 다니면서 복음을 전하고 합당하게 저희를 전송하는 것은 그들에게 노자를 보조하는 것이다. 하나님은 이 일에 진리를 위하여 함께 수고한 것이라 말한다. 그래서 제단에서 받은 향과 성도의 기도가 합하여 하나님 앞에 드려지는 것이다. 얼마나 아름다운가!

믿는 이들은 어려움을 당하는 성도를 위해 기도를 게을리 하지 말아야 한다. 어려움을 당하는 가족을 돌아보는 것도 무관심해서는 안 된다. 같이 동참하면 함께 고난 당하는 것이며 함께 순교하는 것이요 함께 복음을 위하여 수고하는 것이다. 아멘! 그러면 나팔은 무엇을 말하는가? 병영 생활에서 기상 나팔, 취침 나팔, 소집 나팔등 다양한 신호 나팔이 있듯이 이스라엘 백성들도 광야 생활 동안 이 나팔의 신호에 따라 행동하였다. 절기 나팔, 출진 나팔, 소집 나팔, 전쟁에 출전하는 출전 나팔등 갖가지의 신호 나팔이다. 여기 본문에 있는 나팔은 전쟁을 예비하는 나팔인 것이다. 7장에서 땅의 사방에 서 있는 네 천사에게 땅의 사방의 바람을 붙잡아 땅이나 바다나 각종 나무에 불지 못하게 하였는데 이제는 나팔을 불어 시련과 환난과 전쟁을 하게 하는 것이다. 고전 14:8에도 "만일 나팔이 분명치 못한 소리를 내면 누가 전쟁을 예비하리요"라고 말한다. 바로 이때부터 세계 대전이 시작되는 것이다.

4) 천사가 향로를 가지고 제단 위의 불을 담아다가 땅에 쏟음

5절에 "천사가 향로를 가지고 단 위의 불을 담아다가 땅에 쏟으매 뇌성과 음성과 번개와 지진이 나더라"고 말한다. 하나님의 말씀과 예수 그리스도의 증거 때문에 순교 당한 모든 순교자들은 칼에, 톱으로, 돌에 맞아 순교 하였을지라도 하나님 앞에서는 제단에서 불에 태워 그 향연이 하나님 앞에 향기로운 냄새로 드려지는 것이다.

주 예수께서도 십자가에 죽으셨어도 제단에서 한 마리의 어린양의 생축으로 드려진 것과 같다. 세례 요한의 순교와 스데반의 순교로부터 다섯째 인을 뗄 때에 제단 아래서 부르짖는 순교자의 호소와 많은 순교자가 제단 불에 태워졌다. 이 불을 향로에 담아 땅에 쏟는다.

이것은 일곱 나팔 재앙이 내리게 되는 원인이 순교자의 호소와 그에 대한 하나님의 응징을 말하고 있음을 볼 수 있다. 하나님은 오래 참아 모든 사람이 회개하여 구원에 이르기를 원하신다. 그러나 때가 되면 하나님은 자기의 행한 대로 갚으시는 하나님이시다.

로마서 2:6-8에 "하나님께서 각 사람에게 그 행한 대로 보응하시되 참고 선을 행하여 영광과 존귀와 썩지 아니함을 구하는 자에게는 영생으로 하시고 오직 당을 지어 진리를 좇지 아니하고 불의를 좇는 자에게는 노와 분으로 하시리라"고 말한다.

또 "뇌성과 음성과 번개와 지진"은 무엇을 말하는가?(계 4:5 참조).

5) 첫째 천사의 나팔

　7절은 "첫째 천사가 나팔을 부니 피 섞인 우박과 불이 나서 땅에 쏟아지매 땅의 삼분의 일이 타서 사위고 수목의 삼분의 일도 타서 사위고 각종 푸른 풀도 타서 사위더라"고 말한다. 우박과 불은 출애굽기 9:22-26 까지 애굽에 내린 열가지 재앙중 일곱 번째 재앙으로 불신 세상과 진리를 불순종하고 거스리는 불의에 대하여 내리는 재앙인 것이다. "여호와께서 모세에게 이르시되 너는 하늘을 향하여 손을 들어 애굽 전국에 우박이 애굽 땅의 사람과 짐승과 밭의 모든 채소에 내리게 하라 모세가 하늘을 향하여 지팡이를 들매 여호와께서 뇌성과 우박을 보내시고 불을 내려 땅에 달리게 하시니라 여호와께서 우박을 애굽 땅에 내리시매 우박의 내림과 불덩이가 우박에 섞여 내림이 심히 맹렬하니 애굽 전국에 개국 이래로 그 같은 것이 없던 것이라 우박이 애굽 온 땅에서 사람과 짐승을 무론하고 무릇 밭에 있는 것을 쳤으며 우박이 또 밭의 모든 채소를 치고 들의 모든 나무를 꺾었으되 이스라엘 자손의 거한 고센 땅에는 우박이 없었더라"고 말한다. 그 우박에 피가 섞인 것은 이 재앙으로 인하여 많은 피 흘림이 있을 것을 의미한다.

　그러면 땅은 무엇인가? 앞에서 말한 바 있지만 땅은 계시록에 실제 땅을 말하는 경우도 있고 상징적으로 말하는 경우도 있다. 땅 뿐만 아니라 영적인 것을 말하는데 그것을 실제의 것으로 보고 해석을 하면 하늘과 땅의 차이가 있는 것이다. 계시록을 이해하는데 있어서 이것은 대단히 중요한 것이다. 먼저 이 말씀이 영적(상징적)인 뜻을 말하는 것인지 아니면 실제적인 뜻을 말하는 것인지 분별해야 한다. 땅과 바다와 나무에 대하여 무엇을 말하는지는 7장에서 말한 바가 있다. 땅은 교계를 말하는 것이다. 교계라 함은 범위가 넓다. 오늘날 우리들이 처해 있는 개신교라고만 생각하지 말기 바란다. 천주교와 유대교와 희랍, 정교회등 더 나아가서는 예수를 믿는 서방국가들까지 포함하고 있다는 것을 명심해야 할 것이다. 너무 지나친 해석이 아니냐 하고 의아해 할 줄로 안다.

다니엘 2장에 느부갓네살의 금 신상에 대해 말할 때 발과 열 발가락은 반은 철이요 반은 진흙이니이다고 말한다. 다니엘 2:41 "왕께서 그 발과 발가락이 얼마는 토기장이의 진흙이요 얼마는 철인 것을 보셨은즉 그 나라가 나누일 것이며 왕께서 철과 진흙이 섞인 것을 보셨은즉 그 나라가 철의 든든함이 있을 것이나"라고 말하고 있다. 진흙과 철은 오늘날 우리들이 처해 있는 이 시대를 말한다. 민주주의와 공산주의, 하나님을 믿는 국가들과 유신 사상과 유물 사상이 섞여 있는 것을 말한다. 하나님께서는 토기장이의 진흙이라 하였고 철이라 하였는데 토기장이의 진흙을 무엇이라 말씀하고 있는가! 이사야 64:8에 "그러나 여호와여 주는 우리 아버지시니이다 우리는 진흙이요 주는 토기장이시니 우리는 다 주의 손으로 지으신 것이라"고 말한다. 토기장이의 진흙이요는 주의 백성을 말함이 아닌가! 어찌 이스라엘만이 주의 백성인가? 오늘날 이방에서 부름 받은 사람은 주의 백성이 아닌가! 성경은 성경대로 해석을 해야 정답이 나오는 것이다. 사람과 천연적 관념으로는 엉뚱한 헛 다리만 만지는 격이 되고 만다.

첫째 천사가 나팔을 부니 땅 삼분의 일이 타서 사원다. 이것은 제1차 세계 대전을 말하는 것이다. 제1차 세계 대전은 1914년 7월 28일에 오스트리아가 독일의 지원 아래 선전 포고 하였으며 독일이 선수하여 선전하고 1918년 11월 11일에 종전이 되었다. 20세기 초두에는 영, 불, 로의 삼국협상과 독, 오, 이의 삼국동맹의 이 대세력이 대립되는 배경하에서 대전이 발발한 것이다.

6) 둘째 천사의 나팔

8-9절에 "둘째 천사가 나팔을 부니 불붙는 큰 산과 같은 것이 바다에 던지우매 바다의 삼분의 일이 피가 되고 바다 가운데 생명 가진 피조물

들의 삼분의 일이 죽고 배들의 삼분의 일이 깨어지더라"고 말한다. 여기에서 바다는 무엇을 말하는가? 요한계시록 7장에서 이미 언급한 바 있다. 바로 세상 열국을 말하는 것이다. 다니엘 7:2-3 "다니엘이 진술하여 가로되 내가 밤에 이상을 보았는데 하늘의 네 바람이 큰 바다로 몰려 불더니 큰 짐승 넷이 바다에서 나왔는데 그 모양이 각각 다르니" 큰 짐승 넷은 바벨론, 메데파사, 헬라와 로마이다. 다니엘 7:16-17 "내가 그 곁에 모신 자 중 하나에게 나아가서 이 모든 일의 진상을 물으매 그가 내게 고하여 그 일의 해석을 알게 하여 가로되 그 네 큰 짐승은 네 왕이라 세상에 일어날 것이로되"라고 말한다. 그러므로 바다에서 올라온 짐승은 세상 열국에서 올라오는 것을 말한다.

요한계시록 13:1 "바다에서 한 짐승이 나오는데 뿔이 열이요 머리가 일곱이라" 요한계시록 12:17에는 용이 바다 모래 위에 섰더니 바다에서 그 짐승이 올라왔다. 바다 모래는 무엇인가? 아브라함에게 내가 네 자손으로 하늘의 별과 바다의 모래 같이 많이 번성케 하겠다고 약속하셨다. 이러므로 바다는 대서양도 아니요 태평양도 아니며 지중해도 아니다. 바로 세상 열국 중에서 나올 적그리스도 곧 짐승을 말하는 것이다. 여기 바다를 실제로 본다면 얼마나 엉뚱한 헛다리를 짚은 것이 되겠는가!

"불 붙는 큰 산"은 큰 국가를 상징한다. 요한계시록 17:9 "지혜 있는 뜻이 여기 있으니 그 일곱 머리는 여자가 앉은 일곱 산이요"라 하였고 예레미야 51:25은 "나 여호와가 말하노라 온 세계를 멸한 멸망의 산아 보라 나는 네 대적이라 나의 손을 네 위에 펴서 너를 바위에서 굴리고 너로 불 탄 산이 되게 할 것이니"라고 말한다. 이는 바벨론에 대하여 하는 말이다. 바다에 불 붙는 큰 산과 같은 것을 던지움은 어떤 국가로 통하여 전쟁을 일게 하는 것을 말한다. 첫째 나팔 부는 것이 제 1차 세계 대전이며 둘째 나팔 부는 것은 제 2차 세계 대전을 말한다. 제 2차 세계 대전은 전체주의와 민주주의의 대결이다. 전체주의의 3축을 이룬 독일,

이탈리아, 일본과 민주주의 진영의 대결인데 많은 민주주의 진영의 합세로 승리는 연합군의 것이었다.

1939년 9월 3일 독일과 영국, 프랑스전이 발발하고 1945년 5월 7일 항복한다. 독일의 항복은 소련의 공격에 실패한 후 영·미군의 노르만의 상륙성공, 동쪽에서 소련군 진격, 1945년 5월 7일에 독일은 무조건 항복하게 된다.

이탈리아 항복은 연합군의 시실리 점령에 이어 이탈리아 진격, 1943년 9월 이탈리아 항복, 일본의 항복은 마드웨이 해전에서 패전, 일본은 이후 계속 후퇴, 8월초 원자탄 투하와 소련군 참전으로 일본은 항복한다.

로마서 1:18은 "하나님의 진노가 불의로 진리를 막는 사람들의 모든 경건치 않음과 불의에 대하여 하늘로 좇아 나타나나니"라고 말하고 있다. 나팔 재앙은 2단계 재앙으로 1단계 재앙보다는 가혹하나 제단에서 순교자를 사른 그 불을 땅에 쏟음으로 대 재앙들이 일어나고 있는 것이다. 마지막 신원은 큰 성 바벨론 멸망으로 신원하였다고 말하고 있다. 요한계시록 19:2에 "그의 심판은 참되고 의로운지라 음행으로 땅을 더럽게 한 큰 음녀를 심판하사 자기 종들의 피를 그의 손에 갚으셨도다"라고 말한다. 성도 여러분! 하나님께서는 택하신 자들을 머리털 하나라도 잃치 아니 하신다. 진리에 굳게 서서 끝까지 대장부답게 승리하길 바란다.

7) 셋째 천사의 나팔

10-11절에 "셋째 천사가 나팔을 부니 횃불 같이 타는 큰 별이 하늘에서 떨어져 강들의 삼분의 일과 여러 물샘에 떨어지니 이 별 이름은 쑥이라 물들의 삼분의 일이 쑥이 되매 그 물들이 쓰게 됨을 인하여 많은 사

람이 죽더라"고 말한다. 이 별은 하늘에 있는 천체의 별이 아니다. 주의 종들을 가리킨다. 주님은 오른손에 일곱 별을 붙잡고 일곱 금 촛대 사이에 다니시는 분이시다. 횃불 같이 타는 별은 참 별이 아니고 그것은 거짓된 별이다. 참 별은 하늘에서 어두움을 비추며 때를 알려 주고 방향을 알려 주는 역할을 하듯이 참 종은 이러한 역할을 충실히 이행하는 사람이어야 한다. 그러나 이 별은 횃불 같이 타고 있으니 어두움을 밝혀 주지 못하고 검은 연기만 뿜어 내어 사람들의 눈에서 눈물을 짜내며 신선한 공기를 오염시키며 횃불이 타는 소리로 소음 공해를 자아내는 문제의 목회자를 말하고 있는 것이다.

그나마 하늘로부터 땅에 떨어졌으니 완전히 타락한 쓸모 없는 종이며 강 삼분의 일과 여러 물샘에 떨어졌다고 한다. 강물과 물샘은 무엇을 말하는가? 도시 사람은 강물을 마시고 시골 사람은 샘물을 마시며 산다. "예수께서 대답하여 가라사대 이 물을 먹는 자마다 다시 목마르려니와 내가 주는 물을 먹는 자는 영원히 목마르지 아니하리니 나의 주는 물은 그 속에서 영생하도록 솟아나는 샘물이 되리라"고 말한다(요 4:13-14). 또 에베소서 5:25-27에 "남편들아 아내 사랑하기를 그리스도께서 교회를 사랑하시고 위하여 자신을 주심 같이 하라 이는 곧 물로 씻어 말씀으로 깨끗하게 하사 거룩하게 하시고 자기 앞에 영광스러운 교회로 세우사 티나 주름 잡힌 것이나 이런 것들이 없이 거룩하고 흠이 없게 하려 하심이니라"고 말한다. 이상의 말씀을 근거로 하여 볼 때 강과 물샘은 하나님의 말씀인 것이다.

타락한 종들이 말씀을 전하는 강단에 서니 그 물을 먹는 사람이 죽는 것은 당연하다 하겠다. 출애굽기 15:23-25에는 "마라에 이르렀더니 그곳 물이 써서 마시지 못하겠으므로 그 이름을 마라라 하였더라…… 백성이 모세를 대하여 원망하여 가로되 우리가 무엇을 마실까 하매 모세가 여호와께 부르짖었더니 여호와께서 그에게 한 나무를 지시하시니 그가 물에 던지매 물이 달아졌더라"고 말한다. 이 나무는 무엇을 말하는가! 갈라디아서 3:13에 "그리스도께서 우리를 위하여 저주를 받은 바 되사 율법의 저주에서 우리를 속량하셨으니 기록된 바 나무에 달린 자마다 저주 아래 있는 자라"고 하였다. 곧 우리의 저주를 주님께서 십자가에서 받으신 것이다. 주님의 십자가로 율법의 쓴물이 단물 곧 만민이 듣고 믿어 구원을 얻는 복음이 된 것이다. 율법은 하나님의 요구이기 때문에 선하고 의롭고 신령한 것이다. 그러나 우리에게 문제가 있기 때문에 율법의 요구에 미치지 못하여 그 말씀을 범함으로 정죄에 이른 것이다. 그러나 십자가의 복음은 주님께서 다 이루시고 그 사실을 듣고 받아 들여 믿기만 하면 칭의를 주시니 얼마나 감사한가!

그러나 이 복음 외에 다른 복음, 다른 예수, 다른 영을 받게 하며 또 예수님의 초 자연적인 역사(처녀 탄생, 기적, 속죄, 부활)를 부정하는 신 정통사상이 교회에 들어온지 오래다. 다른 종교에도 구원이 있다 하며 공자의 인과 예수님의 사랑이 동일하다고 하니 얼마나 엉뚱한가! 에베소 교회에 자칭 사도라 하되 그 거짓된 것을 드러내는 것과 같이 옳고 그릇된 것을 분별하여 신실한 교회로 주 앞에 서야 할 것이다. 믿는 이들은 세상에 중차대한 사명을 가지고 있다. 마태복음 5:14-16에 "너희는 세상의 빛이라 산 위에 있는 동네가 숨기우지 못할 것이요 사람이 등불을 켜서 말 아래 두지 아니하고 등경 위에 두나니 이러므로 집안 모든 사람에게 비춰느니라 이 같이 너희 빛을 사람 앞에 비춰게 하여 저희로 너희 착한 행실을 보고 하늘에 계신 너희 아버지께 영광을 돌리게 하라"고 말한다. 산 위의 동네와 같이 등경 위의 등불과 같이 주위를 환히 비추어야 할 것이나 오히려 말 아래나 평상 아래 있는 등불과 같이 그 역할을 다하지 못하니 하늘에서 땅에 떨어진 별도 이와 같은 것이다.

쓴물에 나무를(십자가) 던지니 단물이 되었듯이 단물에서 십자가(나무)를 빼면 쓴물이 되는 것이다. 십자가 없는 모든 물들은 귀에는 달콤

할지 몰라도 아닌 것이다. 왜 하나님께서 쑥을 먹이며 독한 물을 마시우는가! 예레미야 9:12-16에는 "여호와께서 말씀하시되 이는 그들이 내가 그들의 앞에 세운 나의 법을 버리고 내 목소리를 청종치 아니하며 그대로 행치 아니하고 그 마음의 강퍅함을 따라 그 열조가 자기에게 가르친 바알들을 좇았음이라"고 말한다. 행하다가 실족하여 넘어질지라도 나는 하나님의 말씀을 의지하여 철저하게 살아야 되겠다 하는 마음을 가지고 회개하고 전진해야 할 것이다.

8) 넷째 천사의 나팔

12절에 "넷째 천사가 나팔을 부니 해 삼분의 일과 달 삼분의 일과 별들의 삼분의 일이 침을 받아 그 삼분의 일이 어두워지니 낮 삼분의 일은 비췸이 없고 밤도 그러하더라"고 말한다. 천체의 변동은 주님 재림의 징조이다. 마태복음 24:29은 "그 날 환난 후에 즉시 해가 어두워지며 달이 빛을 내지 아니하며 별들이 하늘에서 떨어지며 하늘의 권능들이 흔들리리라"고 말한다. 그러나 이 시점에서 환난은 아직 임하지 않는 시점이며 만일 실제 태양과 달과 별들의 삼분의 일이 어두워진다면 지상의 상황은 사람이 살 수 없는 지경에 이를 것이다. 그러나 이후에도 많은 사건들이 발생한다. 그러기 때문에 이 사건도 앞의 첫째 나팔, 둘째 나팔, 셋째 나팔 재앙과 같이 영적으로 해석되어야 하는 것이다. 해는 하나님이라 하였고(시 84:11) 달은 태양의 빛을 받아 어두운 세상을 비추는 주의 종들과 성도들이다. 해와 달과 별들이 침을 받아 그 삼분의 일이 어두워졌다는 것은 영적 암흑기가 된다는 것이다. 창세기 41:1-32에 바로 왕이 꿈을 꾸었다. 꿈의 내용인 즉 아름답고 살진 일곱 암소와 무성하고 충실한 일곱 이삭이 있는데 흉악하고 파리한 일곱 암소와 세약하고 동풍에 마른 일곱 이삭이 있어 아름답고 살진 일곱 암소와 무성하고 충실한 일

곱 이삭을 삼킨지라 요셉이 왕 앞에서 꿈을 해몽하여 말하기를 아름답고
살진 일곱 암소와 무성하고 충실한 일곱 이삭은 일곱 해 풍년이요 흉악
하고 파리한 일곱 암소와 세약하고 동풍에 마른 일곱 이삭은 일곱 해 흉
년이라 앞으로 애굽 땅에 일곱 해 풍년이 있고 그 후에 일곱 해 흉년이
있을 것이라 하였다.

　이에 대한 영적인 신령한 뜻은 충성되고 신실한 종들로 통하여 영적인
양식인 진리의 말씀이 증거되는 칠년 풍년이라는 뜻이며 불신실한 파리
한 종들로 허탄한 알맹이 없는 것들이 증거되는 것은 영적인 칠년 흉년
인 것이다. 왜 하나님의 복음을 먼저 받은 유럽은 오늘날 기독교의 공동
묘지가 되고 있는 것일까? 해와 달과 별들의 삼분의 일이 침을 받은 증
거가 아닌가! 등불을 켜서 말 아래나 평상 아래 두지 아니하고 등경 위
에 두어 온 실내를 밝혀야 할진데 오늘날 기독교 신자들은 더 많아지고
있는데도 왜 신자들의 참 모습은 보기가 어려울까? 옷 로비 사건은 한국
기독교의 참 모습을 보여주는 것이 아닐까? 왜 어두워지는가! 해와 달과
별들이 침을 받았기 때문이며 등불이 말 아래(물질 문제), 평상 아래(세
상 부귀, 연락, 안일)에 있기 때문이다. 당신은 지금 등경 위에 있는가!
말 아래나 평상 아래 있지 아니한가! 이 말세 지말에 어두움을 환히 밝
혀주는 한 자루의 촛불이 되지 않겠는가!!

9) 공중에 날아가는 독수리의 선포

　13절에 "내가 또 보고 들으니 공중에 날아가는 독수리가 큰 소리로 이
르되 땅에 거하는 자들에게 화, 화, 화가 있으리로다 이 외에도 세 천사
의 불 나팔 소리를 인함이로다"라고 말한다. 첫째 나팔에서 넷째 나팔의
재앙은 비교적 가벼운 재앙인 반면 다섯째와 여섯째와 일곱째는 아주 혹
독한 재앙이기에 공중에 날아가는 독수리가 화를 세 번 선포했다. 이 세

재앙은 다섯째와 여섯째와 일곱째 나팔을 분 후 일어날 재앙인데 첫째 화는 요한계시록 9:1-11절 까지의 황충이 재앙이요 둘째 화는 요한계시록 9:12-21절 까지의 국가와 국가들간에 마지막으로 있을 제3차 세계 대전으로 인류 삼분의 일이 희생될 것을 보이는 재앙을 말함이요 셋째 화로는 일곱 나팔 분 후 일곱 천사가 일곱 대접을 받아 땅에 쏟은 하나님의 마지막 절정에 이른 재앙이며 이어서 큰 음녀인 바벨론 심판과 아마겟돈 전쟁까지를 포함하고 있다. 하나님께서 온 세상에 전파된 복음을 따라 구원 받은 모든 사람들을 시험하여 누가 성전에서 섬기며 또는 제단에서 섬기는 바를 시험하는 칠년 대 환난의 기간은 여섯째 나팔 분 후에 있게 될 것이다. 그렇다면 세 번 화를 외친 독수리는 무엇을 뜻하는가? 하나님께서는 이스라엘을 애굽에서 인도하실 때 독수리의 두 날개로 업어 인도하였다고 말한다(출 19:4). 나의 애굽 사람에게 어떻게 행하였음과 내가 어떻게 독수리 날개로 너희를 업어 내게로 인도하였음을 너희가 보았느니라고 말한다. 이는 모세와 아론을 상징한 말이다. 이는 독수리가 매우 밝고 넓은 시야를 가지고 멀리서도 사물을 식별할 수 있는 것과 같이 영계가 밝은 종들이 마지막 선포하는 외침인 것이다. 세상 역사는 되어지는 사실만을 기록하는 반면에 기독교의 역사는 수 천년 수 백 년 후에 되어질 일들을 미리 선지자들과 사도들로 예언하시고 그 예언의 말씀을 추호도 차질이 없이 성취하시는 하나님이시기 때문에 이 사실을 정확히 깨닫는다면 미리 보고 확신이 있고 자신이 있는 말을 하며 확신이 있는 소망 안에서 확신이 있는 삶을 살 수 있게 될 것이다. 다시 요약한다면 공중에 날아가는 독수리는 영계가 밝은 종들의 선포인 것이다.

  10) 다섯째 천사의 나팔 재앙(첫째 화)

요한계시록 8:13의 세 번의 화 중 첫째 화에 해당되는 것이며 인 재앙(계 6:1-8)과 네 나팔 재앙(계 8:1-12)보다 더 격심하고 가혹한 재앙이 되는 것이다. 이 황충이는 출애굽기 10:15에 나오는 풀과 채소와 나무들을 해하는 황충이 아니다. 요엘 2:25에 나오는 큰 군대를 말한다. "내가 전에 너희에게 보낸 큰 군대 곧 메뚜기와 늣과 황충과 팟종이의 먹은 햇수대로 너희에게 갚아 주리니"라고 말한다. 요한계시록 9:7-11절까지는 황충이에 대하여 이렇게 말하고 있다.

① 황충이 모양은 전쟁을 위하여 예비한 말들 같고 전쟁을 위하여 예비한 전마 같고,

② 머리에는 금 면류관 비슷한 것을 썼으며 안하무인격인 교만과 자긍함을 보임

③ 그 얼굴은 사람의 얼굴 같고 — 지혜를 말함.

④ 또 여자의 머리털 같은 머리털이 있고 — 권세 아래 있다는 뜻(고전 11:10)

⑤ 그 이는 사자의 이 같으며 — 무서운 파괴력을 뜻함.

⑥ 또 철 흉갑 같은 흉갑이 있으며 — 에베소서 6:14에 의의 흉배를 붙이고 나는 예수의 피로 의롭다함을 얻었음으로 의의 흉배를 붙였다. 이와 같이 황충이의 군대도 철의 군대이므로 철 흉갑을 붙였다. 그러면 철은 무엇을 의미하는가? 예레미야 15:12에 "누가 철 곧 북방의 철과 놋을 꺾으리요"라고 말하며 시편 84:11에 "여호와 하나님은 해요 방패시라"고 말한다. 해를 중심으로 방위가 어떠한지가 정해진다. 남방은 종일 태양만 바라보며 사는 방위이고 북방은 그와 반대로 종일 해를 등지고 사는 방위이다. 동방은 오전에는 태양을 바라보지만 오후에는 태양을 등지며 서방은 오전에는 태양을 등지고 가지만 오후에는 태양을 바라보고 사는 방위인 것이다. 그러므로 황충이 군대는 위치상으로 북방이 아니라 하나님을 믿지 않고 바라보지 않고 신뢰하지 않는 국가들의 군대라

는 것이다.

⑦ 그 날개들의 소리는 많은 군대들이 전장으로 달려 들어가는 소리 같고 황충이가 날개짓을 하며 날아가는 소리가 많은 진사들이 말굽 소리와 함께 환호를 지르며 출전하는 소리라고 말한다.

⑧ 또 전갈과 같은 꼬리가 있는데 쏘는 살이 있어 사람을 다섯달 동안 상하는 힘이 있다. 전갈이 사람을 쏘면 몸이 붓고 여러 날 심한 통증이 있다고 한다. 본문에 나오는 전갈은 그런 전갈이 아니고 에스겔 2:6에 나오는 전갈을 말한다. "인자야 너는 비록 가시와 찔레와 함께 처하며 전갈 가운데 거할지라도 그들을 두려워 말고 그 말을 두려워 말찌어다 그들은 패역한 족속이라도 그 말을 두려워 말며 그 얼굴을 무서워 말찌어다" 그들은 심히 패역한 족속이다. 죽이지도 못하게 하고 다섯달 동안 괴롭게만 한다. 어찌 괴로운지 사람들은 죽기를 원하지만 죽음이 저희를 피한다. 아합 왕은 북조 이스라엘의 제 7대 왕으로 스스로 황후 이세벨에게 팔려 우상을 섬기며 하나님의 노를 격발케 하였다. 이로 인하여 엘리야 선지자의 책망을 받고 바알의 선지자 850명과 함께 갈멜산에서 생축을 제단에 놓고 불로 응답하는 신이 참신이다 하며 850명 선지자를 모조리 다 죽였다.

이 말을 전해 들은 이세벨은 사환을 보내어 말하기를 내가 내일 이맘때에는 정녕 네 생명으로 저 사람들 중 한 사람의 생명 같게 하리라 아니하면 신들이 내게 벌 위에 벌을 내림이 마땅한지라 저가 이 형편을 보고 일어나 그 생명을 위하여 도망하여 로뎀 나무 아래 앉아서 죽기를 구하여 가로되 여호와여 넉넉하오니 지금 내 생명을 취하소서하고 누워 잔지라(왕상 19:1-5). 엘리야는 이세벨의 독설에 얼마나 많은 고통을 겪었는가! 이 황충이들도 직접 죽이지는 않지만 다섯달 동안을 황충이의 전갈의 쏘는 아픔을 황충이를 볼 때마다 그의 말을 들을 때마다 그의 얼굴을 볼 때마다 불안하고 초조하고 공포에 떨게 될 것이다.

⑨ 저희에게 임금이 있으니 무저갱의 사자라. 히브리 음으로 이름은 아바돈이요 헬라 음으로 이름은 아볼루온이라 한다. 이 황충이도 임금이 있으니 무저갱의 사자라 한다. 히브리어로는 아바돈(파멸)이라 하며 헬라어로는 아볼루온(파멸하는 자)이라 한다. 사단은 처음부터 죽이고 파멸하며 무너뜨린 자이다. 어찌 말세 지말인들 다를까? 하늘에서 땅에 떨어진 별은 타락한 사단을 말한다. 이는 두로 왕을 위한 애가에서 말한 바 에스겔 28:13에 "네가 옛적에 하나님의 동산 에덴에 있어서 각종 보석 곧 홍보석과 황보석과 금강석과 황옥과 홍마노와 창옥과 청보석과 남보석과 홍옥과 황금으로 단장하였었음이여 네가 지음을 받던 날에 너를 위하여 소고와 비파가 예비되었었도다"고 말한다.

그러나 교만함으로 마침내는 땅에 던짐을 받았다. 에스겔 28:17에는 "네가 아름다우므로 마음이 교만하였으며 네가 영화로우므로 네 지혜를 더럽혔음이여 내가 너를 땅에 던져 열왕 앞에 두어 그들의 구경거리가 되게 하였도다"라고 말한다. 이 사단이 무저갱의 열쇠를 받아 무저갱을 열었다. 무저갱은 무엇인가? 악의 세력을 가두는 곳이며 그 뜻은 못, 숲, 한 없는 깊은 지옥, 한 없는 바다이다. 요한계시록 11:7과 요한계시록 17:8에 적그리스도가 무저갱(바다)으로부터 올라왔다고 말한다. 무저갱에서는 큰 풀무의 연기 같은 연기가 올라오매 해와 공기가 그 연기로 인하여 어두워진다고 한다.

그 연기는 무엇을 뜻하는가? 블레셋의 멸망을 이렇게 표현했다. 이사야 14:31 "성문이여 슬피 울찌어다 성읍이여 부르짖을찌어다 너 블레셋이여 다 소멸되게 되었도다 대저 연기가 북방에서 오는데 그 항오를 떨어져 행하는 자 없느니라"고 말한다. 이 연기는 많은 군대들을 말하고 있다. 요한계시록 11:7을 보자. 두 증인들이 1,260일 증거를 마칠 때에 무저갱으로부터 올라오는 짐승이 저희로 더불어 전쟁을 일으켜 저희를 이기고 저희를 죽일 터인즉 또 요한계시록 13:1은 "바다에서 한 짐승이 올라오는데 뿔이 열이요 머리가 일곱이라"고 말한다. 바로 이 바다가 무저갱이다. 즉 이 세상을 말한다. 여기에서 올라오는 많은 군대는 혈과 육으로 싸우지는 않고 그 군대의 위용으로 그들의 말하는 패역한 말들로 그들의 잔인한 얼굴형용으로 정신을 차릴 수 없는 혼란으로 빠뜨리는 것이다.

그러나 이마에 하나님의 인 맞은 자들은 해하지 말라는 명이 내려졌다. 해와 공기가 그 연기로 인하여 어두워졌다. 이 많은 군대들 중에서 황충이 군대가 나온다. 이 군대는 다섯째 나팔 재앙에서 나와서 여섯째 나팔 재앙으로 이어질 것 같다. 세상의 모든 대세 흐름은 이 군대들에게 돌아갈 것이다. 그러는 중에 한 마디 한 마디 쏘는 말들은 불신자(육체만을 위해 사는)에게 얼마나 큰 고통을 주겠는가? 저들 황충이 군대에게 땅에 있는 전갈의 권세와 같은 권세를 주었으니 얼마나 공갈, 협박, 위협, 잔인하고 포악한 행동으로 사람들을 괴롭게 하겠는가? 이럼에도 하나님의 주권으로 하나님의 인 맞은 자는 절대 보장을 받게 된다는 것이다. 할렐루야!

11) 여섯째 천사의 나팔 재앙(둘째 화)

여섯째 나팔 재앙은 무엇을 말하는가! 이것은 제 3차 세계 대전을 말하는 것이다. 계시록 8장에 제1차 세계 대전과 제 2차 세계 대전을 보았다. 세상 국가와 국가 간의 전쟁은 이것으로 마치며 최후에 아마겟돈 전쟁이 남아 있다. 이것은 국가와 국가 간의 전쟁이 아니라 주님과 그의 군대들과 적그리스도와 거짓 선지자와의 전쟁으로 마치게 되어 적그리스도와 거짓 선지자는 산 채로 유황불 붙는 못에 넣어 버리게 된다. 이 전쟁에서 승자가 있고 패자가 있다. 승자는 각 나라와 족속과 백성과 방언들을 다스릴 것이며 적그리스도로서 칠년 대 환난의 주체가 될 것이다.

　다니엘 2장의 금 신상에 대해 알아보자. 여섯째 나팔 재앙과 긴밀한 관계가 있기 때문이다. 다니엘 2:31-35에 "왕이여 왕이 한 큰 신상을 보셨나이다 그 신상이 왕의 앞에 섰는데 크고 광채가 특심하며 그 모양이 심히 두려우니 그 우상의 머리는 정금이요 가슴과 팔들은 은이요 배와 넓적다리는 놋이요 그 종아리는 철이요 그 발은 얼마는 철이요 얼마는 진흙이었나이다 또 왕이 보신즉 사람의 손으로 하지 아니하고 뜨인 돌이 신상의 철과 진흙의 발을 쳐서 부숴뜨리매 때에 철과 진흙과 놋과 은과 금이 다 부숴져 여름 타작 마당의 겨 같이 되어 바람에 불려 간 곳이 없었고 우상을 친 돌은 태산을 이루어 온 세계에 가득하였었나이다" 36절부터는 이 꿈의 해석을 왕 앞에 진술한다. "그 꿈이 이러한즉 내가 이제 그 해석을 왕 앞에 진술하리이다 왕이여 왕은 열왕의 왕이시라 하늘의 하나님이 나라와 권세와 능력과 영광을 왕에게 주셨고 인생들과 들짐승과 공중의 새들, 어느 곳에 있는 것을 무론하고 그것들을 왕의 손에 붙이사 다 다스리게 하셨으니 왕은 곧 그 금머리니이다 왕의 후에 왕만 못한 다른 나라가 일어날 것이요 셋째로 또 놋 같은 나라가 일어나서 온 세계를 다스릴 것이며 넷째 나라는 강하기가 철 같으리니 철은 모든 물건을 부숴뜨리고 이기는 것이라 철이 모든 것을 부수는 것같이 그 나라가 뭇 나라를 부숴뜨리고 빻을 것이며 왕께서 그 발과 발가락이 얼마는 토기장이의 진흙이요 얼마는 철인 것을 보셨은즉 그 나라가 나누일 것이며 왕께서 철과 진흙이 섞인 것을 보셨은즉 그 나라가 철의 든든함이 있을 것이나 그 발가락이 얼마는 철이요 얼마는 진흙인즉 그 나라가 얼마는 든든하고 얼마는 부숴질 만할 것이며 왕께서 철과 진흙이 섞인 것을 보셨은즉 그들이 다른 인종과 서로 섞일 것이나 피차에 합하지 아니함이 철과 진흙이 합하지 않음과 같으리이다 이 열왕의 때에 하늘의 하나님이 한 나라를 세우시리니 이것은 영원히 망하지도 아니할 것이요 그 국권이

다른 백성에게로 돌아가지도 아니할 것이요 도리어 이 모든 나라를 쳐서 멸하고 영원히 설 것이라 왕이 사람의 손으로 아니하고 산에서 뜨인 돌이 철과 놋과 진흙과 은과 금을 부숴뜨린 것을 보신 것은 크신 하나님이 장래 일을 왕께 알게 하신 것이라 이 꿈이 참되고 이 해석이 확실하니이다" 이 신상의 뜻은 바벨론(금), 메데와 파사(은), 헬라(놋), 로마(철) 그리고 철과 진흙에 대한 이상인데 지금 우리가 살고 있는 세대는 철과 진흙인 2대 이데올로기가 서로 합하지 아니하는 이 시대를 말하는 것이다.

제 3차 세계 대전은 이 두 세력 즉 공산주의와 민주주의, 서방측과 공산측의 대결이 되는 것이다. 우리가 이 신상의 이상에서 서방측은 진흙에 해당되며 공산측은 철에 해당된다. 철과 진흙이 합하지 아니하며 그 나라가 얼마는 든든하고 얼마는 부숴질만 할 것이라 한다. 공산측이 든든한가? 서방측이 든든한가? 지금은 서방측이 더 든든한 것 같다. 그러나 얼마 못 가서 철의 든든함으로 전환될 것이다. 산에서 사람의 손을 대지 아니하고 뜨인 돌이 신상의 철과 진흙의 발을 쳐서 부숴뜨리매 그 상황은 어떠한가? 다니엘 2:35에 "때에 철과 진흙과 놋과 은과 금이 다 부서져 여름 타작 마당의 겨 같이 되어 바람에 불려 간 곳이 없었고 우상을 친 돌은 태산을 이루어 온 세계에 가득하였나이다"라고 말한다.

이것을 알아보는 것을 호기심으로 생각지 말라. 성경이 장래사를 우리에게 계시하시지 않았는가? 이 뜻을 정확하게 깨닫는다면 얼마나 장래사가 분명한가? 얼마나 확신에 찬 말을 할 수 있는가? 얼마나 확실하게 깨어 있을 수 있겠는가? 그러면 이 결과는 어떻게 되겠는가? 어느 편이 승자가 되고 어느 편이 패자가 되는 것일까? 때에 철과 진흙과 놋과 은과 금이 다 부서져 여름 타작 마당의 겨 같이 불려 간 곳이 없었고라 말한다. 이 순서는 대단히 중요하다. 각 나라가 부서지는 즉 망하는 순서대로 기록이 되었었다. 철은 공산진영이다. 진흙은 서방진영이다. 어느 편이 먼저 망했는가? 진흙인 서방측이 아닌가? 만일에 성경에 이 순서가 진흙과 철과 놋으로 기록이 되었다면 최후의 승자는 서방측이 될 것이다. 성경은 한 단어가 앞뒤에 있는 것이 이와 같은 엄청난 결과를 가져오기 때문에 필자는 더 말씀에 대한 깊이를 연구하고 살피게 되었다. 혹자는 진흙이 어찌 서방측이냐고 반문할 줄로 안다.

이사야 64:8을 보자. "그러나 여호와여 주는 우리 아버지시니이다 우리는 진흙이요 주는 토기장이시니 우리는 다 주의 손으로 지으신 것이라" 다니엘 2:41에 "왕께서 그 발과 발가락이 얼마는 토기장이의 진흙이요 얼마는 철인 것을 보셨은즉"이라 말한다. 진흙을 또 토기장이의 진흙이라고 말한다. 토기장이의 진흙은 주의 백성을 말한다. 어찌 이스라엘만 주의 백성인가? 이방 세계에서 부름 받은 자들은 주의 백성이 아닌가? 확실하게 영적인 이스라엘인 것이다. 최후에 철의 국가들이 승리하여 마지막 칠년 대 환난 때 적그리스도 짐승으로 나타나게 되는 것이다. 얼마나 확실한가? 우리는 이 사실을 눈 앞에서 목격하고 있다. 주의 구속이 가까운 것을 알고 인자 앞에 서도록 깨어 있어야 할 것이다.

"하나님 앞 금 단 네 뿔에서 음성이 나서 나팔 가진 여섯째 천사에게 말하기를 큰 강 유브라데에 결박한 네 천사를 놓아 주라 하매 네 천사가 놓였으니 그들은 그 년 월 일 시에 이르러 사람 삼분의 일을 죽이기로 예비한 자들이더라"고 말한다. 하나님 앞 금 단 네 뿔은 아도니야가 자기가 왕이 되려 하다가 솔로몬이 왕이 됨으로 두려워하여 제단 뿔을 잡았다. 열왕기상 1:50의 군대장관 요압도 그러했다. 열왕기상 2:28에 "그 소문이 요압에게 들리매 저가 여호와의 장막으로 도망하여 단 뿔을 잡으니 이는 저가 다윗을 떠나 압살롬을 좇지 아니하였으나 아도니야를 좇았음이더라" 하나님은 모든 사람이 회개하여 구원을 얻기를 바라신다. 그러기 때문에 오래 오래 참으시는 것이다. 만사는 때가 있음으로 이제는 더 참으시며 기다릴 수 없으시다. 그래서 금단 뿔에서 음성이 나서 여섯째 천사에게 유브라데에 결박하여 전쟁이 일어나지 못하도록 한 천사를 풀어 놓은 것이다. 그들은 년 월 일 시에 이르러 인류의 삼분의 일을 죽이기로 예비된 자이다. 이 년 월 일 시가 일 년 남짓되는 기간인지 불과 수 일 되는 기간인지는 이 전쟁의 양상을 보면 알게 될 것이다.

"마병대의 수는 이억이니 내가 이 수를 들었다"고 말하고 있다. 이만만의 마병은 만을 이만배(10,000×20,000=200,000,000) 하는 수이다. 일어 성경에는 이억으로 번역되어 있다. 이 수는 앞의 다섯째 나팔인 황충이 군대와 무관하지 않다. 그러면 마병대는 어떤 양상을 띠고 있는 마병대일까? "내가 이상한 가운데 그 말들과 그 탄 자들을 보니 불 빛과 자주 빛과 유황 빛 흉갑이 있고 또 말들의 머리는 사자머리 같고 그 입에서는 불과 연기와 유황이 나오더라"고 말한다. 대부분의 주석가들은 이 말씀을 그냥 넘기는 경우가 많은 것을 보고 안타깝게 생각하고 있다. 이것은 제 3차 세계 대전이 년 월 일 시에 일어날 핵전쟁을 말하고 있는 것이다. 어떻게 그렇게 단언할 수 있느냐. 근거 없는 말을 하면 안 된다. 요한계시록 6장 첫째 인인 백마도 탄 자를 살펴보니 복음 운동도 예수님도 아니었다. 여기 마병대도 탄 자가 더 중요한 것이다. 탄 자가 말을 이리 저리 어거하며 끌고 가기 때문이다. 탄 자의 가슴에 흉갑이 있다.

에베소서 6:14에는 마귀와 싸워 승리하기 위해서는 하나님의 전신갑주를 입어야 한다고 말한다. 그 중 하나로써 가슴에 의의 흉배를 붙인다고 한다. 믿는 이들은 매일 매일의 삶 속에서 죄를 범할 수도 있다. 마귀 사단은 어김없이 하나님 앞에 송사하고 사람을 통하여 송사하고 양심에 송사한다. 이 송사를 그대로 받아 들이면 당장에 좌절한다. 기도도 못하고 실망하며 한숨만 쉰다. 그 때 예수 그리스도 피를 적용해야 한다. 나는 죄를 범했을지라도 예수 그리스도의 피는 나를 깨끗케 하신다. 요한계시록 12:11에 "또 여러 형제가 어린양의 피와 자기의 증거하는 말을 인하여 저를 이기었으니 그들은 죽기까지 자기 생명을 아끼지 아니하였도다"고 말한다. 그래서 송사하는 사단 마귀들에게 나는 예수 그리스도의 피로 깨끗해졌고 의로워졌다라고 가슴에 항상 의의 흉배를 붙여야 되는 것이다. 요한계시록 9:9에 황충이의 가슴에 철흉갑 같은 흉갑이 있었다. 거기에 다른 것이 없다. 다만 철 흉갑이다. 철이 무엇인가? 예레미야 15:12 "누가 북방의 철과 놋을 꺾으리요"라고 말한다(계 9장 다섯째 나팔 참조).

더 부언해야겠다. "아론이 성소에 들어갈 때에는 이스라엘 아들들의 이름을 기록한 이 판결 흉패를 가슴에 붙여 여호와 앞에 영원한 기념을 삼을 것이니라 너는 우림과 둠밈을 판결 흉패 안에 넣어 아론으로 여호와 앞에 들어갈 때에 그 가슴 위에 있게 하라"(출 28:29-30). 아론은 이 흉패로 인하여 모든 이스라엘을 빛과 안전함으로 인도하는 마음을 가지고 그의 성취를 위하여 성전에서 섬기는 것이다. 이와 같이 흉패는 깊은 뜻이 있다. 말을 탄 자들은 가슴에 무슨 흉패를 가졌는가? 첫째 불빛, 둘째 자주 빛, 셋째 유황 빛 흉갑이었다. 이 마병대는 불 빛과 자주 빛과 유황 빛으로 상징된 어떤 것으로 싸우려고 하는 것이다. 말 입에서는 무엇이 나오는가? 불과 연기와 유황이 나오더라라고 한다. 불 빛은 불이요 자주 빛은 연기요 유황 빛은 유황이다. 이 세 재앙으로 인류의 삼분의 일이 죽는다고 말한다. 말은 몽골인들이 잘 사용하는 말이 아니다. 과학이 발달하여 옛날에는 말 타고 싸웠지만 지금은 말 타고 전쟁하는 사람은 없다. 이 말은 현대전으로 항공기, 함정, 미사일, 전차등의 여러 형태로 말할 수 있다. 말 입에서는 불과 연기와 유황이 나오더라. 이 모든 것이 원자탄, 수소탄, 중성자탄등이 아니겠는가? 그래서 이 전쟁이 오래 가지도 않고 단 시일내에 끝나게 되는 것이다.

제 2차 세계 대전 때 일본은 싸움을 오래 끌다가 어떻게 항복했는가? 히로시마에 원자탄 하나 투하로 두 손을 들지 않았는가? 말들의 머리는 사자머리 같고라고 한다. 머리는 그 형상을 말하는 것이기 때문에 이 마병대가 어떤 마병대임을 알 수 있다. 이는 사자의 이 같다고 기록되었다면 무서운 파괴력이라 할 수 있지만 말 머리는 사자머리 같고라 하였기에 이 마병대는 바벨론의 마병대인 것을 알 수 있다. 요한계시록 13:2에 "내가 본 짐승은 표범과 비슷하고 그 발은 곰의 발 같고 그 입은 사자의 입 같은데 용이 자기의 능력과 보좌와 큰 권세를 그에게 주었더라"고 말한다. 표범 같고 발은 곰 같고 입은 사자의 입 같다. 이 세 짐승중에서 대표로 세워 이름을 붙인다면 어떤 이름이 붙여질까? 표범으로 곰으로 사자로 아니면 공평하게 "표범 곰 사자"로 할까? 아니다. 자기를 나타낼 때 정확하게 입으로 정중하게 말하지 않는가? 그러면 이 세 짐승 중 대표된 이름은 입과 관련된다. 그래서 입이 사자 입 같고라 하였기에 사자가 되어야 할 것이다. 사자는 어느 나라를 말하는가? 바벨론을 말하고 있지 않는가?(단 7:4) 말들의 머리는 사자 머리 같고 즉 이 마병대가 바벨론의 마병대라는 것이다.

바벨론을 좁은 의미로 생각지 말라. 우리가 생각하는 것보다 훨씬 넓고 광범위하다. 9월 11일 미국 테러 사건의 주범들이 아랍계 사람들이었다. 이스마엘과 에서가 형제의 동편에 거하였다(창 25:18). 이들은 아랍계 사람들의 조상이다. 그들의 분포에 대하여 필자는 깜짝 놀랐다. 중동 지방은 말할 것 없고 인도와 인도네시아와 필리핀까지가 아랍계 족속이라는 것을 알게 되었다. 마지막 적그리스도는 표범 같고 발은 곰의 발 같고 입은 사자의 입 같다. 표범은 헬라요 곰은 메데파사요 사자는 바벨론이다. B.C. 553년경의 바벨론, 메데파사, 헬라의 분포를 생각해 보라. 그리하면 마지막 적그리스도 국가와 열 뿔들을 알 수 있을 것이다.

이 말들의 힘은 그 입과 꼬리에 있다. 꼬리는 뱀 같고 또 꼬리에 머리가 있어 이것으로 해하더라. 입에서는 불과 연기와 유황이 나왔으니 핵이요 꼬리는 거짓을 가르치는 선지자라 하였으니 선지자는 아닐지라도 거짓 속임이 이 마병대의 무기가 되는 것이다.

다니엘 11:27에 "이 두 왕이 마음에 서로 해하고자 하여 한 밥상에 앉았을 때에 거짓말을 할 것이라 일이 형통하지 못하리니 이는 작정된 기한에 미쳐서 그 일이 끝날 것임이니라"고 말한다. 이 재앙에 죽는 자와 죽지 않는 자가 있다.

죽지 않는 자는 누구며 죽는 자는 누구인가? 이 재앙에 죽지 않고 남은 자들은 그 손으로 행하는 일을 회개치 아니하고 오히려 여러 귀신과 또는 보거나 듣거나 다니거나 하지 못하는 금, 은, 동, 목석의 우상에게 절하고 또 살인과 복술과 음행과 도적질을 회개치 아니한 자들이다. 그래서 북방의 철이 최후까지 남아 칠년 대 환난 중 적그리스도가 되는 것이다.

■ 계시록 10장의 개요와 위치

10장의 위치를 파악하는 것은 10장을 이해하는 데 중요한 일이 아닐 수 없다. 여섯째 나팔 분 후 즉 제 3차 세계 대전이 종결이 되고 승자와 패자가 확정된 후 주님께서 말씀하신 칠년 대 환난이 있게 된다. 이 환난은 전에도 없었고 후에도 없는 환난이며 이는 장차 온 세상에 임하여 땅에 거하는 자들을 시험할 때이며(계 3:10) 이 날은 온 지구상에 거하는 모든 사람에게 임하리라(눅 21:35)고 말한다.

10장의 내용은 일곱째 나팔을 불 때 하나님의 비밀이 그 종 선지자들에게 전하신 복음과 같이 이루리라는 선언과 힘 있는 천사의 손에 펴 있는 작은 책을 요한에게 수여하여 다시 나라와 백성과 방언과 임금에게 예언하여야 하리라는 말로 요약할 수 있다. 10장의 위치와 그 시간을 정확하게 파악을 못하면 엉뚱한 해석이 나올 수 있기 때문이다. 계시록 6장의 첫째 인과 여섯째 인은 불과 17절밖에 안 되는 기록이다. 그러나 그 기간은 거의 신약 전 기간을 말하고 있다. 반면 일곱째 마지막 인은 8장부터 16장까지 얼마나 기록이 방대한가! 그러나 모든 사건들이 나타나는 기간은 매우 짧다는 것이 특징이라 할 수 있다. 그 짧은 기간 중에도 8장의 네 나팔 재앙과 9장의 두 나팔 재앙이 끝난 후의 일들이다.

얼마나 기간이 촉박한가! 일곱째 천사가 나팔을 불면 모든 것이 끝난다. 그래서 힘 센 천사가 세세토록 살아 계신 자 하늘과 그 가운데 있는 물건이며 땅과 그 가운데 있는 물건이며 바다와 그 가운데 있는 물건을 창조하신 이를 가리켜 맹세하여 가로되 지체하지 아니하리니 일곱째 천사가 소리내는 날 그 나팔을 불게 될 때에 하나님의 비밀이 그 종 선지자들에게 전하신 복음과 같이 이루리라 말하고 있지 않은가! 이것이 신약 전 기간의 복음 증거를 위한 책이라면 많은 내용이 기록된 큰 책이었을 것이다. 그러나 전 삼년반(한때 두때 반때, 1,260일) 예언 기간이기 때문에 그 양도 많지 않은 작은 책이라는 것이다. 1,260일을 신약 전 기간으로 생각지 말라. 자세한 것은 11장에서 말하겠다. 우리들은 계시록을 연구할 때 이 말씀을 기록하신 하나님의 뜻이 어떠한 것일까를 심사숙고 해야 할 것이다. 마치 조각 그림을 맞추듯이 그 이상도 그 이하도 되어서는 안 된다. 짧은 기간 예언을 신약 전 기간으로 본다든지 아니면 신약 전 기간 예언을 짧은 기간 예언으로 해석한다면 하나님의 뜻에는 합당치 않은 것이다. 겸허하게 주님의 뜻이 무엇입니까? 하고 수용하는 자세가 필요할 줄로 안다.

요한계시록은 서론과 결론을 제하면 요한계시록 1:19에 있는 말씀과 같이 "그러므로 네 본 것과 이제 있는 일과 장차 될 일을 기록하라 네 본 것은 내 오른손에 일곱 별의 비밀과 일곱 금 촛대라 일곱 별은 일곱 교회의 사자요 일곱 촛대는 일곱 교회니라"고 말한다. 네 본 것은 요한계시록 1:9-20까지 말함이요 이제 있는 일은 요한계시록 2장과 3장의 일곱 교회에 관한 것이요 장차 될 일은 요한계시록 4:1-22:5 까지에 있는 말씀을 말한다.

이사야 34:16에는 "너희는 여호와의 책을 자세히 읽어 보라 이것들이 하나도 빠진 것이 없고 하나도 그 짝이 없는 것이 없으리니 이는 여호와의 입이 이를 명하셨고 그의 신이 이것들을 모으셨음이라" 계시록은 일곱 인의 내용이다. 4장은 그 모든 일을 집행하시는 본부라고 말할 수 있는 하나님의 보좌요 5장은 일곱 인으로 봉한 책을 하나님께로부터 받은 죽임을 당한 어린양에 대한 기록이요 6장은 어린양이 첫째 인부터 여섯째 인까지 떼는 기록이요 7장은 일곱째 마지막 인을 떼기 전의 이스라엘 백성들과 셀 수 없는 무리들에 대한 기록이요 8장은 드디어 일곱째 인이 개봉되며 일곱 천사가 일곱 나팔을 받아 넷째 나팔까지 부는 기록이며 9장은 다섯째 나팔과 여섯째 나팔을 부는 기록이다. 여섯째 나팔을 분 후 유브라데에 결박한 네 천사를 놓아 줌으로 국가와 국가간 전쟁의 마지막인 제3차 세계 대전이 일어나 최후의 승자로 마지막 전에도 후에도 없는 환난을 일게 하는 적그리스도가 비로소 등장하게 되는 것이다. 이런 배경하에서 10장의 중간 계시는 그 내용도 단순하다. 지체하지 아니하리니 일곱째 천사가 소리내는 날 그 나팔을 불게 될 때에 하나님의 비밀이 종 선지자들에게 전하신 복음과 같이 이루리라고 말하며 힘 센 천사의 손에 펴 있는 작은 책을 받아 먹어 버림으로 다시 많은 백성과 나라와 방언과 임금에게 예언하리라고 말하고 있다. 어찌 최후 사건을 신약 전 기간으로 해석하는가! 요한계시록 6장의 첫째 인도 복음 운동도, 예수님도 아닌 거짓 선지자(땅의 짐승)가 아닌가!

하나님의 복음은 예수 그리스도이시다. 육신으로는 다윗의 자손으로 탄생하시고 성결의 영으로는 죽은 자 가운데서 부활하여 능력으로 하나님의 아들로 인정되셨으니 곧 우리 주 예수 그리스도시니라(롬 1:1-4)고 말한다. 잔잔한 호수에 돌 하나 던지면 그 파장은 호수 구석 구석에까지 미친다. 이와 같이 예루살렘으로부터 시작한 이 구원의 복음이 예루살렘과 유대와 사마리아와 땅 끝까지 전파된다. 마태복음 28:18-20에는 "예수께서 나아와 일러 가라사대 하늘과 땅의 모든 권세를 내게 주셨으니 그러므로 너희는 가서 모든 족속으로 제자를 삼아 아버지와 아들과 성령의 이름으로 세례를 주고 내가 너희에게 분부한 모든 것을 가르쳐 지키게 하라 볼지어다 내가 세상 끝날까지 너희와 항상 함께 있으리라"고 말씀하셨다.

사도행전 1:4-5, 8에 "사도와 같이 모이사 저희에게 분부하여 가라사대 예루살렘을 떠나지 말고 내게 들은 바 아버지의 약속하신 것을 기다리라 요한은 물로 세례를 베풀었으나 너희는 몇 날이 못되어 성령으로 세례를 받으리라" 하셨으며 "오직 성령이 너희에게 임하시면 너희가 권능을 받고 예루살렘과 온 유대와 사마리아와 땅 끝까지 이르러 내 증인이 되리라"고 말씀하셨다. 큰 핍박과 환난 중에도 쉴 줄 모르고 하나님의 복음은 만방에 전파되고 소아시아는 벌써 교회들이 많이 형성되어 있다. 그리고 계시록은 주후 95년경에 기록된 것이 아닌가! 여섯째 나팔을 불고 최후의 나팔이 불기 전의 중간계시로 칠년 대 환난 전삼년반의 예언을 위한 책을 수여하는 것이다. 그리고 이어서 제 11장의 칠년대환난이 일어나고 있지 않는가! 두 증인들은 베옷을 입고 1,260일간 예언한다. 요한계시록 12:6에는 남자를 낳은 "여자가 광야로 도망하매 거기서 일천 이백 육십 일 동안 저를 양육하기 위하여 하나님의 예비하신 곳이 있더라"고 말하며 요한계시록 12:14은 남자를 낳은 "여자가 큰 독수리의 두 날개를 받아 광야 자기 곳으로 날아가 거기서 그 뱀의 낯을 피하여 한 때와 두 때와 반 때를 양육 받으매" 이는 전삼년반을 말한다. 이는 신약 전 기간의 전삼년반이 아니고 실제 삼년반을 말한다. 이제 본문으로 돌아가 보자.

7. 제3의 중간 계시
(천사의 손에 펴 놓인 작은 책 – 10:1-11)

1) 힘 센 천사

1절에 "내가 또 보니 힘 센 다른 천사가 구름을 입고 하늘에서 내려오는데 그 머리 위에 무지개가 있고 그 얼굴은 해 같고 그 발은 불기둥 같으며"라고 말한다. 구름을 입고 머리 위에 무지개가 있고 그 얼굴은 해 같고 그 발은 불기둥 같은 힘 센 천사는 요한계시록 1:13-18절 까지에 기록된 예수님과 비슷하다. 그러나 예수님은 아니다. 왜 예수님이 아닌가! 다음 말씀을 보자. 히브리서 6:13-14에 "하나님이 아브라함에게 약속하실 때에 가리켜 맹세할 자가 자기보다 더 큰 이가 없으므로 자기를 가리켜 맹세하여 가라사대 내가 반드시 너를 복 주고 복 주며 너를 번성 케 하고 번성케 하리라"고 하셨고 히브리서 6:16에는 "사람들은 자기보 다 더 큰 자를 가리켜 맹세하나니 맹세는 저희 모든 다투는 일에 최후의 확정이니라"고 말한다. 힘 센 천사가 만일 예수님이라면 하나님이 아브 라함에게 맹세한 것같이 내가 나를 가리켜 맹세하노니 라고 하였을 것이 다. 그러나 요한계시록 10:6-7에는 "세세토록 살아계신 자 곧 하늘과 그 가운데 있는 물건이며 땅과 그 가운데 있는 물건이며 바다와 그 가운 데 있는 물건을 창조하신 이를 가리켜 맹세하여 가로되 지체하지 아니하 리니 일곱째 천사가 소리 내는 날 그 나팔을 불게 될 때에 하나님의 비 밀이 그 종 선지자들에게 전하신 복음과 같이 이루리라"고 말한다. 고로 힘 센 천사는 힘 센 천사일 뿐 예수님은 아니다.

2) 손에 펴 놓인 작은 책

2-3절에 "그 손에 펴 놓인 작은 책을 들고 그 오른발은 바다를 밟고 왼발은 땅을 밟고 사자의 부르짖는 것 같이 큰 소리로 외치니 외칠 때에 일곱 우뢰가 그 소리를 발하더라" 여기서 펴 놓인 책이란 보아서 알 수 있고 깨달을 수 있다는 뜻이다. 5장에 있는 봉인된 책은 하늘 위에나 땅 위에나 땅 아래나 능히 펴거나 보거나 할 이가 없어서 요한이 크게 울었 다. 그러나 펴 놓인 책이기에 누구나 볼 수 있고 깨달아 알 수 있다는 뜻 이다. 계시록도 이제까지 봉인된 책과 같이 열리지는 않았다. 그러나 이 마지막 때에 펴 놓여 있듯이 환히 열릴 것이다. 꿀송이 같이 달콤한 생 명의 말씀을 따라 확신있게 서서 감사함을 더하여 승리의 생활로 이어져 야 할 것이다.

3) 봉인하라는 일곱 우뢰

힘있는 천사가 부르짖을 때 일곱 우뢰가 발했다. 이것을 기록하려고 할 때 하늘에서 소리가 나기를 일곱 우뢰가 발한 것을 인봉하고 기록하지 말라는 명을 받았다. 우리는 그 내용이 무엇인지 알 수는 없다. 알려고 할 필요도 없다. 알아야 할 것이 있고 알지 말아야 할 것이 분명히 있다. 고린도후서 12:4에 "그가 낙원으로 이끌려 가서 말할 수 없는 말을 들었으니 사람이 가히 이르지 못할 말이로다" 사람이 가히 이르지 못할 말이로다를 일본어 성경에는 "말해서 안 된다는 말을 들었다"라고 번역되어 있다.

4) 힘 센 천사의 맹세

5-7절에는 "내가 본 바 바다와 땅을 밟고 섰는 천사가 하늘을 향하여 오른손을 들고 세세토록 살아계신 자 곧 하늘과 그 가운데 있는 물건이며 땅과 그 가운데 있는 물건이며 바다와 그 가운데 있는 물건을 창조하신 이를 가리켜 맹세하여 가로되 지체하지 아니하리니 일곱째 천사가 소리 내는 날 그 나팔을 불게 될 때에 하나님의 비밀이 그 종 선지자들에게 전하신 복음과 같이 이루리라"고 말한다. 맹세는 그 말을 확신시켜 준다. 인간과의 맹세가 아니라 천지만물을 창조하신 이를 가리켜 맹세한 것이기에 더욱 분명하다. 이 마지막 나팔은 언제 부는가! 요한계시록 11:15에 칠년 대 환난이 마치고 "일곱째 천사가 나팔을 불매 하늘에 큰 음성들이 나서 가로되 세상 나라가 우리 주와 그 그리스도의 나라가 되어 그가 세세토록 왕 노릇하시리로다"라고 말한다. 요한계시록 11:1-13까지가 전삼년반(1,260일)예언과 그 예언을 마치게 될 때 무저갱으로부터 올라 오는 적그리스도와 두 증인이 싸워 순교하며 후삼년반이 지난

후 삼일반 후에 이리 올라 오라는 명을 받고 부활하여 하늘로 올라가게 된다. 데살로니가전서 14:16과 고린도전서 15:51 말씀은 내용이 같다. 그러나 고린도전서 15:52에는 한 단어가 더 부가되었다. "보라 내가 너희에게 비밀을 말하노니 우리가 다 잠잘 것이 아니요 마지막 나팔에 순식간에 홀연히 다 변화하리니 나팔 소리가 나매 죽은 자들이 썩지 아니할 것으로 다시 살고 우리도 변화하리라"고 말한다. 더 부가된 말씀은 마지막 나팔이다(계 11:15).

5) 지체하지 아니함(남은 때가 없음)

여섯째 나팔 불고 일곱째 나팔 불기전의 중간 계시이기 때문에 남은 때가 없다. 일곱째 나팔전 여섯째 나팔 재앙때 승자가 적그리스도가 되기 때문에 이 시점에서 일곱째 나팔 불기까지는 칠년여 밖에 기간이 없다. 요한계시록 22:7, 12, 20에 내가 속히 오리라고 말씀하셨는데 약 2,000년 가까이 지났다. 이제는 남은 때가 없다. 베드로후서 1:19은 "또 우리에게 더 확실한 예언이 있어 어두운 데 비취는 등불과 같으니 날이 새어 샛별이 너희 마음에 떠오르기까지 너희가 이것을 주의하는 것이 가하니라"고 말한다.

힘 있는 천사는 창조자를 가리켜 맹세하면서 지체하지 아니하며 남은 때가 없다고 말하는데 작은 책을 받아 먹고 신약 전기간 복음을 전하기 위한 준비라 하는가! 둘째 화 여섯째 나팔 분 후 제 3차 세계 대전이 끝나고 승자가 적그리스도로 등장하여 지상 최후의 칠년 대 환난인 한 이레동안의 언약을 세우고 이레의 절반에 언약을 일방적으로 파기하여 예물과 제사(예배 행위)를 금지하여 후삼년반이 일게 되는 것이다. 제 3차 세계 대전과 칠년 대 환난을 성경은 둘째 화라 한다(계 11:14). 9장과 11장의 중간 계시가 칠년 대 환난 전삼년반(1,260일, 한때 두때 반때,

1년 2년 반년) 예언할 작은 책을 먹어 버리라 하는데 1,260일 예언 기간이 신약 전기간 복음 증거하는 기간이라면 후삼년반을 대비한 예언과 양육은 송두리채 못하게 된다. 적그리스도가 성전에 앉아 자기를 하나님이라 하며 경배하게 하고 그의 형상의 우상을 만들어 절하게 하고 그의 이름의 표(666)를 받게 하며 경배하지 아니하고 우상의 표를 받지 아니하면 몇이든지 죽이고 매매들을 못하게 한다. 거짓 선지자는 이적을 행하여 믿는 이들을 미혹한다. 실로 남은 때가 없다. 깨어 있어야 한다.

6) 일곱째 나팔을 불 때 하나님의 비밀이 종 선지자들에게 전하신 복음과 같이 이룸

7절은 "일곱째 천사가 소리 내는 날 그 나팔을 불게 될 때에 하나님의 비밀이 그 종 선지자들에게 전하신 복음과 같이 이루리라"고 말한다. 세상 역사는 과거사를 기록한 것이다. 그러나 기독교의 역사는 미리 될 일들을 예언하고 그 후에 여러 세기를 통해 이루시는 것이다. 예수 그리스도의 계시도 주님 초림부터 주님 재림까지의 모든 사건들을 미리 말씀하시고 그 시대와 시대를 따라 성취하시는 것이며 일곱째 나팔불 때 모든 비밀들이 남김없이 성취된다. 그 비밀들이란 어떠한 비밀을 말하는가!
첫째, 처음 익은 열매의 수확이 이루워진다(칠년 환난 일기 직전에 은밀히).
요한계시록 3:10은 "네가 나의 인내의 말씀을 지켰은즉 내가 또한 너를 지키어 시험의 때를 면하게 하리니 이는 장차 온 세상에 임하여 땅에 거하는 자들을 시험할 때라"고 말한다. 또 마태복음 24:40-41은 "그 때에 두 사람이 밭에 있으매 하나는 데려감을 당하고 하나는 버려둠을 당할 것이요 두 여자가 매를 갈고 있으매 하나는 데려감을 당하고 하나는 버려둠을 당할 것이라"고 말한다. 요한계시록 12:5에 "여자가 아들을 낳

으니 이는 장차 철장으로 만국을 다스릴 남자라 그 아이를 하나님 앞과 그 보좌 앞으로 올려가더라"고 말한다. 여자가 남자 아이를 출산하는 것은 예수님에게서 볼 수 있다. 시편 2:7은 "너는 내 아들이라 오늘날 내가 너를 낳았다" 하였으며 이 말씀은 주님의 부활을 말하는 것인데 주님께서 하나님 아들로 출생하였다고 말하는 것이다. 사도행전 13:33은 "하나님이 예수를 일으키사(부활) 우리 자녀들에게 이 약속을 이루게 하셨다 함이라" 시편 둘째편에 너는 내 아들이라 오늘날 너를 낳았다 하셨고 첫 열매 수확도 은밀히 죽은 자의 부활과 온 땅의 시험의 때를 면하게 해주는 자들과 한 무리를 이룬다.

요한계시록 14:1-5에 "또 내가 보니 보라 어린양이 시온 산에 섰고 그와 함께 십 사만 사천이 섰는데 그 이마에 어린양의 이름과 그 아버지의 이름을 쓴 것이 있더라… 이 사람들은 여자로 더불어 더럽히지 아니하고… 처음 익은 열매로 하나님과 어린양에게 속한 자들이니 그 입에 거짓말이 없고 흠이 없는 자들이더라"고 말한다. 출애굽기 23:19에는 "너의 토지에서 처음 익은 열매의 첫 것을 가져다가 너의 하나님 여호와의 전에 드릴지니라" 레위기 23:10-11에도 "이스라엘 자손에게 고하여 이르라 너희는 내가 너희에게 주는 땅에 들어가서 너희의 곡물을 거둘 때에 위선 너희의 곡물의 첫 이삭 한 단을 제사장에게로 가져갈 것이요 제사장은 너희를 위하여 그 단을 여호와 앞에 열납되도록 흔들되 안식일 이튿날에 흔들 것이며"라고 말한다. 하나님께서는 곡식 추수에서 성도들의 추수에 대한 그림을 보여 주신 것이다.

둘째, 전체 열매의 수확과 마지막 진노

하나님께서는 분명한 계획이 있으시다. 첫 열매를 거두어 보좌 앞(성전)에 드린 후 얼마 후 전체 열매를 거두어 곳간에 넣는다. 이것이 곡식 추수에서 보이신 하나님의 그림이다. 이와 같이 성도들의 추수도 똑같이 하신다. 요한계시록 14:1-5에서 시온 산에 선 십 사만 사천도 처음 익은 열매이다. 그 후 요한계시록 14:14-16에서 전체 추수를 마친다. "또 내가 보니 흰 구름이 있고 구름 위에 사람의 아들과 같은 이가 앉았는데 그 머리에는 금 면류관이 있고 그 손에는 이한 낫을 가졌더라 또 다른 천사가 성전으로부터 나와 구름 위에 앉은 이를 향하여 큰 음성으로 외쳐 가로되 네 낫을 휘둘러 거두라 거둘 때가 이르러 땅에 곡식이 다 익었음이로다 하니 구름 위에 앉으신 이가 낫을 땅에 휘두르매 곡식이 거두어지니라"고 말하며 고린도전서 15:51, 데살로니가전서 4:16은 똑같은 내용이다.

그러나 고린도전서 15:51은 분명한 말씀이 더 있다. "마지막 나팔에 순식간 홀연히 변화하리니 죽은 자들이 썩지 아니할 것으로 다시 살고 우리도 변화하리니"라고 이 마지막 나팔이 바로 일곱째 나팔인 것이다. 이와 같이 먼저 믿는 자들의 수확을 마치시고 마지막 진노를 쏟아 부으신다. 일곱째 나팔을 분 후 일곱 천사가 일곱 대접을 가지고 나온다. 그 일곱 대접을 쏟아 부을 때 하나님의 진노가 마치는 것이다. 요한계시록 15:1은 이렇게 말한다. "또 하늘에 크고 이상한 다른 이적을 보매 일곱 천사가 일곱 재앙을 가졌으니 곧 마지막 재앙이라 하나님의 진노가 이것으로 마치리로다"라고 말한다. 요한계시록 16장은 일곱 대접을 쏟아 부은 것이며 이것이 필자가 말한 제 3단계 하나님의 진노를 말한 것이다. 다시 한 번 말하겠다. 요한계시록 6장 네 말들의 인들은 첫째 재앙과 가벼운 진노이고 요한계시록 8장의 나팔 재앙과 진노는 그 보다는 무거운 재앙과 진노이며 마지막 일곱 대접 재앙과 진노는 하나님의 진노가 절정에 이른 최후의 진노이다. 이것으로 하나님의 진노가 마치는 것이다.

또 한 말씀을 보자! 얼마나 위로가 되는가? 데살로니가후서 1:5-8에 "이는 하나님의 공의로운 심판의 표요 너희로 하여금 하나님 나라에 합당한 자로 여기심을 얻게 하려 함이니 그 나라를 위하여 너희가 또한 고난을 받느니라 너희로 환난 받게 하는 자들에게는 환난으로 갚으시고 환난 받는 너희에게는 우리와 함께 안식으로 갚으시는 것이 하나님의 공의시니 주 예수께서 저희 능력의 천사들과 함께 하늘로부터 불꽃 중에 나타나실 때에 하나님을 모르는 자들과 우리 주 예수의 복음을 복종치 않는 자들에게 형벌을 주시리니"라고 말하며 믿는 이들이 하나님의 부름 받고 구속받아 어두움의 세상에서 복음을 전하며 예수의 증거를 위하여 때로는 핍박과 어려움도 있다. 그러나 그 모든 것이 주 앞에 설 때에는 얼마나 영광스러운 것인가! 큰 상급으로 면류관을 우리에게 씌워 주실 것이다. 고린도후서 4:16-18에는 이렇게 기록되어 있다. "그러므로 우리가 낙심하지 아니하노니 겉 사람은 후패하나 우리의 속은 날로 새롭도다 우리의 잠시 받는 환난의 경한 것이 지극히 크고 영원한 영광의 중한 것을 우리에게 이루게 함이니 우리의 돌아보는 것은 보이는 것이 아니요 보이지 않는 것이니 보이는 것은 잠간이요 보이지 않는 것은 영원함이니라"고 말한다. 할렐루야!!

셋째, 바벨론의 멸망과 적그리스도와 거짓 선지자의 멸망

믿는 이들은 세상을 사랑하지 말아야 한다. 비록 세상 중에 살고 있을지라도 마치 오리가 물위에 살아도 물에 젖지 않음 같이 우리가 세상 중에 살아도 세상과는 구별되어야 한다. 요한일서 2:15-17은 이렇게 말한다. "이 세상이나 세상에 있는 것들을 사랑치 말라 누구든지 세상을 사랑하면 아버지의 사랑이 그 속에 있지 아니하니 이는 세상에 있는 모든 것이 육신의 정욕과 안목의 정욕과 이생의 자랑이니 다 아버지께로 좇아 온 것이 아니요 세상으로 좇아 온 것이라 이 세상도 그 정욕도 지나가되 오직 하나님의 뜻을 행하는 이는 영원히 거하느니라"고 말한다. 세상을 사랑하지 말고 세상에 정을 두지 말자.

요한계시록 14:8에 "무너졌도다 큰 성 바벨론이여 모든 나라를 그 음행으로 인하여 진노의 포도주를 먹이던 자로다"하며 요한계시록 18장은 그 멸망의 광경을 보여 주고 있다 . 짐승과 거짓 선지자는 그 권세와 영

광을 천년 만년 누릴 것같이 기고만장하며 교만하여 악을 행하다가 불과 마흔 두 달 역사하고 최후 아마겟돈 전쟁에서 어린양과 그 군대들에게 패하여 산 채로 유황불 붙는 불못으로 던지우게 되는 것이다. 요한계시록 19:19-21에 "또 내가 보매 그 짐승과 땅의 임금들과 그 군대들이 모여 그 말 탄 자와 그의 군대로 더불어 전쟁을 일으키다가 짐승이 잡히고 그 앞에서 이적을 행하던 거짓 선지자도 함께 잡혔으니 이는 짐승의 표를 받고 그의 우상에게 경배하던 자들을 이적으로 미혹하던 자라 이 둘이 산 채로 유황 불붙는 못에 던지우고 그 나머지는 말 탄 자의 입으로 나오는 검에 죽으매 모든 새가 그 고기로 배불리우더라"고 말한다.

넷째, 천년 왕국과 새 예루살렘 완성

"세상 나라가 우리 주와 그 그리스도의 나라가 되어 그가 세세토록 왕 노릇 하시리로다"(계 11:15). 이 말씀은 천년 왕국을 말하며 천년 왕국 후 새 예루살렘이 도래하는 것이다. 내가 새 하늘과 새 땅을 보니 처음 하늘과 처음 땅이 없어졌고 바다도 다시 있지 아니하더라고 한다. 이 모든 것이 일곱째 천사가 나팔 분 후 모든 것이 완성이 되는 것이다.

7) 하늘의 음성

8-9절에 "하늘에서 나서 내게 들리던 음성이 또 내게 말하여 가로되 네가 가서 바다와 땅을 밟고 섰는 천사의 손에 펴 놓인 책을 가지라 하기로 내가 천사에게 나아가 작은 책을 달라 한즉 천사가 가로되 갖다 먹어 버리라 네 배에는 쓰나 네 입에는 꿀 같이 달리라"고 말한다. 이 책이 힘 센 천사의 손에만 있고 우리에게 주어서 먹지 않는다면 그것은 그림의 떡과 같은 것이다. 때가 이르러 가지라는 음성과 먹어 버리라는 천사의 말대로 하였으니 네 배에서는 쓰나 입에서는 꿀 같이 달았다고 말한다. 에스겔 3:1-3절은 이렇게 말하고 있다. "그가 또 내게 이르시되 인

자야 너는 받는 것을 먹으라 너는 이 두루마리를 먹고 가서 이스라엘 족속에게 고하라 하시기로 내가 입을 벌리니 그가 그 두루마리를 내게 먹이시며 내게 이르시되 인자야 내가 네게 주는 이 두루마리로 네 배에 넣으며 네 창자에 채우라 하시기에 내가 먹으니 그것이 내 입에서 달기가 꿀 같더라"고 말한다. 음식을 먹어서 소화시킴으로 해서 살이 되고 뼈가 되고 힘이 되듯이 하나님의 말씀도 먹어야만 전할 수 있다. 신약에 본문 말씀을 제외하고는 책을 먹으라 두루마리를 먹으라는 말이 없다. 복음의 실체가 오셨기 때문에 보고 들은 것을 증거하라 하셨고 성령이 임하시면 그가 나를 증거할 것이라고 하셨다. 바울 사도는 내게는 십자가 외에 자랑할 것이 없다 하였고 오직 죽은 자 가운데서 부활하신 부활을 증거하였다. 작은 책을 먹고 신약 전 기간에 전하라는 뜻인가? 이 말씀의 적용은 어느 때나 적용할 수 있다. 필자는 요한계시록 22:19-20에 더하지도 감하지도 말라는 말씀을 생각하면서 이 말씀 중에 주께서 담으신 뜻이 그 뜻이 아니라면 내 스스로 오류를 범하고 있다는 생각이 들어서 쉽사리 결론을 내리지 못하고 묵상하며 더 상고하며 지내왔다. 작은 책을 증거하는 기간은 전삼년반 뿐이다. 후삼년반에는 증거할 수 없다. 그래서 천사들이 공중에 날아가면서 전하지 않는가! 전삼년반 1,260일을 신약 전 기간으로 해석을 한다면 그렇게 말할 수 있을 것이다. 그러나 이 증거기간 1,260일과 한때 두때 반때로 기록된 말씀을 그렇게 해석할 수 있을까? 필자로써는 그렇게 수긍이 안 가며 1,260일 전삼년반으로 해석을 하고 있다. 그리고 이 책이 작은 책이라는 말을 유의해 보자.

그래서 힘 센 천사의 외침은 남은 때가 없다는 것이다. (지체하지 아니하리니)다시 한번 말하거니와 일곱 인으로 봉한 책의 인봉은 요한계시록 10장의 위치에서 볼 때 다 떼어졌다. 일곱째 인을 뗄 때 일곱 천사가 일곱 나팔을 가지고 나와서 여섯째 나팔까지 분 후의 상황이다. 일곱째 천사가 나팔을 불면 모두 끝나는 것이다. 일곱 천사가 일곱 대접을 가지고 나와 땅에 쏟으므로 완성이 되는 것이다. 대접 재앙의 때에는 성도들은 당하지 않는다. 일곱째 나팔 불 때 전체 곡식으로 상징된 성도들은 공중으로 들림 받고 지상에는 없기 때문이다(계 14:14-16).

8) 책을 먹음으로 다시 나라와 백성과 방언과 임금에게 예언함

10절에 "내가 천사의 손에서 작은 책을 갖다 먹어 버리니 내 입에는 꿀 같이 다나 먹은 후에 내 배에서는 쓰게 되더라"고 말한다. 모든 말씀이 꿀 보다 송이 꿀보다 달다. 그 말씀을 소화시키며 실행하며 살기란 배에서는 쓴 것과 같이 쓰게 되는 것이다. 말씀을 주는 것은 그 말씀을 먹고 꿀보다 송이꿀 보다 달다고 그것을 누리라고만 주는 것은 아니다. 나가서 백성과 나라와 방언과 임금들에게 다시 전하기 위해서 주는 것이다. 일본어 성경에는 백성과 나라와 방언과 임금에 대해서 예언하리라고 번역되어 있다. 여기 다시 한번 예언해야 한다는 말을 주의해 보라! 언젠가 한번 예언하였다는 뜻이 되는데 이 작은 책을 먹고 예언하는 예언은 두 번째 예언이 된다는 것이다. 곧 이어서 칠년 대 환난이 일어나는 것이다. 두 증인에게 권세를 주어 1,260일 예언하게 된다. 전삼년반 후 삼년반 합이 칠년이 지나면 일곱 나팔을 불게 된다. 삼년반의 예언 기간에 누구든지 그를 해하려 한다면 그 입에서 불이 나와 원수들을 소멸하며 여러 가지 재앙으로 땅을 치리로다 라고 말한다. 처음 익은 열매로 하나님 보좌 앞에 들림 받지 아니하면 온전히 익도록 환난에 들어가게 된다. 어떻게 하겠는가! 필자는 모든 사람이 첫 열매로 들림 받기를 바란다. 그렇게 하려면 한 가지 조건이 있다. 빨리 성숙하라! 그리하면 첫 열매로 보좌 앞으로 올려갈 것이다. 할렐루야!!

8. 제4의 중간 계시(칠년 대 환난-11:1-13)

본 장의 위치를 아는 것은 본 장을 이해하는데 도움이 된다. 요한계시록 8:13에 "내가 또 보고 들으니 공중에 날아가는 독수리가 큰 소리로 이르되 땅에 거하는 자들에게 화, 화, 화가 있으리로다 이 외에도 세 천사의 불 나팔 소리를 인함이로다"라고 말한다. 첫째 화는 요한계시록 9:1-11절 까지에 있는 황충이 재앙이요, 둘째 화는 유브라데강 전쟁과 칠년 대 환난을 포함한 것이요, 요한계시록 11:14에 "둘째 화는 지나갔으나 보라 셋째 화가 속히 이르는도다"라고 말한다. 셋째 화는 요한계시록 15:1 "또 하늘에 크고 이상한 다른 이적을 보매 일곱 천사가 일곱 재앙을 가졌으니 곧 마지막 재앙이라 하나님의 진노가 이것으로 마치리로다"라고 말한다. 이것은 마지막 일곱째 나팔을 분 후의 사건이다. 둘째 화는 유브라데강 전쟁과 칠년 대 환난을 마치고 요한계시록 11:14 "둘째 화는 지나갔으나 보라 셋째 화가 속히 이르는도다"라고 말한다. 두 증인이 작은 책을 먹어 버리고 최후 삼년반을 예언하는 1,260일이 신약 전 기간 복음 증거로 볼 수 있느냐는 것이다. 다니엘 9:26에 "육십 이 이레 후에 기름부음을 받은 자가 끊어져 없어질 것이며 장차 한 왕의 백성이 와서 그 성읍과 성소를 훼파하려니와 그의 종말은 홍수에 엄몰됨 같을 것이며 또 끝까지 전쟁이 있으리니 황폐할 것이 작정되었느니라" 이 구절에서 기름 부음을 받은 그리스도가 십자가에 죽으시고 장차 한 왕의 백성이 와서라고 말한다. 주님 죽으신 후 한 왕의 백성이라 하였다면 몰라도 장차이다. 즉 먼 훗날을 말한 것이다. 먼 훗날에 다니엘 9:27에도 "그가 장차 많은 사람으로 더불어 한 이레 동안의 경고한 언약을 굳게 정하겠고 그가 그 이레의 절반에 제사와 예물을 금지할 것이며"라고 말하였다. 적그리스도가 유브라데강 전쟁에서 승리하고 많은 사람으로 더불어 칠년의 언약을 세울 것이다. 이 장차 세울 한 이레의 언약으로 칠년 대 환난이 일어나 그 절반인 전 삼년반 예언 기간을 예수님 십자가 죽으심부터 모든 믿는 이들이(교회) 복음 증거하는 기간이라 말할 수 있는가 하는 것이다. 둘째 화를 예측해 본다면 유브라데 강 전쟁이 발발하여 전쟁이 종결되고 많은 사람으로 더불어 한 이레 동안의 언약을 세우고 칠년 대 환난이 종결되기 까지는 약 10년 전후가 아닐까 예측해 본다.

다니엘 9:24-27절 까지에 『장차』라는 단어가 2회 나온다. 십자가로부터 장차까지는 많은 공백 기간이 있다. 어떤 어려운 문제도 자세히 살펴보면 답이 나온다. 만일에 1,260일이 신약 전 기간, 교회가 복음 증거하는 기간으로 해석한다면 요한계시록 20장의 천년 왕국이 송두리 채 없어져 버린다. 무천년설을 주장하기 때문이다. 그렇다면 요한계시록 22:19의 말씀을 어떻게 받아 들일 것인가! "만일 누구든지 이 책의 예언의 말씀에서 제하여 버리면 하나님이 이 책에 기록된 생명 나무와 및 거룩한 성에 참예함을 제하여 버리시리라"고 말한다. 중간 계시는 아무데나 적용해도 되는 계시가 아니다. 반드시 전후장과 밀접한 관계가 있다. 10장은 만물을 창조하신 이를 가리켜 맹세하여 가로되 지체하지 아니하리니 일곱째 천사가 소리내는 날 그 나팔을 불게 될 때 하나님의 비밀이 그 종 선지자들에게 전하신 복음과 같이 이루리라고 말한다. 10장은 오른손에 펴 놓인 작은 책을 먹어 버리고 백성과 나라와 방언과 임금에게 다시 예언하리라는 내용이요 11장은 두 증인이 그 책의 내용을 따라 칠년 대 환난 전삼년반 예언하고 그 증거를 마칠 때 후삼년반 들어가자 무저갱으로부터 올라오는 짐승과 싸워 순교하게 된다. 곧 칠년 대 환난의 기록이며 그 후 일곱째 나팔을 불게 된다. 12장은 역시 중간 계시로 전삼년반과 바로 그 전의 상황을 기록하고 있다. 전삼년반의 양육면을 설명하고 있다. 13장은 후삼년반의 상세한 기록이다. 이와 같이 전후장과 긴밀한 관계가 있다. 14장도 중간 계시로 첫 열매와 전체 곡식 추수인 교회의 승리를 기록하고 있다. 얼마나 질서와 순서를 따라 배열되어 있는가! 아무데나 말씀을 적용하지 말아야 한다. 조각 그림을 맞추듯이 꼭 그 자리에 넣어야 그림이 완성되는 것같이 하나님의 말씀의 완성을 볼 것이다.

1) 1,260일에 대하여(전삼년반)

앞에서도 말했듯이 1,260일은 해석이 다양하다. 크게 분별하여 신약전 기간 곧 교회가 복음을 증거하는 기간으로 보는 것과 또는 실제 삼년반으로 보는 해석이 있다. 필자는 실제 삼년반으로 해석하기 때문에 그에 대해 말하겠다. 요한계시록 11-13장과 다니엘 12장에 있는 1,260일, 마흔 두 달, 한때 두때 반때는 모두 삼년반이란 점에서 같다. 그러나 어떤 것이 전삼년반인지 어떤 것이 후삼년반인지가 확실해야 한다. 이것이 불분명하면 많은 혼선이 야기된다.

(1) 1,260일은 삼년반을 날수로 계산한 것이다(30일×42달=1,260). 요한계시록 11:3에 "내가 나의 두 증인에게 권세를 주리니 저희가 굵은 베옷을 입고 일천 이백 육십 일을 예언하리라" 작은 책을 먹어 버린 후 꿀보다 송이 꿀보다 달콤한 그 말씀을 백성과 나라와 방언과 임금들에게 다시 예언하는 것이다. 그 전에 한 번 예언한 사실이 있기 때문에 『다시』 라고 말하였다(계 10:11).

(2) 1,260일은 양육 기간이다. 요한계시록 12:6 남자 아이를 출산한 "그 여자가 광야로 도망하매 거기서 일천 이백 육십 일 동안 저를 양육하기 위하여 하나님의 예비하신 곳이 있더라"고 말한다. 이 전삼년반의 환난 기간은 비교적 가벼운 환난이다. 그리고 두 증인이 권세를 받아 여러

가지 재앙으로 땅을 치기 때문에 해할 수가 없게 된다. 후삼년반의 혹독한 환난에서 『666』 표를 받도록 강요하며 받지 아니하고 적그리스도의 우상에게 경배하지 아니하면 몇이든지 죽이기 때문에 이 때를 대비키 위하여 성도들을 양육하기 위한 기간인 것이다.

(3) 한때 두때 반때는 양육 기간으로 일어 성경에는 일년 이년 반년으로 번역이 되어 있다. 다니엘 11:13은 이렇게 말한다. "북방 왕은 돌아가서 다시 대군을 전보다 더 많이 준비하였다가 몇 때 곧 몇 해(年) 후에 대군과 많은 물건을 거느리고 오리라"고 말한다. 그런 말씀의 근거하에 한때 두때 반때는 삼년반이 분명하며 요한계시록 12:6의 1,260일의 양육 기간과 요한계시록 12:14의 한때 두때 반때의 양육 기간은 같은 것이다. 요한계시록 11:3의 전 삼년반(1,260일)과 요한계시록 12:14의 한때 두때 반때는 모두 칠년 대 환난 비교적 가벼운 환난을 말하는 것이다. 1,260일(예언 기간)과 한때 두때 반때(양육 기간)는 모두 동일한 것이다. 그런 이유하에서 1,260일은 신약 전 기간이 될 수 없고 전 삼년반이 되는 것이다.

(4) 42달은 대부분이 1,260일을 달수로 계산한 것이라 하여 전 삼년반으로 해석한다. 요한계시록 11:2 "성전 밖 마당은 척량하지 말고 그냥 두라 이것을 이방인에게 주었은즉 저희가 거룩한 성을 마흔 두 달 동안 짓밟으리라"고 말한다. 그러나 이 마흔 두 달은 전 삼년반이 아니고 후 삼년반을 말한 것이다. 요한계시록 13:5은 이렇게 말한다. "또 짐승(적그리스도)이 큰 말과 참람된 말하는 입을 받고 또 마흔 두 달 일할 권세를 받으니라"고 말한다. 요한계시록 13장은 칠년 대 환난중 후삼년반의 혹독한 환난을 말하고 있다. 이때 용이 짐승에게 권세를 주며 거짓 선지자와 합세하여 짐승의 우상에게 경배하게 하며 그 짐승의 이름의 표인

『666』을 이마에나 오른손에 받게 하며 받지 아니하는 자는 몇이든지 죽이게 하며 매매들을 못하게 한다. 요한계시록 11:2도 다니엘 9:27의 말씀과 같이 그 이레의 절반 삼년반(1,260일)에 제사와 예물을 금지한 후 잔포하여 미운 물건이 날개를 의지하여 설 것이라 한다. 그 때 예루살렘이 짓밟히는 것이다.

(5) 다니엘 12장에는 큰 환난이 있을것이라 하여 이 기사의 끝이 어느때까지냐 물었다. 반드시 한때 두때 반때를(삼년반, 1,260일)지나서 성도의 권세가 깨어지기 까지라 한다. 다니엘이 듣고도 깨닫지 못하여 다시 주여 이 모든일의 결국이 어떠하겠삽나이까 하니 매일 드리는 제사를 폐하며 멸망케 할 미운 물건을 세울때부터 1,290일을 지낼 것이요 기다려서 1,335일까지 이르는 그 사람은 복이 있으리라고 말한다.

이상의 말씀에서 예언 기간 1,260일이나 양육 기간 1,260일이나 한때 두때 반때는 실제 삼년반이지 신약 전 기간 교회가 복음을 증거하는 기간이 아님을 볼 수 있다. 다니엘 12장은 후삼년반을 1,290일로 말하고 있음을 기억하라. 요한계시록 11:11 "삼 일 반 후에 하나님께로부터 생기가 저희 속에 들어가매 저희가 발로 일어서니 구경하는 자들이 크게 두려워하더라" 두 증인의 부활이 삼년반을 3일반이라 하였다 하여 1,260일 신약 전 기간 곧 교회가 복음을 증거하는 기간으로 본다는 것이라고 말들을 한다. 그렇다면 다니엘 12:11의 1,290일은 "매일 드리는 제사를 폐하며 멸망케 할 미운 물건을 세울 때부터 일천 이백 구십 일을 지낼 것이요" 1,260일+30일인데 이 기간을 어떻게 해석할 것인가? 이는 후 삼년반을 말한 것이며 성경은 이 후삼년반을 42달 또는 1,260일+30일로 1,290일로 말하고 있다. 양육 기간을 1,260일로 또는 한때 두때 반때로 말씀하고 있는 것은 이런 오류가 없도록 하기 위한 하나님의 안배로 볼 수 있다.

2) 한 이레의 견고한 언약에 대하여(칠년대환난)

　칠년대환난의 근거가 되는 말씀이기에 짚고 넘어 가야겠다. 다니엘 9:24-27에는 이렇게 말한다. "네 백성과 네 거룩한 성을 위하여 칠십 이레로 기한을 정하였나니 허물이 마치며 죄가 끝나며 죄악이 영속되며 영원한 의가 드러나며 이상과 예언이 응하며 또 지극히 거룩한 자가 기름부음을 받으리라 그러므로 너는 깨달아 알지니라 예루살렘을 중건하라는 영이 날 때부터 기름 부음을 받은 자 곧 왕이 일어나기까지 일곱 이레와 육십 이 이레가 지날 것이요 그 때 곤란한 동안에 성이 중건되어 거리와 해자가 이룰 것이며 육십 이 이레 후에 기름 부음을 받은 자가 끊어져 없어질 것이며 장차 한 왕의 백성이 와서 그 성읍과 성소를 훼파하려니와 그의 종말은 홍수에 엄몰됨 같을 것이며 또 끝까지 전쟁이 있으리니 황폐할 것이 작정되었느니라 그가 장차 많은 사람으로 더불어 한 이레 동안의 언약을 굳게 정하겠고 그가 그 이레의 절반에 제사와 예물을 금지할 것이며 또 잔포하여 미운 물건이 날개를 의지하여 설 것이며 또 이미 정한 종말까지 진노가 황폐케 하는 자에게 쏟아지리라 하였느니라"고 말한다. 여기 1일을 1년으로 환산하여 7주가 49년이 되고 62이레가 434년이 되며 한 이레가 7년이 되는 것이다. 에스겔 4:4-6에 "너는 또 좌편으로 누워 이스라엘 족속의 죄악을 당하되 네 눕는 날수대로 그 죄악을 담당할지니라 내가 그들의 범죄한 햇수대로 네게 날수를 정하였나니 곧 삼백 구십 일이니라 너는 이렇게 이스라엘 족속의 죄악을 담당하고 그 수가 차거든 너는 우편으로 누워 유다 족속의 죄악을 담당하라 내가 네게 사십 일로 정하였나니 일 일이 일 년이니라" 또 민수기 14:34에도 "너희가 그 땅을 탐지한 날 수 사십 일의 하루를 일 년으로 환산하여 그 사십 년간 너희가 너희의 죄악을 질지니 너희가 나의 싫어버림을 알리라"고 말씀하셨다.

하나님의 백성과 거룩한 성을 위하여 허물이 마치며 죄가 영속되며 영원한 의가 드러나며 이상과 예언이 응하며 지극히 거룩한 자가 기름 부음을 받고 십자가의 구속으로 이 모든 일이 다 성취되었다. 이 과정을 다음과 같이 설명한다. 예루살렘을 중건하라는 영이 날 때부터 기름 부음 받은 자 곧 주님의 초림까지 일곱 이레와 육십 이 이레가 지날 것이요(49+434=483) 육십 이 이레 후에 기름 부음 받은 왕이 끊어져 없어질 것이라 한다.

그리고 주님의 십자가 후의 상황을 이렇게 말하고 있다. 다니엘 9:26-27에는 『장차』라는 말이 2회 나온다. 첫 번째의 장차는 로마의 왕 타이터스 칠십년에 예루살렘 성이 훼파될 것을 말함이요 두 번째 장차는 먼 훗날에 적그리스도가 많은 사람으로 더불어 한 이레 동안의 언약을 굳게 정하겠고 그 이레의 절반에 하나님께 드리는 예배 행위를 금지하며 미운 물건이 날개를 의지하여 설 것이라고 한다.
이 말씀을 마태복음 24:15은 이렇게 말한다. "그러므로 너희가 선지자 다니엘의 말한 바 멸망의 가증한 것이 거룩한 곳에 선 것을 보거든(읽는 자는 깨달을진저)"라고 말하며 누가복음 21:20에는 마태복음에 있는 내용과 같은 말씀을 너희가 예루살렘이 군대들에게 에워싸이는 것을 보거든 그 멸망이 가까운 줄을 알라고 말한다.

요한계시록 11:2에 "성전 밖 마당은 척량하지 말고 그냥 두라 이것을 이방인에게 주었은즉 저희가 거룩한 성을 마흔 두 달 동안 짓밟으리라"고 말한다. 이 상황을 마흔 두 달(후삼년반) 짓밟는다고 말하는 것이다. 이 사실의 이해를 돕기 위하여 오른 쪽의 도표를 그려본다.

① 보고 들은 것을 말하지 아니할 수 없다. 너희 말보다 하나님 말씀 순종하는 것이 마땅하다.

② 요한계시록 6:9 다섯째 인을 뗄 때에 하나님의 말씀과 저희의 가진 증거를 인하여 죽임을 당한 영혼들이 호소함(복음 증거하다)

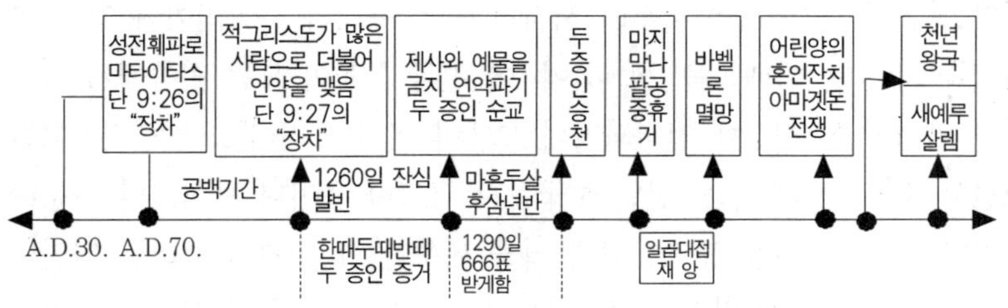

☆ 복음증거가 되는 확실한 실례 ☆

③ 요한계시록 8:1-2절 마지막 일곱째 인을 뗀 후 일곱 천사가 일곱 나팔을 받고 5절에는 천사가 향로를 가지고 제단 불을 담아다가 땅에 쏟으매 뇌성과 음성과 번개와 지진이 났다. 이는 나팔 재앙이 내리게 되는 원인이 된다. 1,260일이 신약 시대 교회가 복음 증거하는 기간이 아니라 십자가 사건 후 계속 복음 전하다 순교한 성도들의 피 값에 대한 보응으로 재앙들이 내리게 되는 것이다.

3) 시험의 때

요한계시록 3:10은 이렇게 말한다. "네가 나의 인내의 말씀을 지켰은즉 내가 또한 너를 지키어 시험의 때를 면하게 하리니 이는 장차 온 세상에 임하여 땅에 거하는 자들을 시험할 때라"고 말한다. 또 누가복음 21:35-36 "이 날은 온 지구상에 거하는 모든 사람에게 임하리라 이러므로 너희는 장차 올 이 모든 일을 능히 피하고 인자 앞에 서도록 항상 기도하며 깨어 있으라 하시니라"고 말한다. 시험의 때를 두려움으로 생각지 말라. 이것은 대단히 자연스러운 일이다. 농부가 곡식을 추수하여 알곡과 쭉정이를 구별하기 위하여 키질을 하는 것과 같다. 키질을 하여 알곡은 모아 곳간에 들이고 쭉정이는 꺼지지 않는 불에 던지는 것이다. 구원의 복음이 예루살렘에서부터 시작하여 온 유대와 사마리아와 땅 끝까지 전파되었다. 마태복음 24:14에 "이 천국 복음이 모든 민족에게 증거되기 위하여 온 세상에 전파되리니 그제야 끝이 오리라"고 말한다. 고린도전서 3:12-15에서는 "만일 누구든지 금이나 은이나 보석이나 나무나 풀이나 짚으로 그리스도 터 위에 집을 세우면 그 공력이 나타날 터인데 그 날이 공력을 밝히리니 이는 불로 나타내고 그 불이 각 사람의 공력이 어떠한 것을 시험할 것임이니라 만일 누구든지 그 위에 세운 공력이 그대로 있으면 상을 받고 누구든지 공력이 불타면 해를 받으리니 그러나 자기는 구원을 얻되 불 가운데서 얻은 것 같으리라"고 말한다. 인류 최후의 마지막에도 이와 같이 알곡과 쭉정이를 구별하는 것이다. 요한계시록 11:1에도 "또 내게 지팡이 같은 갈대를 주며 말하기를 일어나서 하나님의 성전과 제단과 그 안에서 경배하는 자들을 척량하되"라고 말한다.

마태복음 7:24-27에도 "그러므로 누구든지 나의 이 말을 듣고 행하는 자는 그 집을 반석 위에 지은 지혜로운 사람 같으리니 비가 내리고 창수가 나고 바람이 불어 그 집에 부딪히되 무너지지 아니하나니 이는 주초를 반석 위에 놓은 연고요 나의 이 말을 듣고 행치 아니하는 자는 그 집을 모래 위에 지은 어리석은 사람 같으리니 비가 내리고 창수가 나고 바람이 불어 그 집에 부딪히매 무너져 그 무너짐이 심하니라"고 말한다. 알곡과 쭉정이를 구별하기 위하여 키질을 하는 것과 같이 무슨 재료로 집을 지어졌는지 불로 시험해 보는 것같이 갈대 지팡이로 성전과 제단과 그 가운데 경배하는 자들을 시험하는 것이다. 집을 잘 짓고 잘 지어서 그 날에 주님 앞에 영광스럽게 서야 할 것이다.

4) 갈대 지팡이

1절에 "또 내게 지팡이 같은 갈대를 주며 말하기를"라고 말한다. 필자는 갈대 지팡이를 성경에 무엇이라고 말하고 있는가를 찾아 보았다. 에스겔 29:6-7은 "애굽의 모든 거민이 나를 여호와인 줄 알리라 애굽은 본래 이스라엘 족속에게 갈대 지팡이라 그들이 너를 손으로 잡은즉 네가 부러져서 그들의 모든 어깨를 찢었고 그들이 너를 의지한즉 네가 부러져서 그들의 모든 허리로 흔들리게 하였느니라"고 말한다. 이 말씀 가운데 잡은즉 부러지고 의지한즉 부러져서라 말한다. 우리 믿는 이들은 어떤 상황에서도 애굽을 잡지 말아야 하며 의지하지 말아야 한다. 오직 우리 생사화복을 주장하시는 하나님만을 굳게 붙잡고 신실하게 의지해야 한다.

애굽은 이스라엘에게 많은 핍박을 가한 나라이다. 산파에게 이르되 너희는 히브리 여인을 위하여 조산할 때에 살펴서 남자이거든 죽이고 여자이거든 그를 살게 두라하며 그 일이 여의치 아니하니 바로가 그 모든 신민들에게 명하기를 남자이거든 하수에 던지고 여자이거든 살리라 하였다. 하나님은 이 시험의 때에 믿는 모든 성도들이 어떠한가? 알곡인가, 쭉정이인가, 성전에서 경배하는 자인가, 성전 밖 마당만 밟고 있는가를 갈대 지팡이 곧 애굽(세상)으로 시험해 보신다.

5) 성전과 제단과 그 가운데서 경배하는 자

하나님의 갈망은 모든 성도들이 그리스도의 장성한 분량에까지 이르기를 원하신다. 칠년 대 환난이 일고 있는 이 시점에서 첫 열매인 처음 익은 곡식 한 단으로 상징된 열매는 거두어졌다. 요한계시록 12:5은 "여자가 아들을 낳으니 이는 장차 철장으로 만국을 다스릴 남자라 그 아이를 하나님 앞과 그 보좌 앞으로 올려가더라"고 말한다. 그 나머지 전체 추수는 칠년 대 환난을 통해서 익게 된다. 그 중에서 성전에서 경배하는 자와 제단에서 경배하는 자가 분별이 된다. 이 척량은 칠년 대 환난 전 기간을 통해 시행되는 것이다. 성전은 성소를 뜻한다. 제단은 생축을 드리는 번제단을 말한다. 경배하는 자들은 요한계시록 14:14-20에서 분별이 된다.

6) 마흔 두 달 짓밟는다

2절에 "성전 밖 마당은 척량하지 말고 그냥 두라 이것을 이방인에게 주었은즉 저희가 거룩한 성을 마흔 두 달 동안 짓밟으리라"고 말한다. 마흔 두 달은 앞에서도 말한 바 있지만 전삼년반이 아니고 후삼년반을 가리킨다. 요한계시록 13:5에 "또 짐승이 큰 말과 참람된 말하는 입을 받고 또 마흔 두 달 일할 권세를 받으니라"고 말한다. 요한계시록 11:1-13절 까지는 칠년 대 환난을 말함이요 12장은 전삼년반과 바로 그 전의 일들을 말함이요 13장은 후삼년반을 말한다. 전삼년반은 적.그리스도가 많은 사람으로 더불어 한 이레 동안의 언약을 군게 정하고 그 이레의 절반에 제사와 예물을 금지할 것이며 멸망의 가증한 것이 거룩한 곳에 선 것을 보거든 읽는 자는 깨달을진저 라고 말한다. 제사와 예물을 드리는 일을 금지하기 전의 기간이기에 비교적 가벼운 환난이며 혹독한 환난은 후 삼년반의 예루살렘 성을 짓밟는 마흔 두 달이 되는 것이다.

7) 두 증인의 증거

3절에 "내가 나의 두 증인에게 권세를 주리니 저희가 굵은 베옷을 입고 일천 이백 육십 일을 예언하리라"고 말한다. 두 증인은 여자적인 수가 아니고 증거의 수이다. 1950년 이후에는 자기가 두 증인의 한 사람이라 자처하는 자가 있었다. 그러나 그것은 예언서에 대해 너무 무지하기 때문에 일어난 일들일 뿐이다. 그 후 그는 하나님을 저주하고 죽었다. 얼마나 가련한가! 마가복음 6:7에 "열 두 제자를 부르사 둘씩 둘씩 보내시며 더러운 귀신을 제어하는 권세를 주시고"라 했고 누가복음 10:1에는 "이 후에 주께서 달리 칠십 인을 세우사 친히 가시려는 각동 각처로 둘씩 앞서 보내시며"라고 한다. 요한복음 8:17-18에도 "너희 율법에도 두 사람의 증거가 참되다 기록하였으니 내가 나를 위하여 증거하는 자가 되고 나를 보내신 아버지도 나를 위하여 증거하시느니라"고 말한다. 그 수가 얼마가 되든지 두 증인의 수에 포함되는 것이다. 더욱이 확실한 것은 두 증인이 증거를 마칠 때 무저갱으로부터 올라오는 짐승이 저희로 더불어 전쟁을 일으켜 저희를 이기고 저희를 죽일터인즉 저희 시체가 큰 성 길에 있으리라고 한다.

9절에 "백성들과 족속과 방언과 나라 중에서 사람들이 그 시체를 사흘 반 동안을 목도하며 무덤에 장사하지 못하게 하리로다"라고 말한다.

역사적인 두 증인이라 한다면 전 세계를 뜻하는 백성들과 족속과 방언과 나라라 말할 수 있겠는가! 고로 이 두 증인은 전 삼년반 증거의 사명을 받은 모든 사람들을 포함한다. 이 두 증인은 모세와 엘리야도 아니다. 그들이 행하였던 표적들이 나타난다 하여 쉽게 모세와 엘리야라 하나 주님께서 두 증인에게 그런 권세를 주신다고 말씀하셨다. 사람들은 실력 있는 자, 자격 있는 자, 능력 있는 자를 택하여 어떤 직책을 맡긴다. 그러나 하나님께서는 무능한 자, 능력 없는 자, 무식한 자, 약한 자를 택하셔서 사명을 맡기신다.

왜 그러신가! 주님께서는 하실 수 있는 권세와 능력을 주시는 분이시기에 가능한 것이다. 권세와 능력을 위로부터 주신다면 무슨 일이든 못하겠는가! 만일 모세와 엘리야 두 사람으로 본다면 시체가 백성들과 족속과 방언과 나라중에서 사람들이 목도하며라는 말은 어떻게 해석할 것이가!

8) 굵은 베옷을 입고 예언함

3절은 "내가 나의 두 증인에게 권세를 주리니 저희가 굵은 베옷을 입고 일천 이백 육십 일을 예언하리라"고 말한다. 두 증인의 예언은 신약 교회가 복음을 증거하는 것을 말하는 것이 아니다. 한 이레의 전반기 삼년반의(한때 두때 반때, 일년 이년 반년, 1,260일) 예언을 말한다. 십자가 사건 이 후 복음 전파는 예언이라기 보다는 십자가 사건과 부활을 비롯하여 하나님의 어떠 어떠하심을 선포하는 것이라 함이 더 타당할 것 같다.

요한계시록 10:11에는 "저가 내게 말하기를 네가 많은 백성과 나라와 방언과 임금에게(일본어 성경에는 '대하여'로 번역됨) 다시 예언하여야 하리라 하더라"고 말한다. 이 시점은 칠년 대 환난의 전 삼년반 기간이다. 많은 거짓 선지자가 일어나 이적과 표적을 행하므로 믿는 이들을 현혹하며 적그리스도 짐승에게 경배하며 이마에나 오른손에 표(666)를 받게 할 것이다. 그들은 심지어 사람 앞에서 하늘로부터 불이 내려오게 하고 칼에 상하였다가 살아난 짐승을 위하여 우상을 만들라고 할 것이다. 또 적그리스도 우상에게 경배하지 않는 자는 몇이든지 죽이게 할 것이며 누구든지 짐승의 이름의 표를 받지 아니하는 자는 매매를 못하게 할 것이며 생활하는데 어려움이 있을 것이다. 심지어는 적그리스도 형상을 만들어 그 우상에게 생기를 부어 말하게 할 것이며 이 거짓 선지자는 새끼 양(어린양) 같이 생겼으나 말은 용처럼 말할 것이다. 믿는 이들은 확실한 말씀 위에 서서 순교하는 경우에 이를지라도 짐승에게 절하지도 말고 표를 받지 말아야 한다. 표를 받는 사람은 세세토록 괴로움을 면치 못할 것이며 유황불 붙는 못에 들어가게 될 것이다. 인내로써 영혼 구원을 받는다고 말하고 있다. 거짓 선지자는 새끼양 곧 어린양 같이 생겼으니 미혹되기 쉽다. 신명기 13:1-3은 이렇게 말한다. "너희 중에 선지자나 꿈꾸는 자가 일어나서 이적과 기사를 네게 보이고 네게 말하기를 네가 본래 알지 못하던 다른 신들을 우리가 좇아 섬기자 하며 이적과 기사가 그말대로 이룰지라도 너는 그 선지자나 꿈꾸는 자의 말을 청종하지 말라이는 너희 하나님 여호와께서 너희가 마음을 다하고 성품을 다하여 너희하나님 여호와를 사랑하는 여부를 알려 하사 너희를 시험하심이니라"고말한다.

칠년 대 환난은 시험의 때이기도 하다. 당신은 지금 내가 성전인가 제단인가 그 가운데서 하나님을 경배하는 자인가 아니면 성전밖 마당만 밟고 있는자가 아닌가! 확증해 보라. 고린도후서 13:5에는 이렇게 말한다. "너희가 믿음에 있는가 너희 자신을 시험하고 너희 자신을 확증하라예수 그리스도께서 너희 안에 계신 줄을 너희가 스스로 알지 못하느냐그렇지 않으면 너희가 버리운 자니라"고 말한다. 고린도전서 3:16은 "너희가 하나님의 성전인 것과 하나님의 성령이 너희 안에 거하시는 것을알지 못하느뇨"라고 말한다. 예수 그리스도께서는 십자가에 죽으시고 장사 지낸 바 되었다가 삼일만에 다시 부활하시어 아버지께 성령을 받아서믿는 사람에게 부어 주셨다. 그 영은 양자의 영이며 하나님을 아바아버지라 부르게 된 것이다. 믿는 이들은 이 성령을 힘입어 사는 것이다. 모세의 율법도 지키지 못했던 자에게 더 높여진 자유의 율법을 주시면 어떻게 지킬 수 있겠는가! 율법은 하나님의 요구이다. 하나님은 그 요구를행하시는데 하등의 어려움이 없으시다.

우리 안에 거하시는 성령께서 하나님의 요구를 기꺼이 행하실 것이다.그리하여 믿는 이들은 그리스도의 향기요 편지요 그리스도의 표현이 되는 것이다. 이상의 말들은 요한계시록 12:5, 14의 1,260일 또는 한때두때 반때의 양육이 되는 것이다. 충분한 말씀의 양육을 받는 성도들은후 삼년반의 혹독한 환난에도 능히 승리하게 될 것이다. 그렇다면 이 세상은 어떻게 될 것인가? 분명 하나님의 공의가 설 것이다. 데살로니가후서 1:6-8은 이렇게 말한다. "너희로 환난 받게 하는 자들에게는 환난으로 갚으시고 환난 받는 너희에게는 우리와 함께 안식으로 갚으시는 것이 하나님의 공의시니 주 예수께서 저의 능력의 천사들과 함께 하늘로부터 불꽃 중에 나타나실 때에 하나님을 모르는 자들과 우리 주 예수의 복음을 복종치 않는 자들에게 형벌을 주시리니"라고 말하고 있다. 적그리스도가 많은 사람으로 더불어 한 이레 동안의 언약을 굳게 정하고 마음이 변하여 이레의 절반에 그 언약을 일방적으로 파기하며 제사와 예물을 금지하며(예배행위를 금지케 함) 미운 물건이 날개를 의지하여 설 것이다.

그 때 예루살렘은 42달(후삼년반) 짓밟힐 것이다. 모든 나라들이 적그리스도의 출현을 기이히 여길 것이며 모든 나라들이 이 짐승을 따르게 된다. 그가 권세를 받아 성도와 싸워 이기게 되고 나라와 족속과 백성과 방언들을 다스릴 권세를 부리게 될 것이다. 이 짐승은 오래 가지 못한다. 마태복음 24:21-22에 "이는 그 때에 큰 환난이 있겠음이라 창세로부터 지금까지 이런 환난이 없었고 후에도 없으리라 그 날들을 감하지 아니할 것이면 모든 육체가 구원을 얻지 못할 것이나 그러나 택하신 자들을 위하여 그 날들을 감하시리라"고 말한다. 불과 삼년반 시험의 때가 지나면 아마겟돈 전쟁으로 적그리스도와 거짓 선지자는 산 채로 유황불 붙는 못에 들어가고 천년 왕국이 시작되는 것이다. 이 두 증인이 베옷을 입고 예언하는 것은 슬픔의 상징이다(삼하 3:31). 이는 적그리스도와 그의 추종자들이 어떻게 역사하며 하나님 뜻을 이루고 심판 받을 것을 예언하게 된다.

9) 두 감람 나무와 두 촛대 그 입에서 불이 나서 원수를 소멸함

4절에 "이는 이 땅의 주 앞에 섰는 두 감람 나무와 두 촛대니"라고 말한다. 스가랴 4:14에 "가로되 이는 기름 발리운 자 둘이니 온 세상의 주

앞에 모셔 섰는 자니라"고 말한다. 앞에서 말한 바 있지만 두 수는 증거 수요 여자적 수가 아니다. 두 감람 나무는 스가랴 4:14의 기름 발리운 자들이다. 온 세상의 주 앞에 모셔 섰느니라고 말한다. 주님께서 부활하셔서 40일간 하나님 나라 일들을 말씀하시고 사도들에게 분부하여 가라사대 예루살렘을 떠나지 말고 내게 들은 바 아버지의 약속하신 것을 기다리라 요한은 물로 세례를 베풀었으나 너희는 몇 날이 못되어 성령으로 세례를 받으리라고 말씀하셨다. 또 8절에 "오직 성령이 너희에게 임하시면 너희가 권능을 받고 예루살렘과 온 유대와 사마리아와 땅 끝까지 이르러 내 증인이 되리라"고 말씀하셨다. 여기 두 증인도 이와 같이 기름 발리움을 받아야 이 사명을 다할 수 있게 되는 것이다.

5절에는 "만일 누구든지 저희를 해하고자 한즉 저희 입에서 불이 나서 그 원수를 소멸할지니 누구든지 해하려 하면 반드시 이와 같이 죽임을 당하리라"고 말한다. 불이 나는 것은 예레미야 5:14에 "그러므로 만군의 하나님 여호와가 이 같이 말하노라 그들이 이 말을 하였은즉 볼지어다 내가 네 입에 있는 나의 말로 불이 되게 하고 이 백성으로 나무가 되게 하리니 그 불이 그들을 사르리라"고 말한다. 이스라엘 왕 아하시야가 사마리아에 있는 그 다락 난간에서 떨어져 병들매 사자를 보내어 가서 에그론의 신 바알세붑에게 이 병이 낫겠나 물어보라 하였다. 그들이 가다가 엘리야를 만나 고하기를 여호와의 말씀에 이스라엘의 하나님이 없어서 에그론의 신 바알세붑에게 물으려고 보내느냐 그러므로 네가 올라간 침상에서 내려오지 못하고 반드시 죽으리라고 말한다. 이 말을 아하시야에게 말하매 그 말한 사람의 모양이 어떠하더냐 묻고 그는 디셉사람 엘리야인줄 알고 "이에 오십부장과 그 오십 인을 엘리야에게로 보내매 저가 엘리야에게로 올라가서 본즉 산꼭대기에 앉았는지라 저가 엘리야에게 이르되 하나님의 사람이여 왕의 말씀이 내려오라 하셨나이다 엘리야가 오십부장에게 대답하여 가로되 내가 만일 하나님의 사람이면 불이 하늘에서 내려와서 너와 너의 오십 인을 사를지로다 하매 불이 곧 하늘에서 내려와서 저와 그 오십 인을 살랐더라"(왕하 1:9-10). 이와 같이 두 증인도 하나님의 예언의 말씀을 증거할 때 누구든지 그를 해하려 하면 불이 나서 죽임을 당하게 되기 때문에 그 핍박과 환난 중에도 지키심을 받아 사명을 다하게 되는 것이다. 이것은 영적인 죽음이 아니고 실제적인 죽음을 말하고 있는 것이다.

10) 두 증인의 순교(후삼년반)

7절은 "저희가 그 증거를 마칠 때에 무저갱으로부터 올라오는 짐승이 저희로 더불어 전쟁을 일으켜 저희를 이기고 저희를 죽일 터인즉"라고 말한다. 두 증인은 드디어 자기 사명인 백성과 족속과 방언과 나라에 대한 예언과 성도들의 양육을 다 마치었다. 사명을 다한 것이다. 세례 요한도 예수의 증거를 다 마치매 헤롯에게 목베임을 당하였다. 두 증인도 자기 사명을 다하니 입에서 불이 나서 원수들을 소멸하는 능력의 역사가 나타나지 않는 것이다. 그렇기 때문에 그들은 순교를 당하게 되는 것이다. 『무저갱』의 뜻은 못, 숲, 한 없는 지옥, 한 없는 바다라는 뜻이다. 이 때 적그리스도는 언약을 일방적으로 파기하고 이레의 절반에 제사와 예물을 금지할 것이다. 요한계시록 12:15-17에는 이렇게 말한다. "여자의 뒤에서 뱀이 그 입으로 물을 강 같이 토하여 여자를 물에 떠내려 가게 하려 하되 땅이 여자를 도와 그 입을 벌려 용의 입에서 토한 강물을 삼키니 용이 여자에게 분노하여 돌아가서 그 여자의 남은 자손 곧 하나님의 계명을 지키며 예수의 증거를 가진 자들로 더불어 싸우려고 바다 모래 위에 섰더라"고 말한다. 이는 전 삼년반의 상황인데 거짓 선지자의 거짓 유혹이 극심한 것을 가리킨 것이다.

물은 하나님의 말씀인데 용이 토한 물은 거짓된 미혹을 위한 것이다.

두 증인이 그것을 무효화시킨 것이다. 그렇기 때문에 여자에게 분노하여 돌아가서 여자의 남은 자손 곧 하나님의 계명을 지키며 예수의 증거를 받은 자들로 더불어 싸우려 하여 바다 모래 곧 열국들 위에 선 것이다. 용이 바다 모래 위에 서니 바다(세상)에서 일곱 머리 열 뿔 가진 적그리스도 짐승이 올라오는 것이다. 두 증인들은 후삼년반 악랄한 환난의 때에 순교를 당한다. 11장에서는 짐승에 대한 잔혹성은 보이지 않는다. 13장에 가서 자세하게 기록되어 있다. 짐승이 두 증인과 싸워서 저희를 이긴다고 하였다. 그러나 순교 당하는 것은 승리 중에서 참 승리인 것이다.

두려워 말라! 주님은 환난 당하는 자의 영광을 이렇게 말씀하신다. 롬 8:18에 "생각건대 현재의 고난은 장차 우리에게 나타날 영광과 족히 비교할 수 없도다"라고 말하며 "그 나라를 위하여 너희가 또한 고난을 받느니라"(살후 1:5)고 말하였고 "무릇 그리스도 예수 안에서 경건하게 살고자 하는 자는 핍박을 받으리라"(딤후 3:12) 하였고 "그리스도를 위하여 너희에게 은혜를 주신 것은 다만 그를 믿을 뿐 아니라 또한 그를 위하여 고난도 받게 하심이라"(빌 1:29)고 말하였다. "우리의 잠시 받는 환난의 경한 것이 지극히 크고 영원한 영광의 중한 것을 우리에게 이루게 함이니"(고후 4:17)라고 말한다.

과거에는 계시록을 제대로 이해하지 못하여 칠년 대 환난 일기전에 나는 가노라고 찬송도 불렀다. 전혀 틀린 것은 아니다. 처음 익은 열매의 한 단에 해당되는 성도들은 환난 전에 하나님 성전으로 가져가기 때문이다. 그러나 대부분의 곡식으로 상징된 성도들은 후삼년반에 들어가서 성숙이 되는 것이다.

처음 익은 열매로 들림 받고자 한다면 한 가지 조건이 있다. 그것은 자신이 빨리 성숙하는 것이다.

11) 두 증인의 시체

8절에 "저희 시체가 큰 성 길에 있으리니 그 성은 영적으로 하면 소돔이라고도 하고 애굽이라고도 하니 곧 저희 주께서 십자가에 못 박히신 곳이니라"고 말한다. 큰 성을 예루살렘이라 하며 두 증인을 모세와 엘리야 두 사람으로 보는 이들도 있다. 그러나 9절에 두 증인의 시체가 온 세상을 뜻하는 백성들과 족속과 방언과 나라 중에서 사흘 반(후삼년반) 동안 목도한다고 하였으니 큰 성은 예루살렘이 될 수 없고 두 증인도 여자적인 두 사람이 아니다. 만일에 여자적인 두 사람이라 한다면 백성들과 족속과 방언과 나라 중이란 말을 사용할 수가 없다는 것이다. 적그리스도는 백성들과 족속과 방언과 나라를 다스리는 권세를 받으니(계 13:7) 큰 성도 바벨론이 되는 것이다.

이 시점의 상황은 두 증인이 전삼년반(1,260일, 한때 두때 반때)의 증거를 마치며 적그리스도 짐승은 유브라데 강 전쟁에서 승리하며 온 세상이 짐승을 보고 놀라며 누가 이 짐승과 비하며 그로 더불어 싸우리요 하며 짐승이 큰 말과 참람된 말을 하는 입을 받고 마흔 두 달 일할 권세를 받으며 짐승이 입을 벌려 하나님을 향하여 훼방하고 각 족속과 백성과 방언과 나라를 다스리는 권세를 받아 자기를 위하여 우상을 만들어 그 우상에게 경배하게 하고 그 우상에게 경배하지 않는 자 또는 짐승의 이름의 표인 『666』을 받지 않는 자는 남녀노유 모두 다 죽인다. 또 열 뿔인 그 짐승의 위성국들은 일심으로 자기의 권세와 능력을 다 짐승에게 주며 하나님 말씀이 응하기까지 하게 된다. 또 그 뿐인가! 땅에서 올라온 짐승 곧 거짓 선지자들이 표적과 기사와 능력을 행하며 믿는 사람들을 현혹하여 짐승에게 경배하며 그 이름의 표인 『666』을 오른손이나 이마에 받게 한다. 이 표를 받지 않는 자는 몇이든지 죽이는 상황이다. 이 때 죽임을 당하는 사람들의 시체가 예루살렘에만 있겠는가! 두 증인의 시체를 백성들과 족속과 방언과 나라중에서 삼일반을 목도하기 때문에 그 큰 성은 적그리스도화 된 바벨론을 가리키며 성 길은 많은 사람들이 왕래하는 거리를 말한다. 삼일반은 후삼년반의 1년을 1일로 환산한 날수이다.

"두 증인이 삼년반 동안 땅에 거하는 자들을 괴롭게 한고로 땅에 거하는 자들이 저희의 죽음을 즐거워하고 기뻐하여 서로 예물을 보내리라"고 한다. "이들의 시체가 영적으로 하면 소돔과 애굽이라 하는 것과 저희 주께서 십자가에 못박히신 곳이니라"고 한 것은 소돔은 음란과 강포가 절정에 이른 성이며 의인 열 명을 찾아도 찾을 수 없었던 곳이며 롯이 소돔에서 나올 때 유황불이 내려 멸망 당한 성이요 애굽은 이스라엘의 번식을 막기 위해 남자 곧 씨가 있는 자를 낳거든 산파를 통해 또는 애굽 신민을 통해 나일강 하수에 버림으로 하나님의 백성들의 씨를 말리려는 포악한 성이요 저희 주께서 십자가에 못 박힌 곳은 성밖 골고다 언덕인데 유대교의 종교와 이방인이 함께 꾀하여 하나님의 기름 부으신 거룩하신 자를 십자가에 못 박았던 곳이다. 곧 거짓 선지자(종교)와 이방인(적그리스도)들이 합세하여 적그리스도가 지배하는 곳마다 그의 시체가 삼일반 동안 버려진다는 의미이다.

12) 두 증인의 승천

11-12절에 "삼 일 반 후에 하나님께로부터 생기가 저희 속에 들어가매 저희가 발로 일어서니 구경하는 자들이 크게 두려워하더라 하늘로부터 큰 음성이 있어 이리로 올라오라 함을 저희가 듣고 구름을 타고 하늘로 올라가니 저희 원수들도 구경하더라" 두 증인의 부활과 승천은 데살로니가전서 4:16-17의 말씀과 고린도전서 15:51-52의 말씀과는 다르다. 왜 그러한가! 거기에는 아주 중요한 단어가 있다. 그것은 『마지막

나팔』이라는 단어인데 즉, 일곱째 나팔을 불매 죽은 자들이 썩지 아니
할 것으로 다시 살며 우리도 변화하리라고 말한다. 이것은 출애굽기
23:19, 레위기 23:10에 있는 곡식 추수시 처음 익은 한 단은 성전으로
가져가고 나머지는 전체가 익은 후에 거두어져 곳간에 넣는다. 이것은
예표이다. 하나님께서는 성도들의 추수도 이러한 이치하에서 이루신다.
두 증인은 이 시대에 있어서 처음 익은 열매인 것이다. 다만 마지막 증
거와 성도의 양육을 위하여 삼년반 증거를 마치고 순교 하였지만 전체
곡식 추수와 함께 거두지 않는 것은 그러한 사실 때문이다.

　전체 추수는 마지막 일곱째 나팔불 때(고전 15:51-52) 이루어지는
것이다. "보라 내가 너희에게 비밀을 말하노니 우리가 다 잠잘 것이 아니
요 마지막 나팔에 순식간 홀연히 다 변화하리니 나팔 소리가 나매 죽은
자들이 썩지 아니할 것으로 다시 살고 우리도(살아있는 성도) 변화하리
라"고 말한다. 그러므로 두 증인의 승천을 필자도 계시록을 연구하는 중
에 일곱째 나팔 불기 전 승천을 데살로니가전서 4:16-17의 승천으로
보자니 아직 일곱째 나팔은 불기 전인지라 많은 애로를 당했다. 그러나
하나님의 추수가 처음 익은 한 단의 추수와 후에 전체 곡식 추수와 분별
할 때 그 사실이 너무나 분명해졌다. 그러므로 두 증인의 추수는 먼저
거두고 전체 추수는 일곱째 나팔 분 후에 이루워지는 것이다.

　13) 큰 지진과 성 십분의 일이 무너짐

　13절에 "그 시에 큰 지진이 나서 성 십분의 일이 무너지고 지진에 죽
은 사람이 칠천이라 그 남은 자들이 두려워하여 영광을 하늘의 하나님께
돌리더라"고 말한다. 지진이나 칼, 기근, 온역, 땅의 짐승등 불의를 행하
고 하나님을 불순종하는 자들에게 내리는 하나님의 재앙이다. "민족이
민족을, 나라가 나라를 대적하여 일어나겠고 처처에 기근과 지진이 있으

리니 이 모든 것이 재난의 시작이니라"(마 24:7-8)고 말한다. 성 십분의 일이 무너지는 것은 적그리스도화된 바벨론을 말한다. 왜 그러한가! 두 증인의 시체가 큰 성 거리에 있으니 사람들이 백성들과 족속과 방언과 나라중에서 사흘반 동안 목도하는데 이것(백성, 족속, 방언, 나라)이 전 세계를 뜻하기 때문이다. 지진에 죽은 자가 칠천인 것은 여자적인 수가 아니요 7은 완전 수에다 1,000을 곱한 수이기에 많은 사람이 희생될 것을 뜻한다.

14절은 "둘째 화는 지나갔으나 보라 셋째 화가 속히 이르는도다"라고 말한다.

요한계시록 8:13에 "공중에 날아가는 독수리가 큰 소리로 이르되 땅에 거하는 자들에게 화, 화, 화가 있으리로다 이 외에도 세 천사의 불 나팔 소리를 인함이로다 하더라"고 말한다. 9장 황충이 군대 재앙이 첫째 화요 유브라데강 전쟁과 칠년 대 환난이 둘째 화요 일곱째 나팔 불고 일곱 대접 재앙이 셋째 화가 되는 것이다.

이 모든 것이 일곱인 재앙의 내용에 속한 것이다. 다시 말하거니와 둘째 화는 제 3차 세계 대전(유브라데 강)에서 승리한 국가들이 마지막 적그리스도가 되어 언약을 파기하고 제사와 예물(예배 행위)을 금지하며 짐승과 그의 우상을 경배케 하고 경배하지 않는 자는 몇이든지 죽인다. 이 때 순교자들의 수가 차게 되는 것이다. 이것이 둘째 화이다.

14) 일곱 천사의 나팔 불다

드디어 최후의 나팔인 일곱째 나팔을 불었다. 요한계시록 10:7-8에 힘 있는 천사가 만물을 "창조하신 이를 가리켜 맹세하여 가로되 지체하지 아니하리니 일곱째 천사가 소리 내는 날 그 나팔을 불게 될 때에 하나님의 비밀이 그 종 선지자들에게 전하신 복음과 같이 이루리라"고 말한다. 요한계시록 5:1에 일곱 인으로 봉한 인봉이 6장에서 여섯째 인까지 떼어지고 8장에 일곱째 인이 떼어지며 일곱 천사가 일곱 나팔을 받아 불게 되며 일곱째 나팔이 분 후에 일곱 천사가 일곱 대접을 가지고 나와 땅에 쏟는다. 즉, 일곱째 인은 일곱 나팔 재앙과 일곱 대접 재앙을 포함한 것이다. 여섯째 나팔 분 후 유브라데강의 전쟁(즉, 동서의 전쟁, 제 3차 세계 대전, 핵전쟁)이 일어나며 여기에서 승리한 짐승이 적그리스도가 되는 것이다. 이 때 땅에 거하는 모든 자를 시험할 때가 이르러 갈대 지팡이 곧 세상으로 성전에서 경배하는 자 제단에서 경배하는 자가 척량되는 것이다. 여섯째 나팔 재앙의 때는 두 가지 큰 사건이 일어난다. 첫째는 유브라데강 전쟁이요 둘째는 마지막 한 이레인 칠년 대 환난이 일어나서 종결된다. 이 과정을 성경은 둘째 화라고 한다. 요한계시록 11:14 "둘째 화는 지나 갔으나 보라 셋째 화가 속히 임하는도다"라고 말한다. 마지막 재앙인 셋째 화는 일곱째 나팔(마지막 나팔)을 분 후 일곱 대접 재앙을 포함한 여러 사건들이다. 그러면 그 여러 사건이란 무엇을 말하는가?

(1) 첫째, 세상 나라가 우리 주와 그리스도의 나라가 된다

예수님을 십자가에 못 박은 세상은 이 세상 임금인 사단이 잠시 지배하였다. 에베소서 6:12은 "우리의 씨름은 혈과 육에 대한 것이 아니요 정사와 권세와 이 어두움의 세상 주관자들과 하늘에 있는 악의 영들에게 대함이라"고 말한다. 요한복음 12:31에도 "이제 이 세상의 심판이 이르렀으니 이 세상 임금이 쫓겨나리라"고 하였고 시편 110:1에 "여호와께서 내 주에게 말씀하시기를 내가 네 원수로 네 발등상 되게 하기까지 너는 내 우편에 앉으라 하셨도다"라고 말한다. 하나님의 뜻이 온전히 이룰 때까지 하나님께서는 그를 잠시 묵인 하셨지만 이제는 다르다. 하나님의 모든 계획과 뜻이 완성되셨기에 이제는 주님께서 왕 노릇 하시며 통치하실 것이다. 하나님은 사단을 어두움의 세상 주관자라고 하였고 이 세상 임금이라고 말씀하셨다. 이 원수들을 발 아래 둘 때까지는 잠시 그 활동을 묵인하실 것이다. 그러나 이제는 주님께서 친히 다스리시며 왕 노릇 하실 것이다. 이것은 천년 왕국을 말하는 것이다. 요한계시록 20:4에 "예수의 증거와 하나님의 말씀을 인하여 목 베임을 받은 자의 영혼들과 또 짐승과 그의 우상에게 경배하지도 아니하고 이마와 손에 그의 표를 받지도 아니한 자들이 살아서 그리스도로 더불어 천 년 동안 왕 노릇 하니"라고 말한다.

(2) 일곱 대접 재앙 쏟음

하나님의 진노는 3단계로 분류할 수 있다. 제 1단계는 비교적 가벼운 칼과 기근과 사망(온역)과 땅의 짐승으로 벌하는 재앙이요(계 6:1-8) 제 2단계는 일곱 나팔 재앙이다. 첫째 나팔부터 넷째 나팔까지는 가벼운 것이지만 다섯째 나팔부터 일곱째 나팔까지는 가혹한 재앙들이다. 마지막 제 3단계는 일곱 대접 재앙으로 하나님의 진노가 절정에 이른 것이다. 일곱 대접을 땅에, 바다에, 물 근원에, 해에, 짐승의 보좌에, 유브라데 강에, 공기 가운데 쏟음으로 마치게 된다. 이 때 믿는 성도들은 다 추수되어 이 재앙을 겪지 않게 되는 것이다.

(3) 주의 진노가 임하여 죽은 자를 심판하시며

하나님의 진노가 어떤 때에 나타나는가! 로마서 1:18에는 "하나님의 진노가 불의로 진리를 막는 사람들의 모든 경건치 않음과 불의에 대하여 하늘로 좇아 나타나나니"라고 말하며 본문에는 이방들이 분노하매 주의 진노가 임한다고 그 원인을 말하고 있다. 시편 2:1-2에는 예수님 당시에도 "어찌하여 열방이 분노하며 민족들이 허사를 경영하는고 세상의 군왕들이 나서며 관원들이 서로 꾀하여 여호와와 그 기름 받은 자를 대적하며"라고 말하고 있다. 그렇다면 이 때 이방들이 분노한다는 것은 어떤 경우를 말하는가! 칠년 대 환난의 때에 제사와 예물 드리는 일을 금지하며 미운 물건이 날개를 의지하여 설 것이며 하나님 성전에 앉아 자기를 하나님이라 하고 하나님을 향하여 훼방하며 그 이름과 하늘에 거하는 자를 훼방하고 예수의 이름을 부르는 자를 죽이며 하나님의 노하심을 쌓은 중에 하나님의 진노가 임하여 죽은 자가 심판을 받은 것이다. 하나님의 보시기에는 예수의 생명을 가진 자 외에는 모두가 죽은 자인 것이다. 제1단계의 하나님의 진노 곧, 칼과 기근과 사망과 땅의 짐승을 비롯하여 일곱 나팔 재앙과 일곱 대접 재앙의 진노가 임하여 죽은 자를 자기의 행위대로 심판하신 것이다.

(4) 종 선지자들과 성도들과 주를 경외하는 모든 자에게 상 주심

믿는 이들이 하나님을 믿고 행하는 사소한 일에도 상급이 있다. 마태복음 10:40-42에 "너희를 영접하는 자는 나를 영접하는 것이요 나를 영접하는 자는 나 보내신 이를 영접하는 것이니라 선지자의 이름으로 선지자를 영접하는 자는 선지자의 상을 받을 것이요 의인의 이름으로 의인을 영접하는 자는 의인의 상을 받을 것이요 또 누구든지 제자의 이름으로 이 소자 중 하나에게 냉수 한 그릇이라도 주는 자는 내가 진실로 너희에게 이르노니 그 사람이 결단코 상을 잃지 아니하리라"고 말씀하신다. 이 상은 주님 다시 오실 때 신실한 자들에게 주어질 것이다. 선지자들과 성도들과 그를 경외하는 자들에 대한 심판은 그리스도의 심판대 앞에서 이루어 질 것이다.

고린도후서 5:10에는 "이는 우리가 다 반드시 그리스도의 심판대 앞에 드러나 각각 선악간에 그 몸으로 행한 것을 따라 받으려 함이라"고 말한다. 이 때의 심판은 구원 받았느냐 못받았느냐의 심판이 아니라 상급을 받을 자격이 있느냐 아니면 더 다루심을 받아야 할 것인지를 결정하는 심판일 것이다. 일곱째 나팔이 불게 되면 고린도전서 15:51-52의 말씀과 같이 "보라 내가 너희에게 비밀을 말하노니 우리가 다 잠잘 것이 아니요 마지막 나팔에 순식간에 홀연히 다 변화하리니 나팔 소리가 나매 죽은 자들이 썩지 아니할 것으로 다시 살고 우리도 변화하리라"고 말한다. 일곱째 나팔은 칠년 대 환난이 모두 끝난 후에 불게 되며 하나님의 모든 경륜이 끝나는 때이다. 어떤 목사는 대부분의 성도가 칠년 대 환난을 통과하게 된다고 말하니 우리 죄를 위해 피까지 흘려 주신 이가 믿는 이들로 환난을 겪게 하는 것은 하나님의 사랑이 아니라고 말했다. 그 목사 뿐 아니라 적지 않은 주석가들도 칠년 대 환난이 일기 전에 나는 가노라 하고 찬송도 부르며 가르쳐 왔다. 이것은 완전히 틀린 것이다.

요한계시록 13:7에 "또 권세를 받아 성도들과 싸워 이기게 되고"라고 말한다. 이 때 요한계시록 6:11에는 다섯째 인을 떼실 때에 제단 아래 영혼들에게 "아직 잠시 동안 쉬되 저희 동무 종들과 형제들도 자기처럼 죽임을 받아 그 수가 차기까지 기다리라"고 말한다. 이 때 비로소 순교자의 수가 차는 것이다. 칠년 대 환난은 온 땅에 거하는 모든 사람들을 시험할 때이다. 이 시험의 때를 거치면 누가 하나님의 성전이며 제단이며 그 가운데서 경배하게 되는 것을 알게 될 것이다. 요한계시록 3:10에 "네가 나의 인내의 말씀을 지켰은즉 내가 또한 너를 지키어 시험의 때를 면하게 하리니 이는 장차 온 세상에 임하여 땅에 거하는 자들을 시험할 때라"고 말한다.

(5) 땅을 망하게 하는 자들을 멸망시킬 때임

18절 후반절에 "또 땅을 망하게 하는 자들을 멸망시키실 때로소이다"라고 말한다. 그러면 땅을 망하게 하는 자들은 누구일까?

① 바벨론이다

요한계시록 17:1-2에 "또 일곱 대접을 가진 일곱 천사 중 하나가 와서 내게 말하여 가로되 이리 오라 많은 물 위에 앉은 큰 음녀의 받을 심판을 네게 보이리라 땅의 임금들도 그로 더불어 음행하였고 땅에 거하는 자들도 그 음행의 포도주에 취하였다"라고 말한다. 또 요한계시록 18:2은 "힘 센 음성으로 외쳐 가로되 무너졌도다 무너졌도다 큰 성 바벨론이여"라고 말하며 그 음행의 포도주를 인하여 만국이 무너졌다고 말한다. 그 음행과 사치의 세력을 인하여 치부할 때는 세상을 다 내가 취한 것 같아 잠시는 기뻤으리라. 그러나 그의 종말을 모르고 질주하는 것은 마치 자동차가 인화성 물질을 가득 싣고 불 속으로 뛰어 들어가는 것과 같은 것이다.

② 짐승과 거짓 선지자

짐승과 거짓 선지자는 합동하여 마치 헤롯과 빌라도가 이방인과 이스라엘 백성과 합동하여 하나님의 기름 부으신 거룩한 종 예수를 거스려 행하듯 하나님의 교회와 성도들을 잔멸하려 하였다(행 4:27). 특히 한 이레 동안의 환난 기간에 자기의 형상을 만들어 사람들로 절하게 하고 절하지 아니하거나 짐승의 이름의 표(666)를 이마에나 오른손에 받지 아니하면 남녀노유 막론하고 몇이든지 죽였다. 하나님은 이를 보응하신 것이다. 여섯째 대접을 유브라데 강에 쏟을 때 강물이 말라서 동방에서 오는 왕들의 길이 예비되어 므깃도 즉 아마겟돈 이라고 하는 곳으로 모아 어린양과 그와 함께한 이기는 성도들과 함께 아마겟돈 전쟁이 시작되는 것이다. 요한계시록 9장의 유브라데 강 전쟁에는 국가와 국가들의 싸움이었지만 아마겟돈 전쟁은 짐승과 그의 앞에서 이적을 행하였던 거짓 선지자와 어린양과 그 군대로 더불어 싸우는 것이다. 전쟁을 시작하자마자 짐승과 거짓 선지자가 잡혀서 산 채로 유황불 붙는 못에 던지우게 된다. 짐승과 거짓 선지자는 최초로 유황불 붙는 못에 들어가는 자가 되는 것이다. 그 나머지는 말 탄 자의 입에서 나오는 검에 죽으매 모든 새가 그 고기로 배불리우더라고 말한다(계 19:30-31).

③ 사단(마귀)

요한계시록 12:7에 하늘에 전쟁이 있으니 미가엘과 그의 사자들이 용으로 더불어 싸울새 이기지 못하여 땅으로 내어 쫓긴다. 용은 자기가 땅으로 내어 쫓긴 것을 보고 남자를 낳은 여자를 핍박하였지만 그것도 여의치 못하였다. 그래서 칠년 대 환난기간 동안 최후로 역사하다가 천년왕국때 무저갱에 갇히게 되며 천년 후에 나와 곡과 마곡을 미혹하다 잡혀 유황불 붙는 못에 던지우게 된다. 사단은 두 번째로 유황불 붙는 못에 들어가는 자가 될 것이다. 그래서 우주 가운데 모든 악의 세력들은 깨끗이 청소되는 것이다.

9. 제5의 중간 계시(사단과 교회 - 12:1-18)

계시록 11장은 다니엘 9:27에 한 이레 동안의 언약을 많은 사람들과 세우고 그 이레의 절반에 제사와 예물을 금지할 것이며 또 잔포하여 미운 물건이 날개를 의지하여 설 것이며라고 요한계시록 11:1-13절 까지를 말하고 있다. 다시 말하면 칠년 대 환난을 말하고 있는 것이다. 1-6절 까지는 전삼년반(1,260일, 한때 두때 반때, 일년 이년 반년)을 말하고 7-13절 까지는 제사와 예물을 금지한 가혹한 후삼년반(42달, 단 12장의 1,290일)을 말하고 있는 것이다.

요한계시록 11:1-6은 전삼년반의 예언을 말하고 있으며 요한계시록 12장은 전삼년반의 교회의 양육면을 말하고 있다(계 12:13-17). 후삼년반의 상황이 너무나 가혹하기 때문에 두 증인으로 하여금 주의 백성을 위하여 전삼년반 예언과 양육으로 당당히 후삼년반의 환난을 승리하도록 하기 위함이다. 적그리스도 짐승이 자기를 위하여 우상을 만들어 자기와 우상에게 절하게 하고 절하지 아니하면 몇이든지 죽인다. 또 짐승의 이름의 표를 이마에나 오른손에 받게 하고 받지 아니하는 자는 매매들을 못하게 한다. 모든 사람들이 거기에 굴복할지라도 하나님의 백성들은 굴복하지 아니하고 신앙의 정절을 지킬 것이므로 짐승의 분노가 하늘에 닿을 것이다.

요한계시록 12:1-2절 까지에 하늘에 빛나는 여자가 아이를 잉태하여 해산 고통을 당하고 있는 와중에 일곱 머리 열 뿔 가진 붉은 용이 그 여자가 해산하면 그 아이를 삼키기 위하여 여자의 앞에서 대기하고 있었다. 여자가 아이를 낳았는데 장차 만국을 다스릴 남자라 그 아이를 하나님 앞과 그 보좌 앞으로 올려갔다. 용의 그 계획이 무위로 돌아가고 말았다. 여자는 광야로 도망하여 거기서 일천 이백 육십 일 양육 받기 위하여 하나님의 예비하신 곳이 있더라고 말한다.

바로 그 시에 하늘에 전쟁이 있으니 미가엘과 그 사자들이 용으로 더불어 싸울새 용과 그 사자들도 싸우나 이기지 못하여 땅으로 내어 쫓긴다. 이에 하늘에서 큰 음성이 있어 가로되 이제 우리 하나님의 구원과 능력과 나라와 또 그의 그리스도의 권세가 이루었으니 우리 형제들을 참소하던 자 곧 우리 하나님 앞에서 밤낮 참소하던 자가 쫓겨났고 여러 형제가 어린양의 피와 자기의 증거하는 말을 인하여 저를 이기었으니 그들은 죽기까지 자기 생명을 아끼지 아니하였도다.

그러므로 하늘과 그 가운데 거하는 자들은 즐거워하라 그러나 땅과 바다는 화있을진저 이는 마귀가 자기의 때가 얼마 못된 줄을 알므로 크게 분내어 너희에게 내려갔음이라고 말한다. 그 후에 바로 전삼년반이 시작되는 것이다. 그러므로 계시록 12장은 전 삼년반 직전에 여자가 해산한 남자 아이의 휴거와 미가엘과 용과의 싸움에서 성도들이 휴거를 예비하기 위하여 공중권세 잡은 용을 추방하는 사건과 남자를 낳은 여자의 한때 두때 반때의 전 삼년반 양육등이 기록되어 있다.

1) 빛나는 영광스러운 교회

남편과 아내는 그리스도와 교회에 대한 그림자이다. 에베소서 5:22-32절 까지는 남편과 아내에 대하여 말하고 있다. "아내들이여 자기 남편에게 복종하기를 주께 하듯 하라 이는 남편이 아내의 머리 됨이 그리스도께서 교회의 머리 됨과 같음이니 그가 친히 몸의 구주시니라 그러나 교회가 그리스도에게 하듯 아내들도 범사에 그 남편에게 복종할지니라 남편들아 아내 사랑하기를 그리스도께서 교회를 사랑하시고 위하여 자신을 주심 같이 하라 이는 곧 물로 씻어 말씀으로 깨끗하게 하사 거룩하게 하시고 자기 앞에 영광스러운 교회로 세우사 티나 주름 잡힌 것이나 이런 것들이 없이 거룩하고 흠이 없게 하려 하심이니라 이와 같이 남편들도 자기 아내 사랑하기를 제 몸 같이 할지니 자기 아내를 사랑하는 자는 자기를 사랑하는 것이라 누구든지 언제든지 제 육체를 미워하지 않고 오직 양육하여 보호하기를 그리스도께서 교회를 보양함과 같이 하나니 우리는 그 몸의 지체임이니라 이러므로 사람이 부모를 떠나 그 아내와 합하여 그 둘이 한 육체가 될지니 이 비밀이 크도다 내가 그리스도와 교회에 대하여 말하노라"고 말한다. 교회에 대한 진정한 답을 얻으려면 창세기 2장으로 가야 한다. 아담이 독처하는 것이 좋지 못하여 아담을 깊이 잠들게 하시고 옆구리에서 갈빗대 하나를 취하여 살로 대신 채우시고 그 취하신 갈빗대로 하와 곧 여자를 만드시고 그를 아담에게로 이끌어 오시니 아담이 가로되 이는 내 뼈중의 뼈요 살중에 살이로다 이것을 남자에게서 취하였은즉 여자라 칭하리라고 말한다. 하나님은 창세 전에 그리스도 안에서 우리를 택하셨다. 인간을 창조하실 때 무의미하게 창조하신 것이 아니라 영원하신 뜻과 계획이 있으셨다. 아담은 그리스도의 그림자요 그 아내 하와는 교회의 그림자이다. 아담이 깊이 잠들어 갈빗대를 취하심 같이 그리스도께서 십자가에 죽으심(잠들다)으로 그 피로 교회를 사신 것이다.

사도행전 20:28에 "너희는 자기를 위하여 또는 온 양떼를 위하여 삼가라 성령이 저들 가운데 너희로 감독자를 삼고 하나님이 자기 피로 사신 교회를 치게 하셨느니라"고 말한다. 진정한 의미에서 교회는 건물이 아니요 피로 구속받아 하나님의 아들이 되고 하나님의 백성이 되는 모든 사람들이 교회가 되는 것이다. 하나님을 믿는 이 한 사람 한 사람은 형식적인 신자가 아니라 진정한 의미에서 신자가 되어야 한다. "대저 표면적 유대인이 유대인이 아니요 표면적 육신의 할례가 할례가 아니라 오직 이면적 유대인이 유대인이며 할례는 마음에 할지니 신령에 있고 의문에 있지 아니한 것이라 그 칭찬이 사람에게서가 아니요 다만 하나님에게서니라"(롬 2:28-29)고 말한다.

모든 평가가 하나님으로 말미암아야 된다는 것이다. 사람들이 보기에는 틀림없는 믿는 자이나 하나님이 보시기에는 아닐 수도 있다는 것이다. 사람들이 교회 잘 출석하고 십일조를 잘하고 열심히 봉사하고 모든 면에서 흠 잡을 것이 없을지라도 참 믿는 자가 아닐 수도 있다는 것이다. 형식적인 그리스도인이 되지 말고 진정한 그리스도인이 되어 주님께서 인정하시고 칭찬하시는 신자가 되어야 한다. 교회의 좋은 직분을 이용하고 열심으로 신앙생활을 하는 것처럼 보이면서 이면에서는 갖은 탐심으로 가득 찬 불미지사들이 교회 안에서 얼마나 많이 일어나고 있는가? 이런 사람들이 모이는 곳과 공동체를 해를 옷 입고 달이 그 발 아래 있고 열 두 별로 만든 면류관을 쓰고 있는 빛나는 교회라 말할 수 있는가! 아니다. 너희는 세상의 소금이 되고 빛이 되고 산 위에 세운 성이 되라고 말씀하지 않았는가! 오히려 등경 위에서 온 방을 환하게 비추어야 할 교회들이 말 아래 있지 않는가! 얼마 전에 옷 로비 사건은 우리에게 이런 면을 보여 주는 확실한 실증이 되지 않았는가! 이제 믿는 이도 아니요 수 십년 신앙생활을 하였다는 사람들의 신앙 인격들이 이 정도인가? 이는 누구를 탓할 바가 아니라 한국 교회가 깊이 회개해야 할 부분이다. 그 동안 목회자들은 무엇을 했는가? 교인을 불리고 세를 확장하고 교인들을 빼 가는 야릇한 목회로 대형 교회를 짓고 목회 성공하였다고 자기 PR하며 소형 교회 목회자들은 대열에 끼어 주지도 않는 일들을 보거나 듣곤 할 때 목회자의 한 사람으로 책임을 크게 느끼면서도…

　스가랴 5:6-11절 까지는 이런 말씀이 기록되어 있다. 에바 속에 한 여인이 앉았는데 그 위에 납 조각을 에바 아구리에 덮고 학의 날개를 가진 두 여자가 그 에바를 천지 사이로 들었기로 이 에바를 어디로 옮겨가느냐 물으니 시날땅으로 가서 그를 위하여 집을 지으려 함이라 준공되면 그가 제 처소에 머물게 되리라고 말한다. 이것은 무엇을 말하고 있는가? 에바라는 것은 36.44ℓ가 담기는 도량형 즉, 곡식을 담는 말(斗)이다. 이 속에 여인이 앉아 있다. 이 여인은 교회를 말하는 것이다. 그 위에 독이 가득한 납 한 조각을 에바 아구리에 덮는다. 이는 교회가 물질 속에 꽉 잠기고 눌림이 되어 도저히 빠져 나올 수 없는 상황을 뜻한다. 이 에바를 학의 날개를 가진 두 여인이 천지 사이로 들어 시날땅으로 가 거기서 자기를 위하여 집을 짓고 준공되면 그가 제 처소에 머물게 되리라 두 여인은 증거의 두 사람으로 주의 종들을 상징한다. 시날땅은 바벨론의 시날땅이다. 즉 세상에 가서 자기를 위하여 집을 짓고 준공되면 제 처소에 거하는 것은 오늘날의 부패하고 탐심에 가득 찬 교회의 한 단면을 보여 주는 환상으로 보는 것이다. 믿는 신자들의 마음 가짐이 대단히 중요하다. 내 마음에 세상을 용납하고 그런 주의로 살아 간다면 그것은 말할 것 없이 세상인 것이다.

이 여인은 첫째 "해를 옷 입었다"고 한다. 실제로 해를 옷 입었다면 타 죽어야 할 것이다. 그 해는 무엇을 뜻하는가? 시편 84:11에 "여호와 하나님은 해요 방패시라"하며 누가복음 1:78-79에는 "이는 우리 하나님의 긍휼을 인함이라 이로써 돋는 해가 위로부터 우리에게 임하여 어두움과 죽음의 그늘에 앉은 자에게 비춰고 우리 발을 평강의 길로 인도하시리로다" 또 로마서 13:13-14에 "낮에와 같이 단정히 행하고 방탕과 술 취하지 말며 음란과 호색하지 말며 쟁투와 시기하지 말고 오직 주 예수 그리스도로 옷 입고 정욕을 위하여 육신의 일을 도모하지 말라"고 말한다. 이상의 세 구절의 말씀에서 하나님, 주 그리스도, 주 예수 그리스도를 옷 입음을 볼 수 있다. 해를 옷 입고 있는 이 여자는 예수 그리스도의 피로 구속받고 보혜사 성령을 마음속에 충만히 누리며 그의 인도하심을 따라 살아가며 말에나 행실에나 예수 그리스도로 충만히 적셔진 예수의 냄새가 물신 물신 풍기는 성도들을 상징하는 것이다.

둘째로 "달이 발 아래 있다"는 것은 무엇을 뜻하는가? 하나님이 두 큰 광명을 만드사 큰 광명으로 낮을 주관하라 하시고 작은 광명으로 밤을 주관하라 하신다. 밤을 주관하는 의미는 무엇일까? 에베소서에서는 이렇게 말한다. "우리의 씨름은 혈과 육에 대한 것이 아니요 정사와 권세와 이 어두움의 세상 주관자들과 하늘에 있는 악의 영들에게 대함이라"(엡 6:12)고 말한다. 또 데살로니가 교회에 보낸 편지 중에는 이런 말씀이 있다. "너희는 빛의 아들이요 낮의 아들이라 우리가 밤이나 어두움에 속하지 아니 하나니 그러므로 우리는 다른 이들과 같이 자지 말고 오직 깨어 근신할찌라 자는 자들은 밤에 자고 취하는 자들은 밤에 취하되"라고 말한다. 또 일어 성경에는 요한계시록 12:1 "그 발 아래 달이 있고"를 "발 아래에 달을 밟고"라 번역되어 있다. 그 말대로 적어 보겠다. 足の 下に 月を 踏み. 답자가 '밟을 답' 자이다. 사도들과 선지자들의 터 위에 세워진 교회라 보는 이들도 있으나 모든 말씀들이 같은 단어인데도 같은 뜻으로만 기록되지 않았다는 것이다.

예를 들면 누룩도 어떤 면에서는 부정적인 뜻으로 사용하는 경우가 있다. 바리새인의 누룩을 삼가라 곧 외식이니라 하며 갈라디아서 5:8-9에는 "그 권면이 너희를 부르신 이에게서 난 것이 아니라 적은 누룩이 온 덩이에 퍼지느니라"고 말한다. 그러나 긍정적인 면에서 사용하는 경우도 있다. "또 비유로 말씀하시되 천국은 마치 여자가 가루 서말 속에 갖다 넣어 전부 부풀게 한 누룩과 같으니라"(마 13:33)고 말한다. 이는 복음이 온 세상에 전파되어 많은 심령의 변화와 사회와 국가의 놀라운 변화를 가져올 것에 대한 비유이다. 발 아래 있다는 것은 어두움의 권세와 세력을 이기고 정복할 것을 뜻한다. 로마서 16:20 "평강의 하나님께서 속히 사단을 너희 발 아래서 상하게 하시리라"하시며 마태복음 22:44에는 "주께서 내 주께 이르시되 내가 네 원수를 네 발 아래 둘 때까지 내 우편에 앉았으라"고 말씀하셨고 시편 110:1에는 "여호와께서 내 주에게 말씀하시기를 내가 네 원수로 네 발등상 되게 하기까지 너는 내 우편에 앉으라"고 말한다. 빛나고 영광스런 교회의 달이 발 아래 있다는 것은 사단의 세력, 어두움의 세력을 정복하고 있다는 증거인 것이다. 우리들 자신들은 연약하다. 그러나 우리에게 이김을 주시는 하나님을 힘 입어 승리하게 되는 것이다.

셋째로 "열 두 별의 면류관"을 쓴 것은 무슨 뜻일까? 하나님께서는 아브라함에게 축복하실 때 내가 네게 큰 복을 주어 네 씨로 크게 성하여 하늘의 별과 같고 바닷가의 모래와 같게 하리니 네 씨가 그 대적의 문을 쳐서 얻으리라고 말한다. 요한계시록 1:20에 "네 본 것은 내 오른손에 일곱 별의 비밀과 일곱 금 촛대라 일곱 별은 일곱 교회의 사자요 일곱 촛대는 일곱 교회니라"고 말한다. 요셉의 꿈에서도 말한 바와 같이 우리가 밭에서 곡식을 묶더니 내 단은 일어서고 당신들의 단은 내 단을 둘러서서 절하더이다하며 두 번째 꿈에서 해와 달과 열 한 별이 내게 절하더이다(창 37:7-9)라고 말한다. 즉 믿는 모든 사람들을 대표한 열 두 족장들을 열 두 별로 상징하였고 신약 시대의 모든 믿는 이들을 총칭한 모든 성도들을 별로 상징했다는 것이다. 빛나고 영광스러운 교회가 별이 하늘에 있어서 첫째로 어두움을 환하게 비취며 둘째로 때가 어느 때인가를 알려 주며 셋째로 방향을 모르고 방황하는 모든 사람에게 동서남북을 확실히 알려주듯 인생들의 삶의 방향을 분명히 알려 준다는 것이다.

바울 사도는 빌립보 교회나 데살로니가 교회에 한 말과 같이 세상에서 별들로써 충실히 그 사명을 다한 성도를 향하여 "나의 사랑하고 사모하는 형제들, 나의 기쁨이요 면류관인 사랑하는 자들아 이와 같이 주 안에 서라"(빌 4:1)하며 "우리의 소망이나 기쁨이나 자랑의 면류관이 무엇이냐 그의 강림하실 때 우리 주 예수 앞에 너희가 아니냐 너희는 우리의 영광이요 기쁨이니라"(살전 2:19-20)고 말한다. 믿는 이들의 공동체에서 이상과 같은 성도들이 많이 배출된다는 것은 그 공동체의 기쁨이요 자랑의 면류관인 것이다. 우리들의 신앙이 하나님의 아들을 믿는 것과 아는 일에 하나가 되어 그리스도의 장성한 분량 안에 자라는 것은 교회의 열 두 면류관과 같은 것이다. 빛나고 영광스러운 교회를 믿는 이들의 일부분으로 생각지 말라. 이는 우주적인 이스라엘과 모든 이방인 중에서 부르심을 받고 구속받은 모든 사람들의 총칭인 것이다. 교회의 자산은 재물이 많은 것도 아니요 대형 교회도 아니요 성도들이 많은 것도 아니요 한 사람 한 사람이 그리스도화되어 영광으로 영광에 이르는 것이다.

2) 여자의 해산 고통

여자를 마리아, 사내 아이를 그리스도라 하는 자들도 있다. 계시록은 서론과 결론을 제외하고 요한계시록 1:19-20에 "그러므로 네 본 것과 이제 있는 일과 장차 될 일을 기록하라 네 본 것은 내 오른손에 일곱 별의 비밀과 일곱 금 촛대라 일곱 별은 일곱 교회의 사자요 일곱 촛대는 일곱 교회니라"라고 말한다. 네 본 것은 요한계시록 1:9-18의 예수님의 어떠하심이요 이제 있는 일은 요한계시록 2장과 3장의 일곱 교회에 대한 것이요 장차 될 일은 4장 이후부터 22장 5절 까지의 될 일들을 말하고 있다. 만일에 신·구약 교회가 그리스도를 출생하는 기록이라면 그리스도가 출생하여 십자가에 죽으시지 않고 그 어린 아이로 보좌 앞으로 올라 가셨단 말인가? 요한계시록은 주후 95년경에 기록된 것이다. 이 시점에서는 예수 그리스도는 출생하여 십자가의 구속을 이루시고 부활 승천하셔서 하나님의 보좌에서 일곱 인으로 봉인된 책을 하나 하나 떼시는 분이 아닌가? 일곱 인을 모두 떼고 모든 일이 대부분 끝이 나는 상황에서 예수님이 출생해서 다시 보좌 앞으로 올라가는 기록이란 말인가! 계시록을 좀 더 정확하게 알려면 이미 마음속에 새겨져 있는 기존의 것들이 지워져야 한다. 그리고 이 말씀이 뜻하는 하나님의 참 의도가 무엇인가를 이해하도록 노력해야 할 것이다. 이 사건들은 요한계시록 12:13-17절 까지의 전 삼년반(1,260일, 한때 두때 반때, 일년 이년 반년)에 교회가 양육을 받는 사건 직전에 일어난 일들이다. 왜 왔다 갔다 하는가?

　믿는 이들은 십자가의 구속으로 믿음으로 의롭다함을 받고 구원 받아 영생을 얻은 사람들이다. 그러나 누구도 몸의 구속은 아직 받지 못하였다. 로마서 8:23에 "이뿐 아니라 또한 우리 곧 성령의 처음 익은 열매를 받은 우리까지도 속으로 탄식하여 양자 될 것 곧 우리 몸의 구속을 기다리느니라"고 말한다. 그러면 언제 몸의 구속이 이루어지느냐? 마지막 나팔 소리가 나매 죽은 자들이 썩지 아니할 것으로 다시 살고 우리도 부활의 몸으로 변화될 것이다. 이 때가 몸의 구속을 받는 때이다. 성도들의 추수에 대하여 구약의 확실한 두 가지 그림이 있다. 그 하나는 출애굽기 23:19 첫 열매에 대한 그림이다. "너의 토지에서 처음 익은 열매의 첫 것을 가져다가 너의 하나님 여호와의 전에 드릴지니라"고 말한다. 레위기 23:10에서도 "너희의 곡물을 거둘 때에 위선 너희의 곡물의 첫 이삭 한 단을 제사장에게로 가져갈 것이요 제사장은 너희를 위하여 그 단을 여호와 앞에 열납 되도록 흔들되 안식일 이튿날에 흔들 것이며"라고 말한다.

　이와 같이 성도들의 추수도 확실한 그림과 같이 이루시는 것이다. 이 사실이 요한계시록 14:1-5에 있는 시온산에 선 십 사만 사 천 인이 처음 익은 열매인 것이다. 또 한 가지는 전체 덜 익은 곡식은 좀 더 기다렸다가 익은 후에 추수하여 곳간에 들이는 것이다. 이 사실이 요한계시록 14:14-16까지 낫을 대어 익은 곡식을 거두어 구름 위로 거두어지게 된다. 데살로니가전서 4:16-17과 고린도전서 15:51-52의 마지막 나팔 소리가 나매 죽은 자가 썩지 아니할 것으로 다시 살고, 살아 있는 성도들도 홀연히 변화하여 부활의 몸으로 공중으로 들림 받는 것이다. 본문에 여자가 아이를 배어 해산하게 되매 아파서 애써 부르짖더라는 이 말씀을 여인이 아이를 낳는 그것으로만 생각하지 말라. 그렇기 때문에 마리아가 예수님을 낳았다고 하는 잘못된 해석이 나온다. 요한계시록 2:18-29절 까지는 두아디라 교회에 대한 기록이 있다. 자칭 선지자라 하는 이세벨을 용납하여 우상의 제물을 먹게 하고 행음하게 하였다. 회개할 기회를 주셨지만 회개하고자 아니하였다.

　그러나 두아디라에 남아 있어 이 교훈을 받지 아니하고 소위 사단의 깊은 것을 알지 못하는 자에게는 다른 짐을 지우지 아니하고 네게 있는 것을 주님이 올 때까지 굳게 잡으라 하신다. 이기는 자와 끝까지 내 일을 지키는 그에게 만국을 다스리는 권세를 주리니 그가 철장을 가지고 저희를 다스려 질그릇을 깨뜨리는 것과 같이 하리라고 말한다. 교회는 핍박과 거짓 유혹과 고난 가운데서 애써 부르짖는다. 많은 사람들이 시험에 빠져 넘어진다. 그러나 그런 중에도 끝까지 내 일을 지키는 그에게 만국을 다스리는 권세를 주리니라고 말한다.

여자가 아이를 낳은 경우와 같이 아이를 낳았는가? 아니다. 그들은 불의에 참예하지 않고 예수의 믿음을 지켰다. 그 이름을 배반하지 않았고 하나님의 말씀을 지켰다. 이것이 여자가 해산하게 되매 애써 부르짖는 것이요, 사내 아이 곧 철장으로 만국을 다스릴 아이를 낳는 것의 의미인 것이다. 여자가 아이를 낳으니라는 말씀에서 낳는다는 말의 의미를 알아보자.

시편 2:7에 "너는 내 아들이라 오늘날 내가 너를 낳았도다". 예수님은 하나님의 아들이 분명하시다. 예수님께서 다윗의 자손으로 탄생하신 것을 가리키는 것일까 아니면 다른 어떤 것을 가리키는 것일까? 이것을 분별하는 것도 대단히 중요하다. 바울은 하나님의 복음을 위하여 택정함을 입었다고 말하며 이 복음은 하나님이 선지자들로 말미암아 그 아들에 관하여 성경에 미리 약속하신 것인데 이 아들로 말하면 육신으로는 다윗의 혈통에서 나셨고 성결의 영으로는 죽은 자 가운데서 부활하여 하나님의 아들로 인정되셨으니 곧 우리 주 예수 그리스도시니라고 말한다. 예수님은 바리새인, 서기관, 장로들, 대제사장들 앞에 사람이 되어 하나님의 아들이라는 것으로 참람하다하여 십자가에 못박혔다. 만약 주님의 부활이 없었다면 그들의 주장은 확증된 결과가 되는 것이었다.

그러나 주님은 말씀하신 대로 삼일만에 부활하심으로 하나님의 아들로 인정되신 것이다. 이 사실을 바울 사도는 시편 2:7의 말씀을 인용하여 이렇게 말하고 있다. "곧 하나님이 예수를 일으키사 우리 자녀들에게 이 약속을 이루게 하셨다 함이라 시편 둘째 편에 기록한 바와 같이 너는 내 아들이라 오늘 너를 낳았다"(행 13:33)라고 말한다. 그러므로 이 말씀은 마리아에게서 탄생하신 것을 가리키는 말이 아니요 죽은 자 가운데서 다시 살아나신 부활을 가리키는 말씀이라는 것이 확증되었다. 이 말씀을 근거하여 영광스런 교회를 상징한 여인이 아들을 낳은 것은 처음 익은 열매의 부활과 요한계시록 3:10의 네가 나의 인내의 말씀을 지켰으며 어려운 환난과 시험중에서도 내 이름을 배반치 아니하였은즉 나도 너를 지키어 시험의 때를 면하게 해 주리라는 약속의 말씀대로 시험의 때 곧 칠년 대 환난이 이르기 바로 직전에 하나님 앞으로 올라가는 것을 뜻한다.

처음 익은 열매는 각 시대마다 있다. 그들이 죽었지만 처음 익은 열매로 하나님께 기억하신 바 되었다가 칠년 대 환난 일기 전 곧 시험의 때를 당하기 전에 부활하여 하나님께 들림 받게 되는 것이다. 이 때 살아 있는 자들은(처음 익은 열매에 해당되는 성도) 홀연히 변화하여 은밀히 올라가게 되는 것이다. 마태복음 24:40-41절 말씀과 같이 "그 때에 두 사람이 밭에 있으매 하나는 데려감을 당하고 하나는 버려둠을 당할 것이요 두 여자가 매를 갈고 있으매 하나는 데려감을 당하고 하나는 버려둠을 당할 것이니라"고 말한다. 하나님의 추수는 처음 익은 열매의 추수와 (출 23:19, 레 23:10, 출 34:26) 전체 추수가 있다. 곡식을 추수하는 것으로 성도의 추수에 대한 확실한 그림을 보여 주었다.

요한계시록에 휴거가 3회 나타나 있다. 하나는 처음 열매들인 요한계시록 12:5 사내아이의 휴거요, 둘째는 요한계시록 14:14-16까지 전체 곡식 추수로 상징되어 있다. 셋째는 요한계시록 11:12의 두 증인의 휴거이다. 이를 가리켜 데살로니가전서 4:16-17의 성도들의 휴거라고 말하는 자들도 있으나 그렇지 않다. 그 휴거는 일곱째 나팔 분 후에 일어나는 사건이기에 시기가 틀리다. 고린도전서 15:51-52에 "보라 내가 너희에게 비밀을 말하노니 우리가 다 잠잘 것이 아니요 마지막 나팔에 순식간에 홀연히 다 변화하리니 나팔 소리가 나매 죽은 자들이 썩지 아니할 것으로 다시 살고 우리도 변화하리라"고 말한다.

그렇다면 일곱째 나팔 불기 전 두 증인의 휴거는 어떤 것인가? 의문이 있을 것이다. 그러나 문제는 간단하다. 칠년 대 환난 때의 처음 익은 곡식에 해당하는 자는 바로 두 증인들인 것이다. 그들은 덜 익어서 환난 때 익은 것이 아니라 벌써 익어서 하나님 앞에 휴거 되었어야 할 자들이나 환난 기간에 예언하는 사명과 하나님의 백성을 양육하는 일을 위하여 하나님 앞에서 사명을 다한 것이다. 그들은 휴거되어 처음 익은 열매 중에 속하게 된다. 그렇다면 요한계시록 14:1-5까지 시온산에 어린양과 함께 있는 십 사만 사천인과 요한계시록 15:2에 있는 유리 바닷가에 서서 거문고를 가지고 하나님의 종 모세의 노래와 어린양의 노래를 부르는 자들은 휴거 되지 않았는가? 의문이 있을 것이다. 그들은 이미 휴거된 자들을 보여 주는 것이지 휴거 되어 올라오라는 명을 받고 올라간 자가 아니라는 것이다. "또 내가 보니 불이 섞인 유리 바다 같은 것이 있고 짐승과 그의 우상과 그의 이름의 수를 이기고 벗어난 자들이 유리 바닷가에 서서 하나님의 거문고를 가지고"(계 15:2)라고 말한다. 올라 오라 하여 올라갔는가! 이미 하나님의 명령에 의해 올라간 자들이 아닌가! 요한계시록 14:1은 어떤가! "또 내가 보니 보라 어린양이 시온 산에 섰고 그와 함께 십 사만 사천이 섰는데 그 이마에 어린양의 이름과 그 아버지의 이름을 쓴 것이 있도다"라고 말한다. 올라 오라는 명령을 받고 올라갔는가? 아니다. 이미 전에 올라 오라는 명령을 받고 올라간 자들인 것이다. 이것이 분명하지 않으니 휴거에 대하여도 많은 혼선이 야기되고 있는 것이다.

5절은 "여자가 아들을 낳으니 이는 장차 철장으로 만국을 다스릴 남자라 그 아이를 하나님 앞과 그 보좌 앞으로 올려가더라"고 말한다. 건강한 여자가 건강한 아이를 낳는 것이다. 해를 옷 입고 달이 그 발 아래 있고 열 두 별의 면류관을 썼으니 얼마나 영광스런 여자 곧 교회인가! 그가 낳은 아들이 장차 철장으로 만국을 다스릴 남자라는 것이다. 당신이 처음 익은 열매에 속하지 아니 하였다면 죽은 후에도 처음 익은 열매에 속하지 못할 것이요 지금 처음 익은 열매에 속한 자이면 죽은 후에도 처음 익은 열매에 속할 것이다. 처음 익은 열매를 거두는 때에 살아 있다면 순식간에 홀연히 변화하여 죽은 자의 부활과 함께 하나님의 보좌로 들림 받을 것이다. 이것은 공개적이 아니요 은밀히 이루어지기 때문에 두 사람이 밭에 있다가 하나는 데려가고 하나는 버려두며 두 여인이 매를 갈고 있다가 하나는 데려가고 하나는 버려두는 것이다.

칠년 대 환난 일기 직전에 처음 열매로 휴거 되기를 원하는가 아니면 느슨하게 때를 놓쳐 칠년 대 환난 때 익어서 전체 곡식 추수에 해당되는 휴거를 원하는가? 수 백단 되는 곡식 가운데 처음 익은 열매는 단 한 단 뿐이다. 그 영광스런 부활을 원한다면 한 가지 길 밖에 없다. 빨리 익는 것이다. 그리스도의 어떠함이 내 속에 더 많이 주입되어 영광스럽게 되는 것이다. 할렐루야!

3) 다른 이적인 붉은 용

3절은 "하늘에 또 다른 이적이 보이니 보라 한 큰 붉은 용이 있어 머리가 일곱이요 뿔이 열이라 그 여러 머리에 일곱 면류관이 있는데"라고 말한다. 한 큰 붉은 용은 무슨 뜻인가? 아담과 하와를 미혹한 뱀은 처음에는 매우 작았다. 그러나 육 천년의 긴 세월동안 그는 많은 것을 먹었다. 이제는 일곱 머리 열 뿔 가진 용으로 자랐다. 그 용이 붉은 용이다. 붉다는 것은 두 가지 뜻이 있다. 첫째는 살인하여 피 흘린다는 뜻으로 피의 색을 말하는 것이며, 가인과 아벨간에 살인극이 나타났다. 아벨은 하나님께 합당한 제사와 예물을 드림으로 그와 그 예물이 하나님께 열납이 되었지만 가인과 그 예물은 열납되지 않았다. 화가 난 가인은 밭에 가서 일하다가 동생 아벨을 돌로 쳐 죽였다. 당신은 가인이 아벨을 죽였다고 생각하는가? 그것은 맞는 것이다. 그러나 사단이 가인속에 들어와서 죽이게 한 것이다. 사단은 최초의 살인자가 되는 것이다.

믿는 이들이 하나님의 뜻을 행하려 하지만 왜 못하는가? 바울의 고백과 같이 선을 행하고자 하는 나의 속에 또 다른 법이 있어 나를 죄의 법 아래로 사로 잡아 가는도다 오호라 나는 괴로운 사람이로다 이 사망의 몸에서 누가 나를 구원하랴고 말한다. 자기 속의 죄라는 한 인격체가 역사하여 그렇다는 것이다. 가인의 속에서 사단은 역사하여 아벨을 죽이게 한 것이다. 가인은 사단의 하수인이 되어 행한 결과가 바로 살인을 낳았다. 둘째로 붉다는 것은 물질 위주의 존재라는 의미이다. 그것은 억지 같다고 생각하는 이도 있을 것이라 믿는다.

창세기에 에서와 야곱을 생각해 보자. 에서는 몸이 붉고 갑옷 같이 털이 많았다. 야곱은 매끈 매끈하고 살이 고왔다. 하루는 에서가 사냥하고 기진맥진하여 집에 왔는데 야곱은 팥죽과 떡을 준비해 놓고 있었다. 에서가 야곱에게 이르되 내가 곤비하니 그 붉은 것을 나로 먹게 하라 하였지만 야곱은 조건을 달았다. 그렇다면 나도 요구 사항이 있으니 형의 장자 명분을 내게 팔라 했다. 에서가 가로되 내가 죽게 되었으니 장자 명분이 내게 무엇이 유익하리요하며 서로 맹세하고 장자의 명분을 야곱에게 팔았다. 야곱이 떡과 팥죽을 에서에게 주매 에서가 먹고 마시며 갔으니 에서가 장자 명분을 이 같이 경홀히 여겼다. 몸이 붉고 털이 갑옷 같이 많은 에서는 장자의 명분에는 별 관심이 없었다. 그보다도 현실을 중히 여기며 먹고 마시며 사는 것에는 장자의 명분도 헌신짝 같이 버리는 물질위주의 사람이었다. 그래서 그는 별명까지 애돔(붉다)이라는 이름을 가졌다. 왜 공산주의를 빨갱이라 하는가? 이는 유물주의자들이기 때문이다. 용이 붉고 에서가 붉고 팥죽이 붉고 공산주의가 붉고 짐승이 붉다. 이는 유신주의와는 완전히 반대의 입장에 서 있다. 그래서 용과 적그리스도, 짐승을 붉은 빛의 용 또는 짐승(계 17:3)이라 하는 것이다.

물질위주의 삶은 사단의 영역안에 갇혀 있는 것이기 때문에 성경은 "이 세상이나 세상에 있는 것들을 사랑치 말라 누구든지 세상을 사랑하면 아버지의 사랑이 그 속에 있지 아니하니 이는 세상에 있는 모든 것이 육신의 정욕과 안목의 정욕과 이생의 자랑이니 다 아버지께로 좇아 온 것이 아니요 세상으로 좇아 온 것이라 이 세상도, 그 정욕도 지나가되 오직 하나님의 뜻을 행하는 이는 영원히 거하느니라"(요일 2:15-17)고 말한다.

"머리가 일곱이요 뿔이 열이라" 짐승(적그리스도)과 용은 공통된 것이 몇 가지 있다. 첫째는 머리가 일곱이요 뿔이 열이라는 것이다. 짐승과 용이 똑같다. 짐승이 일곱 머리 열 뿔을 가지고 있기 때문에 용도 그렇다고 말한다. 한 가지 예를 들어 말하겠다. 아버지와 아들이 쌍둥이처럼 똑같이 닮았다. 당신은 아버지가 아들을 닮았다고 말하겠는가! 아들이 아버지를 닮았다고 말하겠는가! 용이 짐승 곧 일곱 머리 열 뿔 가진 짐승 같이 생겼다 한다면 마치 아버지가 아들을 닮았다고 말하는 격이 된다. 전혀 틀린 것은 아니지만 좀 어색하다. 용이 일곱 머리 열 뿔 가진 모습이니 적그리스도 짐승도 용의 사주와 권세와 능력을 받아 역사하는 짐승도 용과 같이 일곱 머리 열 뿔 가진 짐승으로 나타났다고 말해야 한다. 그렇다면 일곱 머리 열 뿔은 무엇을 뜻하는가?

짐승 곧 적그리스도에 관하여는 13장에서 말하겠다. 용의 일곱 머리에서 일곱은 완전 수를 뜻하기 때문에 머리로 생각하고 계획하며 의지의 결정을 내리는 모든 것이 수단과 방법을 가리지 않고 교활하고 잔인하며 포악한 방법으로 이 세상을 주관한다는 뜻이며 열 뿔은 권세를 의미하기 때문에 누가 이 세상에서 하나님을 제외하고는 용을 당할 자가 있는가? 온 세상은 흉악한 자에게 속해 있지 않는가! 용 자신이 일곱 머리 열 뿔을 가졌으니 자기의 분신인 적그리스도 짐승도 일곱 머리 열 뿔로 나타날 것이다. 그 사주를 받아 그의 방법으로…

둘째는 붉다는 것이다. 요한계시록 12:3에 "한 큰 붉은 용"이라 하였고 요한계시록 17:3에 "곧 성령으로 나를 데리고 광야로 가니라 내가 보니 여자가 붉은 빛 짐승을 탔는데 그 짐승의 몸에 참람된 이름들이 가득하고 일곱 머리와 열 뿔이 있으며"라고 말한다. 용이 붉고 짐승이 붉다. 그리고 장자의 명분이 내게 무엇이 유익하냐며 떡과 팥죽을 택한 에서가 붉고 팥죽(물질을 대표함)이 붉으며 공산주의가 붉은 빨갱이이다.

"머리에 일곱 면류관이 있는데"라고 말한다. 용이나 짐승이나 거짓 선지자나 자기 이상의 어떤 것들을 자기에게 나타내어 과장하는 것이 그들의 본성이다. 주님이나 사도들과 모든 믿는 이들은 그렇지 않다. 주님은 세상에서 가시 면류관을 쓰셨다. 사도들도 주의 날에 의의 면류관, 생명의 면류관, 영광의 면류관이 있다. 그러나 이 세상에서는 칭찬도 받지 말라고 말씀하시지 않았는가! 고린도후서 11:2에는 바울 사도가 "내가 너희를 정결한 처녀로 한 남편인 그리스도께 드리려고 중매함이로다"고 말한다. 그러나 뱀이 그 간계로 하와를 미혹한 것같이 다른 예수, 다른 영, 다른 복음을 전하는 자들이 많이 나왔다. 이런 사람들은 거짓 사도요 궤휼의 역군이니 자기를 그리스도의 사도로 가장하는 자들이니라 이것이 이상한 일이 아니라 사단도 자기를 광명의 천사로 가장하나니 그러므로 사단의 일꾼들도 자기를 의의 일꾼으로 가장하는 것이 또한 큰 일이 아니라 저희의 결국은 그 행위대로 되리라고 말한다. 이 세상의 화려하고 영광스럽고 빛나는 면류관을 사모하지 말라. 이 세상은 보이다가 없어지는 안개인 것이다. 생각건대 현재의 고난은 장차 우리에게 나타날 영광과 족히 비교할 수 없도다. 주님을 위한 환난도 고난도 핍박도 수고도 참고 묵묵히 이 소망을 바라고 전진하라. 그 날에 면류관을 꾹꾹 씌워 주실 것이다. 그것은 영원히 쇠하지 아니하는 면류관이다.

4) 꼬리가 하늘 별 삼분의 일을 끌어다가 땅에 던짐

4절은 "그 꼬리가 하늘 별 삼분의 일을 끌어다가 땅에 던지더라"고 말한다. 용의 꼬리는 무엇일까? 이사야 9:13-16에 "이 백성이 오히려 자기들을 치시는 자에게로 돌아오지 아니하며 만군의 여호와를 찾지 아니하도다 이러므로 여호와께서 하루 사이에 이스라엘 중에서 머리와 꼬리며 종려 가지와 갈대를 끊으시리니 머리는 곧 장로와 존귀한 자요 꼬리는 곧 거짓말을 가르치는 선지자라 백성을 인도하는 자가 그들로 미혹케하니 인도를 받는 자가 멸망을 당하는도다"고 말한다. 사단 마귀는 여러 방법으로 거짓 선지자로 짐승으로 핍박과 고난과 또 사람들의 마음과 생각들을 통해 멸망으로 이르게 한다. 하늘 별 삼분의 일을 끌어다가 땅에 던지는 것은 타락케 한다는 것이다. 떨어진 별들은 하나님의 말씀에 확신이 없다. 갈대와 같이 좌우로 흔들리며 갈팡질팡 한다. 하늘에 있어 어두움을 밝히며 때를 알게 하고 인생의 방향을 분명히 제시해 주어야 할 것이나 땅에 던져진 별들은 그런 사명을 할 수 없는 자이다.

땅으로 내어 던져진 별들을 용이 땅으로 쫓겨날 때 같이 쫓긴 자들이라 하는 자도 있으나 그렇지 않다. 요한계시록 12:9에는 "큰 용이 내어 쫓기니 옛 뱀 곧 마귀라고도 하고 사단이라고도 하는 온 천하를 꾀는 자라 땅으로 내어 쫓기니 그의 사자들도 저와 함께 내어 쫓기니라"고 말한다. 그들을 여기서는 그의 사자들이라 한다.

5) 용이 해산하려는 여자 앞에서 그가 해산하면 그 아이를 삼키고자 함

용과 싸움의 대상은 해를 옷 입고 달이 그 발 아래 있고 열 두 별의 면류관을 쓴 여자요 그가 해산하면 그 아이를 삼키고자 하는 사내 아이이다. 빛나고 광채 나는 여자는 신·구약 모든 믿는 이들의 총체요 해산할 사내 아이는 그 보다 훨씬 강화된 자들이다. 어느 시대나 이 두 부류의 성도들로 분류할 수 있다. 일제 때 신사참배 않는다고 얼마나 많은

옥고와 굶주림과 핍박을 당해 왔는가? 그러나 용이 그들을 삼켰는가? 그들은 영광스럽게 순교 당했다. 승리한 것이다. 그들은 여자이면서 여자보다 훨씬 강화된 사내 아이인 것이다.

그들의 육체는 묘실에서 평안히 쉬고 있지만 첫 열매 추수 때 부활할 것이다. 그 부활 때 요한계시록 3:10의 말씀에 해당되는 시험의 때를 면하게 해 주는 자는 순식간에 홀연히 변화하여 하나님의 보좌로 올라가는 것이다. 그 때는 시험의 때인 칠년 대 환난 직전인 것이다. 전체 곡식 추수인 데살로니가전서 4:16-17, 고린도전서 15:51-52의 추수에도 죽은 자가 먼저 부활하여 공중으로 올라가고 살아있는 자는 순식간에 홀연히 변화하여 그 뒤를 따른다고 말하고 있다. 처음 익은 열매의 수확도 그런 방법으로 이루어지는 것이다. 하나님은 택한 백성들을 온전히 지키신다. 머리털 하나라도 잃지 아니하신다. 적당히 구렁이 담 넘듯이 믿는 자는 핍박의 대상이 아니다. 그들은 이미 사단에게 사로잡혀 있기 때문에 핍박이 없는 것이다. 그것으로 기뻐하지 말라. 더 확실한 소망을 바라보라.

첫째 핍박의 대상은 여자가 낳을 사내 아이요 둘째는 빛나는 여자인 것이다. 용이 사내 아이를 삼키고자 여자 앞에 서 있었다. 뒤도 아니요 옆도 아니다. 바로 정면인 것이다. 간접적이 아니라 직접적인 것이다. 당신은 처음 익은 열매로 휴거 되기를 바라는가! 아직도 덜 익어서 대환난을 통하여 익은 후 추수되기를 원하는가! 처음 익은 열매로 휴거되기 원한다면 더욱 강화되어야 하며 예수 그리스도를 내 안으로 더 많이 더 충만하게 공급 받아야 한다. 어떠한 경우에도 핍박과 환난중에서도 그 이름을 배반치 아니하며 인내의 말씀을 지켜야 한다. 요한계시록 3:8에 "내가 네 행위를 아노니 네가 적은 능력을 가지고도 내 말을 지키며 내 이름을 배반치 아니하였도다"라고 말하며 요한계시록 3:10은 "네가 나의 인내의 말씀을 지켰은즉 내가 또한 너를 지키어 시험의 때를 면하게 하리니 이는 장차 온 세상에 임하여 땅에 거하는 자들을 시험할 때라"
고 말한다. 이 시험의 때 곧 대 환난 때에 알곡과 쭉정이가 구별되는 것
이다. 농부가 곡식을 거두어 타작하면 키질을 하지 않는가! 도리깨로 때
리고 부수며 까부른 것이 시험의 때 하나님의 성전과 제단과 그 가운데
서 경배하는 자들을 척량하는 것이 되는 것이다. 느슨하게 생각하지 말
고 신앙의 초점을 처음 익은 열매에 두며 성숙해야 한다.

6) 여자가 아이를 낳다

여자는 신·구약 모든 믿는 이들의 총칭이라 하였다. 다니엘이나 사드
락과 메삭과 아벳느고도 처음 익은 열매에 속할 것이다. 풀무불에 던지
워도 사자굴에 던지워도 그 이름을 배반치 않고 우상앞에 꿇지 않았다.
인내의 말씀을 지켰던 것이다. 여자가 아이를 낳았다. 이것을 마리아가
예수님을 낳은 것으로 보는 것은 얼마나 얕은가! 요한계시록 12장의 위
치가 칠년 대 환난의 전삼년반이라는 것을 보아야 한다. 요한계시록
12:13-17절 까지는 여자가 아이를 낳고 광야로 도망하여 1,260일, 한
때 두때 반때, 일년 이년 반년동안 독수리의 두 날개를 주어 양육받는
기간이다. 이것이 전삼년반의 사건인 것이다. 이 직전에 일어난 것이 사
내 아이의 휴거요 그 다음 미가엘 천사와 용과의 싸움이 일어나며 용이
패배하여 땅으로 내어 쫓기는 것이다.

용이 자기의 때가 얼마 못 된 줄을 알므로 힘써 분내어 너희에게로 내
려갔다고 말한다. 용이 힘써 분내어 땅에 내려올 때 칠년 대 환난이 시
작되는 것이다. 최종말의 사건을 예수님의 출생이라? 일곱 인봉의 책을
가지고 일곱째 인까지 모두 떼시는 시점인데 예수님의 출생이라니 이게
웬말인가! 예수님이라면 그냥 보좌 앞으로 가서 영광에 참여하겠는가!
십자가에 죽으심으로 지극히 높여 모든 이름 위에 뛰어나게 하시고 하늘

에 있는 자나 땅에 있는 자들이나 땅 아래 있는 자들로 예수의 이름에 무릎을 꿇게 하시고 그 입으로 예수 그리스도를 주라 시인하여 하나님 아버지께 영광을 돌리게 하셨느니라 말한다. 주님은 십자가를 통하여 그 귀한 영광에 이른 것이다. 이 사내 아이는 낳자 마자 그냥 보좌 앞으로 올려갔다.

계시록에 휴거가 3회 있다. 첫번째는 요한계시록 12:5 사내 아이의 휴거요, 두번째는 요한계시록 14:14-16까지 곡식의 전체 추수의 휴거이다. 세번째 휴거는 요한계시록 11:12의 두 증인의 휴거이다. 앞에서도 말하였지만 두 증인의 휴거를 데살로니가전서 4:16-17, 고린도전서 15:51-52의 성도의 부활과 살아있는 성도의 변화 승천으로 보는 자들도 있으나 이것은 틀린 것이다. 왜 그렇게 당돌하게 말할 수 있는가라고 할 것이다. 고린도전서 15:51-52은 언제 이 휴거가 이루어지는가? 마지막 나팔이 아닌가! "보라 내가 너희에게 비밀을 말하노니 우리가 다 잠잘 것이 아니요 마지막 나팔에 순식간에 홀연히 다 변화하리니 나팔 소리가 나매 죽은 자들이 썩지 아니할 것으로 다시 살고 우리도 변화하리라"고 말한다. 두 증인의 휴거는 삼일반은 되었지만 마지막 나팔이 불기 전이므로 전체 추수로는 볼 수 없는 것이다.

두 증인은 환난 때의 처음 익은 열매에 해당되는 사람들이다. 다만 전 삼년반 증거와 성도(여자)양육을 위하여 하나님의 사명을 다하여 순교하였기에 그들은 전체 곡식보다 앞서 추수되어 하늘로 올라가는 것이다. 추수는 처음 익은 열매 추수와 전체 곡식 추수 두 추수가 있을 뿐이다. 그런데 어떤 자들은 휴거가 적어도 다섯 번 있다하여 요한계시록 14:1-5까지 시온산에 선 십 사만 사천의 휴거와 요한계시록 15:2에 있는 유리 바닷가에 선 자들의 휴거도 말한다. 처음은 첫 열매의 휴거자들인 것이다. 요한계시록 14:4 "사람 가운데서 구속을 받아 처음 익은 열매로 하나님과 어린양에게 속한 자들이니"라 하지 않았는가? 십 사만 사천인이 지금 휴거 명령을 받고 올라가는 자인가? 어느 때 그 명령을 받고 휴거된 자가 아닌가?(계 12:5)

요한계시록 15:2은 어떠한가! "또 내가 보니 불이 섞인 유리 바다 같은 것이 있고 짐승과 그의 우상과 그의 이름의 수를 이기고 벗어난 자들이 유리 바다 가에 서서 하나님의 거문고를 가지고"라고 말한다. 이 사람들도 명령을 받고 올라간 자들인가, 기왕에 올라간 자가 아닌가? 선화 공주의 조각 그림이 있다. 그 조각을 제자리에 잘 맞추면 아름다운 선화 공주가 될 것이다. 그러나 그 조각을 잘못 맞추면 선화 공주가 아닌 이상한 것이 될 것이다.

7) 장차 철장으로 만국을 다스릴 남자

주님께서는 두아디라 교회에 하신 말씀 가운데 이기는 자와 끝까지 내 일을 지키는 그에게 만국을 다스리는 권세를 주리니 그가 철장을 가지고 저희를 다스려 질그릇 깨뜨리는 것과 같이 하리라 나도 내 아버지께 받은 것이 그러하니라고 말한다. 철장으로 다스릴 자는 주 예수님과 첫 열매로 보좌 앞으로 들림 받은 자들 뿐이다. 얼마나 영광스러운가! 주 예수님은 백마를 타고 짐승과 땅의 임금들과 그 군대들과 싸우려 할 새 하늘에 있는 군대들이 희고 깨끗한 세마포를 입고 백마를 타고 그를 따르더라. 그의 입에서 이한 검이 나오고 그것으로 만국을 치겠고 친히 저희를 철장으로 다스리며라고 말한다.

얼마나 위엄 있으신가! 이기는 성도들은 주 예수님과 함께 만국을 다스릴 영광에 참여할 것이다. 그 아이는 남자라 한다. 주 예수님께서 오병이어로 오천명을 먹이실 때에 여자와 아이외에 남자만 오천명이라 하였다. 여자와 아이는 해를 옷 입고 달이 그 발 아래 있고 열 두 별의 면류관을 쓴 여자로 본다면 남자는 훨씬 출중하고 강화되고 의젓하고 이기는 첫 열매가 되는 것이다. 그 아이를 하나님 앞과 그 보좌앞으로 올려 갔다고 말한다. 앞에서도 말하였지만 첫 열매로 하나님의 만족을 위하여 곳간에 들인 것이 아니라 보좌로 올려가는 것이다.

8) 여자가 광야로 도망하다

용의 핍박 대상의 첫번째는 여자가 낳은 남자 아이인 것이며 남자를 삼키고자하나 그 일이 무위로 돌아가매 그 핍박의 화살이 여자에게로 돌아간 것이다. 그러기에 그 여자는 용의 핍박을 피하여 광야로 피하게 된다. 그러면 그 광야는 어떠한 곳일까? 그 광야에서 1,260일(한때 두때 반때, 일년 이년 반년) 양육 받음은 무슨 뜻인가?

13절은 이렇게 말한다. "용이 자기가 땅으로 내어 쫓긴 것을 보고 남자를 낳은 여자를 핍박하는지라"고 말한다. 하나님은 믿는 이들을 지키시되 눈동자 같이 지키시며 머리터럭 하나라도 잃지 않으신다. 이러한 하나님은 그 용의 핍박에 대응하여 어떤 방법으로 여자 곧 교회를 보호하시는가?

14절에 "그 여자가 큰 독수리의 두 날개를 받아 광야 자기 곳으로 날아가 거기서 그 뱀의 낯을 피하여 한 때와 두 때와 반 때를 양육 받으매"라고 말한다.

첫째로 "큰 독수리의 두 날개를 받았다"라고 말한다. 출애굽기 19:4은 "나의 애굽 사람에게 어떻게 행하였음과 내가 어떻게 독수리 날개로 너희를 업어 내게로 인도하였음을 너희가 보았느니라" 아무리 독수리가 힘이 좋다한들 이백만 삼백만으로 추산되는 이스라엘 백성들을 업어 낼 수가 있을까? 이것은 불가능한 것이다. 그 뜻은 모세와 아론으로 이스라엘을 인도하는 것을 독수리 두 날개로 인도한 것이라고 말하고 있는 것이다. 이 독수리 두 날개로 인도하여 어디로 갔는가? 광야로 갔다. 거기는 광야다. 마실 물도 없고 먹을 양식도 없다. 햇볕을 가려 줄 그늘도 없다. 밤에 추위를 녹일 불도 없다. 그러나 이스라엘은 굶주려 죽지도 않았고 목말라 죽지도 않았다. 뜨거운 사막의 햇볕 아래서 타지도 않았으며 밤의 추위에서 얼어 죽지도 않았다. 오히려 반석에서 생수가 솟아 나와 마셨으며 신령한 만나로써 채워 주었다. 낮에는 구름 기둥, 밤에는 불 기둥으로 그들을 보호하고 인도하셨다. 이 생활을 성경은 광야 교회의 생활이라고 말한다.

사도행전 7:37-38에 이스라엘 자손에 대하여 하나님이 너희 형제 가운데서 나와 같은 선지자를 세우리라 하던 자가 곧 모세라. 시내산에서 말하던 그 천사와 및 우리 조상들과 함께 광야 교회에 있었고 또 생명의 도를 받아 우리에게 주던 자가 이 사람이라고 말한다. 40년간의 광야 교회가 모세와 아론으로 통하여 인도되고 양육되었던 것같이 계시록 12장의 광야도 기름의 아들들 두 증인으로 양육을 받고 보호를 받는 것이다. 요한계시록 11:5-6은 "만일 누구든지 저희를 해하고자 한즉 저희 입에서 불이 나서 그 원수를 소멸할지니 누구든지 해하려 하면 반드시 이와 같이 죽임을 당하리라 저희가 권세를 가지고 하늘을 닫아 그 예언을 하는 날 동안 비 오지 못하게 하고 또 권세를 가지고 물을 변하여 피 되게 하고 아무 때든지 원하는 대로 여러 가지 재앙으로 땅을 치리로다"라고 말한다. 그러므로 이런 권세와 능력의 역사 앞에 핍박하는 세력들은 꼼짝 못하고 보고만 있는 것이다. 곧 교회가 지키심을 받는 것이다. 이것은 전 삼년반의 기간이며 후 삼년반에는 가혹하고 극한 환난 중에도 끝까지 승리하게 하는 양육인 것이다. 이 광야를 특별한 지역이나 특별한 도피처로 만들어 놓은 동굴같은 것으로 생각지 말라. 이 때가 온 땅에 거하는 모든 사람에게 임하는 시험의 때인 것이다. 이 많은 성도들이 어디로 피하겠는가?

독수리 날개 기름의 아들 두 증인 곧 두 감람 나무로 통해서 권세와 능력으로 보호를 받는 것이다. 두 증인의 수는 증거의 수이기에 온 땅에 이 사명을 맡은 자는 헤아릴 수 없을 것이다. 두 기름의 아들들로 충분한 양육을 받아 후삼년반 극한 환난 중에라도 하나님의 말씀을 지키며 그 이름을 배반치 말고 우상 앞에 절하지 말며 그의 이름의 표인 『666』을 받지도 말고 끝까지 승리해야 될 것이다.

  9) 한때 두때 반때(1,260일) 양육 받음

  앞에서도 말한 바 있지만 1,260일 한때 두때 반때는 오늘날 주석가들에 의해 혼선이 많은 구절들이다. 이제 계시록에서 마지막 나오는 구절이기에 다시 부언을 하겠다. 요한계시록 11:3은 1,260일은 예언 기간이라 하였다. 어떤 자는 이 기간을 신약 전 기간, 복음 증거하는 기간이라 한다. 복음전파를 예언이라 할 수 있는가? 물론 그 중에는 그 성격을 띠고 있는 말씀도 있을 것이다. 예언은 앞으로 환난이 다가오는 적그리스도 짐승은 어떠하며 거짓 선지자는 어떠하며 적그리스도 짐승의 표를 받게 하여 받지 않는 자는 무론대소하고 죽이며 짐승의 표를 받지 아니하면 매매들을 못하게 한다는 등등의 말씀이 복음 전파인가? 예언이 아닌가! 복음은 예수 그리스도다. 그가 우리를 대신하여 십자가에서 죽으시고 삼일만에 사망의 권세를 깨치고 부활 승천하여 우리에게 보혜사 성령을 부어 주심으로 하나님의 경륜을 다 이루셨다. 이 사실들을 전파하는 것이 복음이 아닌가?
  그리고 1,260일은 삼년반을 날수로 환산한 것이다. 이것을 굳이 신약 전 기간이라 한다면 다니엘 12:11의 매일 드리는 제사를 폐하며 멸망할 미운 물건을 세울 때부터 1,290일을 지낼 것이요 라는 1,260일＋30일은 어떻게 해석 할 것인가! 이것도 신약 기간을 말한다고 할 수 있는가? 이 말씀은 적그리스도가 언약을 파기하고 이레의 절반에 제사와 예물 곧 예배 행위를 금지하여 칠년 대 환난의 후 삼년반이 아닌가? 그 확실한 후 삼년반을 1,260일＋30일＝1,290일로 말씀하고 있음을 이해해야 할 것이다.

또 요한계시록 12:6에는 여자의 양육 기간이라 말한다. 요한계시록 12:14에도 한때 두때 반때를 독수리 날개를 받아 양육받으리라고 말한다. 그래서 1,260일 양육 기간과 한때 두때 반때의 양육 기간은 똑같은 뜻이다. 일어 성경에는 일년 이년 반년으로 번역하고 있다.요한계시록 12:14의 말씀을 일어로 표기해 보겠다.

一年 二年また 半年の間 養われる ことに なっていた.

다니엘 11:13은 "북방 왕은 돌아가서 다시 대군을 전보다 더 많이 준비하였다가 몇 때 곧 몇 해 후에 대군과 많은 물건을 거느리고 오리라"고 말한다. 그런고로 1,260일은 신약 전 기간을 말한 것이 아니요 1,260일(예언 기간)과 1,260일(양육 기간)과 한때 두때 반때의 양육 기간은 모두 똑같은 전 삼년반을 말하는 것이다.

10) 여자의 뒤에서 뱀이 물을 강같이 토함

15절은 "여자의 뒤에서 뱀이 그 입으로 물을 강 같이 토하여 여자를 물에 떠내려 가게 하려 하되"라고 말한다. 여자는 해를 옷 입은 교회를 말한다. 교회를 물에 떠내려 가게 하려 하여 뱀이 입으로 물을 강 같이 토한다. 창세기에는 하와를 꾀일 때 뱀은 들짐승 중에 가장 간교하다 하였고, 실제의 뱀이 말하여 하와를 미혹하였다. 신약 시대에 와서 예수님은 누구보고 뱀이라 하였는가? 마태복음 23:32-33에 "너희가 너희 조상의 양을 채우라 뱀들아 독사의 새끼들아 너희가 어떻게 지옥의 판결을 피하겠느냐"고 말한다. 창세기에도 뱀은 하와에게 하나님께서 아담에게 하신 말씀을 가지고 나왔다. 뱀이 여자에게 물어 가로되 하나님이 참으로 너희더러 동산 모든 나무의 실과를 먹지 말라 하시더냐 여자가 뱀에게 말하되 동산나무의 실과를 우리가 먹을 수 있으나 동산 중앙에 있는 나무의 실과는 하나님의 말씀에 너희는 먹지도 말고 만지지도 말라 너희가 죽을까 하노라 하셨느니라 뱀이 여자에게 이르되 너희가 결코 죽지 아니하리라 너희가 그것을 먹는 날에는 너희 눈이 밝아 하나님과 같이 되어 선악을 알게 될 줄을 아심이니라고 말하였다.

이 말에 즉 뱀이 토해낸 말에 여자는 침몰하였던 것이다. 요한계시록 12:15의 그 입으로 물을 강 같이 토해 내어 여자를 물에 떠내려 가게 하였다는 것도 이 맥락에서 해석되어야 하는 것이다. 칠년 대 환난 동안 뱀은 끊임없이 여자에게 물을 토해 낼 것이다. 예수님은 사마리아 수가성 여인에게 이 물을 먹는 자마다 다시 목 마르려니와 내가 주는 물을 먹는 자는 영원히 목 마르지 아니하고 그 속에서 생수가 강 같이 흐르리라 말씀하셨고, 에베소서 5:26에도 "이는 곧 물로 씻어 말씀으로 깨끗하게 하사 거룩하게 하시고 자기 앞에 영광스러운 교회로 세우사 티나 주름 잡힌 것이나 이런 것들이 없이 거룩하고 흠이 없게 하려 하심이니라"고 하셨다. 즉 하나님의 말씀을 물로 비유하여 말씀하신 것이다. 뱀이 여자의 뒤에서라는 말에 유의하여야 한다. 양의 옷을 입고 너희에게 나아가나 속에는 노략질하는 이리라. 그 맺힌 열매로 그들을 알찌니 가시나무에서 포도를 또는 엉겅퀴에서 무화과를 따겠느냐하며 뱀들이 이적을 행하고 신실하게 믿는 이들과 외모로는 차이가 없다. 그렇기 때문에 잘 넘어지는 것이다. 이것이 뒤에서 물을 토해 내었다는 의미인 것이다. 그 결과는 어찌 되었는가? 땅이 여인을 돕지 아니하였다면 여인은 물에 떠내려 갔을지도 모르는 것이다.

그러나 하나님 주권으로 땅이 입을 벌려 그 토해낸 물을 삼킨 것이다.

즉 독수리의 두 날개가 그것을 무효화시킨 것이다. 다시 말하면 그들을 양육시킨 두 증인 감람 나무가 그것을 무효화시킨 것이다. 이것을 땅이 여자를 도와 그 입에서 토한 강물을 삼킨다고 말하는 것이다. 땅이 입을 벌려 아간과 그 무리들을 삼킨 것으로 생각하는가? 땅은 교회라고 말한 바 있다. 백마를 땅의 짐승이라 하였고 요한계시록 9:4에 땅에 있는 풀이나 푸른 것이나 수목은 해하지 말고 오직 이마에 하나님의 인 맞지 아니한 사람만 해하라 하신다. 요한계시록 13:11에 땅에서 올라온 짐승은 새끼양(어린양) 같이 생겼는데 용처럼 말한 모든 것들이 땅에서 올라왔다. 즉 교계에서이다. 그러니 일반 성도들이 잘 분별할 수 있겠는가? 그래서 그 상황들을 뱀이 여자의 뒤에서 물을 강 같이 토한 것의 참 의미인 것이다.

　여호와 증인 안식교 통일교 천부교 등의 거짓된 가르침을 요한계시록 6:1-3의 흰말의 유혹이라 한다면 본문에 뱀이 물을 토하여 여자를 떠내려가게 하는 핍박은 그 도를 넘어서 바리세인 서기관 대제사장 백성의 장로들의 핍박에 비길 수 있는 것이다. 그들은 사도들을 잡아다가 옥에 가두며 매로 심하게 치며 심지어는 죽이며 다시는 그의 이름으로 말하지 말라 위협하곤 하였다. 마치 요한계시록 13:11에 땅에서 올라온 짐승이 새끼양 같이 생겼으나 두 뿔(권세)이 있는 것 같이 그러한 권세가 있는 것이다. 용의 핍박은 셋으로 나눌 수 있다. 첫째는 빛나는 여자(영광스런 교회)가 낳은 남자 아이요 둘째는 남자 아이랄 낳은 여자요 셋째는 하나님의 계명을 지키며 예수의 증거를 갖인 자 들인 것이다. 마태복음 23:33-34에도 뱀들아 독사의 새끼들아 너희가 어떻게 지옥의 판결을 피하겠느냐 그러므로 내가 너희에게 선지자들과 지혜있는 자들과 서기관들을 보내매 너희가 그중에서 더러는 죽이며 십자가에 못밖고 그중에 더러는 너희 회당에서 채찍질하고 이동리에서 저 동리로 구박하리라 하는 것과 같은 양상의 핍박인 것이다.

11) 용이 분노하여 여자의 남은 자손과 싸우려고 바다 모래 위에 섬

　17절은 "용이 여자에게 분노하여 돌아가서 그 여자의 남은 자손 곧 하나님의 계명을 지키며 예수의 증거를 가진 자들로 더불어 싸우려고 바다 모래 위에 섰더라"고 말한다. 용은 첫째 여인 중에서 가장 강화되고 첫 열매가 되는 사내 아이를 삼키려고 하였다. 그는 끝까지 참고 견디며 용과 싸워 승리하여 용에게 먹혀 들어가지 않았다. 그들이 하나님의 보좌로 올리워 갔다. 그 다음은 핍박의 대상이 여인이 되는 것이다. 해를 옷 입고 달이 그 발 아래 있고 열 두 별의 면류관을 썼지만 그들은 물을 토하여 물에 떠내려 가게 하였지만 땅의 도움으로 그것도 무위로 돌아가고 말았다. 이제는 여자의 남은 자손 곧 하나님의 계명을 지키며 예수의 증거를 가진 자들로 더불어 싸우려고 바다 모래 위에 섰더라고 말한다.

　남은 자손은 누구인가? 성경에 엘리야를 가리켜 하신 말씀 중에 주여 저희가 주의 제단들을 헐어버렸고 주의 선지자들을 죽였으며 나만 남았는데 내 목숨도 찾나이다 하니 저희에게 하신 대답이 무엇이뇨 내가 바알에게 무릎을 꿇지 아니한 사람 칠천을 남겨 두었다 하셨으니 그런즉 이와 같이 지금도 은혜로 택하심을 따라 남은 자가 있느니라고 말한다. 이스라엘 백성중에서 율법의 계명을 지키는 사람들과 신약의 예수의 간증을 가진 자들과 맨투맨하여 싸우려고 바다 모래 위에 섰다고 말한다. 이전의 방법보다 잔인하고 포악한 방법으로 싸우려 한다. 이 때가 후 삼년반에 해당되는 것이다. 바다 모래는 열방을 격동하여 한 사람 한 사람과 싸우고자 하는 것이다. 하나님은 아브라함에게 이르시기를 내가 네 씨로 하늘의 별과 같이 바닷가의 모래 같이 많이 번성케 하시리라고 말씀하셨다. 하늘의 별은 이삭과 야곱 계통이요 바다의 모래는 이스마엘과에서 계통의 사람들을 말한 것이다. 바다는 세상이다. 계시록 13장에서 상세히 말하겠다.

12) 하늘에서의 전쟁

7-8절은 "하늘에 전쟁이 있으니 미가엘과 그의 사자들이 용으로 더불어 싸울새 용과 그의 사자들도 싸우나 이기지 못하여 다시 하늘에서 저희의 있을 곳을 얻지 못한지라"고 말한다. 사단은 모든 세기를 통하여 사내 아이 즉 여자가 낳은 남자를 삼키려 했다. 그러나 삼키지 못하고 오히려 그들에게 패배를 당하고 말았다. 다니엘, 사드락, 메삭, 아벳느고를 삼켰는가? 오히려 정면으로 대하여 싸웠지만 결국 패하고 말았다. 길선주 목사, 주기철 목사, 손양원 목사를 대하여 삼키려 했지만 삼키지 못하였다. 이 사내 아이는 여자들 중 더 많이 공급받고 더욱 강화되며 군계일학과 같이 모든 성도들 위에 뛰어났다. 하나님은 주님과 함께 사단과 그 하수인 짐승(적그리스도)과 거짓 선지자들과 싸워야 할 자를 기다리고 계셨다. 드디어 그들이 출생하여 하나님 보좌로 올라간 것이다. 그래서 미가엘과 그의 사자들이 용으로 더불어 전쟁을 일으킨 것이다. 이제는 사단을 멸할 때가 다 찼기 때문에 하나님편에서 먼저 싸움을 시작한 것이다. 용도 자기의 사자들을 거느리고 싸웠지만 이기지 못하여 자기 있는 곳을 떠나 땅으로 내어 쫓긴 것이다.

땅으로 내어 쫓긴 마귀는 자기의 때가 얼마 못 된 줄을 알므로 크게 분내어 너희에게 내려갔음이라고 말한다. 이 때 땅에 거하는 자들을 시험할 칠년 대 환난이 시작되는 것이다. 요한계시록 12:13-17절 까지는 칠년 대 환난 전 삼년반의 기록이다. 이 전 삼년반은 두 증인의 예언 기간도 되며(계 11:3) 두 증인의 여자 곧 교회를 양육하는 양육 기간도 되는 것이다(계 12:13-17). 뱀이 물을 토해서 여인 즉 교회를 침몰케 하려 했다. 다시 말하면 기사와 이적을 행하며 거짓된 교훈으로 교회를 침몰케 하려던 사단의 흉계도 무위로 돌아가고 말았다. 이제 사단은 여인의 남은 자손 곧 모든 성도들과 맨투맨하여 싸우는 후삼년반의 역사를 이루려고 바다 모래 즉 열국을 격동하여 일어설 것이다. 이것이 요한계시록 13장의 기록이다.

땅으로 내어 쫓긴 용은 옛 뱀 곧 마귀라고도 하고 사단이라고도 하는 온 천하를 꾀는 자라 하였다. 옛 뱀은 교활하고 간교하다. 그래서 하와를 꾀어 타락하게 한 자이다. 마귀는 참소자, 대적자라는 뜻이다. 하나님 앞에서 밤낮 참소하던 자가 쫓겨났다고 말한다. 믿는 이들은 마귀의 참소를 수용해서는 안 된다. 아무리 내가 실수하고 죄를 범하고 성질을 내고 합당치 못하게 살았다 할지라도 마귀의 참소를 받아 들이지 말라. 그 참소를 받아 들이면 당신은 좌절하고 말 것이다. 예수 그리스도의 피를 적용하라. 그리고 전진하라. 요한계시록 12:11에도 "또 여러 형제가 어린양의 피와 자기의 증거하는 말을 인하여 저를 이기었으니"라고 말한다.

13) 하늘의 음성

10절은 "내가 또 들으니 하늘에 큰 음성이 있어 가로되 이제 우리 하나님의 구원과 능력과 나라와 또 그의 그리스도의 권세가 이루었으니 우리 형제들을 참소하던 자 곧 우리 하나님 앞에서 밤낮 참소하던 자가 쫓겨났고"라 말한다. 하나님의 택한 성민 이스라엘을 연단하고 징치하고 훈련하시기 위하여 주변국 앗수르, 바벨론, 갈대아 블레셋을 이용하여 징치하였지만 모든 것을 마친 후에는 그 막대기를 부러뜨려 버림과 같이 사단 마귀들도 하나님의 백성들의 연단과 훈련과 징치를 위하여 잠시 이용하셨지만 모든 것을 마친 후에는 사단 마귀를 멸망케 하는 것이다. 그래서 "하늘에 큰 음성이 있어 가로되 이제 우리 하나님의 구원과 능력과 나라와 또 그의 그리스도의 권세가 이루었으니"라고 말하는 것이다. 새의 새끼가 보금자리를 떠나 어지러이 행하는 것같이 마귀 사단도 하늘에서 자기의 있을 곳을 얻지 못하고 쫓겨났으니 보금자리를 떠난 새의 새끼 신세가 되는 것이다.

11절에 "또 여러 형제가 어린양의 피와 자기의 증거하는 말을 인하여 저를 이기었으니 그들은 죽기까지 자기 생명을 아끼지 아니하였도다"라고 말한다. 애굽에서 이스라엘 백성은 유월절 양의 피 뒤에 있었다. 그들은 애굽 사람들보다 더 나은 것이 없었다. 그렇지만 유월절 양의 피 뒤에 가리워서 피를 보고 멸하는 천사가 넘어간 것이다. 나의 어떠함을 보지 말라. 사단 마귀는 우리를 송사한다. 우리 양심에서도 송사하며 기력을 잃게 한다. 그러나 담대히 물리쳐라! 그리스도의 보혈은 단 일회 뿐이 아니라 영원토록 그 피의 효험이 있는 것이다. "염소와 송아지의 피로 아니하고 오직 자기 피로 영원한 속죄를 이루사 단번에 성소에 들어가셨느니라"(히 9:12). 염소와 송아지의 피는 일회 뿐이지만 그리스도의 보혈의 피는 영원한 것이다. 이 피를 매 순간마다 삶에 적용하며 일어섰고 또 전진하였다. 또 그들은 천지는 없어질지언정 내 말은 없어지지 아니하리라하는 증거의 말씀을 힘입어 승리한 것이다. 사드락, 메삭, 아벳느고는 하나님 말씀에 온전히 의지하였다. 왕이여 그럴 것이면 내가 섬기는 하나님이 그 가운데서 우리를 건지실 터이요 그렇지 아니한다 할찌라도 그 우상에게 절하지 아니할 줄 아옵소서 하였다. 왕의 노는 하늘을 찌를 듯 하였다. 그러나 그 결과는 어떠했는가? 그들은 하나님의 말씀 곧 증거의 말을 힘 입어 저를 이기었다. 죽기까지 생명을 아끼지 아니하였다. 일제 때 신사참배 문제로 많은 옥고와 핍박을 받았던 성도들의 증언에 의하면 만일 여기서 주님을 부인하면 주님도 하나님 앞에서와 거룩한 천사들 앞에서 나를 부인할 것이라는 말씀이 크게 적용된 것이라 하였다.

그들은 죽기까지 자기 생명을 아끼지 아니하였다고 말한다. 사람들은 죽기를 무서워하므로 일생에 매여 마귀에게 종 노릇 하는 것이다. 목숨을 주 예수님을 위하여 기꺼이 내 놓았으니 무엇이 두려우랴? 돌무더기가 되는 것, 톱으로 켜는 것, 칼에 죽는 것, 양과 염소의 옷을 입고 유리하며 궁핍과 환난과 학대를 받았으니(이런 사람들은 세상이 감당치 못하는도다) 저희가 광야와 산중과 암혈과 토굴에 유리하였느니라고 말한다. 그들에게 이런 말씀이 크게 작용하였을 것이다. "누구든지 제 목숨을 구원코자 하면 잃을 것이요 누구든지 나와 복음을 위하여 제 목숨을 잃으면 구원하리라"(막 8:35).

12절은 "그러므로 하늘과 그 가운데 거하는 자들은 즐거워하라 그러나 땅과 바다는 화 있을진저 이는 마귀가 자기의 때가 얼마 못 된 줄을 알므로 크게 분내어 너희에게 내려갔음이라 하더라"고 말한다. 왜 하늘과 그 가운데 거하는 자는 즐거워 하는가? 충분한 이유가 있다. 마귀가 자기의 때가 얼마 못 된 줄을 알고 크게 분내어 땅으로 내려왔기 때문이다. 하늘에 거하는 자는 이미 주 안에서 죽어 하늘에 거하는 자와 칠년 대 환난이 일기 바로 직전에 용이 여자의 앞에서 여자가 낳은 아이를 삼키려 하였지만 하나님께서 그 보좌 앞으로 올려간 모든 자를 말함이다. 왜 땅과 바다는 화가 있는가? 이는 마귀가 자기 때가 얼마 못 된 줄을 알고 크게 분내어 너희에게 내려왔기 때문이다. 요한계시록 8:13 공중에 날아가는 독수리가 화, 화, 화가 있으리라 한 말씀 중에 두 번 화는 유브라데 강 전쟁과 칠년 대 환난을 포함하고 있다. 이 두 재앙이 끝난 후에 요한계시록 11:14에 둘째 화는 지나갔으니 셋째 화가 속히 이르는도다라고 말하였다. 셋째 화는 일곱째 나팔을 불고 일곱 천사가 일곱 대접을 땅에 쏟는 재앙이다. 이 둘째 화의 때 칠년 대 환난은 전에도 없었고 후에도 없을 대 환난인 것이다. 이 때는 땅에 거하는 모든 자를 시험하여 누가 하나님의 성전이며 제단이며 그 가운데서 경배하는 자가 분별될 것이다. 갈대 지팡이를 주며 성전과 제단과 그 가운데서 경배하는 자를 척량하라는 의미가 바로 여기에 있는 것이다. 이 때 마귀는 바다 모래 위에 서서 열국을 격동한다. 그 후 즉시 바다에서 일곱 머리 열 뿔 가진 짐승이 올라와서 용에게 권세를 받아 마흔 두 달 동안 즉 후 삼년반이 시작되는 것이다. 그러니 화가 되지 않겠는가?

10. 제6의 중간 계시
(칠년대환난 후삼년반 - 13:1-18)

다니엘 9:27에는 적그리스도가 장차 많은 사람으로 더불어 한 이레 동안의 언약을 굳게 정하고 그 이레의 절반에 제사와 예물을 금지할 것이라 하였으며 또 미운 물건이 날개를 의지하여 설 것이라 말한다. 그 이레가 일일을 일년으로 환산한 칠년 대 환난이 되는 것이다. 전 삼년반은 비교적 호의적이었다. 그러나 사람의 마음은 조석변이라는 말과 같이 그 마음과 생각이 급변하여 그 언약을 일방적으로 파기한 것이다. 그리고 제사와 예물을 드리는 예배 행위를 일절 못하게 하며 용에게 권세를 받아 마흔 두 달 일하며 성도들과 싸워 이기게 되고 각 나라와 족속과 방언과 백성을 다스리는 권세를 받는다. 곧 세계를 다스리는 것이다. 거짓 선지자는 바다에서 올라오는 짐승으로부터 권세를 받아 이적을 행하되 심지어는 사람들 앞에서 불이 하늘로부터 땅에 내려오게 하고 짐승 앞에서 받은 바 이적을 행하므로 땅에 거하는 자들을 미혹하며 땅에 거하는 자들에게 이르기를 칼에 상하였다가 살아난 짐승을 위하여 우상을 만들라 하며 권세를 받아 짐승의 우상에게 생기를 주어 그 짐승의 우상으로 말하게 하고 그 짐승의 우상에게 절하지 아니하는 자는 몇이든지 죽이게 한다. 저가 모든 자 곧 작은 자나 큰 자나 부자나 빈궁한 자나 자유한 자나 그 오른손이나 이마에 표를 받게 하고 누구든지 이 표를 가진 자 외에는 매매들을 못하게 한다.

이런 상황이 후 삼년반이다. 기간은 삼년반인데 기록은 요한계시록 11:7-13, 13:1-18, 14:6-20절 까지의 지면을 할애하고 있다는 것이다. 계시록은 일곱째인이 가장 중요하고 또 지면을 많이 할애하고 있다. 무려 요한계시록 8장에서부터 요한계시록 16장까지 9장의 방대한 기록이다. 그 중에서도 칠년 대 환난은 요한계시록 9:13부터 요한계시록 14장까지 6장의 내용이며 그 중에서 칠년 대 환난의 후삼년반(42달 단 12:11절의 1,290일)은 요한계시록 11:7-13절 까지와 요한계시록 13장 전체와 요한계시록 14:6-20절 까지를 말하고 있다.

성춘향이의 정절을 시험하고 입증하기 위하여 변사또가 등장하였듯이 각 나라와 족속과 백성과 방언 중에서 수많은 믿는 사람들 중 신앙의 정절을 지키며 누가 하나님의 성전이며 제단이며 그 가운데서 경배하는 자가 되는지가 척량될 것이다. 누구로 인하여 즉 적그리스도와 거짓 선지자와 그 배후에서 조정하는 사단으로 인하여 신앙의 정절이 확실히 드러나게 될 것이다. 기간은 칠년밖에 안되는데 하나님께서는 왜 칠년 환난에 대하여 지면을 가장 많이 할애 하시고 자상하게 말씀하셨을까? 그 이유는 어디에 있는 것일까?

① 칠년 환난은 하나님의 예정 가운데 반드시 도래할 사건이기에 그렇다(단 9:27, 계 11장-13장).

② 칠년 환난은 창세로부터 지금까지 이런 환난이 없었고 후에도 없을 환난이며 그날들을 감하지 아니하면 구원 얻을 육체가 없는 악랄한 환난이기 때문이다(마 24:21-22).

③ 이 환난의 때인 전삼년반은 우호적이지만 후삼년반은 일방적으로 언약을 파기하고 제사와 예물드림(예배행위)을 금지할 것이며 적그리스도 짐승에게 경배하게 하고 그를 위하여 우상을 만들어 그 우상으로 말하게 하고 그 우상에게 절하게 하고 절하지 않는자는 몇이든지 죽이며 짐승의 이름의 표인 666을 이마에나 오른손에 받게 하고 받지 아니하면

매매들을 못하게 한다(단 9:27, 계 13:15-17).

④ 이 환난의 때가 전에도 없었고 후에도 없는 환난이기 때문에 많은 사람들이 짐승과 그 우상에게 경배하고 짐승의 이름의 표인 666을 받게 되기 때문에 더욱 자상하고 세밀하게 말씀하신 것이다.

⑤ 적그리스도 짐승과 그의 우상에게 경배하고 그의 이름의 표를 받는 자는 밤낮 쉼을 얻지 못하기 때문에 성춘향이가 변사또 앞에서 정절을 지키는 것같이 믿는 이들도 하나님 앞에서 신앙의 정절을 지키어 영광스럽게 주님 앞에 서게 하시기 위함이다(계 14:9-11).

⑥ 이 환난의 때는 땅에 거하는 모든 자들을 시험할 때이기 때문이다. 마치 이스라엘 백성들을 광야 40년 동안에 낮추며 주리게 하시며 시험하사 그 마음이 어떠한지 그 명령을 지키는지 아니 지키는지 알려하심이라(계 3:10, 신 8:2-3). 이날은 지구상에 거하는 모든 자에게 임하기 때문이다(눅 21:35).

⑦ 이때는 농부가 농사하여 추수한 후 알곡과 쭉정이를 분별하는 일과 같다.

⑧ 칠년 대 환난은 지구상에 복음이 전파되어 많은 사람이 주께로 돌아왔다. 누가 하나님의 성전과 제단과 그 가운데서 경배하는 자인지 척량하시려는 하나님의 의도인 것이다(계 11:1).

⑨ 이 환난의 때에 순교자의 수가 차게 되는 것이다(계 6:11).

⑩ 고난 후에 영광이 있기 때문에 소망과 인내를 가지고 승리하기 위해서이다. 또 내가 보니 불이 섞인 유리바다 같은 것이 있고 짐승과 그의 우상과 그의 이름의 수를 이기고 벗어난 자들이 유리 바닷가에 서서 하나님의 거문고를 가지고(계 15:2) 또 내가 보니 예수의 증거와 하나님의 말씀을 인하여 목 베임을 받은자의 영혼과 또 짐승과 그의 우상에게 경배하지도 아니하고 이마와 손에 그의 표를 받지 아니한 자들이 살아서 그리스도와 더불어 천년동안 왕노릇 하니(계 20:4) 라고 말한다.

고로 끝까지 참고 견디어 승리케 하기 위해서이다.

그러면 본문으로 들어가서 자세히 살펴 보기로 하자.

1) 바다에서 올라 온 짐승

1절은 "내가 보니 바다에서 한 짐승이 나오는데 뿔이 열이요 머리가 일곱이라 그 뿔에는 열 면류관이 있고 그 머리들에는 참람된 이름들이 있더라"고 말한다. 요한계시록 12:17에서는 "용이 여자에게 분노하여 돌아가서 그 여자의 남은 자손 곧 하나님의 계명을 지키며 예수의 증거를 가진 자들로 더불어 싸우려고 바다 모래 위에 섰더라" 하는 말과 요한계시록 13:1절과는 서로 상통함을 본다. 용(마귀, 사단, 옛 뱀)이 바다 모래 위에 서니 바다에서 일곱 머리 열 뿔 가진 짐승이 올라온 것이다. 그러면 바다는 무엇을 의미하는가? 계시록에 등장하는 한 말씀 한 말씀이 무슨 뜻이 있는가? 사실적인 것을 의미하는가 아니면 상징적인 것을 의미하는가를 확실히 구분하지 못하고 말하는 것은 대단히 큰 오류를 범하고 있는 것이다. 어떤 자는 사실적으로 바다 즉 큰 바다, 작은 바다, 대서양, 태평양, 지중해에서 짐승 곧 괴물이 올라 온다고 말한다. 얼마나 엉뚱한 해석인가? 이 상황들을 먼저 확실히 분별할 때 정확한 뜻을 말할 수 있는 것이다.

그렇다면 바다는 무엇을 의미하는가? 요한계시록 8장에서도 말한 바 있지만 바다는 세상을 말한 것이다. 다니엘 7:1-8에는 다니엘이 꿈에서 본 이상 중에 하늘의 네 바람이 큰 바다로 몰려 불더니 큰 짐승 넷이 바다에서 나왔는데 첫째는 사자 같고 둘째는 곰 같고 셋째는 표범 같고 넷째는 무섭고 놀라우며 극히 강하여 철 이가 있어서 먹고 부숴뜨리고 그 나머지는 발로 밟았으며 이 짐승은 전의 모든 짐승과 다르고 또 열 뿔이 있더라고 말한다. 이 짐승들은 네 왕들과 네 국가들을 말한다. 첫째는

바벨론 왕인 느부갓네살을 말하고 둘째는 메데·파사 왕 다리오를 말하
며 셋째는 헬라 왕 알렉산더를 말하고 넷째는 로마의 네로 황제를 말한
다. 다니엘 7:17은 다니엘이 본 꿈의 이상을 해석해 주는 중요한 구절
이 있다. "그 네 큰 짐승은 네 왕이라 세상에서 일어날 것이로되"라고 말
한다. 그러면 바다에서 올라온 일곱 머리와 네 왕의 실상을 아래와 같이
표기해 본다.

순 서 　 구 분	1	2	첫째(3)	둘째(4)	셋째(5)	넷째(6)	7
국가의 상 징	·	·	사자	곰	표범	무섭고 놀라움	·
국가명	애굽	앗스루	바벨론	메데파사	헬라	로마	독일
왕 명	바로	산혜림	느부갓네살	다리오	알렉산더	네로	히틀러

　　이 네 짐승은 세상 열국에서 일어날 것이다. 태평양도 아니요 대서양
도 아니다. 지중해도 아니지 않는가? 그 말씀들의 뜻하는 것을 분별하지
못하면 이 같은 큰 오류가 나타나게 되는 것이다. 다시 한 번 말하거니
와 바다는 실제 바다가 아니라 세상 열국들을 가리켜 바다라 한 것이다.
용이 여자를 물에 떠내려가게 하려고 하다가 실패하니 그 여자의 남은
자손으로 더불어 싸우려고 열국을 격동하여 갖은 수단과 방법들을 가리
지 아니하고 후삼년반에 역사하는 것이다. 왜 일곱 머리 열 뿔 가진 열
국의 왕들을 짐승이라 하였는가? 시편 49:20에 "존귀에 처하나 깨닫지
못하는 사람은 멸망하는 짐승 같도다"라고 말한다. 창세기 1:26에 "우리
의 형상을 따라 우리의 모양대로 우리가 사람을 만들고"라고 말씀하신
다. 그렇게 존귀하게 하나님의 형상을 따라 지음을 받았지만 자기를 지
으신 창조주를 알지 못하니 얼마나 무지한가? "소는 그 임자를 알고 나
귀는 주인의 구유를 알건마는 이스라엘은 알지 못하고 나의 백성은 깨닫
지 못하는도다"(사 1:3)라고 탄식하셨다.

"뿔이 열이요 머리가 일곱이라 그 뿔에는 열 면류관이 있고 머리들에는 참람된 이름들이 있더라"고 말한다. 열 뿔은 열 왕이요 뿔은 권세를 상징한다. 그 당시 로마에 열 왕들이 있었다. 다니엘 7:19-20에는 이것을 말하고 있다. "이에 내가 넷째 짐승의 진상을 알고자 하였으니 곧 그것은 모든 짐승과 달라서 심히 무섭고 그 이는 철이요 그 발톱은 놋이며 먹고 부숴뜨리고 나머지는 발로 밟았으며 또 그것의 머리에는 열 뿔이 있고 그 외에 또 다른 뿔이 나오매 세 뿔이 그 앞에 빠졌으며 그 뿔에는 눈도 있고 큰 말하는 입도 있고 그 모양이 동류보다 강하여 보인 것이라"고 말한다. 그 머리에 열 면류관이 있다는 것은 그가 참으로 하나님을 알았다면 감히 하나님 앞에서 면류관을 쓰겠는가? 자기의 위엄과 권세의 당당함을 과시하기 위한 수단으로 왕관을 쓰는 것이다. 머리들에는 참람된 이름이 있다는 것은 자기가 일국의 왕이 되었다하여 자기를 하나님이라 하기 때문에 참람된 것이다. 예수님께서도 내가 하나님의 아들이라 하는 것으로 바리새인과 서기관과 장로들과 대제사장들에게 사람이 되어 하나님이라 하는도다. 그 부모와 형제들을 우리가 아는데 어찌 이런 말을 할 수 있느냐? 참람하다 하여 십자가에 못 박은 것이다. 애굽 왕 바로가 그러하였고 모든 왕들이 그러했다. 마지막 적그리스도인 짐승은 얼마나 더 극심하겠는가? 인생은 70이요 강건하면 80이다. 모든 육체는 풀이요 그의 영광은 풀의 꽃이다. 분수를 알고 하나님을 섬기고 산다는 것이 얼마나 행복한가?

2) 표범 같고 곰의 발 같고 사자의 입 같은 짐승

2절에 "내가 본 짐승은 표범과 비슷하고 그 발은 곰의 발 같고 그 입은 사자의 입 같은데 용이 자기의 능력과 보좌와 큰 권세를 그에게 주었더라"고 말한다. 필자가 선배 목사님 교회에 부흥회가 있어 참석했다. 낮

공부 시간인데 요한계시록 13장을 공부하고 있었다. 그 강사왈 내가 특별히 받은 전매 특허인데 표범, 곰, 사자 같은 이 짐승이 미국, 영국, 불란서라는 것이다. 여기에 대하여 질문이 있으면 누구든지 말하라고 하였다. 그래서 필자가 손을 들고 질문을 했다. 「그 짐승은 다니엘 7:12에 있는 짐승인데 그 권세는 빼앗겼으나 생명은 보존되어 정한 시기가 이르기를 기다리게 되었더라 하여 그 짐승이 말세 지말에 여기 출현한 것인데 미국, 영국, 불란서라니 전매 특허가 좀 이상하다」고 말하였다. 그랬더니 당신 질문을 받으면 모든 사람이 졸기 때문에 고린도전서 12장의 은사장으로 넘어 간다는 것이었다.

다니엘 7:11-12절 까지는 로마가 망하고 그 남은 모든 짐승은 권세는 빼앗겼으나 그의 생명은 보존되어 정한 시기가 이르기를 기다리게 되었더라고 말한다. 로마가 망하기 전에 바벨론(사자), 메데파사(곰), 헬라(표범)는 망하였다. 즉 권세는 빼앗긴 것이다. 그러나 하나님의 계획 중에는 그들로 정한 시기가 되면 다시 일어서게 하시는 뜻이 계셨다. 마지막 칠년 대 환난 기간에 이들이 출현하여 마지막 적그리스도 곧 제팔 왕이 되는 것이다. 사자의 잔인하고 포악하며 먹고 찢는 맹수성과 곰의 우직하고 누르고 밟고 찢는 것과 표범의 숨어 기다렸다가 갑자기 덮치는 교활함과 얼룩 얼룩 분별하기 힘든 모든 맹수성을 지닌 최후의 적그리스인지라 얼마나 그 상황이 악랄하겠는가? 이러한 성격을 가진 흉악한 짐승이 세상에서 올라 와서 마흔 두 달 동안 모든 사람으로 더불어 세웠던 언약을 일방적으로 파기하고 제사와 예물을 금지케 하며 역사하는 것이다.

"용이 자기의 능력과 보좌와 큰 권세를 그에게 주었더라"고 말한다. 짐승이 포악하다 생각지 말라. 이는 용 곧 처음부터 속이고 살인하고 잔인하고 포악한 모든 것이 다 용의 사주를 받고 행하는 것임을 분별해야 할 것이다.

3) 머리 하나가 상하여 죽게 된 것 같더니 그 상처가 나은 짐승은
어떤 짐승인가?

3절에 "그의 머리 하나가 상하여 죽게 된 것 같더니 그 죽게 되었던
상처가 나으매 온 땅이 이상히 여겨 짐승을 따르고"라 말한다. 다니엘 7
장의 네 짐승 중 로마가 망하고 나머지 짐승은 권세는 빼앗겼으나 생명
은 보존되어 정한 시기가 이르기를 기다리게 되었더라고 말한다. 짐승이
표범과 비슷하고 곰의 발 같고 사자의 입 같은 마지막 적그리스도는 이
짐승인 것이다. 모양이 표범 같고 발은 곰 같고 입이 사자의 입 같은데
이 세 짐승 중 대표가 되는 짐승은 어느 짐승이 되겠는가? 아니면 이 짐
승을 공평하게 기록된 순서대로 표범, 곰, 사자같은 짐승이라 말할 것인
가? 그 중에 어느 하나를 택하여 대표로 정해야 할 것이다. 당신은 어느
짐승을 대표로 정하겠는가? 사람마다 자기를 표현하는 것이 입이기에
필자는 입이 사자 같다는 말씀에 의하여 바벨론 사자를 대표로 할 것이
다. 그래서 헬라, 메데파사, 바벨론 곧 표범, 곰, 사자로 상징된 모든 국
가들의 특별한 개성이 있는 각 모습들을 지닌 짐승으로 마지막 칠년 대
환난 기간동안 역사하는 것이다. 머리 하나가 상하여 죽게 되었다는 말
도 사실은 세 왕(세 국가)이 거론 되어야 할 것이지만, 이런 뜻에서 머
리 하나가 상하여 죽게 된 상처가 회복되니 온 땅이 이상히 여겨 짐승을
따른다고 말한다. 이 짐승은 이 시대에 마지막 역사를 위하여 지금 성장
하고 있다.
　분명히 말하자면 제 3차 세계 대전에서 승자가 이 짐승이 되며 그의
위성국가들이 열 뿔이 되는 것이다. 이 짐승을 로마라 하고 열 뿔을 로
마에서 일어났던 열 왕들이라 하는 자들도 있으나 그렇지 않다. 로마 당
시 여섯째 짐승 때는 그렇게 볼 수 있다. 지금은 마지막 때이다. 전에 있
었다가 시방 없으나 장차 무저갱으로부터 올라오는 짐승은 제팔왕인 것

이며 일곱 중에 속한 자라고 말한다. 열 뿔은 열 왕이기 때문에 아직 나라를 얻지 못하였으나 다만 짐승으로 더불어 임금처럼 권세를 일시동안 받을 것을 말하고 있다. 열 뿔을 유럽의 공동시장의 열 나라로 보는 자들도 있으나 그렇지 않다. 비슷한 숫자가 나타나면 거기에다 붙여 본다. 확신이 없기 때문인 것이다.

4절에 "용이 짐승에게 권세를 주므로 용에게 경배하며 짐승에게 경배하여 가로되 누가 이 짐승과 같으뇨 누가 능히 이로 더불어 싸우리요 하더라"고 말한다. 3절에서 온 세상이 이상히 여겨 짐승을 따름은 첫 번째 단계요 그 다음은 감히 세상 열국 중에서는 누가 이 짐승과 같으며 누가 능히 이로 더불어 싸우리요라고 말한 것을 보면 비교해 볼 만한 짐승이 없다는 것이다. 그래서 이 짐승은 자기와 비교될 짐승이 없기 때문에 기고만장하여 큰 말을 하는 입과 참람된 말을 하는 입을 받고 마흔 두 달 일할 권세를 받아 하나님을 훼방하고 하늘에 거하는 자를 훼방하며 성도들과 싸우며 하나님의 계명을 지키며 예수의 증거를 받은 자들로 더불어 싸워 이기게 되는 것이다. 이것이 후삼년반의 역사이다. 나는 독자들이 이 가운데 들지 않고 칠년 대 환난이 일기 바로 직전에 처음 익은 열매로 하나님의 보좌로 하나님의 만족을 위하여 휴거 되길 원하는 바이다.

그렇게 되려면 한 가지 조건이 있다. 먼저 하나님의 공급을 많이 받아야 하며 매일 매일의 삶 속에서 하나님의 말씀을 적용하여 실증을 가짐으로 더 강화되어야 하며 군계일학 같이 뛰어나야 한다. 사과를 예로 들어보자.

수백 개의 열매가 맺었다. 그 중에서도 제일 많이 햇볕을 받은 사과는 잘 익고 품질도 최고이다. 그러나 속에 달린 사과는 햇볕을 받지 못해 아직까지 푸르다. 물론 품질도 좋지 않다. 왜 그러는가? 햇볕의 공급을 받지 못하기 때문이다. 느슨하게 생각지 말라.

그 날에 후회하지 말고 더 많이 공급을 받아 최상품의 사과와 같이 성숙하라.

4) 마흔 두 달 일할 권세 받음

5절 하반절은 "마흔 두 달 일할 권세를 받으니라"고 말한다. 마흔 두 달은 1,260일과 한 때 두 때 반 때와 기간이 같다. 1,260일을 달로 환산할 때 마흔 두 달이요 1,260일을 해로 계산할 때 한 때 두 때 반 때 삼년반이 되는 것이다. 이 구분도 계시록에는 너무도 분명하게 설명하고 있다. 그러나 이 사실이 명확치 못하기 때문에 1,260일을 신약 전 기간이라 하며 마흔 두 달을 전삼년반이라 하며 1,260일 또한 후삼년반이라 하며 갈팡 질팡하는 것을 보게 되는데 이에 대한 분명한 사실을 말하겠다. 첫째 계시록 11장의 위치와 12장, 13장의 위치를 분명히 해야 한다. 누가 하나님의 말씀을 바른대로 깨닫고 해석하며 그대로 전하면서 사는 것을 원치 않는 자가 있으랴? 거짓 선지자를 빼 놓고는…

그러나 계시록이 정확하게 해석되지 않는 것을 볼 때 마음이 아프다. 그래서 필자가 계시록을 쓰게 된 것도 그 중에 하나의 이유이기도 하다. 요한계시록 11장의 위치는 상세히 11장에서 말한 바가 있기에 참고 바라며 여기서는 생략하겠다. 요한계시록 11:3의 1,260일은 전삼년반 예언 기간이요(신약 전 기간이 아님) 요한계시록 12:6의 1,260일은 전삼년반 양육 기간이요(신약 전 기간이 아님) 요한계시록 12:14의 한 때 두 때 반 때도 전삼년반 양육 기간이다(신약 전 기간이 아님). 일어 성경에도 일년 이년 반년 양육 받는다고 번역 되어 있다. 일어 성경의 구절을 그대로 표기해 보겠다.

一年二年また 半年の間 養われる ことに なっていた.

이상은 모두가 전 삼년반을 가리키는 기간이다. 요한계시록 11:2절 "성전 밖 마당은 척량하지 말고 그냥 두라 이것을 이방인에게 주었은즉 저희가 거룩한 성을 마흔 두 달 동안 짓밟으리라"고 말한다. 이 기간이 요한계시록 13:5의 마흔 두 달 일할 권세를 받은 기간과 일치되는 것이다. 후 삼년반 미운 물건이 날개를 의지하여 설 것이라 말한다. 이 후 삼년반을 마흔 두 달로 말하고 있다. 혼돈하지 말라.

5) 성도들과 싸워 이기게 되고 각 족속과 방언과 백성과 나라를 다스리다

7절은 "또 권세를 받아 성도들과 싸워 이기게 되고"라고 말한다. 하나님의 추수가 첫 열매의 추수와 전체 곡식의 추수로 구분된다라고 말한 바 있다. 밭에서 추수하는 곡식 추수도 첫 열매 추수와 전체 곡식 추수로 구분된다(출 23:19, 레 23:10). 처음 열매 거둔 후 전체 곡식은 뜨거운 햇빛과 비 바람을 통하여 익게 된다. 이것이 칠년 대 환난이다. 전체 곡식으로 상징된 성도들(하나님의 계명을 지키며 예수의 증거를 받은 자)은 칠년 대 환난을 통과하게 되는 것이다. 두 증인의 순교는 1,260일 예언하고 후삼년반에 들어가자 마자 무저갱으로부터 올라오는 짐승이 저희를 이기고 저희를 죽인다. 그 시체가 삼일반 동안 성 거리에 있게 된다. "그러므로 하늘과 그 가운데 거하는 자들은 즐거워하라 그러나 땅과 바다는 화 있을진저 이는 마귀가 자기의 때가 얼마 못된 줄을 알므로 크게 분내어 너희에게 내려갔음이라"(계 12:12)고 말한다.

그러나 하나님은 주권적이시다. 머리터럭 하나도 잃치 않으신다. 멸망의 자식 뿐이요 짐승의 우상에게나 짐승에게 경배하게 하여도 창세 이후로 생명책에 녹명된 자 외에는 다 짐승에게 경배하고 오른손에나 이마에 짐승의 표를 받게 된다고 말하고 있다. "생각건대 현재의 고난은 장차 우

리에게 나타날 영광과 족히 비교할 수 없도다"(롬 8:18). "그리스도를 위하여 너희에게 은혜를 주신 것은 다만 그를 믿을 뿐 아니라 또한 그를 위하여 고난도 받게 하심이라"(빌 1:29)고 말한다. "그 나라를 위하여 너희가 또한 고난을 받느니라 너희로 환난 받게 하는 자들에게는 환난으로 갚으시고 환난 받는 너희에게는 우리와 함께 안식으로 갚으시는 것이 하나님의 공의시니"(살후 1:5-7)라고 말한다. 그러므로 인내함으로 끝까지 믿음을 지켜야 한다.

7절 하반절에 "각 족속과 백성과 방언과 나라를 다스리는 권세를 받으니"라고 말한다. 용이 이 권세를 짐승에게 주는 것이며 이는 전 세계를 다스리게 되는 것이다. 제 3차 세계 대전에서 승자이며 누가 이 짐승과 같으뇨 누가 이 짐승에게 비기리요 하였으니 이 짐승과 비교 되는 자가 없다는 뜻이다. 무엇이 어려우랴? 그러나 하나님 주권하에 마흔 두 달밖에 일하지 못하고 아마겟돈 전쟁으로 패배 당하여 유황불 붙는 못에 최초로 들어가는 자가 될 것이다.

6) 생명책에 녹명된 자 외에는 짐승에게 경배함

칠년 대 환난의 기간 중에 천하 만민으로 자기를 숭배하고 자기 형상의 우상을 만들어 거기에 절하게 하고 그 이름의 표를 받게 한다. 모든 사람들은 육신의 생명을 보존하기 위하여 쉽게 무릎을 꿇는다. 그러나 하나님의 백성들은 그것이 우상 숭배이기 때문에 무릎을 꿇지 않는다. 마치 느부갓네살이 자기 형상의 우상들을 만들어 두라 평지에 세워 놓고 낙성 예식을 할 때 나팔과 생황과 피리와 수금과 삼현금과 양금과 기타 악기 소리가 날 때에 엎드려 절하면 좋거니와 만일 절하지 아니하면 극렬히 타는 풀무에 던져 넣으리니 너희를 내 손에서 건져낼 어떤 신이 있겠느냐고 호언 장담한다. 그러나 사드락과 메삭과 아벳느고가 왕께 대답했다. "느부갓네살이여 우리가 이 일에 대하여 왕에게 대답할 필요가 없나이다 만일 그럴 것이면 왕이여 우리가 섬기는 우리 하나님이 우리를 극렬히 타는 풀무 가운데서 능히 건져 내시겠고 왕의 손에서도 건져 내시리이다 그리 아니하실지라도 왕이여 우리가 왕의 신들을 섬기지도 아니하고 왕의 세우신 금신상에게 절하지도 아니할 줄을 아옵소서"(단 3:13-18) 라고 담대히 말하였다. 이와 같이 하나님의 생명책에 그 이름이 창세 이후로 녹명 되지 않는 사람들은 모두가 경배하고 이름의 표를 받는다. 그러나 거역하는 자들은 그것을 이유로 몇이든지 죽인다. 얼마나 가혹하고 포악한 마귀의 짓들인가? 그러나 그 날들을 감하지 아니하면 구원 얻을 육신이 없기 때문에 그 날들을 감하신다. 이 기간 동안에 땅에 거하는 자들을 시험하여 하나님의 성전과 제단과 그 가운데서 경배하는 자들을 척량하는 것이다. 갈대 지팡이가 애굽이란 말이 이해되는가? 갈대 지팡이로 하나님의 성전과 제단과 그 가운데서 경배하는 자들을 척량하라 말한 바 있다(계 11:1). 요한계시록 6:9의 제단 아래 하나님의 말씀과 저희의 가진 증거를 인하여 죽임 당한 영혼들이 제단 아래서 하나님께 호소한다. 대주재여 우리 피를 신원해 주지 아니하시기를 어느 때까지 하시려나이까 할 때 저희에게 흰 두루마기를 주시며 말하기를 아직 잠시 동안 쉬어 자기 동무와 형제들도 자기처럼 죽임을 받아 그 수가 차기까지 기다리라고 말씀하셨다. 짐승들은 우상 숭배와 짐승 경배를 거역하는 이유로 성도를 죽이지만 하나님 편에서는 순교자의 수가 차게 되는 것이며 순교하는 것은 패배가 아니라 영광스런 승리인 것이다. "예수의 증거와 하나님의 말씀을 인하여 목 베임을 받은 자의 영혼들과 또 짐승과 그의 우상에게 경배하지도 아니하고 이마와 손에 그의 표를 받지도 아니한 자들이 살아서 그리스도로 더불어 천 년 동안 왕 노릇하니"(계 20:4)라고 말한다. 영원한 영광은 거저 주어지는 것이 아니다. 오면 피하지 말고 기꺼이 참여하자!

9-10절에 "누구든지 귀가 있거든 들을지어다 사로잡는 자는 사로잡힐 것이요 칼로 죽이는 자는 자기도 마땅히 칼에 죽으리니 성도들의 인내와 믿음이 여기 있느니라"고 말한다. 그 짐승과 거짓 선지자와 그의 추종자들은 반대자들을 사로잡고 칼로 죽이며 모든 것이 자기 뜻과 같이 될 줄로 안다. 이것이 세상 사람들의 사고 방식이 아니겠는가? 그러나 하나님은 살아 계신다. 공의의 하나님께서 환난 받게 하는 자들에게는 환난으로 갚으시고 환난 받는 우리에게는 안식으로 갚으시는 것이 하나님의 공의라고 하신다. 사로잡고 칼로 죽이는 자들인 짐승과 거짓 선지자들은 아마겟돈 전쟁에서 패배하여 첫번째로 유황불 붙는 불못에 들어가는 최초의 사람들이 될 것이다. 그의 추종자들은 공중의 새와 들짐승들의 먹이가 될 것이다. 성도들은 그들과 육적으로 싸우는 것이 아니라 원수를 사랑하고 핍박하는 자를 위하여 기도하며 그들의 죄가 사함 받도록 기도하고 오른편 뺨을 치면 왼편도 돌려 대는 것이 성도의 삶이 아닌가? 악한 자들은 더욱 악을 행할지라도 성도들은 기꺼이 밝은 마음으로 순교의 제물이 되어야 할 것이다. 성도들의 인내와 믿음이 여기 있느니라고 말한다. 귀 있는 자는 들을지어다. 예수님은 말고의 귀를 붙여 주시면서 이것까지 참으라 하셨다.

7) 땅에서 올라 온 짐승

11절에 "내가 보매 또 다른 짐승이 땅에서 올라오니 새끼양 같이 두 뿔이 있고 용처럼 말하더라"고 말한다. 처음 짐승은 바다에서 올라왔다. 바다는 세상이요 열국인 것이다. 두 번째 짐승은 땅에서 올라왔다. 땅은 무엇을 의미 하는가? 창세기 1장에서 셋째 날에 천하의 물이 한 곳으로 모이고 뭍이 드러나라 하시매 그렇게 되었다. 하나님이 모인 물을 바다라 하시고 드러난 뭍을 땅이라 하였다. 땅에서는 풀과 씨 맺는 채소와 각기 씨 가진 열매 맺는 과목을 내라 하시니 그대로 되었다. 이 땅이 교회를 상징하는 것이다. 요한계시록 9:4에 "땅의 풀이나 푸른 것이나 각종 수목은 해하지 말고 오직 이마에 하나님의 인 맞지 아니한 사람들만 해하라 하시더라"고 말한다. 땅의 풀이나 푸른 것이나 각종 수목은 하나님의 인 맞았다는 뜻이다. 이것이 어디서 자생하는가? 땅이 아닌가?

요한계시록 6:1에 흰 말도 모두가 복음 운동이니 예수님이니 구구한 해석들이 있으나 그것은 다 틀린 것이다. 요한계시록 6:8에 확실한 답이 나온다. 넷째 인을 떼실 때에 "내가 보매 청황색 말이 나오는데 그 탄자의 이름은 사망이니 음부가 그 뒤를 따르더라 저희가 땅 사분 일의 권세를 얻어 검과 흉년과 사망과 땅의 짐승으로써 죽이더라"고 말한다. 에스겔 14:21에 "주 여호와께서 가라사대 내가 나의 네 가지 중한 벌 곧 칼과 기근과 사나운 짐승과 온역을 예루살렘에 함께 내려 사람과 짐승을 그 중에서 끊으리니 그 해가 더욱 심하지 않겠느냐"라고 말한다. 이해를 돕기 위해 아래와 같이 표기한다.

첫째인	둘째인	셋째인	넷째인
흰 말	붉은말	검은말	청황색말
땅의 짐승	검	흉년	사망(온역)

바울은 에베소에서 맹수로 더불어 싸웠다. 고린도전서 15:32에 "내가 범인처럼 에베소에서 맹수로 더불어 싸웠으면 내게 무슨 유익이 있느뇨 죽은 자가 다시 살지 못할 것이면 내일 죽을 터이니 먹고 마시자 하리라" 여기 맹수가 사자나 곰이나 표범인가? 거짓 선지자, 거짓 교사 등이다. 땅에서 올라온 짐승은 새끼양 같이 생겼다고 한다. 새끼양은 어린양의 다른 표현이다. 어린양은 누구인가? 보라 세상 죄를 지고 가는 하나님의 어린양을 보라 한다. 어린양은 두 말할 것도 없이 예수 그리스도시다.

어린양은 뿔이 없는데 이 새끼양은 두 뿔이 있다. 뿔은 권세를 말한다. 신교와 구교의 어떤 세력들이다.

또 한 가지는 용처럼 말하더라고 말한다. 새끼양 즉 어린양이면 어린양 같이 말도 해야 할 것이다. 그러나 용처럼 말하였다. 용을 잡으니 곧 옛 뱀이요 마귀요 사단이라고 말한다(계 20:2). 교계에서 나온 짐승이니 그 생김새로는 분별하기 어렵다. 그러나 용처럼 말을 하였으니 용은 사단이 아닌가! 그래서 땅에서 올라온 짐승은 거짓 선지자인 것이다. "거짓 선지자들을 삼가라 양의 옷을 입고 너희에게 나아오나 속에는 노략질하는 이리라 그의 열매로 그들을 알지니 가시 나무에서 포도를, 또는 엉겅퀴에서 무화과를 따겠느냐 이와 같이 좋은 나무마다 아름다운 열매를 맺고 못된 나무가 나쁜 열매를 맺나니"(마 7:15-17)라고 말한다. 땅에서 올라온 짐승이 거짓 선지자인 것이 충분히 이해 되었으리라 믿는다. 환난의 때 이것을 밝히 분별하지 못하면 짐승에게 경배하게 되고 짐승의 우상에게 절하게 되며 짐승의 표(666)를 받게 된다. 그렇게 되면 세세토록 쉼을 얻지 못한다. 그렇기 때문에 자상하게 설명 하겠다.

(1) 어린양의 말은 어떤 것일까?

① 예수 그리스도는 하나님의 아들이라 한다.
② 예수 그리스도는 말씀이 육신이 되어 오신 분이라 한다.
③ 예수 그리스도는 폭력을 행치 말라 하시며 말고의 귀를 붙여 주면서 이것까지 참으라 하신다.
④ 예수 그리스도는 십자가에 죽으실 것을 말씀하셨다.
⑤ 예수는 원수 사랑하고, 참소치 말라 비방하지 말라 대적자와 싸우지 말라 순결하라고 하신다.
⑥ 다른 이로서는 구원을 얻을 수 없다 하신다.

⑦ 예수는 처녀에게서 탄생하셨다. 모든 기사와 이적과 능력을 행하신다.

⑧ 예수 그리스도는 유일하신 하나님이라 하신다.

⑨ 나와 하나님은 일체라 하셨다.

(2) 용처럼 말하는 것은 어떤 것일까?

① 예수 그리스도는 하나님의 아들이 아니라 하며 하나님의 아들이라 함은 참람하다 말한다.

② 예수 그리스도가 육체로 오신 것을 부인한다. 적그리스도의 영이다.

③ 용은 폭력을 행하여도 가하다 하며 말고의 귀를 벨 때도 예수는 이것까지 참으라.

- 적그리스도 짐승과 그의 우상에게 경배하라 하며 짐승의 이름의 표(666)를 받게 한다.

- 거짓 기적을 행하여 심지어 불이 하늘로 땅에 내려오게 한다.

- 적그리스도 짐승을 위하여 우상을 만들라 한다.

- 그 우상에게 생기를 주어 말하게 하고 그 우상에게 경배하게 하고 경배하지 아니하면 몇이든지 죽이게 한다.

- 저가 모든 자 작은 자나 큰 자나 부자나 빈궁한 자나 자유하는 자나 종들로 오른손에나 이마에 666표를 받게 한다.

- 짐승의 이름의 표(666)가 없는 자는 매매를 못하게 한다.

④ 예수는 십자가에서 죽으면 안 된다 한다. 베드로에게 사단아 물러가라 하신다. 베드로는 자기들이 싸워서라도 그 일이 주에게 미치지 못하겠다는 뜻이다.

⑤ 용은 옛 뱀, 마귀, 사단, 대적자, 참소자, 비방자이며 간교하고 속

인다. 그래서 용은 대적하고 참소하며 비방하며 간사한 방법을 동원해서라도 목적을 달성하라 한다.

⑥ 다른 종교에도 구원이 있다 한다.

⑦ 예수의 처녀 탄생을 부인한다. 기사 이적도 부인한다.

⑧ 종교는 똑같으니 아무 종교라도 가지면 된다고 말한다.

⑨ 예수의 사랑과 공자의 인은 동일하다고 한다.

⑩ 자기를 보여 내가 하나님이라 한다.

⑪ 목적 달성을 위하여는 수단과 방법을 가리지 말아야 한다고 한다.

⑫ 성경의 부분 영감설을 주장하며 성경의 권위를 약화시킨다.

8) 거짓 선지자의 활동

12절에 "저가 먼저 나온 짐승의 모든 권세를 그 앞에서 행하고 땅과 땅에 거하는 자들로 처음 짐승에게 경배하게 하니 곧 죽게 되었던 상처가 나은 자니라"고 말한다. 하나님의 삼위일체와 같이 용도 삼위일체의 형식이 있다. 곧 용과 짐승과 거짓 선지자이다. 용은 여자의 남은 자손과 싸우기 위해 바다 모래 위에 서서 열국을 격동시켜 싸우게 한다. 용이 바다(열국)에서 올라온 짐승에게 자기 보좌와 능력과 모든 권세를 주며 짐승은 그의 권세를 거짓 선지자에게 준다. 이 거짓 선지자는 짐승 앞에서 받은 바 이적을 행하므로 땅에 거하는 자들을 미혹하며 땅에 거하는 자들의 칼에 상하였다가 살아난 짐승을 위하여 우상을 만들라고 말한다. 거짓 선지자는 이적을 행하므로 쉽게 미혹될 수 있다. 조심하라! 이 먼저 나온 짐승은 자기와 비교될 짐승이 없으므로 온 땅이 이상히 여겨 짐승을 따르고 각 족속과 백성과 방언과 나라들을 다스리는 권세를 받았다. 상황이 이 정도가 되면 추종자들도 신이 나서 따르며 그를 위해 모든 일을 기꺼이 할 것이다.

　　후삼년반의 용의 표적은 여자의 남은 자손인 것이다. 땅에 거한 모든 불신자는 첫 표적이 아니다. 용의 표적도 동일하며 땅에서 올라온 거짓 선지자도 그 표적이 동일하다. 바다에서 올라온 짐승과 땅에서 올라온 짐승 중에 어느 짐승이 여자의 남은 자손 곧 성도들과 접촉이 쉽겠는가? 두 말할 것도 없이 교계에서 올라온 새끼양 같이 생긴 짐승이 아니겠는가? 그래서 그는 이적을 행하며 땅과 땅에 거하는 자들로 처음 짐승 곧 칼에 상하였다가 다시 살아난 짐승에게 경배하라는 것이다. 이 사실을 정확히 알고 절대로 그들을 따르지도 말고 교제도 하지 말아야 될 것이다. 땅과 땅에 거하는 자는 교계에서 자라난 모든 성도들을 가리킨다. 마귀 사단은 얼마나 교활하며 지혜로운가? 그 교활한 계교에 넘어가지 말아야 한다. 그렇기 때문에 용의 말을 자세히 열거한 것이다.

　　13절에 "큰 이적을 행하되 심지어 사람들 앞에서 불이 하늘로부터 땅에 내려오게 하고"라고 말한다. 천지는 없어지겠으나 내 말은 일점 일획이라도 없어지지 아니하고 다 이루리라하신 말씀 위에 굳게 서길 바란다. 어떠한 기사와 이적이 나타난다 할지라도 현혹되지 말라. 이는 다 믿는 모든 성도들을 미혹하기 위한 것이다. 신명기 13:1-3의 말씀을 들어보자. "너희 중에 선지자나 꿈꾸는 자가 일어나서 이적과 기사를 네게 보이고 네게 말하기를 네가 본래 알지 못하던 다른 신들을 우리가 좇아 섬기자 하며 이적과 기사가 그 말대로 이룰지라도 너는 그 선지자나 꿈꾸는 자의 말을 청종하지 말라 이는 너희 하나님 여호와께서 너희가 마음을 다하고 성품을 다하여 너희 하나님 여호와를 사랑하는 여부를 알려 하사 너희를 시험하심이니라"고 말한다. 또 한 말씀을 더 보자. 데살로니가후서 2:9-12 "악한 자의 임함은 사단의 역사를 따라 모든 능력과 표적과 거짓 기적과 불의의 모든 속임으로 멸망하는 자들에게 임하리니 이는 저희가 진리의 사랑을 받지 아니하여 구원함을 얻지 못함이니라 이러므로 하나님이 유혹을 저의 가운데 역사하게 하사 거짓 것을 믿게 하심은 진리를 믿지 않고 불의를 좋아하는 모든 자로 심판을 받게 하려 하심이니라"고 말한다. 영원 불변하신 진리의 말씀을 사랑하고 그 진리의 말씀을 믿고 그 말씀 위에 확실히 서서 좌로나 우로나 치우치지 말아야 한다. 큰 이적을 행하되 심지어 하늘로부터 불이 사람들 앞에서 땅에 내려오게 한다. 그래도 당신은 흔들리지 않겠는가?

14절은 "짐승 앞에서 받은 바 이적을 행함으로 땅에 거하는 자들을 미혹하며 땅에 거하는 자들에게 이르기를 칼에 상하였다가 살아난 짐승을 위하여 우상을 만들라 하더라"고 말한다. 13절 앞의 내용을 숙지 바라며 짐승 앞에서 받은 바 이적을 행하므로 땅에 거하는 자를 미혹한다. 전 삼년반의 양육 기간에는 여자를 침몰케 하기 위하여 뱀이 그 입으로 물을 토했다. 뱀은 누구인가? 거짓 선지자, 거짓 교사들이다. 지금은 그 때 상황과는 다르다. 여러 가지 이적과 기사와 표적을 행함으로 땅에 거하는 자들(교회 성도들)을 미혹하려는 것이다. 그 뿐인가! 땅에 거하는 자들로 칼에 상하였다가 다시 살아난 짐승을 위하여 우상을 만들라고 한다.

요한계시록 11:1에 "또 내게 지팡이 같은 갈대를 주며 말하기를 일어나서 하나님의 성전과 제단과 그 안에서 경배하는 자들을 척량하되 성전 밖 마당은 척량하지 말고 그냥 두라"고 말한다. 당신은 하나님의 척량 안에 들고 싶은가? 성전 밖 마당만 밟고 척량에서 제외 되고 싶은가? 이 시험의 기간은 이런 모든 것을 분별하기 위한 것이다. 농부가 곡식을 탈곡하여 키로 까불어 알곡과 쭉정이를 분별하는 것은 지극히 자연스러운 일이다. 이 때 알곡과 쭉정이가 구별되는 것이다. 땅에 거하는 자들에게 이르기를 칼에 상하였다가 살아난 짐승을 위하여 우상을 만들라 하더라. 비록 그 우상이, 땅에 거하는 자들이, 타락한 교회가 만들었다고 우상에게 경배해도 가하다고 생각지 말라. 얼마나 마귀 사단은 간교하며 교활하며 지혜로운가?

땅은 교회(교계)라 말한 바 있다. 다른 이방인들에게 우상을 만들라 하지 아니하고 타락한 교회가 만드는 교활함을 보아야 한다. 일제 때도 신사 참배 문제로 교회에 많은 핍박과 환난이 있었다고 한다. 그러나 어떤 자는 우상숭배라 하여 죽기에 이르러도 무릎을 꿇지 않았다. 어떤 자는 국민 의례이니 절해도 가하다 하여 신사 참배를 하나님께 대한 죄로 생각지 않고 하는 자들도 있었다고 한다. 새끼양 같이 닮았어도 어린양은 아니다. 용처럼 말하더라 하였으니 용과 짐승의 사주를 받아 역사하는 하수인인 것이다. 그들은 하나님을 믿는 자들이 아니라 믿는 이들과 같이 교회도 다니고 성경도 가지고 십일조도 하고 교회가 하는 일들을 모두 그대로 하면서도 실제로는 하나님을 안 믿는다. 외면적인 기독교도들이다.

15절에 "저가 권세를 받아 그 짐승의 우상에게 생기를 주어 그 짐승의 우상으로 말하게 하고 또 짐승의 우상에게 경배하지 아니하는 자는 몇이든지 다 죽이게 하더라"고 말한다. 첫째는 칼에 상하였다가 살아난 짐승을 경배하게 하고 또 짐승의 우상을 땅에 거하는 자들로 만들게 하고 그 우상에게 생기를 주어 그 우상으로 말하게 하고 그 우상에게 경배하지 아니하는 자들은 몇이든지 죽이게 한다. 그 뿐인가? 더 나아가 짐승의 이름의 표인 『666』을 오른손에나 이마에 받게 하며 이 표가 없는 자는 매매를 못하게 한다. 원래 우상은 입이 있어도 말하지 못하고 귀가 있어도 듣지 못하며 수족이 있어도 걷지 못하고 움직이지 못한다. 잘린 나무와 같아서 사람에게 매임을 받는다. 우상의 도는 나무뿐이니라 하지 않는가! 그런데 이 우상은 말을 함으로 모든 사람들이 신기하게 생각할 것이다. 짐승의 일곱 머리에는 참람된 이름들이 있다. 사람이 되어 자기가 하나님이라는 것이다. 참람하지 않는가? 바로 왕이 그러했고 모든 왕들이 그러했다. 이 적그리스도 짐승도 예외는 아닐 것이다. 우상을 만들어 생기를 주어 말하게 하고 내가 하나님이니 나를 섬기라고 할는지 모른다. 이를 거부하는 사람들은 몇이든지 죽이게 한다. 이때 순교자의 수가 차는 것이다.

그러나 하나님은 주권적이시다. 1,260일 양육 기간의 때에 충분한 이런 사실들이 있을 것이니 동요하지 말고 이기라고 양육을 받았기에 모든 믿는이들은 끝까지 인내로 하나님의 말씀을 지키며 승리할 것이다. 요한계시록 13:8절에 "죽임을 당한 어린양의 생명책에 창세 이후로 녹명되지 못하고 이 땅에 사는 자들은 다 짐승에게 경배하리라"고 말한다. 하나님께서는 머리터럭 하나라도 잃지 아니하시는 분이시다.

9) 짐승의 이름의 표인 『666』

16-17절에 "저가 모든 자 곧 작은 자나 큰 자나 부자나 빈궁한 자나 자유한 자나 종들로 그 오른손에나 이마에 표를 받게 하고 누구든지 이 표를 가진 자 외에는 매매를 못하게 하니 이 표는 곧 짐승의 이름이나 그 이름의 수라" 시온산에 선 십 사만 사천인은 그 이마에 어린양의 이름과 아버지의 이름을 쓴 것이 있다. 이것은 내가 하나님께 속하였다는 확실한 증거이다. 이와 같이 짐승의 이름의 표인 『666』도 그 이마에 오른손에 표가 있는 것은 용에게나 짐승에게나 거짓 선지자에게 속하였다는 것이다. 어린양의 생명책에 녹명되지 못한 자는 모두 절하고 표를 받게 된다. 용과 짐승과 거짓 선지자들의 역사가 명명백백하게 나타나 있다. 그러므로 첫 열매로 하나님의 보좌로 들림 받지 못한 자는 이 환난에 참여할 것이다. 그리고 이 환난을 통하여 미숙한 열매들이 완숙하게 되는 것이다. 그래서 필자는 빨리 많이 공급 받고 강화되고 완숙하여 하나님의 만족을 위하여 첫 열매로 휴거 되기를 바라는 바이다.

그렇다면 이 짐승의 표는 어떤 것일까? 구구한 해석들이 있으며 많은 사람들에게 공포심을 일으켜 떨게 한다. 요한계시록 13:17 하반절을 일본어 성경대로 이해를 돕기 위해 표기해 보겠다.

この 刻印は その獣の名 または その名の 數字の ことで ある.

　해석한다면 이 각 인은 그의 짐승의 이름 또는 그의 이름의 숫자에 관한 것이다. 로마 당시에는 네로 황제를 지칭하는 것으로 많은 학자들이 일치를 이루었다. 네로 황제의 히브리음이 네론 카이살 『NRON KSR』이다. 그 철자 자체가 내포하는 숫자 즉 50+200+6+50+100+60+200=666이 된다. 네로는 자기 이름이 네로이기에 나는 로마의 황제 네로라 하였지만 마지막 적그리스도인 그도 자기 이름을 거론하며 네로는 로마 황제였지만 나 ○○○는 세계의 황제라 할지도 모른다. 어쨌든 『666』이라는 각 인이 바다에서 올라오는 형상은 표범 같고 발은 곰의 발 같고 입은 사자의 입 같은 적그리스도의 이름 또는 그 이름의 숫자에 관한 것이다.

　18절에 "지혜가 여기 있으니 총명 있는 자는 그 짐승의 수를 세어 보라 그 수는 사람의 수니 육백 육십 육이니라"고 말한다. 그 숫자는 인간을 가리키는 것이다. 그리고 그 숫자는 『666』이라고 일어 성경에 말하고 있다. 이 짐승은 입은 상처가 빠른 속도로 회복되고 있다. 완전 회복하여 거사할 수 있는 정도가 되면 어김없이 나타날 것이다.

　13장을 다시 한번 총정리 하겠다. 용이 여자의 남은 자손과 더불어 싸우려고 바다 모래(열국 백성)위에 섰다. 즉 열국을 격동시켜 그 계획한 바를 성취하려는 것이다. 그러므로 바다(세상)에서는 일곱 머리 열 뿔 가진 짐승이 올라왔다. 바다는 태평양도 아니요 대서양도 아니며 지중해도 아니다. 일곱 머리는 '각 시대' 곧 일곱 시대의 적그리스도 국가와 왕들을 말한 것이다(① 애굽 ② 앗수르 ③ 바벨론 ④ 메데파사 ⑤ 헬라 ⑥ 로마 ⑦ 독일).

필자는 일곱째를 독일로 본다. 지금 우리가 살고 있는 시대는 일곱 시대가 지났다. 그러나 다니엘 7:11-12에 짐승이 죽임을 당하여 그(로마) 시체가 상한 바 되어 붙는 불에 던진 바 되었으며 그 남은 모든 짐승 곧 바벨론(사자), 메데파사(곰), 헬라(표범)는 권세를 빼앗겼으나 생명은 보존되어 정한시기가 이르기를 기다리게 되었더라고 말한다. 그 남은 모든 짐승이 요한계시록 13장에 나타난 것이다. 형상은 표범 같고 발은 곰의 발 같고 입은 사자의 입 같은 짐승인 것이다. 하나의 맹수만으로도 그 참상이 잔인하고 포악한데 세 짐승의 모든 성격을 종합하면 이 제팔왕인 짐승은 로마보다도 더 잔인한 짐승이 될 것이다.

요한계시록 17:9-11 "지혜 있는 뜻이 여기 있으니 그 일곱 머리는 여자가 앉은 일곱 산이요 또 일곱 왕이라 다섯은 망하였고 하나는 있고 다른 이는 아직 이르지 아니하였으나 이르면 반드시 잠간 동안 계속하리라 전에 있었다가 시방 없어진 짐승은 여덟째 왕이니 일곱 중에 속한 자라"고 말한다. 이 제팔왕은 일곱 중에 속한 자이다. 이것은 로마도 아니며 네로 황제도 아니다. 열 왕도 로마에서 일어났던 열 왕들이 아니다. 제팔왕의 위성 국가들이다. 유럽의 공동시장 10개국도 아니다. 이해를 돕기 위해 아래 표를 보자.

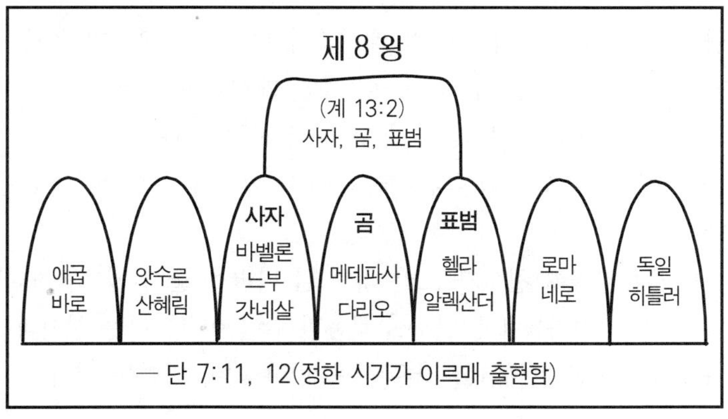

짐작은 계시록을 연구하는데 금물이다. 반드시 성경에서 해답을 찾아야 한다. 이것이 바다(열국)에서 올라온 짐승이다. 용에게 능력과 보좌와 권세를 받고 그 권세를 땅(교계)에서 올라온 새끼양 같은 짐승에게 권세를 주므로 짐승 앞에서 받은 이적을 행하여 땅에 거하는 자들을 미혹케 하고 땅에 거하는 자들에게 이르기를 칼에 상하였다가 살아난 짐승을 위하여 우상을 만들게 하고 그 우상에게 생기를 주어 말하게 하고 그 우상에게 경배하지 아니하는 자는 몇이든지 죽이게 한다. 저가 모든 자 곧 작은 자나 큰 자나 부자나 빈궁한 자로 오른손이나 이마에 표를 받게 하고 이 표가 없으면 매매들을 못하게 하는 바다에서 올라오는 짐승보다도 더욱 악랄하고 교활하다. 이것이 타락한 교회와 변질된 교계에서 올라온 짐승의 정체이다. 하지만 두려워 말라! 이미 하나님의 뜻 안에서 예정한 사건이므로 이 모든 일을 피하고 인자 앞에 서도록 깨어 있어야 한다.

11. 제7의 중간 계시
(칠년 대 환난을 중심한 일곱 가지 환상 - 14:1-18)

요한계시록 14장은 일곱 중간 계시중의 마지막 부분이며 일곱 중간 계시의 결론이라고도 볼 수 있다. 이 중간 계시들의 순서는,

① 이스라엘 백성중 인 맞은 자 십 사만 사천 인과

② 각 나라와 족속과 백성과 나라 중에서 아무나 능히 셀 수 없는 큰 무리와

③ 10장의 일곱째 천사가 소리 내는 날 나팔을 불게 될 때 하나님의 비밀이 그 종 선지자들에게 전하신 복음과 같이 이루리라는 선언과 칠년 대 환난 전 삼년반에 예언할 작은 책을 받아 먹어 버리는 것과

④ 11장의 두 증인의 1,260일 전삼년반 작은 책을 먹어 버린 후 예언하는 예언과 그 예언을 마치게 될 때 두 증인의 순교와 삼일반 후의 승천과 마지막 일곱 나팔과

⑤ 12장의 빛나고 영광스런 여인(교회)의 해산 고통과 사내 아이의 휴거와 미가엘 천사와 용과의 하늘에서의 전쟁과 전삼년반의 두 증인을 통한 사내아이를 낳은 여인의 양육과

⑥ 바다에서 올라 오는 일곱 머리 열 뿔 달린 짐승과 땅에서 올라 오는 거짓 선지자의 후삼년반의 활동과

⑦ 마지막 총 중간 계시의 결론을 말해 주는 14장의 일곱 환상들로 결론을 맺고 있다.

요한계시록 1:19의 "그러므로 네 본 것과 이제 있는 일과 장차 될 일을 기록하라" 하시고 장차 될 일 중 일곱째 인의 내용에 지면을 많이 할애하고 있다. 왜 그럴까? 그 만큼 중요하기 때문이다. 일곱 나팔 재앙과 일곱 대접 재앙 중에서도 여섯째 나팔 재앙과 칠년 대 환난에 지면을 많이 할애하고 있다. 요한계시록 9-14장까지 무려 여섯장이 둘째 화(계 11:14)의 내용이라는 것이다. 둘째 화는 유브라데 강 전쟁(제 3차 세계 대전)과 칠년 대 환난을 포함하고 있다. 중간 계시중 마지막인 요한계시록 14장은 일곱 환상이 기록되었는데 모두가 칠년 대 환난을 중심으로 한 기록이라는 것이다. 이런 맥락하에서 요한계시록 14장을 보아야 할 것이다. 칠년 대 환난 후 요한계시록 14:14-20까지 곡식 추수와 포도 추수는 새 예루살렘에서 신랑되신 주님과 함께 어린양의 신부로서 주만 섬기며 생명수와 생명과의 풍성함을 누리며 살 것이다. 이 새 예루살렘은 장과 광과 고가 일만 이천 스다디온인 확대된 지성소이다. 왜 새 예루살렘이 지성소를 상징하느냐고 의문이 있을 것이다. 장막의 지성소는 장과 광과 고가 십 규빗이다. 솔로몬을 통하여 건축한 지성소는 장과 광과 고가 이 십 규빗이다(왕상 6:20). 새 예루살렘은 장과 광과 고가 일

만 이천 스다디온으로 북미 합중국의 절반 가량 되는 거대한 지성소인 것이다. 장차 될 일중 하나님께서 가장 큰 비중을 두고 기록하고 역사하시는 것은 두 말 할 여지가 없는 칠년 대 환난인 것이다. 왜 그러한가? 자세히 살펴 보기로 하자!

　요한계시록 11장은 칠년 대 환난 전삼년반과 후삼년반의 기록이다. 전 삼년반은 후 삼년반이 어떠하며 적그리스도와 거짓 선지자의 악랄한 행동과 역사가 어떠하며 각 나라들은 어떠하다는 것을 미리 예언하며 적그리스도와 그의 우상에게 경배하지 말아야 되며 그 표(666)도 받아서는 안 된다고 예언하게 된다. 그 증거를 마칠 때 무저갱으로부터 올라오는 짐승이 저희로 더불어 전쟁을 일으켜 저희를 이기고 저희를 죽인다.

　요한계시록 12장은 칠년 대 환난 직전의 사내 아이(처음 익은 열매)의 휴거와 미가엘과 용과의 싸움이 하늘에서 있게 된다. 용은 자기의 사자들을 거느리고 미가엘 천사와 싸우나 이기지 못하여 땅으로 쫓겨나면서 자기의 때가 얼마 남지 않은 것을 알고 크게 분내어 너희에게 내려 갔음이라고 말한다. 그리고 용의 자기가 땅으로 내어 쫓긴 것을 보고 남자를 낳은 여자를 핍박한다. 하나님께서는 그 여자(교회)에게 독수리 두 날개 즉 두 감람 나무 기름의 아들들로 보호를 받으며 양육을 받게 되는 것이다. 이 양육 받은 한때 두때 반때가 칠년대환난 전삼년반의 양육인 것이다(계 12:13-17).

　용은 이 양육 기간에 물을 토하여 여자를 침몰케 하려 한다. 그것이 실패로 돌아가자 여자의 남은 자손들로 더불어 싸우려고 바다 모래 위에 섰다. 즉 세상 열국을 격동하여 여자의 남은 자손들로 더불어 싸우려고 할 것이다. 이것이 요한계시록 13장의 적그리스도와 거짓 선지자의 악랄한 모든 방법들이 동원되며 믿는 이들을 타락케 하려는 계략인 것이다. 이 일 전에 요한계시록 10장에서는 전삼년반 예언할 말씀인 작은 책을 먹어 버리고 그 준비와 모든 과정을 끝내고 요한계시록 11장에서 비로소 예언을 하는 것이다. 요한계시록 9장에서 유브라데강 전쟁 곧 제3차 세계 대전에서 승리한 국가들이 마지막 적그리스도로 등장하게 되는 것이다.

당신은 이 모든 과정을 종합해 볼 때 하나님의 모든 역사의 중점이 어디에 있는가를 알았을 것이다. 기록된 기간은 십년 내외지만 그의 기록은 9-14장 까지를 망라하고 있다는 것을 잊지 말라. 요한계시록 9장을 제외한 다섯장의 중간 계시가 칠년 대 환난을 중점적으로 말하고 있다는 것이다. 이 칠년 환난은 첫째, 시험의 때로 땅에 거하는 모든 사람에게 임하고 적그리스도와 거짓 선지자가 합세하여 짐승에게 경배하게 하고 짐승의 형상인 우상을 만들어 그 우상으로 말하게 하고 경배하게 한다. 경배하지 않는 자는 몇이든지 죽이며 그 뿐인가! 짐승의 이름의 수인 666을 오른손이나 이마에 받게 하며 이 표가 없는 자는 매매들을 못하게 한다. 둘째로, 갈대 지팡이로 하나님의 성전과 제단과 그 가운데서 경배하는 자들을 척량하는 것이다. 하나님은 천국 복음이 온 세상에 전파되어 누가 성전에서 경배하는 자인지 제단에서 경배하는 자인지 아니면 성전 마당만 밟고 있는 자인지를 분별하기 위한 것이다.

요한계시록 6:1-17까지 여섯째 인을 떼기까지는 17절밖에 되지 않지만 기간은 거의 신약 전 기간을 말하고 있으며 일곱째 인의 내용인 요한계시록 8장부터 요한계시록 16장 까지는 약 100년 내외의 기간이지만 기록은 방대하다. 그러나 칠년 대 환난은 넉넉잡고 10년 내외인데도 기록은 요한계시록 9:13-14:20절 까지의 내용을 포함하고 있다는 것이다.

이러한 바탕에서 요한계시록 14장을 보기로 하자. 일곱 환상중 첫 열매인 시온산에 어린양과 함께 서 있는 십 사만 사천인을 볼 것이다. 모든 성도들 중에서 첫 열매인 것이다. 백 마디의 말보다 한 가지의 그림이 모든 것을 분명히 말해 준다.

　　하나님은 이스라엘 자손이 가나안 땅에 들어가서 농사를 지어 추수할 때에 처음 익은 곡식 한 단을 하나님의 만족을 위해 하나님의 성전으로 가져가 드린다. 그 후 남은 곡식은 모두 익은 후에 곳간으로 들이는 것이다(출 23:19, 레 23:10). 이것 첫 열매는 평소에 강한 햇빛과 비바람과 열풍에도 잘 견디어 완숙된 것이다. 그렇기 때문에 전체 곡식이 익어야 할 환난의 때는 거치지 않는 것이다. 요한계시록 12:1, 2, 5에 해를 옷 입고, 달이 그 발 아래 있고 열 두 별의 면류관을 쓴 여자가 아이를 배고 해산하게 되매 산고 끝에 아이를 낳았다. 그 아이는 장차 철장으로 만국을 다스릴 남자라고 말한다. 용은 여자 앞에서 그 아이를 삼키고자 하였지만 그 아이를 하나님 앞과 그 보좌 앞으로 올려갔다. 이것이 휴거이며 첫 열매의 수확인 것이다. 이 사실은 칠년 대 환난 일어나기 바로 직전이다. 모든 세기를 통하여 첫 열매에 해당되는 모든 성도들은 부활할 것이다. 그리고 그 당시 살아 있어 첫 열매에 해당되는 모든 성도는 요한계시록 3:10의 말씀과 같이 "네가 나의 인내의 말씀을 지켰은 즉 내가 또한 너를 지키어 시험의 때를 면하게 하리니 이는 장차 온 세상에 임하여 땅에 거하는 자들을 시험할 때라"고 말한다. 첫 열매도 전체 추수와 같이 데살로니가전서 4:16-17과 같이 죽은 자가 부활하고 산 자들은 홀연히 변화하여 올라가는 것이다.

　　요한계시록 14장은 환난 전에 첫 열매가 하나님 앞에 추수되며 시온산 즉 하나님의 거처인 거룩한 곳에 어린양과 함께 있는 것이다. 전체 수확물인 여자의 남은 자손은 칠년대환난을 통과한 후에 추수하게 되는 것이다. 이 사실이 요한계시록 14:14-16절 까지의 곡식 추수에 해당되는 것이다. 그 안에 어떤 일들이 일어나고 있는가? 공중에 날아가는 천사가 영원한 복음을 전한다. 여러 나라와 족속과 방언과 백성에게 전할 영원한 복음이라 한다. 이 영원한 복음은 은혜의 복음과는 다르다. 은혜의 복음은 칠년대환난 전삼년반까지 전하게 되며 칠년대환난 후삼년반은 은혜의 복음을 전할 수 없다. 그렇기 때문에 공중에 날아가는 천사가 전하는 것이다. 그 내용은 무엇인가? 하나님을 경배해야 하며 하나님을 두려워하며 영광을 돌리라고 말한다. 후삼년반 동안은 짐승이 하나님 성전에 앉아 자기를 가리켜 하나님이라 하며 자기를 신으로 경배하게 하고 그의 우상을 만들어 절하게 하고 짐승의 이름의 표를 받게 하기 때문에 그것은 경배의 대상이 아니며 오직 하나님을 경배해야 된다고 공중에 날아가는 천사를 통하여 영원한 복음을 전하는 것이다.

하나님은 여러 세대에 필요한 경륜으로 사람들을 대하신다. 이스라엘 백성에게는 율법 시대로, 예수님 오심으로부터는 은혜 시대로, 칠년 대환난 후삼년반은 영원한 복음 시대로 대하신다. 첫 열매는 칠년 대 환난 직전에 보좌 앞으로 올려간다. 마지막 추수는 칠년대환난 후 일곱째 나팔 분 후에 추수된다(계 11:15, 고전 15:51-52). 그 중간에 영원한 복음과 바벨론 멸망의 선언과 칠년대환난 기간에 짐승과 그의 우상과 그의 이름의 표를 받게 한다. 받지 않고 경배하지 않는 사람은 몇이든지 죽이게 한다. 요한계시록 14:13에 "지금 이후로 주 안에서 죽는 자들은 복이 있도다"라고 말한다. 요한계시록 15:2에 짐승과 그의 우상과 그의 이름의 수를 이기고 벗어난 자들이 유리 바닷가에 서서 하나님의 거문고를 가지고 모세의 노래, 어린양의 노래를 부른다. 요한계시록 20:4에는 "또 내가 보좌들을 보니 거기 앉은 자들이 있어 심판하는 권세를 받았더라 또 내가 보니 예수의 증거와 하나님의 말씀을 인하여 목 베임을 받은 자의 영혼들과 또 짐승과 그의 우상에게 경배하지도 아니하고 이마와 손에 그의 표를 받지도 아니한 자들이 살아서 그리스도로 더불어 천 년 동안 왕 노릇하니"라고 말한다. 주 안에서 죽은 자가 얼마나 복 된가! 이 모든 환상들이 칠년 대 환난에 집중되어 있다.

하나님은 사랑이시기에 우리들에게 이런 환난을 주신 것은 하나님의 은혜가 아니다라고 생각지 말라. 이런 과정을 통하여 세계 만민중에서 참으로 하나님을 섬기는 자가 누구인가를 시험해 보시는 것이다. 누구든지 그리스도 터 위에 집을 짓는다고 해서 그 집을 무조건 받으시는 것이 아니라 불로써 시험해 보신다고 말씀하셨다. 금과 은과 보석으로 지어진 집들은 불로 시험할 때에도 그대로 보존될 것이다. 그러나 나무와 집과 풀로 지어진 집들은 공력이 불 탈 것이다. 하나님의 길은 분명하시다. 천하 만국에 복음이 전파된 후에 끝이 온다고 말씀하셨다. 알곡과 쭉정이 모두를 곳간에 넣겠는가? 농부가 추수하여 탈곡한 후 알곡과 쭉정이를 까부르지 않는가! 하나님도 똑같은 방법으로 행하신다. 이런 경위에서 볼 때 영원한 복음이 어떠한 복음이며 지금부터 이 후에 주 안에서 죽은 자가 복되다고 하신 말씀이 정확히 이해될 것이다. 이제 그 한절 한절을 살펴 보기로 하자.

1) 처음 익은 열매

(1) 하나님과 어린양에게 속한 처음 익은 열매

한 가지의 그림이 백 마디의 말보다 낫다. 너희가 약속의 땅 가나안에 들어가서 농사 지을 때 밭에서 처음 익은 곡식의 한 단을 하나님의 만족을 위하여 성전에 가져 가 드리라 한다. 나머지는 전체 수확물이 모두 익을 때 창고에 들이는 것이다. 성도들의 추수도 곡식 추수에 비유되고 있다(출 23:19, 출 34:26, 레 23:10). 씨앗을 뿌린 후 싹이 나고, 줄기가 굳어지며, 꽃이 피고, 열매가 익는다. 그 과정에는 많은 세월이 필요하다. 그러면 처음 익은 열매는 언제 거두어지는가? 전체 추수가 칠년 대 환난 후 삼년반이 지난 후 마지막 나팔이 분 후에 이루어진다(계 11:15, 고전 15:51-52, 살전 4:16-17). 첫 열매는 벌써 익었기에 이 과정이 필요가 없는 것이다. 요한계시록 12:1, 2, 5에 해를 옷 입고 달이 그 발 아래 있고 열 두 별의 면류관을 쓴 여자가 아이를 잉태하여 해산 고통을 위하여 부르짖는다. 용은 그 여자 앞에서 아이를 낳으면 삼키고자 하여 대기하고 있다. 아이를 낳았는데 장차 철장으로 만국을 다스릴 남자라 한다. 그 아이를 하나님 앞과 그 보좌 앞으로 올려 갔다. 이것이 첫 열매의 수확인 것이다. 그 시기와 때는 칠년 대 환난 직전이다.

요한계시록 12:13-17까지 남자를 낳은 여자를 용이 핍박하니 그 여자에게 독수리의 두 날개(출 19:4)를 주어 광야 자기 곳으로 날아가 거기서 뱀의 낯을 피하여 한 때 두 때 반 때를 양육 받게 한다. 독수리 두 날개는 이스라엘 백성이 애굽에서 나올 때에 모세와 아론으로 인도하셨고 전삼년반 때는 두 감람 나무 기름의 아들 두 증인인 것이다. 이 말씀의 부분이 전삼년반 양육 기간을 말한 것이기 때문에 첫 열매의 추수 즉 휴거는 그 직전에 일어나는 것이다. 휴거 후에 하늘에 싸움이 있어 용이 땅으로 쫓겨 나면서 자기의 때가 얼마 못 된 줄 알므로 힘써 분내어 너희에게 내려갔다고 말한다. 힘써 분내어 내려와서 그는 무엇을 했는가? 남자를 낳은 여자를 핍박했다. 이것이 칠년 대 환난의 시작인 것이다. 첫 열매는 모든 세기를 통하여 첫 열매에 해당되는 성도들이다. 그 성도들은 이 때 부활하고 살아 있어 처음 익은 열매에 해당되는 모든 자는 요한계시록 3:10의 약속의 말씀 같이 "네가 나의 인내의 말씀을 지켰은즉 내가 또한 너를 지키어 시험의 때를 면하게 하리니 이는 장차 온 세상에 임하여 땅에 거하는 자들을 시험할 때라"고 말한다. 이 살아 있는 자들은 순식간 홀연히 변화하여 보좌 앞으로 올라가는 것이다. 나는 모든 성도들이 첫 열매로 휴거되기를 바란다. 후삼년반의 기간은 너무 가혹하여 견디어 내기가 어렵기 때문이다. 그렇게 되기를 원한다면 빨리 성숙하라! 많은 세월이 있다고 느슨하게 생각지 말고 더 많이 공급 받고 누리며 체험을 통하여 강해지라! 그리하면 첫 열매로 휴거될 것이다. 그러나 그 수는 많지 않다. 밭에서 수확물이 수 백단이라면 첫 열매는 한

단인 것이다.

　4절 하반절은 "하나님과 어린양에게 속한 자들이니"라고 말한다. 우리는 하나님께 속하고 온 세상은 악한 자 안에 처한 것이라(요일 5:19)고 말한다. 그러기에 그 이마에 어린양의 이름과 아버지의 이름 쓴 것이 있도다 라고 말한다. 요한계시록 3:12에 "이기는 자는 내 하나님 성전에 기둥이 되게 하리니 그가 결코 다시 나가지 아니하리라 내가 하나님의 이름과 하나님의 성 곧 하늘에서 내 하나님께로부터 내려오는 새 예루살렘의 이름과 나의 새 이름을 그이 위에 기록하리라"고 말한다. 이기는 것은 실로 값진 것이다. 각 교회마다 상황이 다르다. 그 다른 상황하에서도 신앙을 잃치 않고 믿음을 지키는 것은 실로 얼마나 하나님께서 기뻐하시랴! 에베소 교회는 처음 사랑을 잃어버린 데서 다시 그 사랑을 회복해야 할 것이다. 라오디게아 교회는 차지도 않고 더웁지도 않는 외적으로는 부요한 것 같아도 실상은 부요치 않고 곤고하고 가련히고 가난과 눈 먼 것과 벌거벗은 곳에서 벗어나 순수한 믿음으로 돌아와야 할 것이다. 그들은 하나님과 어린양 외에는 어떤 것도 용납하지 않았다. 육신의 정욕과 안목의 정욕과 이생의 자랑인 세상 속에 살면서 어찌 유혹이 없었겠는가! 그러나 여자로 더불어 더럽히지 않았다. 해바라기와 같이 오직 주바라기가 되어 살 것이다.

　(2) 시온산에서 어린양과 함께 있음

　시온산은 어디일까? 땅에서는 예루살렘이요 하늘에서는 하나님의 거처를 말한다. "너희는 시온에 거하신 여호와를 찬송하며"(시 9:11). "주의 거하신 시온 산도 생각하소서"(시 74:2)라 말하며 강도 만난 사람은 예루살렘에서 여리고로 내려 가다가 봉변을 당하였다. 믿는 이들이 매일매일 주님과 함께 살아야 할 것이다. 가장 낮은 세상으로 가치 없는 저급한 곳으로 가다 강도를 만나게 된다. 나오미는 흉년을 당하여 모압으로 갔다가 남편과 두 자식을 잃었다. 이 첫 열매인 그들은 매일의 삶 속에서 항상 주님과 함께 한 자들이다. 그러기에 첫 열매로 시온산에 어린 양과 함께 있는 것이다. 시온산은 하나님의 보좌인 것이다.

3절은 이렇게 말한다. "저희가 보좌와 네 생물과 장로들 앞에서 새 노래를 부르니"라고 말한다. 우리의 소망은 잠시 보이다가 없어지는 세상이 아니다. 머리를 들고 위를 바라 보자!

(3) 십 사만 사천

십 사만 사천에 대하여도 문자적이냐 상징적이냐의 논란이 있다. 요한계시록 7장에서도 말한 바 있지만 계시록에 있어서 그 단어 하나 하나가 실제적이냐 상징적이냐의 분별의 차이가 엄청나다. 마치 하늘과 땅의 차이가 있는 것과 같다. 요한계시록 13장의 바다에서 올라 온 일곱 머리 열 뿔 가진 짐승을 대서양에서나 지중해에서 올라오는 괴물이라 한다면 하나님의 뜻과는 거리가 먼 것이다. 바다가 무엇을 말하고 있는가를 찾아 보아야 할 것이다. 마태복음 13:35은 "내가 입을 열어 비유로 말하고 창세부터 감추인 것들을 드러내리라"고 말한다. 실로 하나님의 말씀은 신묘 막측하다. 평생을 두고 궁구하고 살펴도 그 깊이와 높이와 넓이와 길이를 다 알 수 없다.

십 사만 사천도 동일하다. 인 맞은 자도 십 사만 사천이요 시온산에 어린양과 함께 선 첫 열매도 십 사만 사천이요 새 예루살렘의 성곽도 일백 사십 사 규빗이다. 이 모두가 여자적인 수가 아니요 상징적인 수인 것이다. 기본 수 12는 하나님의 택한 수이다(요 6:70, 눅 6:13). "내가 너희 열 둘을 택하지 아니하였느냐" 말씀하시고 "밝으매 그 제자들을 부르사 그 중에서 열 둘을 택하여 사도라 칭하셨으니"라고 말씀하신다. 기본수 12에다 1,000을 곱한 것이 12,000이다. 『1,000』은 베드로후서 3:8에 "주께는 하루가 천 년 같고 천 년이 하루 같은 이 한 가지를 잊지 말라"고 하신다. 즉 많은 것을 뜻한다. 택한 많은 수이니 이 12,000만으로도 그 뜻이 충분하다 할 수 있을 것이지마는 거기에다 이스라엘 전체를 말하는 열 두 지파를 또 곱하였다.

그래서 십 사만 사천이 되는 것이다. 어찌 여자적인 수라 하겠는가! 시온산에 선 십 사만 사천 인은 첫 열매의 총수를 말한다. 어떤 자는 구속 받은 모든 믿는 자라고 말하는 자들도 있다. 물론 그렇게 해석할 수도 있겠지만 여기서는 첫 열매로 구속 받은 자로 보는 것이 더 정확할 것이다. 이 수는 십 사만 사천 이하도 될 수 있고 수 십억이 될 수도 있다. 수의 많고 적음에 관계없이 첫 열매에 해당되는 모든 자를 상징하는 것을 명심하기 바란다. 어떤 자는 요한계시록 7장의 인 맞은 십 사만 사천과 첫 열매인 십 사만 사천이 동일하다고 말한다. 마치 일곱 머리 열 뿔이 유럽 공동시장(EC) 10개국이라 하는 사람과 다를 바가 없다.

인 맞은 자는 이스라엘 자손의 각 지파 중에서 인 맞은 자이고 144,000은 모든 세기를 통해서 땅에서 구속을 받았다고 말하고 있다. 십자가 구속 후로는 일부를 제외하고는 유대인들은 십자가의 원수가 되었고 복음이 주로 이방인들에게 전파되었다. 그렇다면 요한계시록 6:9에 하나님의 말씀과 저희의 가진 증거를 인하여 목 베임을 받은 영혼들이 호소한다. 이 사람들은 인 맞은 자인가 첫 열매에 해당되는 자인가? 모든 세기를 통하여 순교한 성도들이다. 필자는 이 분들이 첫 열매에 해당 된다고 확신을 하고 있다.

(4) 이마에 어린양의 이름과 그 아버지의 이름 쓴 것이 있음

요한계시록 14:1절 후반에 "그 이마에 어린양의 이름과 그 아버지의

이름을 쓴 것이 있도다"라고 말한다. 이름이 있는 것은 그의 소유를 나타낸다. 그 이마에 어린양의 이름과 그 아버지의 이름들이 있다. 그들은 확실하게 하나님의 소유이며 하나님께 속하였다. 마지막 환난 때 짐승의 표를 받는 것과 대조를 이룬다. 그 짐승의 표를 받는 자는 그 사단 마귀와 짐승을 추종하며 섬기는 자들이다. 요한계시록 3:12에도 빌라델비아 교회들에게 이기는 자에게는 하나님의 이름과 새 예루살렘의 이름과 나의 새 이름을 그이 위에 기록하리라 말씀하신다. 요한계시록 3:10에는 네가 나의 인내의 말씀을 지켰은즉 나도 너를 지키어 시험의 때를 면하게 해 주신다고 약속하셨다. 빌라델비아 교회의 이기는 성도들의 위에는 하나님의 이름, 새 예루살렘의 이름, 나의 새 이름을 기록하리라 한다. 이들은 처음 익은 성도들의 부활과 순식간에 변화하여 두 사람이 밭에서 일할 때 한 사람은 데려가고 한 사람은 버려두는 중에 취함을 받은 자들인 것이다. 마귀의 추종에서 부름받고 구속되어 영원한 기업을 받을 자가 됨은 무한한 영광이 아닐 수 없다. 할렐루야!!

(5) 하늘의 음성

2절에 "내가 하늘에서 나는 소리를 들으니 많은 물소리도 같고 큰 뇌성도 같은데 내게 들리는 소리는 거문고 타는 자들의 그 거문고 타는 것 같더라"고 말한다. 많은 물 소리와 뇌성 소리 같다 함은 우렁차고 위엄있는 것을 뜻한다. 인간들의 소리는 약하고 시끄럽다. 그 중에서도 요한에게 들리는 소리는 조화가 있고 선율이 뚜렷한 아름다운 거문고 타는 소리와 같더라고 말한다. 그 소리는 어떤 소리인가! 이는 땅에서 구속받은 144,000인의 노래인 것이다. 3절에서 말하고 있다.

(6) 새 노래와 땅에서 구속 받은 십 사만 사천인

3절에 "저희가 보좌와 네 생물과 장로들 앞에서 새 노래를 부르니 땅에서 구속함을 얻은 십 사만 사천 인밖에는 능히 이 노래를 배울 자가 없더라"고 말한다. 누구보다도 첫 열매인 그들은 땅 위에서 하나님을 섬기며 믿음으로 모든 환난과 핍박 중에서도 믿음을 지키며 승리하는 삶 속에 다른 일반 성도들이 맛볼 수 없는 많은 체험이 있었다. 그 어려운 환난중에 많은 위로도 있었고 그 분량은 측량할 수 없으며 하나님의 어떠하심도 많이 누리고 살았을 것이다. 찬송의 작사자들은 자기가 몸소 체험한 모든 것을 시로 나타낸다. 곧 찬송은 자기들의 체험의 산물인 것이다. 땅에서의 삶속에서 많은 누림이 있었지만 이제 직접 뵈오니 그 감격의 기쁨과 즐거움은 어떠했겠는가? 가사와 곡을 따라하는 것이 찬송이겠는가? 그 체험과 누림과 그 영광은 측량할 수 없으리. 이것을 체험하지 못하고 누가 감히 이 새 노래를 부를 수 있겠는가! 그래서 땅에서 구속을 받은 십 사만 사천인 밖에는 능히 이 노래를 배울 수 없다고 한 것이다. 땅에 구속함을 받은 십 사만 사천을 지상에서 구속받은 모든 성도라 생각지 말라. 첫 열매와 그 후 전체 추수(계 14:14-16)와는 엄연히 다른 것이다. 아무렇게나 살다 주님 앞에 서면 온전할 것이라 생각지 말라. 자기가 세상에서 떠나는 그 순간의 모습이 주님 앞에서 자기의 모습이 될 것이다. 첫 열매 추수와(계 14:1-5) 전체 추수(계 14:14-16) 사이에는 네 가지 환상들이 있다. 무심히 넘기지 말라.

① 영원한 복음을 공중에서 천사가 전하고

② 바벨론 멸망의 선언이 있고

③ 짐승과 그의 우상과 그의 이름의 수를 강요받게 하는 대 환난의 후 삼년반이 있고

④ 그 환난에서 짐승과 그의 우상에게 경배하지 아니하고 그 이름의 표를 받지 아니하면 몇이든지 죽인다.

그래서 네번째는 지금부터 이 후 주 안에서 죽은 자가 복이 있다고 말

하는 것이다. 네 가지 환상 모두가 칠년 대 환난의 후 삼년반의 사건과 관계가 있는 것이다. 이것을 이해 한다면 그 환상들의 참 의미를 알 수 있을 것이다.

(7) 여자로 더불어 더럽히지 않고 정절이 있음

4절에 "이 사람들은 여자로 더불어 더럽히지 아니하고 정절이 있는 자라"고 말한다. 남녀의 불륜관계로 생각지 말라. 이것은 너무 낮은 것이다. 이 남녀의 불륜관계가 해당되지 않는 것은 아니지만 그 뜻은 너무 넓고 광범위하다. 야고보는 말한다. "간음하는 여자들이여 세상과 벗 된 것이 하나님의 원수임을 알지 못하느뇨 그런즉 누구든지 세상과 벗이 되고자 하는 자는 스스로 하나님과 원수 되게 하는 것이니라"(약 4:4)고 말한다. 디모데는 과부에 대하여 말한다. "참 과부로서 외로운 자는 하나님께 소망을 두어 주야로 항상 간구와 기도를 하거니와 일락을 좋아하는 이는 살았으나 죽었느니라"(딤전 5:5-6). 일어 성경에는 살아있는 시체라 하였다.

요한계시록 17:3-4 "여자가 붉은 빛 짐승을 탔는데 그 짐승의 몸에 참람된 이름들이 가득하고 일곱 머리와 열 뿔이 있으며 그 여자는 자주 빛과 붉은 빛 옷을 입고 금과 보석과 진주로 꾸미고 손에 금 잔을 가졌는데 가증한 물건과 그의 음행의 더러운 것들이 가득하더라"고 말한다. 얼마나 화사하며 금과 보석과 진주로 꾸미고 손에 금 잔을 갖고 많은 사람들을 현혹하며 그 사치의 세력에 빠져 들게 하는가! "이는 세상에 있는 모든 것이 육신의 정욕과 안목의 정욕과 이생의 자랑이니 다 아버지께로 좇아 온 것이 아니요 세상으로 좇아 온 것이라 이 세상도, 그 정욕도 지나가되 오직 하나님의 뜻을 행하는 이는 영원히 거하느니라"(요일 2:16-17)고 말한다.

바울 사도는 내가 그리스도로 말미암아 세상에 대하여 죽고 세상이 나에 대하여 죽었다라고 말한다. 믿는 이들은 그리스도 안에서 세상에 대하여 죽어야 한다. 어떤 것을 가지고 유혹의 손짓을 한다 하여도 주만 바라보고 나아가야 할 것이다. 바울 사도는 육신으로는 자랑할 것이 많았다. 그러나 그것을 분토 같이 배설물로 여긴 것은 예수 그리스도를 아는 것이 가장 고상하기 때문이었다. 해바라기와 같이 믿는 이들은 온전히 주바라기가 되어야 할 것이다.

(8) 어린양이 어디로 인도하든지 따라가는 자

에녹은 300년간 하나님과 동행하더니 하나님이 그를 데려가시므로 세상에 있지 아니하더라고 말한다. 주님과 동행하는 생활이 얼마나 아름다운가? 주님께서 인도하신 길은 평탄하고 또는 험한 가시밭 길도 있을 것이다. 어느 길이든 마다하지 않고 기꺼이 따라 갔다. 순교하는 길까지도 기꺼이 따라 갔다. 마가, 요한은 바울과 바나바의 전도 여행에 수종자로 동행하였다. 그러나 밤빌리아에서 그들을 떠나 예루살렘 자기 집으로 가 버린 것이었다. 2차 전도 여행시 다시 마가, 요한을 데리고 가자 하여 바울과 바나바 사이에 심한 다툼이 있었다. 그 후 바울은 실라를 데리고 2차 전도 여행을 떠나고 바나바는 마가, 요한이 자기 생질이기에 데리고 2차 전도 여행을 떠났다. 결과는 어떠했는가? 사도행전 16-28장 까지에 바나바와 마가의 기록은 한 마디가 없고 바울과 실라의 기록뿐이다. 물론 그들도 전도 여행에 많은 수고와 노력과 희생이 있었겠지만 하나님은 성경에 기록을 남기지 않았다. 중심을 보시기 때문에 온전한 마음으로 일의 결과야 어떠했든지 충성을 다해야 할 것이다. 사욕과 사심을 버리고 내 의견에 좋은대로 하지 말고 주님께서 원하시는 길을 가야 할 것이다. 바울 사도는 아시아에 복음 전하기를 원했었다. 그러나 예수의 영이 허락지 않았다. 그 후 환상중에 마게도냐 사람이 무릎을 꿇고 간절히 기도하며 하는 말이 마게도냐에 와서 우리를 도우라는 환상을 본 후 그는 마게도냐로 갔다. 그래서 하나님의 복음이 유럽에 먼저 전파되었으며 아시아는 나중에 복음을 받은 것이다. 우리는 주님의 인도를 따라야 한다. 첫 열매인 십 사만 사천 인은 어린양이 어디로 인도하든지 따라갔다. 오! 아름답고 흠모할만 하도다. 묵묵히 순종하며 따라가는 고귀한 그 자태여!

(9) 사람 가운데서 구속을 받은 자

4절에 "사람 가운데서 구속을 받아"라고 말한다. 사금을 채취하는 자들은 물에서 많은 모래를 흔들 흔들하여 다 흘러 보내고 그 중에 남은 금싸라기를 취한다. 우리 믿는 이들은 창세 전부터 그리스도 안에서 택정함을 입어 이 시대에 태어나 하나님의 자녀로 부름 받았다. 죄의 구속을 받아 하나님의 아들로 그 기업을 받게 된 것이다. 백만장자로 뽑혔다고 해도 복되다 할 것이다. 그러나 하늘과 땅과 바다와 그 가운데 모든 만물을 창조하신 대주재 되신 하나님의 아들로 택함을 받았으니 복 되지 않는가! 에베소서 1:3-5에 "찬송하리로다 하나님 곧 우리 주 예수 그리스도의 아버지께서 그리스도 안에서 하늘에 속한 모든 신령한 복으로 우리에게 복 주시되 곧 창세 전에 그리스도 안에서 우리를 택하사 우리로 사랑 안에서 그 앞에 거룩하고 흠이 없게 하시려고 그 기쁘신 뜻대로 우리를 예정하사 예수 그리스도로 말미암아 자기의 아들들이 되게 하셨으니"라고 말한다.

구속의 사건은 우주 가운데 대서 특필할 대 사건이다. 이 사실로 하여 하나님은 어떠한 분이심을 더욱 분명히 알게 된다. 하나님은 죄를 눈 감아 주시는 분이 아니시다. 우리의 죄 때문에 하나님의 독생자가 십자가에서 죽으셨으니 하나님은 공의의 하나님이시며 또한 사랑의 하나님이심을 알게 되었다. 하나님은 약속을 잊지 않고 지키시는 하나님, 우리는 미쁨이 없을지라도 주는 일향 미쁘시는 하나님이시다. 모든 사람이 이 은혜를 입었다면 감사가 덜 할 것이다. 세상에 존귀하고 뛰어난 사람들만이 은혜를 받았다면 내가 남보다 뛰어나기 때문에 당연지사로 생각할 것이다.

그럼 우리의 부름을 보자. 육체를 따라 지혜있는 자가 많지 않다. 능한자가 많지 않다. 문벌 좋은 자가 많지 않다. 그러나 세상에서 미련한 것들을 택하사 지혜있는 자들을 부끄럽게 하려 하시고 세상의 약한 것을 택하사 강한 것들을 부끄럽게 하려 하시고 하나님께서 세상에서 천한 것들과 멸시 받는 것들과 없는 것들을 택하사 있는 것들을 폐하려 하여 우리를 부르셨다. 필자의 모친이 돌아 가셨다. 교우들이 구비구비 돌아서 시골 바닷가에까지 조문와서 나중에 하는 말이 목사님 복받으셨습니다. 성공하셨습니다. 왜요? 이러한 시골에서 주의 종이 되었으니요 라고 하였다. 나는 이것이 더욱 감사하다. 가장 낮은 위치에서 최고의 것을 받았으니 감격할 뿐이다.

(10) 그 입에 거짓말이 없고 흠이 없는 자

5절에 "그 입에 거짓말이 없고 흠이 없는 자들이더라"고 말한다. 이기는 자들 곧 첫 열매인 십 사만 사천 인은 그 입에 거짓말이 없다는 것은 그리스도로 충만히 적셔진 그들에게 사단의 속한 어떤 것이 전혀 없다는 것이다. "너희가 서로 거짓말을 말라 옛 사람과 그 행위를 벗어 버리고 새 사람을 입었으니 이는 자기를 창조하신 자의 형상을 좇아 지식에까지 새롭게 하심을 받는 자니라"(골 3:9-10)고 말한다. 그러므로 매일 매일의 삶 속에서 그리스도의 향기가 되고 그리스도의 편지가 되는 것이다.

하나님의 뜻은 여기에 있다. 에베소서 4:13에 "우리가 다 하나님의 아들을 믿는 것과 아는 일에 하나가 되어 온전한 사람을 이루어 그리스도의 장성한 분량이 충만한 데까지 이르리니"라고 말한다. 십계명도 다 지키지 못하여 정죄에 이른 사람에게 이제는 훨씬 높여진 자유의 율법을 주셨다. 어떻게 지키겠는가? 율법은 하나님의 요구이다. 사람은 그 율법을 지키는데 불가능 하지만 하나님은 할 수 있으시다. 우리 안에 그리스도가 계시기 때문이다. 인격도 그리스도의 인격으로 화하게 되는 것이다. 고린도후서 3:17-18에 "주는 영이시니 주의 영이 계신 곳에는 자유함이 있느니라 우리가 다 수건을 벗은 얼굴로 거울을 보는 것같이 주의 영광을 보매 저와 같은 형상으로 화하여 영광으로 영광에 이르니 곧 주의 영으로 말미암음이니라" 마귀는 처음부터 살인자요 거짓말쟁이다. 거짓말하는 것은 아직 마귀의 속성이 그 안에 있기 때문이다. 첫 열매인 그들은 그리스도의 충만으로 채워져 그리스도의 어떠함이 표현되어 입에 거짓말이 없고 흠이 없는 자들인 것이다. 흠은 부분적인 결점을 말한다. 전체는 말할 것도 없고 부분적이라도 결점이 없으니 어찌 첫 열매가 되지 않겠는가! 빌립보서 2:15-16은 이렇게 말한다. "이는 너희가 흠이 없고 순전하여 어그러지고 거스리는 세대 가운데서 하나님의 흠 없는 자녀로 세상에서 그들 가운데 빛들로 나타내며 생명의 말씀을 밝혀 나의 달음질도 헛되지 아니하고 수고도 헛되지 아니함으로 그리스도의 날에 나로 자랑할 것이 있게 하려 함이라"고 말한다. 베드로후서 2:13에 "불의의 값으로 불의를 당하며 낮에 연락을 기쁘게 여기는 자들이니 점과 흠이라"하며 베드로후서 3:14에 "그러므로 사랑하는 자들아 너희가 이것을 바라보나니 주 앞에서 점도 없고 흠도 없이 평강 가운데서 나타나기를 힘쓰라" 당신은 첫 열매로 칠년 대 환난이 일기 전에 하나님의 만족을 위하여 보좌 앞으로 휴거 되기를 원하는가! 그렇다면 빨리 성숙하라. 여자로 더불어 더럽히지 아니하고 정절이 있으며 어린양이 어디로 인도

하든지 그를 따르라. 그 입에 거짓말이 없고 흠이 없이 완숙하라. 그리고 작은 힘일지라도 주의 말씀을 지키며 시험과 핍박과 환난 중에도 그이름을 배반치 말라.

2) 천사가 전한 영원한 복음

6절에 "또 보니 다른 천사가 공중에 날아가는데 땅에 거하는 자들 곧 여러 나라와 족속과 방언과 백성에게 전할 영원한 복음을 가졌더라"고 말한다. 확실한 이해를 돕기 위하여 다시 한 번 말하겠다. 요한계시록 14장은 일곱 환상들로 구성되어 있다.

① 첫 열매와 ② 영원한 복음과 ③ 바벨론 멸망의 선언과 ④ 짐승과 그 우상에게 경배하고 그 이름의 표를 받으면 밤낮 쉼을 얻지 못한다 함과 ⑤ 이제부터 이 후로 주 안에서 죽은 자가 복 되다 함과 ⑥ 주님 곡식 추수 ⑦ 포도 추수로 구성되어 있다. 첫 열매 추수는 요한계시록 12:5로 칠년대환난 일기 직전에 휴거된다. 여섯째 전체 곡식 추수는 일곱째 나팔 분 후에 추수된다(계 11:15, 고전 15:51-52).그 중간에 네 환상들이 있다. 은혜의 복음은 칠년대환난 전삼년반까지는 증거된다. 후삼년반은 두 증인이 순교를 당하고 짐승과 그의 우상에게 경배하지 않는 자는 몇이든지 죽인다(계 13:15). 이 기간 동안에 천사들로 전파되는 복음이 영원한 복음이다. 은혜의 복음은 죄를 회개하고 주 예수를 믿으라 하는 반면 영원한 복음은 하나님을 두려워하며 그에게 영광을 돌리라 그의 심판이 이르렀다. 천지와 만물을 창조하신 이를 경배하라고 한다. 짐승은 자기를 하나님이라 하며 나를 경배하라 하며 그의 우상을 만들고 그 우상에게 생기를 주어 말하게 하고 경배하지 않는 자는 몇이든지 죽이기 때문에 모든 사람들은 육신의 생명 보존을 위하여 경배할 것이다. 그러나 공중에 나는 천사는 짐승에게 경배하지 말고 하나님을 경배하

라고 한다. 그의 심판하실 시간이 이르렀으니 하나님을 두려워하라 한다. 이 때 천사의 복음을 들은 자들은 짐승과 그의 우상에게 경배하지 아니하고 핍박과 환난의 어려움을 당하는 유대인, 이방인 모든 믿는 자들을 도울 것이다. 주릴 때 먹을 것과 마실 것을 주면서 나그네를 영접하며 벗었을 때 옷을 입히고 병 들었을 때와 옥에 갇혔을 때 돌아보는 일을 할 것이다. 그리한 다음 다섯째 환상인 이제부터 이 후 주 안에서 죽은 자가 복이 있다고 한다. 칠년대환난 후삼년반에 짐승과 그의 우상에게 경배하지 아니하는 자들은 죽임을 당하기 때문에 믿음을 지키며 예수의 이름을 배반치 말고 주 안에 죽은 자가 복되다고 말한다. 첫째 추수와 마지막 추수 중간에 네 환상들이 칠년 대 환난 후 삼년반의 경고라는 것을 보게 될 것이다. 이러한 배경하에 영원한 복음도 해석 되어야 할 것이다.

하나님은 여러 세기를 통하여 경륜하는 시대가 있으시다. 율법 경륜 시대는 이스라엘을 대하셨고 은혜의 경륜 시대는 모든 믿는 이들을 대하셨다. 영원한 복음의 경륜 시대는 여러 나라와 족속과 방언과 백성들을 대하신다. 모든 족속들이 공중에 날아다니며 전하는 복음을 듣고 짐승과 그의 우상을 섬기지 아니하고 믿는 유대인과 이방인을 핍박과 환난과 굶주림과 투옥과 병든 모든 자를 보살피는 자는 주님께서 심판하실 때 양들로서 창세부터 너희를 위하여 예비된 천년 왕국에 들어갈 것이다. 그 복음을 듣지 않고 거역하는 자들은 염소로서 유황불 붙는 못에 들어갈 것이다. 이 심판은 고린도후서 5:10의 그리스도의 심판대에 자기의 행위를 따라 보상 받는 심판과 다르다. 이 심판은 공중에 들림 받은 후 구원받느냐 멸망받느냐 하는 심판이 아니라 상급받느냐 다루심을 받느냐 하는 심판인 것이다. 이 사람들은 천년 왕국 시민이 될 것이며 이기는 성도들은 그리스도와 함께 공동왕이 되어 천년 동안 왕 노릇 할 것이다.

3) 바벨론의 멸망을 선언함

8절에 "또 다른 천사 곧 둘째가 그 뒤를 따라 말하되 무너졌도다 무너졌도다 큰 성 바벨론이여 모든 나라를 그 음행으로 인하여 진노의 포도주로 먹이던 자로다"라고 말한다. 요한계시록 17:3에 여자가 붉은 빛 짐승을 탔다고 한다. 그 붉은 빛 짐승의 일곱 머리는 여자가 앉은 일곱 산이요 일곱 왕이라 하며(계 17:9-10) 또 네가 본 바 여자는 땅의 임금들을 다스리는 큰 성이라 한다. 이것은 모든 세기를 통하여 바벨론이 왕들을 지배하고 나라들로 행음하게 함을 가리킨다. 이 바벨론 여자를 종교적인 바벨론이라고도 한다. 만일에 종교적인 바벨론이라 한다면 그 일곱 머리와 여자가 앉은 일곱 산이라는 말은 어떻게 해석할 것인가? 일곱 머리는 ① 애굽(바로 왕) ② 앗수르(산헤립 왕) ③ 바벨론(느부갓네살 왕) ④ 메데파사(다리오 왕) ⑤ 헬라(알렉산더 왕) ⑥ 로마(네로 왕) ⑦ 독일(히틀러 왕)등이며 여자 바벨론은 일곱 시대마다 그 국가와 왕들 위에 앉아 있는 것이다. 종교적인 바벨론 로마는 여섯째 나라가 아닌가? 그렇기 때문에 종교적인 바벨론이 아니고 요한계시록 18:2에 있는 큰 성 바벨론을 말한 것이다.

그렇다면 아직 망하고 무너지지 않았는데 왜 무너졌도다라고 선언이 있었을까? 첫째, 바벨론은 일곱 산 위에 앉아 있다. 제 8왕인 바벨론은 어느 시대의 바벨론보다 그 양상들이 극심할 것만은 자명한 일이다. 그러나 하나님의 안목에서는 벌써 무너진 것이기에 무너졌도다 무너졌도다를 두 번씩이나 외친 것이다. 둘째, 어느 시대의 바벨론보다 화사한 것이기에 부주의하여 거기에 마음 빼앗기기 쉽다. 두 번 외친 것으로 거기에 마음 두지 말라는 경고인 것이다. 셋째, 처음 익은 열매인 십 사만 사천은 여자로 더불어 더럽히지 않았다. 전체 곡식인 많은 무리들도 바벨론(여자)으로 더불어 더럽히지 않도록 하시기 위한 하나님의 배려인 것이다. 요한계시록 7장 각 족속과 나라와 방언과 백성 중에서 셀 수 없는 무리들의 보좌 앞과 어린양 앞에 섰는 것과 같다. 죄의 구속은 이미 받았지만 몸의 구속은 일곱 나팔 분 후에 이루어진다. 그런데 그 보좌 앞에 있는 것은 에베소서 2:6에 "또 함께 일으키사 그리스도 예수 안에서 함께 하늘에 앉히시니"라고 하는데 아직 믿는 이들은 하늘 보좌에 올라가지 못한다. 그런데 그리스도 예수 안에서는 앉히시는 것과 같은 뜻이다.

4) 짐승과 그의 우상에게 경배하고 그 이마와 손에 표를 받은 자에 대한 경고

9-11절은 "또 다른 천사 곧 셋째가 그 뒤를 따라 큰 음성으로 가로되 만일 누구든지 짐승과 그의 우상에게 경배하고 이마에나 손에 표를 받으면 그도 하나님의 진노의 포도주를 마시리니 그 진노의 잔에 섞인 것이 없이 부은 포도주라 거룩한 천사들 앞과 어린양 앞에서 불과 유황으로 고난을 받으리니 그 고난의 연기가 세세토록 올라가리로다 짐승과 그의 우상에게 경배하고 그 이름의 표를 받는 자는 누구든지 밤낮 쉼을 얻지 못하리라"고 말한다. 하나님께서 일곱인 중 가장 중점적으로 일곱째 인에 지면을 많이 할애하고 있으시다. 일곱째 인을 떼니 일곱 천사가 일곱 나팔을 분다. 일곱째 나팔을 부니 일곱 천사가 일곱 대접을 가지고 나와 땅과 바다와 물샘에와 해와 짐승의 보좌와 유브라데 강과 공기 중에 쏟음으로 하나님의 진노가 절정에 이르러 마치는 것이다. 첫째인부터 여섯째 인까지는 불과 17절밖에 되지 않지만 기간은 거의 신약 전기간인 반면 일곱째 인의 내용은 8장부터 16장까지 무려 9장이지만 기간은 100년 미만이라는 것이다. 일곱째 인 중에서도 여섯째 나팔인 둘째 화는 약 10년 이내로 보는데 기록은 9장에서 14장까지 6장의 방대한 기록이라

는 것이다. 칠년대환난 후삼년반은 삼년반인데도 무려 11:7부터 13장과 14장까지의 기록이라는 것이다. 이상의 내용에서 볼 때 하나님의 최대 관심사는 칠년대환난이며 칠년대환난 중에서도 후삼년반이라는 것에 주목해야 할 것이다. 9-11절의 내용이 후삼년반에 제사와 예물을 금지하고 미운 물건을 세울 때 부터의 기록이라는 것이다. 짐승(적그리스도)과 그의 우상에게 경배하고 이마에나 오른손에 표를 받으면 그도 하나님의 진노의 포도주를 마신다는 것이다. 거룩한 천사들 앞에서와 어린양 앞에서 불과 유황으로 고난을 받으리니 그 고난의 연기가 세세토록 올라가리로다. 짐승과 그의 우상에게 경배하고 그의 이름의 표를 받는 자는 누구든지 밤낮 쉼을 얻지 못한다는 말씀이다. 이 같이 주님은 엄중하게 말씀하시고 계시는 전 삼년반 예언과 양육이 없고 은혜의 복음 증거하는 기간으로 본다면 누가 철저하게 후 삼년반을 대비하겠는가!

전삼년반 예언과 양육 기간은 후삼년반에 이상과 같은 일들이 있으며 어떠한 경우라도 신앙의 정절을 지켜서 주의 백성들을 대비케 하는 것이 두 증인의 사명이거늘 이 사실이 희석이 되는 것을 볼 때 통탄하지 않을 수 없다. 용이 전삼년반 물을 토하여 여자(남자를 낳은)를 침몰케 하려 하였지만 땅이 도우므로 그것도 무위로 돌아가니 방법을 바꾸어 여자의 남은 자손 곧 하나님의 계명을 지키며 예수의 증거를 가진 자들로 더불어 싸우려고 바다 모래위에 서니 바다(세상)에서 일곱 머리 열 뿔 가진 짐승이 올라온다. 이 짐승이 적그리스도인 것이다. 후삼년반에 순교할 기회가 오면 기쁘게 받으라. 이김을 주시는 하나님은 승리케 할 것이다. 계명을 지키며 예수의 증거를 가진 자는 우상에게 짐승에게 경배하지 아니함으로 순교를 당할 것이다. 이것이 마지막 시험의 때 성전에서 제단에서 경배하는 자가 척량될 것이다.

12절에 "성도들의 인내가 여기 있나니 저희는 하나님의 계명과 예수의 믿음을 지키는 자니라"고 말한다. 모든 사람들은 파리 목숨같은 목숨 보존을 위하여 짐승과 우상앞에 무릎을 꿇었다. 그러나 성도들은 믿음이 있었기에 인내로서 죽기까지 생명을 아끼지 아니하고 승리한 것이다. 인내를 온전히 이루는 것은 온전하고 구비하여 조금도 부족함이 없게 하는 것이다. 인내가 있어야 하나님의 뜻을 행한 후에 약속을 받게 되는 것이며 끝까지 인내하는 것은 시험과 핍박과 환난에서 승리하는 것이요 참지 못하는 것은 시험에 빠지는 것이다. 성도들은 전에도 없었고 후에도 없을 전무후무한 환난에서 당당히 승리할 것이다. 저희 성도들은 하나님의 계명을 지켜 짐승과 그의 우상앞에 사드락과 메삭과 아벳느고와 같이 죽기에 이르러도 굴하지 아니하였다. 예수의 믿음이란 예수께 대한 믿음을 말하는 것이다. 믿음을 지키지 못하는 것은 예수를 버린 것과 같은 것이다. 유대인 무리들은 복음이 민간에 더 퍼지지 못하게 사도들을 경계하면서 도무지 예수의 이름으로 말하지도 가르치지도 말라 할 때 베드로와 요한이 말하기를 하나님 앞에서 너희 말 듣는 것이 하나님 말씀 듣는 것보다 옳은가 판단하라. 우리는 보고 들은 것을 말하지 아니할 수 없노라 하였으며 선지자 아가보가 바울띠를 가지고 자기 수족을 잡아매고 말하기를 성령이 말씀하시되 예루살렘에서 유대인들이 이 같이 이 띠 임자를 결박하여 이방인의 손에 넘겨 주리라 하거늘 이 말을 듣는 사람들이 바울에게 예루살렘으로 올라가지 말라 권하니 바울이 대답하되 너희가 어찌하여 울어 내 마음을 상하게 하느냐 나는 주 예수의 이름을 위하여 결박 받을 뿐 아니라 예루살렘에서 죽는 것도 각오 하였노라 하였고 바울 사도는 사명을 마칠 무렵 내가 선한 싸움을 싸우고 나의 달려갈 길을 가고 믿음을 지키었으니 이제 후로는 나를 위하여 의의 면류관이 예비되었다고 말한다. 어떠한 상황에서도 신앙을 굽히지 않고 믿음을 지켰다. 칠년 환난 때는 그 상황이 더욱 가혹하다. 적그리스도 짐승이 성전에 앉아 자기를 보고 하나님이라 하며 경배하게 하고 그의 우상을 만들어 절하게 하고 그 짐승의 이름의 수 『666』을 오른손이나 이마에 받게 하고 거역하면 몇이든지 죽이고 매매들을 못하게 한다. 이런 환난 가운데서 하나님의 계명과 예수의 믿음을 지켰으니 얼마나 장하며 복이 있는가!

5) 지금 이후로 주 안에서 죽는 자 복이 있음

13절에 "지금 이후로 주 안에서 죽는 자들은 복이 있도다 하시매 성령이 가라사대 그러하다 저희 수고를 그치고 쉬리니 이는 저희의 행한 일이 따름이라"고 말한다. 저희 수고를 그치고 쉬리니 이는 저희의 행한 일이 따름이라 한다. 지금 이후는 지금부터 이후라는 뜻이다. 후 삼년반 기간에 짐승과 그의 우상과 그 이름의 표를 받게 하며 경배하게 한다. 거부하는 자는 몇이든지 죽일지라도 끝까지 인내로 믿음을 지키며 순교하는 자는 참으로 복이 있는 자라는 것이다. 요한계시록 15:2을 보자. "또 내가 보니 불이 섞인 유리 바다 같은 것이 있고 짐승과 그의 우상과 그의 이름의 수를 이기고 벗어난 자들이 유리 바다 가에 서서 하나님의 거문고를 가지고" 모세의 노래와 어린양의 노래를 부른다. 이들은 칠년 대 환난의 불이 섞인 유리 바다를 인내로 신앙으로 무난히 통과했다. 이것은 순교하므로 통과한 것이지 죽지 않고 통과하는 것이 아니라는 것이다. 왜 그러한가! 짐승과 그의 우상에게 경배하지 아니하면 몇이든지 죽이기 때문이다.

또 요한계시록 20:4도 보자. "또 내가 보니 예수의 증거와 하나님의 말씀을 인하여 목 베임을 받은 자의 영혼들과 또 짐승과 그의 우상에게 경배하지도 아니하고 이마와 손에 그의 표를 받지도 아니한 자들이 살아서 그리스도로 더불어 일 천년 동안 왕 노릇하니"라고 말한다. 얼마나 귀한 영광들인가? 그래서 "생각건대 현재의 고난은 장차 우리에게 나타날 영광과 족히 비교할 수 없도다"라고 말한다. 초대 교회 시대부터 후 삼년 전까지 순교하는 자들도 말할 것도 없이 복이 있는 것이다. 그러나 칠년

대 환난은 전에도 없었고 후에도 없는 환난일 것이므로 이런 때에도 신
앙의 정절을 지켜 순교하는 자들은 진정 복이 있다고 할 때 성령이 가라
사대 그러하다 저희 수고를 그치고 쉬리니 저희 행한 것이 따름이라 하
신다. 그래서 불이 섞인 유리바다 저편에 서서 짐승과 그의 우상과 그의
이름의 수를 이기고 벗어난 자들이 하나님의 거문고를 가지고 하나님의
종 모세의 노래와 어린양의 노래를 불러 가로되 주 하나님 곧 전능하신
이시여 하시는 일이 크고 기이하시도다 만국의 왕이시여 주의 길이 의롭
고 참되시도다 주여 누가 주의 이름을 두려워 하지 아니하며 영화롭게
하지 아니하오리이까 오직 주만 거룩하시니이다 주의 의로우신 일이 나
타났으매 만국이 와서 주께 경배하리이다 고 말한다.

6) 전체 곡식 추수

14-16절에 "또 내가 보니 흰 구름이 있고 구름 위에 사람의 아들과
같은 이가 앉았는데 그 머리에는 금 면류관이 있고 그 손에는 이한 낫을
가졌더라 또 다른 천사가 성전으로부터 나와 구름 위에 앉은 이를 향하
여 큰 음성으로 외쳐 가로되 네 낫을 휘둘러 거두라 거둘 때가 이르러
땅에 곡식이 다 익었음이로다 하니 구름 위에 앉으신 이가 낫을 땅에 휘
두르매 곡식이 거두어지니라"고 말한다. 요한계시록 14장의 구성이 일
곱 환상으로 되어 있다. 첫째 환상인 첫 열매 수확은 칠년대환난 직전에
하나님의 만족을 위하여 익은 곡식 한 단을 보좌 앞으로 거둬 들인다.
여섯째 환상인 마지막 추수는 환난이 모두 끝난 후 일곱째 나팔을 불므
로 이루어진다(고전 15:51-52, 계 11:15). 그 중간에 네 환상들이 모
두 칠년대환난 때의 4대 경고로 초점을 맞추고 있다. 여기에 깊은 인상
을 받아야 할 것이다. 첫 열매 수확 때 덜 익은 곡식들은 칠년대환난을
거치면서 완전히 익게 되는 것이다. 이 환난 때는 너무나 상황들이 악랄

하고 잔인하며 교활한 방법들로 인하여 수행되는 모든 일들은 인간의 상상들을 훨씬 초월한다. 그러기에 용이 미가엘과의 싸움에서 패배하여 땅으로 내어 쫓길 때 하늘에 음성이 들리기를 "그러므로 하늘과 그 가운데 거하는 자들은 즐거워하라 그러나 땅과 바다는 화 있을진저 이는 마귀가 자기의 때가 얼마 못된 줄을 알므로 크게 분내어 너희에게 내려갔음이라"(계 12:12)고 말한다.

이 칠년대환난 곧 전에도 없었고 후에도 없을 이 환난은 온 지구상에 거하는 모든 사람을 시험할 때인 것이다. 당신이 만일 이 환난 가운데 들어간다면 시험에 당당히 합격해야 할 것이다. 그럴려면 많은 굶주림, 투옥, 핍박, 순교를 당하여야 할 것이다. 나는 부족하여도 우리에게 이김을 주시는 하나님은 능히 감당하게 하실 것이다. 이 때 하나님의 성전과 제단과 그 가운데서 경배하는 자들이 분별될 것이다. 요한계시록 11:1에 "또 내게 지팡이 같은 갈대를 주며 말하기를 일어나서 하나님의 성전과 제단과 그 안에서 경배하는 자들을 척량하되" 하시며 그 지팡이 같은 갈대가 애굽 즉 세상이라는 것이 이해될 줄 안다.

15절에 "또 다른 천사가 성전으로부터 나와 구름 위에 앉은 이를 향하여 큰 음성으로 외쳐 가로되 네 낫을 휘둘러 거두라 거둘 때가 이르러 땅에 곡식이 다 익었음이로다 하니"라고 말한다. 이 시기에 대하여 좀 생각해 보자. 마태복음 24:36에 "그러나 그 날과 그 때는 아무도 모르나니 하늘의 천사들도, 아들도 모르고 오직 아버지만 아시느니라"고 말한다. 구름 위에 앉으신 이는 인자 곧 예수님이 분명하다. 예수님이 어느 때 갑자기 추수할 때인 줄 알고 추수하였는가! 성전에서 아버지의 명령을 기다리고 계시지 않았는가! 본문에는 다른 천사가 성전으로부터 나와 구름 위에 앉은 인자에게 명령하였다. 아버지의 명령이 없을 때는 천사들도 아들도 모르고 오직 아버지만 아신다하는 말씀이 확실하다는 것을 알게 될 것이다. 또 한 가지는 곡식 추수는 성전에서 천사가 나와 명령하였고 포도 추수는 제단에서부터 천사가 나와 명령하였다는 것에 깊은 인상을 받기 바란다. 요한계시록 11:1은 "성전과 제단과 그 안에서 경배하는 자들을 척량하라"고 하셨다. 성전에서 천사가 나와 거두라 함은 성전과 관계되는 자들이며 제단에서 나와서 명하는 것은 제단과 관계가 있는 것이다. 하나님의 말씀은 너무나 정확하시기 때문에 아무데나 그 말씀들을 하시지 않고 꼭 필요한 곳에 말씀하셨다는 것을 깊이 인식해야 할 것이다. 공중으로 휴거되어 거기서 그리스도의 심판이 있을 것이다. 이 심판은 구원받고 못 받고의 심판이 아니라 고린도후서 5:10의 행한대로 보응받는 상벌의 경우가 될 것이다. 이 때 세상의 모든 자는 그리스도의 심판대에 참여할 수도 없고 오직 공중으로 들림 받은 전체 곡식인 구원받은 모든 성도들에 대한 심판인 것이다.

7) 포도 추수

17-20절은 포도 추수에 대한 기록이다. 모든 주석가들이 한결 같이 죄인들의 심판이라는데 모두 동의하고 있다. 필자는 과연 17-20절 말씀이 그 뜻을 말하고 있는가! 또는 다른 뜻이 있지 않는가! 궁구하고 묵상하며 여러 말씀들을 대조해 보며 상고하는 가운데 필자는 그 뜻에 동의할 수가 없었다. 이제 본문으로 들어가 한절 한절 살펴보기로 하자.

17-20절에 "또 다른 천사가 하늘에 있는 성전에서 나오는데 또한 이한 낫을 가졌더라 또 불을 다스리는 다른 천사가 제단으로부터 나와 이한 낫 가진 자를 향하여 큰 음성으로 불러 가로되 네 이한 낫을 휘둘러 땅의 포도송이를 거두라 그 포도가 익었느니라 하더라 천사가 낫을 땅에 휘둘러 땅의 포도를 거두어 하나님의 진노의 큰 포도주 틀에 던지매 성 밖에서 그 틀이 밟히니 틀에서 피가 나서 말굴레까지 닿았고 일천 육백 스다디온에 퍼졌더라"고 말한다.

(1) 계시록 14장의 일곱 환상들

포도 추수는 나의 입장과 모든 분들과 다르기 때문에 중복이 되더라도 이해를 바란다. 요한계시록 14장의 일곱 환상들은 칠년대환난을 중심한 환상들로써 모두가 칠년 대 환난과 밀접한 관계가 있다는 것이다. 첫째 첫 열매의 수확은 곡식 추수에도 그 그림이 잘 표현 되었듯이 가나안 땅에 들어가 농사 지을 때 첫 이삭의 열매 한 단을 하나님의 만족을 위하여 성전으로 가져가 드리라 하였다(출 23:19, 출 34:26, 레 23:10). 필히 읽어 보기 바란다. 이 사실이 성도 추수에도 적용되고 있다는 것이다. 요한계시록 12:5에 "여자가 아들을 낳으니 이는 장차 철장으로 만국을 다스릴 남자라 그 아이를 하나님 앞과 그 보좌 앞으로 올려가더라"고 말한다. 이 추수가 성도의 첫 열매 추수를 말하고 있다. 모든 세대를 통하여 처음 익은 열매에 속하는 모든 성도들은 은밀히 부활할 것이다. 그 당시에 생존해 있으면서 첫 열매에 속하는 성도들은 요한계시록 3:10의 말씀과 같이 "네가 나의 인내의 말씀을 지켰은즉 내가 또한 너를 지키어 시험의 때를 면하게 하리니 이는 장차 온 세상에 임하여 땅에 거하는 자들을 시험할 때라"고 말한다. 바로 이 후에 하늘에 싸움이 있어 미가엘 천사와 용과의 싸움에서 용이 이기지 못하여 땅으로 내어 쫓긴다. 용은 자기의 때가 얼마 못된 줄 알므로 힘써 분내어 너희에게 내려갔음이라 한다.

그 후 용은 남자를 낳은 여자를 핍박하므로 여자에게 큰 독수리 두 날개 곧 두 감람 나무 기름의 아들 증인들을 주어 한 때 두 때 반 때 양육 받게 한다. 이것이 칠년대환난 전삼년반이 되는 것이다. 1,260일 양육하고 예언하는 것은 신약 전 기간이 아니라 칠년대환난의 전삼년반이 되는 것이다.

(2) 영원한 복음

둘째 환상은 공중에 날아가는 천사가 땅의 여러 나라와 족속과 방언과 백성에게 전할 영원한 복음을 가졌더라 한다. 혹자는 은혜의 복음이 신속히 전파됨을 위하여 공중의 천사를 이용한다라고 말한다. 은혜의 복음은 천사에게 부탁하지 않고 구속 받은 모든 자가 자기가 구원 받은 기쁨을 전하는 것이다. 그러나 본문은 천사가 전하고 있다. 은혜의 복음은 전 삼년반까지 전파되고 두 증인도 후삼년반에 들어가자 마자 순교를 당한다. 후삼년반에는 복음을 전할 수 없다. 그래서 천사들로 공중을 날면서 영원한 복음을 전한 것이다. 하나님께서는 율법 시대에는 이스라엘 백성을 율법으로 대하셨고 은혜 시대에서는 은혜로 모든 믿는 자들을 대하신다. 영원한 복음 시대는 기간은 매우 짧지만 영원한 복음으로 모든 백성들을 대하신다. 이것이 하나님의 섭리인 것이다. 그 복음의 내용도 은혜의 복음과는 다르다. 칠년 대 환난의 상황은 짐승이 하나님 성전에 앉아 자기를 하나님이라 하며 자기에게 경배하게 하고 그의 우상을 만들어 그 우상에게 경배하게 하며 그의 짐승의 이름의 표 『666』을 오른손에나 이마에 받게 한다. 받지 아니하면 몇이든지 죽이고 매매들을 못하기 때문에 하나님을 두려워하며 그에게 영광을 돌리라. 이는 그의 심판하실 시간이 이르렀으니 하나님을 경배하라고 큰 음성으로 공중에 날아가는 천사가 전하는 것이다.

이 때 천사가 전하는 복음을 듣고 하나님을 두려워하며 우상에게 경배하지 않고 하나님을 경배하는 사람들은 많은 환난과 핍박과 고난을 당할 것이다. 이 때 핍박과 고난을 당하는 유대인과 모든 믿는 자를 선대할 것이다. 굶주리고 방황하는 믿는 이들에게 먹을 것을 제공하고 집에 들일 것이다. 병든 자, 옥에 갇힌 자를 돌아볼 것이며 주님의 심판대 앞에 설 때 그들은 양들로 너희를 위하여 창세부터 예비한 나라에 들어가라 할 것이다. 염소로 왼편에 있는 자들에게는 마귀와 그 사자들을 위하여 예비된 영영한 불에 들어가라 할 것이다. 이와 같이 환난 때는 영원한 복음에 적용하여 심판하시게 될 것이다.

(3) 바벨론 멸망 선언과 짐승과 그의 우상과 그의 이름의 수를 받은 자

바벨론은 요한계시록 18장에서 멸망된다. 그러나 여기서 말씀하신 것은 자주 빛과 붉은 빛 옷을 입고 금과 보석과 진주로 꾸민 여자 바벨론의 모든 것에게 현혹되지 말라는 뜻이다. 짐승과 그의 우상에게 경배하지 않고 그의 이름의 표를 받지 않는 자는 몇이든지 남녀노유를 막론하고 모조리 죽이기 때문에 다섯번째 환상인 하늘에서 음성이 나서 가로되 기록하라 자금 이 후로(지금부터 이 후) 주 안에서 죽은 자가 복이 있다 하며 성령이 가라사대 그러하다 저희 수고를 그치고 쉬리니 이는 저희의 행한 일이 따름이라고 말한다. 이 기간 곧 후 삼년반에 순교 당한 자들이 포도 추수에 해당되는 것이다. 환난이 세계 각국 구석 구석에 미친다고 생각지 말라. 나라 중에는 환난이 미치지 않는 국가도 있을 것이다. 곡식 추수는 그런 자들과 순교 당하지 않는 모든 자가 마지막 나팔 소리가 나며 죽은 자들이 썩지 아니할 것으로 다시 살고 우리도 변화하리라 하신 말씀대로 추수되는 것이다.

(4) 성전과 제단과 그 가운데서 경배하는 자 척량

요한계시록 11:1에 "또 내게 지팡이 같은 갈대를 주며 말하기를 일어나서 하나님의 성전과 제단과 그 안에서 경배하는 자들을 척량하되" 라고 말한다. 요한계시록 14:14-16의 곡식 추수는 구름 위에 앉으신 인

자에게 성전으로부터 나온 다른 천사가 네 낫을 휘둘러 거두라 거둘 때
가 이르러 곡식이 다 익었다고 말한다. 성전으로부터 나온 천사가 명한
것에 깊은 인상을 받자! 포도 추수는 어떤가? 요한계시록 14:18에 "또
불을 다스리는 다른 천사가 제단으로부터 나와 이한 낫 가진 자를 향하
여 큰 음성으로 불러 가로되 네 이한 낫을 휘둘러 땅의 포도송이를 거두
라 그 포도가 익었느니라"고 말한다. 요한계시록 11:1의 말씀과 같이 성
전과 제단이 척량된 것이다. 척량하라 말씀하셨던 포도 추수가 죄인들
심판이라면 제단에서 섬기는 자들은 척량되지 않았다는 말이 되는 것이
다.

　요한계시록 6장의 다섯째 인을 뗄 때에 제단 아래 하나님의 말씀과 저
희의 가진 증거를 인하여 죽임을 받은 영혼들의 호소가 있다. 요한계시
록 8:5에 "천사가 향로를 가지고 단 위의 불을 담아다가 땅에 쏟으매 뇌
성과 음성과 번개와 지진이 나더라"고 말한다. 성도들 즉 제물을 사른 불
을 땅에 쏟으매 뇌성과 음성과 번개와 지진이 나며 일곱 나팔 재앙과 일
곱 대접 재앙을 받게 되는 원인이 바로 제단 불을 담아 땅에 쏟음에 있
다는 것을 알아야 할 것이다. 불을 다스리는 천사는 항상 불을 끄지 않
는다. 언제든지 제물을 사를 일이 있으면 그 불은 제물을 살라 그 향연
이 성도의 기도와 함께 하나님 앞으로 올라가는 것이다.

　레위기 1:3-9에 소의 번제에 대하여 이렇게 말한다. "흠 없는 수컷으
로 회막문에서 여호와 앞에 열납하시도록 드릴지니라 그가 번제물의 머
리에 안수할지니 그리하면 열납되어 그를 위하여 속죄가 될 것이라 그는
여호와 앞에서 그 수송아지를 잡을 것이요 아론의 자손 제사장들은 그
피를 가져다가 회막문 앞 단 사면에 뿌릴 것이며 그는 또 그 번제 희생
의 가죽을 벗기고 각을 뜰 것이요 제사장 아론의 자손들은 단 위에 불을
두고 불 위에 나무를 벌여 놓고 아론의 자손 제사장들은 그 뜬 각과 머
리와 기름을 단 윗 불 위에 있는 나무에 벌여 놓을 것이며 그 내장과 정

갱이를 물로 씻을 것이요 제사장은 그 전부를 단 위에 불살라 번제를 삼을지니 이는 화제라 여호와께 향기로운 냄새니라" 출애굽기 29:16-18에 제사장 직분을 위임할 때 아론에게 행한 일을 보자. "너는 그 수양을 잡고 그 피를 취하여 단 위의 주위에 뿌리고 그 수양의 각을 뜨고 그 장부와 다리는 씻어 각 뜬 고기와 그 머리와 함께 두고 그 수양의 전부를 단 위에 불사르라 이는 여호와께 드리는 번제요 이는 향기로운 냄새니 여호와께 드리는 화제니라" 이상의 두 말씀에서 공통된 것은 소의 번제나 양의 번제에 있어서 생축을 잡아 피는 단 주변에 뿌리고 몸둥이는 단 위의 나무 위에 놓아 불로 살라 향기로운 냄새가 되게 하는 것이다. 이 천사가 제단 불을 다스리는 천사로 제단에서 나와서 말을 하였다는 것은 제단에서 불을 끄지 아니하고 언제나 제물을 사를때는 제 임무를 다하는 천사라는 것이다. 이 추수를 죄인들의 심판이라고 생각지 말라.

요한계시록 16장 셋째 대접 재앙의 때 대접을 강과 물 근원에 쏟았다. 그 강물이 피가 되니 물을 차지한 천사가 말하기를 이렇게 심판하시니 의로우시도다. 저희가 성도들과 선지자들의 피를 흘렸으므로 피를 마시게 하신 것이 합당하니이다라고 말한다. 또 내가 들으니 제단이 말하기를 그러하다 주 하나님 곧 전능하신이시여 심판하시는 것이 참 되고 의로우시도다라고 말한다. 왜 제단이 말하는가? 성도와 선지자들의 피를 흘린 일이 제단과 관계가 있기 때문이다. 불을 다스리는 천사도 제단으로부터 거두라 하는 것은 그들 순교자 곧 자금 이 후로 주 안에서 죽은 자가 포도 추수에 관계 된다는 것을 의미하는 것이다.

(5) 포도가 익었음

포도가 익었다는 것을 죄가 포도 같이 검게 익었다고 말한다. 포도가 죄악이 관영하다는 뜻도 있다. 반면에 믿는 성도들을 상징하는 경우도 있다. 어느 면의 말씀을 인용하든지 본문에서 충분한 근거가 있어야 할 것이다. 포도가 죄가 검게 익었다는 성경말씀은 요엘 3:13에 "너희는 낫을 쓰라 곡식이 익었도다 와서 밟을지어다 포도주 틀이 가득히 차고 포도주 독이 넘치니 그들의 악이 큼이로다" 신명기 32:32-33에 "그들의 포도 나무는 소돔의 포도 나무요 고모라의 밭의 소산이라 그들의 포도는 쓸개포도니 그 송이는 쓰며 그들의 포도주는 뱀의 독이요 독사의 악독이라"고 말한다. 그 반대로 성도를 상징하는 성경 말씀은 마태복음 21:33 "다시 한 비유를 들으라 한 집 주인이 포도원을 만들고 산울로 두르고 거기 즙 짜는 구유를 파고 망대를 짓고 농부들에게 세로 주고 타국에 갔더니"(막 12:1)라고 말한다. 포도원에는 반드시 즙을 짜는 구유가 있다. 포도를 추수하여 열매를 저장하기보다는 술을 얻는 것이 포도원 주인의 바램이다.

이사야 5:7에 "대저 만군의 여호와의 포도원은 이스라엘 족속이요 그의 기뻐하시는 나무는 유다 사람이라 그들에게 공평을 바라셨더니 도리어 포학이요 그들에게 의로움을 바라셨더니 도리어 부르짖음이었도다"라고 말한다. 이스라엘 족속이 하나님의 포도원이라면 신약의 은혜 시대는 모든 믿는 사람이 포도원이 아니겠는가? 그래서 마태복음 20장에 포도원의 비유가 있지 않는가? 이사야 5:2에도 "땅을 파서 돌을 제하고 극상품 포도 나무를 심었도다 그 중에 망대를 세우고 그 안에 술 틀을 팠었도다 좋은 포도 맺기를 바랐더니 들포도를 맺혔도다"라고 하며 사사기 9:12-13에 "나무들이 또 포도나무에게 이르되 너는 와서 우리의 왕이 되라 하매 포도나무가 그들에게 이르되 하나님과 사람을 기쁘게 하는 나의 새 술을 내가 어찌 버리고 가서 나무들 위에 요동하리요 한지라" 이 말씀에서도 나의 새 술이다. 그 술은 어디서 얻었는가? 즙 짜는 틀에서 얻은 것이다.

누가복음 20:9-18절 까지에도 포도원에 종들을 여러 차례 보냈지만 능욕하고 때리고 상하게 하는지라. 포도원 주인이 내 사랑하는 아들을 보내리니 혹 그는 공경하리라 하였더니 농부들이 이는 상속자니 죽이고 그 유업을 우리의 것으로 만들자하여 포도원 밖에 내어 쫓아 죽였느니라고 말한다. 예수님도 포도원 밖에서 술 틀에 짜여진 것이다. 제단에서 경배하는 자도 후삼년반의 악랄한 상황에서 포도주 틀에 의해 짜여진 것이다. 예수님께서 성 밖에서 짜여짐과 같이 이들도 성 밖에서 진노의 포도주 틀에 의해 밟혀진 것이다. 포도가 익었다는 것을 죄악이 관영하여 검게 익었다고 볼 수도 있고, 성도들의 신앙이 성숙하여 익었다고도 볼 수 있다. 개개인의 판단에 의해 결정할 것이나 본문 요한계시록 14:17-20의 내용을 충분히 이해한 후에 결정하여 성경을 인용해야 할 것이다. 이방 죄인들의 심판을 성도의 순교로 본다든지 성도의 순교를 이방 죄인의 심판으로 본다면 하늘과 땅의 차이가 있지 않는가!

(6) 성전에서와 제단에서 나와 거두라는 천사의 음성

곡식 추수는 구름 위에 앉은 인자 같은 이에게 성전으로부터 하나님의 명령을 받은 천사가 네 낫을 휘둘러 땅의 곡식을 거두라 거둘 때가 이르러 땅의 곡식이 다 익었느니라고 말한다. 명령하는 자와 명령을 수행하는 자 사이에서 어느 편이 우위에 있는가? 말할 것도 없이 명령자이다. 비록 천사이지만 그는 아버지 하나님의 명령을 받아 말한 것이다. 곡식 추수를 성전에서 나와 거두라 말한 것은 곡식 추수에 해당되는 자들이 요한계시록 11:1의 성전과 제단과 그 가운데서 경배하는 자를 척량하라는 성전에 속한 자라는 것이다. 포도 추수는 불을 다스리는 천사가 제단으로부터 나와서 포도 송이를 거두라 그 포도가 익었느니라고 말한다. 왜 제단에서 나와서 말을 했을까? 포도주 틀에 넣어 밟혀진 포도 송이가 하나님의 제단과 관계가 된다는 것이다. 그들은 후 삼년반의 적그리스도와 거짓 선지자의 흉계에 의거 짐승과 그의 우상에게 경배하지 아니하고 그의 짐승의 이름의 표를 받지 아니함으로 포도가 익었다는 것이 확증될 것이다. 익은 포도 송이들은 하나님의 진노의 포도주 틀에 던지어 밟힐 것이다.

즉 순교하는 것이다. 이것이 자금 이 후로 주 안에서 죽은 자들이 복이 있다는 말씀과 부합되는 것이다.

(7) 하나님의 진노의 큰 포도주 틀

믿는 성도 중에도 복음을 전하다 하나님의 말씀과 예수 그리스도의 증거 때문에 순교 당한 자도 있고 안 당한 자도 있다. 모든 것이 하나님의 주권에 달려 있다. 순교자의 수가 차기를 기다리라 하셨다. 순교자 중에는 스데반 같이 돌에 맞아 죽은 자도 있을 것이며 칼에, 총으로, 창으로 죽은 자도 있을 것이다. 옥사하는 자도 있을 것이며 그 방법들은 이루 헤아릴 수 없을 것이다. 그 방법들은 다양하여도 칠년 대 환난 후 삼년 반에 넘기운 것이 진노의 포도주 틀에 넣어지는 것이 될 것이다. 틀이 밟히우는 것은 짐승과 그의 우상에게 경배하지 아니하므로 죽임을 당한 것이 될 것이다. 요한계시록 14:12은 "성도들의 인내가 여기 있나니 저희는 하나님의 계명과 예수 믿음을 지키는 자니라"고 말한다. 죽기에 이르러도 자기 생명을 아끼지 아니하고 기꺼이 참예함이 얼마나 큰 광영인가!

(8) 성 밖에서 틀이 밟히니 틀에서 피가 나옴

20절에 "성 밖에서 그 틀이 밟히니 틀에서 피가 나서 말 굴레까지 닿았고 일천 육백 스다디온에 퍼졌더라"고 말한다. 요한계시록 11:7에 두 증인이 증거(1,260일)를 마칠 때에 무저갱으로부터 올라오는 짐승이 저희로 더불어 전쟁을 일으켜 저희를 이기고 저희를 죽일 터인즉 그 시체가 큰 성길에 있으리니 백성들과 족속과 방언과 나라 중에서 사람들이 그 시체를 사흘반 동안을 목도하리라고 한다. 두 증인은 후삼년반 시작하자 곧 죽임을 당하였다. 짐승과 그의 우상에게 경배하지 않는 자는 모조리 다 죽일 것이다.

세상 도처에 짐승과 거짓 선지자의 영향력이 미치는 곳에서 이런 일이 자행될 것이다. 포도는 포도원을 만들 때에는 즙 짜는 구유를 판다. 우리 성도 중에서도 포도에 해당되는 성도는 죽임을 당할 것이다. 역대를 통하여 죽은 자보다 더 많은 성도들이 죽임을 당할지도 모르는 일이다. 그 피가 말 굴레까지 닿았으니 얼마나 많은 성도가 희생되겠는가?

"일천 육백 스다디온에 퍼졌더라"고 말한다. 1,600은 4×4×100이다. 땅의 수 4와 땅의 사방의 수 4의 곱함과 많은 수 100을 곱한 수이니 땅의 사방에서 흘리는 피가 어떠하겠는가? 1,600이나 16,000이나 상징적 수이기에 의미는 같다. 그러나 두려워 말라. 우리가 잠시 받는 환난의 경한 것이 지극히 크고 영원한 영광의 중한 것을 우리에게 이루게 함이라(고후 4:17)고 말한다. 그리스도는 나를 위해 십자가에 죽으셨다. 우리도 그 마음으로 갑옷을 삼으라 하신다. "짐승과 그의 우상에게 경배하지도 아니하고 이마와 손에 그의 표를 받지도 아니한 자들이 살아서 그리스도로 더불어 천 년 동안 왕 노릇하니"(계 20:4)라고 말한다. 그 영광을 바라 보자. 농부가 참고 땀 흘리며 수고를 한다. 이는 가을에 풍성한 수확을 바라봄이 아닌가?

(9) 곡식추수와 포도추수의 결론

포도추수의 결론 : 하나님 아버지의 갈망은 칠년 대 환난 시험의 때에

세계 만민 중에서 누가 하나님의 성전에서 제단에서 경배하는 자인가를 분별하는 것이다. 농부가 곡식을 추수하여 알곡과 쭉정이를 키로 까부르는 것과 같다. 곡식추수는 성전에서 천사가 하나님 아버지의 명령을 받아 구름위에 앉은 인자를 향하여 거두라 명하였기에 성전에서 경배하는 자이고 포도추수는 제단에서 불을 다스리는 천사가 하나님 아버지의 명령을 받아 거두라 명하였기에 제단에서 경배하는 자인 것이다. 왜 그러한가!

요한계시록 11:1에 갈대 지팡이를 주시면서 하나님의 성전과 제단과 그 가운데서 경배하는 자들을 척량하라 명하였기에 제단에서 경배하는 자와 밀접한 관계가 있는 제단에서 불을 다스리는 천사가 나와서 거두라 하였기 때문이다.

포도원에서 포도가 익으면 거두어서 즙짜는 틀에 넣어 술을 얻는것과 같은 것이다. 그런고로 요한계시록 14:14-20에 곡식추수와 포도추수는 성전에서 경배하는 자와 제단에서 경배하는 자가 확실하게 드러나 있는 것을 볼 수 있다.

요한계시록 2:10에 마귀가 장차 너희 가운데서 몇 사람을 옥에 던져 시험을 받게 하리니 네가 죽도록 충성하라 하신다.

이와 같이 칠년대환난의 후삼년반도 교회에서 신실한 사람 몇 사람을 선택하여 짐승과 그의 우상에게 경배하게 하며 그 짐승의 이름의 표를 받게 하여 절하지 아니하고 표를 받지 아니하면 잔인하게 죽이면서 너희들도 거역하면 이와 같이 할 것이라 하여 시험할 것이다. 그런고로 후삼년반에 짐승과 그의 우상에게 경배하지 아니하고 이마와 오른손에 짐승의 이름의 표를 받지 아니한 자들은 일반 성도들보다 군계일학과 같이 특출한 성도들인 것이다. 이 때에 요한계시록 6:11에 말한 순교자의 수가 차게 되는 것이다.

12. 마지막 진노와 재앙의 서곡(계 15:1)

"하나님의 진노가 불의로 진리를 막는 사람들의 모든 경건치 않음과 불의에 대하여 하늘로 좇아 나타나나니"(롬 1:18)라고 말한다. 제 1단계 진노와 중한 벌은 흰 말(땅의 짐승)과 붉은 말(칼)과 검은 말(기근)과 청황색 말(사망)은 하나님의 은혜의 복음이 전파된 이 후 거의 신약 전 기간에 걸쳐 말들이 뛰어 다니는 곳곳에서 일어나며 비교적 가벼운 진노인 것이다(겔 14:21). 제 2단계 진노는 믿는 자들이 하나님 말씀과 예수의 증거를 인한 순교자들의 보응과 요한계시록 8장의 일곱째 인을 뗄 때 천사가 향로를 가지고 단 위의 불을 담아다가 땅에 쏟으매 뇌성과 음성과 번개와 지진이 나더라 하는 말씀에서 단 위의 불을 담아다가 쏟음은 그 후 재앙들이 내리게 되는 원인이 되는 것이다. 이 결과 나팔 재앙이 있게 되었고 최후로 제 3단계 진노는 일곱째 천사가 불게 되는 나팔로 일곱 천사가 일곱 대접을 가지고 쏟게 되는 마지막 재앙이다. 순교자들은 단 위의 불에 의해 살라서 하나님 앞에는 향기로운 향연이 되는 반면 그 해를 가하는 자들에게는 가혹한 재앙의 해가 임하게 되는 것이다. 일곱 대접을 쏟는 것은 요한계시록 16장 전체에 나타나나 요한계시록 15장에서 그 서곡으로 말하고 있다는 것이다.

요한계시록 8:13에 "내가 또 보고 들으니 공중에 날아가는 독수리가 큰 소리로 이르되 땅에 거하는 자들에게 화, 화, 화가 있으리로다 이 외에도 세 천사의 불 나팔 소리를 인함이로다 하더라" 요한계시록 9장의 황충 군대 재앙이 첫째 화요 유브라데 강 전쟁과 칠년대환난이 둘째 화요(계 11:14) 마지막 화는 일곱째 천사가 나팔 분 후 일곱 천사가 일곱 대접을 가지고 나와 땅에 쏟는 화가 셋째 화인 것이다.

하나님께서는 분명한 뜻이 계신 분이시다. 창세 전에 그리스도 안에서 우리를 택하시고 범죄 한 인간들을 심판하지 않으시고 가죽옷을 지어 입히시므로 그리스도로 말미암아 의롭게 될 것을 그림으로 보여 주시고 아브라함에게 네 후손으로 천하 만민이 복을 받으리라 말씀하셨다.

구약 시대는 즉 "옛적에 선지자들로 여러 부분과 여러 모양으로 우리 조상들에게 말씀하신 하나님이 이 모든 날 마지막에 아들로 우리에게 말씀하셨으니"(히 1:1)라고 말한다.

이 뿐인가! 요한계시록 4장 이후는 앞으로 될 일들을 세밀하고 분명하게 말씀하셨다. 그 말씀대로 모든 사건들이 착착 성취되고 있는 것이다. 이제 마지막 재앙의 서곡에 이르렀다.

1) 일곱 천사의 일곱 재앙

1절에 "또 하늘에 크고 이상한 다른 이적을 보매 일곱 천사가 일곱 재앙을 가졌으니 곧 마지막 재앙이라 하나님의 진노가 이것으로 마치리로다"라고 말한다. 요한계시록 12:1에는 "하늘에 큰 이적이 보이니 해를 입은 한 여자가 있는데 그 발 아래는 달이 있고 그 머리에는 열 두 별의 면류관을 썼더라"고 하며 요한계시록 12:3-4에 "하늘에 또 다른 이적이 보이니 보라 한 큰 붉은 용이 있어 머리가 일곱이요 뿔이 열이라 그 여러 머리에 일곱 면류관이 있는데 그 꼬리가 하늘 별 삼분의 일을 끌어다가 땅에 던지더라"고 말한다. 즉 영광스럽고 빛나는 교회와 사단과의 관계와 싸움을 말하며 요한계시록 15:1의 크고 이상한 다른 이적이란 일곱 천사가 일곱 재앙을 가졌으니 마지막 재앙이라며 하나님의 진노가 이것으로 마치리로다라고 말한다. 즉 16장에서 일어날 일곱 대접 재앙들이 있을 것을 말해 준다. 하나님의 진노는 제1단계 비교적 가벼운 재앙으로부터 절정에 이르는 중한 재앙으로까지 이르러 마치게 되는 것이다. 누가 이 일을 기록하며, 말하며, 실행할 수 있을까? 인간들은 하루 전 일도 몰라 답답해 한다. 그러나 하나님은 창세 전부터 영원 무궁 후까지 모든 것을 계획하고 기록하며 말씀하시고 실행하실 수 있는 분이 전지 전능하신 하나님이시다. 아멘!

(1) 불이 섞인 유리 바닷가에 선 이기는 성도들

2절에 "또 내가 보니 불이 섞인 유리 바다 같은 것이 있고 짐승과 그의 우상과 그의 이름의 수를 이기고 벗어난 자들이 유리 바닷가에 서서 하나님의 거문고를 가지고"라고 말한다. 하나님은 첫 열매 한 단에 해당되는 모든 성도 즉 십 사만 사천은 칠년대환난 직전에 하나님 보좌 앞으로 올려갔고 나머지 아직 덜 익은 곡식은 칠년 대 환난을 통하여 익게 되며 추수하게 된다. 요한계시록 11:1에는 "지팡이와 같은 갈대를 주면서 하나님의 성전과 제단과 그 가운데 경배하는 자를 척량하라" 명하셨다. 칠년 대 환난 전 삼년반은 두 증인들의 예언하는 기간이며 교회를 양육하는 기간이다. 이 기간이 마치니 무저갱으로부터 올라오는 짐승이 저희로 더불어 전쟁을 일으켜 저희를 이기고 저희를 죽인다. 후 삼년반에는 짐승에게 또 그의 우상에게 경배하게 하며 그 짐승의 이름의 표 곧 『666』을 오른손에나 이마에 받도록 강요한다. 거역하는 자들은 몇이든지 죽이기 때문에 제단에서 경배하는 자들인 포도 성도들이 짐승과 그의 우상에게 경배하지 아니하고 그 짐승의 표를 받지 아니하는 성도들은 잘 익은 포도로서 칠년대환난 후삼년반의 포도주 틀에 던져진다. 그 틀을 밟으니 피가 흘러 말굴레까지 닿았고 일 천 육백 스다디온에 퍼지게 된다. 그들은 잘 익어 포도주 틀에서 밟혀 순교하였지만 그들은 불이 섞인 그 환난의 유리 바다를 무사히 통과한 것이다. 사람마다 그리스도 터 위에 집을 짓되 그 집이 잘 지어졌나 못 지었졌나 하는 것은 불로써 시험한다. 금과 보석과 진주로 집을 짓는 자는 공력이 그대로 있고 나무와 집과 풀로 지어진 집들은 불타고 만다.

바다는 세상이라고 하였다. 세상 열국에서 일어나 올라 온 짐승은 후 삼년반 적그리스도와 땅(교계)에서 올라온 두 뿔 가진 거짓 선지자와 합세하여 성도들을 핍박하고 죽인다. 이 상황이 불이 섞인 유리 바다의 의미인 것이다. 유리 바닷가에 선 자들은 짐승과 그의 우상과 그의 이름의 수를 이기고 벗어난 자들이라 한다. 얼마나 장한가! 성도의 인내와 믿음이 여기 있는 것이다. 우리가 잠시 받는 환난의 경한 것이 지극히 크고 영원한 영광의 중한 것을 우리에게 이루게 함이라(고후 4:17) 하며 생각건대 현재의 고난은 장차 우리에게 나타날 영광과 족히 비교할 수 없다라고 말한다. 만일에 그들이 불이 섞인 유리 바다를 통과하지 못하고 짐승과 그의 우상과 그 짐승의 이름의 수를 이기지 못하였다면 그들은 불 못에 들어가며 세세토록 밤낮 쉼을 얻지 못할 것이다. 우리는 그 환난이 우리에게 임하지 않았다 하여 느슨하게 생각지 말고 불원간이다. 누가 첫 열매가 될지 설익은 곡식이 되어 환난 기간 동안에 익게 될 자인줄은 아무도 모른다. 많이 공급 받고 강하게 되어 완숙하라. 그리하면 첫 열매가 될 것이다. 그렇지 아니하면 곡식의 설익은 남은 것이 되어 환난을 겪게 된다. 남은 곡식이 되어 추수될지 제단에서 경배하는 자에 속하여 포도주 틀에 던져질지는 아무도 모른다. 이 말씀에 굳게 서라. 불이 섞인 유리 바다를 늠름하게 걸어 가라! 유리 바다 저편에 서라! 하나님의 거문고를 가지고 노래를 부르게 될 것이다.

(2) 모세의 노래와 어린양의 노래

요한계시록 12:13-17까지 용이 자기가 땅으로 내어 쫓긴 것을 보고 남자를 낳은 여자를 핍박하였는데 그 일이 실패로 돌아가자 여자의 남은 자손 곧 하나님의 계명을 지키며 예수의 증거를 받은 자들로 더불어 싸우려고 바다 모래 위에 섰더라고 말한다. 후삼년반의 환난에 들어간 자는 계명을 지키는 유대인과 예수의 증거를 가진 신약의 성도들을 말한다. 모세의 노래를 부르는 자들은 계명을 지키다가 순교한 유대인들이며 어린양의 노래를 부르는 자들은 예수의 증거 때문에 순교한 신약의 성도들이다. 그 노래의 내용은 3절에 "주 하나님 곧 전능하신 이시여 하시는 일이 크고 기이하시도다 만국의 왕이시여 주의 길이 의롭고 참되시도다"라고 말한다.

① 하시는 일이 크고 기이하시도다

천지 만물을 말씀으로 창조하시고 또 말씀으로 만물을 붙드시며 운행하신 일과 "주께서 내 장부를 지으시며 나의 모태에서 나를 조직하셨나이다 내가 주께 감사하옴은 나를 지으심이 신묘 막측하심이라 주의 행사가 기이함을 내 영혼이 잘 아나이다"(시 139:13-14) 라고 말한다. 첫 열매로 보좌에 올라간 그들은 어린양의 피와 자기의 증거하는 말로 저희를 이기었으니 그들은 죽기까지 자기 생명을 아끼지 아니하였도다 라고 말한다. 모든 승리가 크고 기이하신 하나님의 능력과 권세로 되지 아니하셨다면 이룰 수 없는 사실임을 노래하는 것이다.

② 만국의 왕이시여 주의 길이 의롭고 참 되시도다

주님은 만왕의 왕이며 만주의 주시다. 노래는 자기의 확실한 체험에서 비롯된 것이다. 첫 열매에 속한 십 사만 사천인도 보좌와 네 생물과 이십 사 장로들 앞에서 새 노래를 불렀는데 이 노래는 땅에서 구속을 받은 십 사만 사천인 밖에는 능히 배울 자가 없더라고 말한다. 체험이 없는 자는 따라서 부를 수는 있어도 진정한 노래를 부르는 것이 아니다. 유리 바닷가에 선 이기는 그들도 주의 길이 의롭고 참 되시도다. 하나님은 죄인을 사랑하신다. 그러나 그 죄를 묵인하고 눈 감아 주는 일은 절대로 없으시다. 죄의 값은 사망이기에 사망을 당하여 심판을 받아야 한다. 그러나 그 심판을 우리 죄인들에게 내리지 아니하시고 하나님의 아들인 예수에게 내리셔서 우리 대신 심판 받게 하시고 우리에게 믿음으로 칭의를 주신 것이다. 사랑에도 공의에도 손상이 없으신 길로 행하신 것이다.

핍박과 환난을 겪고 있는 데살로니가 교회에 보낸 편지에 너희로 환난을 받게 하는 자들에게는 환난으로 갚으시고 환난을 받는 너희에게는 안식으로 갚으시는 것이 하나님의 공의이시니 주 예수께서 저희 능력의 천사들과 함께 하늘로부터 불꽃 중에 나타나실 때에 하나님을 모르는 자들과 우리 주 예수의 복음을 복종치 않는 자들에게 형벌을 주시리라고 말한다. 적그리스도와 거짓 선지자는 자기의 세상이 도래하였기로 기고만장하여 역사했으나 결국은 하나님의 백성들을 알곡과 쭉정이로 구별하는 일을 하였을 뿐 최후의 진노를 받게 되는 것이다. 그리고 최후에 그리스도와 그의 군대와 적그리스도와 거짓 선지자와 그의 추종자와의 아마겟돈 전쟁에서 사로 잡아 최초로 유황불 붙는 불 못에 던져지게 된다. 모든 일들은 주의 길이 의롭고 참 되시도다의 노래대로 확실한 체험에서 나온 것이다.

2) 일곱 천사가 일곱 대접을 받음

하나님의 진노가 3단계가 있다고 말한 바 있다. 첫째 단계는 네 인을 떼는 네 말들의 재앙이요 둘째 단계는 나팔 재앙이요 셋째 단계는 마지막 재앙으로 일곱 대접 재앙이다. 하나님의 진노가 이것으로 마치게 되는 것이다. 하나님께서는 불의로 진리를 막는 자의 모든 경건치 않음과 불의에 대하여 진노를 내리신다. 처음에는 비교적 가벼운 것이지만 점차 그 도가 높아 간다. 이는 그 죄악의 정도가 높아가기 때문일 것이다.

(1) 이 일 후에

여기 『이 일 후에』는 계시록에 네 번째 나타나는 것으로 요한계시록

7:9-15:5절 까지를 함께 묶고 있다는 것이다. 그 중간에 각 나라와 족
속과 백성과 방언에서 셀 수 없는 무리들의 찬송과 위로가 있으며 네 나
팔 재앙과 첫째 화(다섯째 나팔) 둘째 화(여섯째 나팔)의 재앙이 있다.
이제 일곱째 나팔 불 때 성도들의 휴거와 일곱 대접 재앙과 바벨론 멸망
과 아마겟돈 전쟁으로 적그리스도와 거짓 선지자의 멸망과 심판이 있으
며 요한계시록 15:5의 이 일 후에는 요한계시록 16장의 대접 재앙과 요
한계시록 17장의 많은 물 위에 앉은 음녀의 받을 심판까지를 포함하고
있다.

(2) 하늘에 증거 장막의 성전이 열림

하늘에 있는 증거 장막의 성전은 이스라엘 백성들이 출애굽한 후 광야
에서 하나님을 섬기는 언약궤가 있는 성전을 상기시킨다. 이 성전은 모
세가 하나님의 지시를 받아 하늘에 있는 성전의 모형대로 지었다. "저희
가 섬기는 것은 하늘에 있는 것의 모형과 그림자라 모세가 장막을 지으
려 할 때에 지시하심을 얻음과 같으니 가라사대 삼가 모든 것을 산에서
네게 보이던 본을 좇아 지으라 하셨느니라"(히 8:5)고 말한다. 이 성전
을 장막, 법막, 증거막, 성막, 회막 등으로 말하고 있다. 이 장막은 하늘
에 있는 실체 장막의 모형에 지나지 않는다. 이 증거 장막의 성전이 열
린 것은 하나님께서 옛날에나 오늘이나 변함이 없으시며 행하시는 일이
크고 기이하여 주의 길이 의롭고 참되시며 성도와 선지자들을 죽이며 진
리를 순종치 않고 불의를 좋아하는 자들에게 엄히 진노하시는 하나님을
보이심이다.

(3) 일곱 재앙을 가진 일곱 천사

6절은 "일곱 재앙을 가진 일곱 천사가 성전으로부터 나와 맑고 빛난 세마포 옷을 입고 가슴에 금띠를 띠고"라고 말한다. 만사에는 때가 있다. 오래 기다리신 하나님은 비로소 적그리스도와 그의 추종자들인 그들의 세상에 진노를 쏟으시기 위하여 대기시켰던 일곱 천사를 하나님이 계신 곳에서부터 나와 맑고 빛난 세마포 옷을 입고 가슴에 금띠를 띠고 나아왔다. 구약 시대의 왕적인 직분과 제사장적인 직분을 상징하는 것으로 하나님의 권위의 표상이라고 하겠다.

(4) 네 생물 중의 하나가 하나님의 진노를 가득히 담은 금 대접을 주다

7절은 "네 생물 중에 하나가 세세에 계신 하나님의 진노를 가득히 담은 금 대접 일곱을 그 일곱 천사에게 주니"라고 말한다. 첫 단계 진노의 때도 네 생물이 오라 하여 일어난 진노들이다. 마지막 진노도 네 생물중 하나가 일곱 대접을 일곱 천사에게 주었다는 것은 네 생물이 이 땅에서 하나님의 진노를 담당하기 때문이다. 세세에 계신 하나님의 진노라는 표현은 그 의미가 크다. 하나님은 불꽃같은 눈으로 모든 세대를 통하여 진리를 불순종하고 경건치 않음과 하나님이 아닌 즉, 섬김의 대상이 아닌 우상을 섬기며 하나님의 노를 격발케 한 모든 일을 보시고 기억하실 것이다. 하나님은 사랑의 하나님이시요 긍휼과 자비가 한이 없으시지만 하나님의 엄위하심 아래 거하는 자들에게는 엄위하신 분이시다. 그래서 이 악한 세상에 가득히 담긴 진노의 금 대접을 일곱 천사에게 주어 쏟게 하신 것이다.

(5) 성전에 연기가 차게 됨

　8절에 "하나님의 영광과 능력을 인하여 성전에 연기가 차게 되매 일곱 천사의 일곱 재앙이 마치기까지는 성전에 능히 들어갈 자가 없더라"고 말한다. 연기는 하나님의 영광과 임재를 나타내실 때 나타났다. "시내 산에 연기가 자욱하니 여호와께서 불 가운데서 거기 강림하심이라 그 연기가 옹기점 연기같이 떠오르고 온 산이 크게 진동하며"(출 19:18) 라고 말한다. 성전에 능히 들어갈 자가 없다는 것은 그 영광의 위엄 때문에 감히 들어갈 수 없음을 시사한다.

13. 마지막 진노(계 16:1-21)

요한계시록 8:13에 "공중에 날아가는 독수리가 큰 소리로 이르되 땅에 거하는 자들에게 화, 화, 화가 있으리로다 이 외에도 세 천사의 불 나팔 소리를 인함이로다 하더라"고 말한다. 마지막 일곱째 나팔(계 11:15)이 분 후에 성도들의 휴거와 일곱 대접 재앙이 있으며 바벨론의 멸망과 아마겟돈 전쟁으로 인하여 적그리스도 짐승과 거짓 선지자는 사로잡혀 산 채로 유황불 붙는 못에 들어가는 최초의 사람들이 될 것이다. 그 나머지 추종자들은 말 탄 자의 입의 검에 죽어 공중에 나는 새의 잔치가 될 것이다. 하나님은 계시록의 여러 사건 중 칠년 대 환난에 대하여 가장 비중이 크시다. 요한계시록 12:5의 첫 열매 수확과 덜 익은 곡식들이 익은 후 전체 추수인 공중에서 거둬 들인 일과 제단에서 경배하는 자들인 포도 추수가 모두 끝나고 그 이기는 자들이 불이 섞인 유리 바닷가에 서서 하나님의 거문고를 가지고 하나님의 종 모세의 노래와 어린양의 노래를 불렀다. 이제 지상에 남아 있는 자는 흉악한 죄인들과 영원한 복음을 듣고 짐승과 그의 우상에게 경배하지 않고 그 이마와 오른손에 표를 받지 않고 믿는 유대인과 믿는 그리스도인들에게 선대했던 모든 자만 남아 있다. 이러한 세상에 하나님의 진노의 대접이 쏟아지게 되는 것이다.

1) 하나님 진노의 일곱 대접을 땅에 쏟으라 함

1절에 "또 내가 들으니 성전에서 큰 음성이 나서 일곱 천사에게 말하되 너희는 가서 하나님의 진노의 일곱 대접을 땅에 쏟으라 하더라"고 말한다. 여기에서 땅은 온 우주를 말한다. 그 다음부터는 세부적으로 말하였지만 여기는 땅과 바다와 물 근원과 해와 짐승의 보좌와 유브라데강과 공기 모두를 포함한다. 일곱 대접 재앙이 후삼년반 동안 쏟는다는 이들도 있으나 그렇지 않다. 왜냐하면 후삼년반 환난이 지난 후에 일곱째 나팔이 불기 때문이며 대접 재앙은 일곱째 나팔 재앙의 내용이기 때문이다.

2) 첫째 천사가 그 대접을 땅에 쏟음

2절에 "첫째가 가서 그 대접을 땅에 쏟으매 악하고 독한 헌데가 짐승의 표를 받은 사람들과 그 우상에게 경배하는 자들에게 나더라"고 말한다. 칠년 대 환난 동안 땅에서 올라 온 새끼양과 같이 두 뿔이 있고 용처럼 말한 거짓 선지자는 그 활동 범위가 분명하다.

(1) 땅과 땅에 거하는 자들에게 적그리스도 짐승에게 경배하게 하고,
(2) 이적을 행하여 심지어 사람 앞에서 불이 하늘로부터 사람에게 내려오게 한다. 각양 이적을 행함으로 땅에 거하는 자들을 미혹한다.
(3) 땅에 거하는 자들에게 칼에 상하였다가 살아난 짐승을 위하여 우상을 만들라 하며,
(4) 짐승의 우상에게 생기를 주어 그 우상으로 말하게 하고,
(5) 그 우상에게 경배하지 아니하는 자는 몇이든지 다 죽이게 한다.
(6) 저가 모든 자 곧 작은 자나 큰 자나 부자나 빈궁한 자나 자유하는 자나 종들로 오른손이나 이마에 표를 받게 하고,
(7) 누구든지 이 표를 가진 자 외에는 매매들을 못하게 한다.

양의 옷을 입고 나아온 거짓 선지자이기에 교회에서 행한 모든 행사를 한다. 믿는 사람들이 현혹되기 쉬운 각양 이적을 행하기 때문에 그들의 말을 듣고 쉽게 따른다. 땅과 땅에 거하는 자들이 유혹의 대상이 되는 것이다. 즉, 교계와 교회에 거하는 자인 것이다(참조; 계 13:11). 첫째

대접을 땅에 쏟음도 교계에 쏟은 것이다(참조; 계 8:7). 교계는 이미 첫 열매 추수와 전체 열매 추수와 제단에서 경배하는 자들로서 후 삼년반에 포도가 익어 술 틀에 던져진 즉 시험의 불이 섞인 유리 바다를 통과한 이기는 자들이 유리 바닷가에 서서 모세의 노래, 어린양의 노래를 부른 다. 그런고로 땅에는 악한 죄인들과 영원한 복음을 듣고 짐승과 그의 우 상에게 경배하지 아니하고 이마에나 손에 표를 받지도 아니한 자들만 남 아 있다. 땅에 쏟음도 이러한 상황이기에 우상에게와 짐승에게 경배하고 그 이름의 표를 받은 자들에게 악하고 독한 헌데가 나타나게 되는 것이 다. 악하고 독한 헌데는 애굽에서 여섯째 재앙의 때 나타났던 것과 같은 것이 나타난 것을 말함이다. 잠시 목숨 보존을 위하여 신앙을 저버렸으 니 하나님의 진노와 나중에는 어린양의 입의 검에 죽어 공중의 새의 잔 치가 될 것이다.

3) 둘째 천사가 그 대접을 바다에 쏟음

3절에 "둘째가 그 대접을 바다에 쏟으매 바다가 곧 죽은 자의 피 같이 되니 바다 가운데 모든 생물이 죽더라"고 말한다. 요한계시록 8:8과 요 한계시록 13:1의 바다가 세상 열국인 것같이 여기 바다도 같은 의미이 다.

4) 셋째 천사가 그 대접을 강과 물 근원에 쏟음

4절에 "셋째가 그 대접을 강과 물 근원에 쏟으매 피가 되더라"고 말한 다. 이 재앙을 내리신 목적은 저희가 성도들과 선지자들의 피를 흘렸음 으로 저희로 피를 마시게 하신 것이다. 나팔 재앙도 천사가 향로를 가지 고 제단불을 담아다가 땅에 쏟으므로 그 재앙들이 나타나게 된 원인이 되는 것이었다. 희생 제물이 제단에서 드려질 때 제단불은 그 제물과 기름을 사르게 된다. 역시 대접 재앙도 강과 물 근원이 피가 되는 것은 성도들과 선지자들이 피를 흘렸기 때문에 그에 상응한 보응을 받게 되는 것을 말함이다.

7절은 "또 내가 들으니 제단이 말하기를 그러하다 주 하나님 곧 전능하신 이시여 심판하시는 것이 참되시고 의로우시도다"라고 말한다. 제단이 화답하며 말하였다는 것에 깊은 인상을 받아야 한다. 성도와 사도와 선지자가 피 흘려 순교하는 것은 제단과 관계가 있기 때문이다. 요한계시록 14:17-20에서 포도 추수도 모든 사람이 죄인들의 아마겟돈 전쟁에서 틀에 밟힌 것을 말한다.

그러나 필자는 요한계시록 14장 전체의 내용과 불을 다스리는 천사가 제단으로부터 나와 이한 낫을 휘둘러 거두라는 말씀을 그대로 넘길 수 없어 칠년대환난 후삼년반에 불이 섞인 유리 바다를 통과하여 이기는 성도들로 말한 이유가 그 말씀에 근거를 두고 있다. 요한계시록 15:2절에 불이 섞인 유리 바다는 후삼년반의 적그리스도의 악랄한 불의 시험을 당당히 이기는 성도들의 모습인 것이다. 바다는 요한계시록 13:1절에 설명한 바 있다. 곧 세상을 말한다.

5) 넷째 천사가 그 대접을 해에 쏟음

8-9절에 "넷째가 그 대접을 해에 쏟으매 해가 권세를 받아 불로 사람들을 태우니 사람들이 크게 태움에 태워진지라"고 말한다. 태양과 지구와의 거리는 광속으로 8분여 걸린다고 한다. 적도는 태양 빛이 제일 먼저 도달하는 부분이다. 거기에는 연중 35℃ 이상이 유지된다고 한다. 또 북극과 남극은 어떠한가? 거기는 연중 영하 70℃ 내외의 온도가 아닌가? 하나님께서 지구와의 거리를 1분만 앞당긴다면 지구는 까맣게 타고

말 것이다.

6) 다섯째 천사가 그 대접을 짐승의 보좌에 쏟음

10-11절에 "또 다섯째가 그 대접을 짐승의 보좌에 쏟으니 그 나라가 곧 어두워지며 사람들이 아파서 자기 혀를 깨물고 아픈 것과 종기로 인하여 하늘의 하나님을 훼방하고 저희 행위를 회개치 아니하더라"고 말한다. 이 짐승은 요한계시록 13:1-2에 기록된 표범과 비슷하고 발은 곰의 발 같고 입은 사자의 입 같은데 머리 하나가 상하여 죽게 된 것 같더니 그 죽게 되었던 상처가 나은 짐승을 말한다. 이 짐승은 요한계시록 9:13-21까지 유브라데 강 전쟁에서 승리한 짐승이며 그 순위는 제팔왕이며 일곱중에 속한 자이다. 이 짐승은 자기의 때 곧 후삼년반 동안(마흔 두 달) 백성과 족속과 나라와 방언들을 다스렸으며 하나님의 성전에 앉아 자기를 보여 하나님이라 하는 자이며 자기의 신상을 만들고 그 우상에게 절하게 하며 절하지 않는 자는 몇이든지 죽이는 자였다. 자기 이름의 표를 오른손에나 이마에 받게 하며 거역하는 자는 죽이며 매매를 못하게 하였다. 이 짐승의 보좌에 하나님의 마지막 재앙인 대접이 쏟아 부어졌다. 그 결과 그 나라가 어두워지고 사람들이 아파서 자기 혀를 깨물고 아픈 것과 종기로 인하여 하늘의 하나님을 훼방하고 저희 행위를 회개치 아니하더라고 말한다.

7) 여섯째 천사가 그 대접을 큰 강 유브라데에 쏟음

12절은 "또 여섯째가 그 대접을 큰 강 유브라데에 쏟으매 강물이 말라서 동방에서 오는 왕들의 길이 예비되더라"고 말한다. 여섯째 나팔 재앙은 지상의 국가와 국가간의 최후의 전쟁이며 제 3차 세계 대전이었다.

그러나 본문은 그 대접을 유브라데에 쏟으므로 강물이 말라 동방에서 오
는 왕들의 길이 예비 되었더라고 한다. 이 전쟁을 위해 왕들을 모음은
그리스도와 그의 군대들과 적그리스도와 거짓 선지자와 그의 추종자들
과의 전쟁이 될 것이다. 이 전쟁은 아마겟돈 전쟁이라 하며 적그리스도
곧 짐승과 거짓 선지자는 전쟁에 패배하여 유황불 붙는 못에 들어가는
최초의 사람들이 될 것이다. 그의 추종자들은 그 입의 기운으로 죽어 공
중의 새들의 대 잔치가 될 것이다. 여섯째 천사가 그 대접을 유브라데
강에 쏟으매 동방에서 오는 왕들의 길이 예비 되었다는 말에 깊은 인상
을 받기 바란다. 마지막 적그리스도가 로마라 하며 열 뿔은 로마의 열왕
들이라고 하나 그렇지 않다. 17장에서 자세하게 말하겠다. 요한계시록
17:7-12까지 자세히 읽어보기 바란다. 동방에서 유브라데 강을 건너온
군대들이 2억이 될 것이라 하나 2억의 군대는 국가와 국가간의 전쟁이
었고 본문에 있는 전쟁은 그리스도와 적그리스도와의 전쟁이 될 것이다.
제 3차 세계 대전 후 칠년대환난과 기타 다른 기간들을 합한다면 정확하
지는 않지만 10년 전후가 될 것으로 예상해 본다. 역대의 적그리스도는
일곱 머리로 상징된 적그리스도가 멸망 당하였지만 칼에 상하였다가 살
아난 적그리스도는 제팔왕이 되며 일곱 중에 속한 자이다. 그러나 로마
가 다시 살아나는 것은 아니다. 다니엘 7:11-12에 "그 때에 내가 그 큰
말하는 작은 뿔의 목소리로 인하여 주목하여 보는 사이에 짐승이 죽임을
당하고 그 시체가 상한 바 되어 붙는 불에 던진 바 되었으며 그 남은 모
든 짐승은 그 권세를 빼앗겼으나 그 생명은 보존되어 정한 시기가 이르
기를 기다리게 되었더라"고 말한다. 짐승이 죽임을 당함은 로마이다. 그
남은 모든 짐승은 어느 국가와 왕들인가? 하늘의 네 바람이 큰 바다로
몰려 불더니 큰 짐승 넷이 바다에서 올라 왔다. 첫째는 바벨론(느부갓네
살-사자로 상징), 둘째는 메데·파사(다리오-곰으로 상징), 셋째는 헬
라(알렉산더-표범으로 상징), 넷째가 무섭고 놀라우며 먹고 부숴뜨린 짐

승인 로마이다. 그 남은 모든 짐승은 로마를 제외한 바벨론(사자)과 메데·파사(곰)와 헬라(표범)인데 권세는 빼앗겼으나 생명은 보존되어 정한 시기가 되면 다시 살아나는 것이다. 이 짐승이 요한계시록 13:1-2에 나타난 짐승이다. 모양은 표범과 비슷하고 발은 곰의 발 같고 그 입은 사자의 입 같은 짐승이 제팔왕이며 일곱 중에 속한 자라는 뜻이다. 그러므로 칼에 상하였다가 다시 살아난 짐승이 로마가 아니다 라는 근거가 된다.

유브라데강이 말라 동방에서 적그리스도 짐승이 다른 왕들과 강을 건너기 위해 길이 예비되었다는 말에 일치가 되는 것이다. 최후의 적그리스도는 그리스도와 그 군대와 싸우기 위해 이적을 행하여 왕들을 꾀어 유브라데 강을 건너 므깃도(아마겟돈)로 모일 것이다. 이 때 그리스도께서 포도주 틀을 밟을 것이며 그 후에는 지상에서 천년 왕국이 이루어 질 것이다.

(1) 개구리같은 세 영이 용의 입과 짐승의 입과 거짓 선지자의 입에서 나옴

13절에서 "또 내가 보매 개구리 같은 세 더러운 영이 용의 입과 짐승의 입과 거짓 선지자의 입에서 나오니"라고 말한다. 왜 개구리 같은 세 더러운 영이라 하였을까? 주 예수님은 귀신을 쫓아내실 때 언제나 더러운 귀신이란 말을 사용하셨다. 개구리는 떠든다 또 이중적인 생활을 한다. 물에서나 육지에서나 늘 자기에게 편리한대로 행동한다. 그의 행동 목적은 온 천하 임금들에게 가서 전능하신 이의 큰 날에 전쟁을 위하여 그들을 모으는데 이적을 행하여 모을 것이다. 데살로니가후서 2:9-10에 "악한 자의 임함은 사단의 역사를 따라 모든 능력과 표적과 거짓 기적과 불의의 모든 속임으로 멸망하는 자들에게 임하리니"라고 말한다. 이

세 귀신들이 용의 입과 짐승의 입과 거짓 선지자의 입에서 나왔다는 것은 이 귀신들이 모두를 대표한다는 뜻이다. 용의 교활함과 모든 계교를 동원하여 왕들을 꾀일 것이고 짐승의 강포함과 거짓된 모든 속임으로 아마겟돈에 왕들을 모을 것이다. 아마겟돈은 므깃도 언덕을 가리키는데 과거 20회 이상 전쟁으로 성을 쌓은 결과 구릉이 된 곳이다.

(2) 주님의 경고

15절은 "보라 내가 도적 같이 오리니 누구든지 깨어 자기 옷을 지켜 벌거벗고 다니지 아니하며 자기의 부끄러움을 보이지 아니하는 자가 복이 있도다"라고 말한다. 이 말씀은 믿는 성도들에 대한 경고이다. 요한계시록 12:5에 사내 아이의 하늘 보좌로의 휴거와 요한계시록 14:1에 하늘의 시온산에 첫 열매되는 십 사만 사천인이 어린양과 함께 있으며 요한계시록 14:14-16과 요한계시록 14:17-20에 성전에서 경배하는 자와 제단과 그 가운데서 경배하는 자들의 추수가 있은 후 요한계시록 15:2절에 짐승과 그 우상과 그 이름의 수를 이기고 벗어난 자들 즉 칠년대환난의 후삼년반의 불이 섞인 바다를 통과한 자들이 하나님의 거문고를 가지고 모세의 노래와 어린양의 노래를 불렀다.

이 말씀에 근거하여 첫 열매 추수와 전체 곡식 추수가 마쳤음으로 여섯째 대접을 쏟은 시점에서 성도들은 지상에 존재하지 않는다. 다만 불신자와 영원한 복음을 듣고 하나님만을 경배하는 자들이 있을 것이다. 그런데 성도에 대한 경고가 있는지가 의문이다. 마태복음 24장에는 주님 오심이 노아의 때와 같으리니 홍수 전에 노아가 방주에 들어가던 날까지 사람들이 먹고 마시고 장가들고 시집가고 있으면서 홍수가 나서 저희를 다 멸하기까지 깨닫지 못하였으니 인자의 임함도 이와 같으리라고 말한다. "그러므로 깨어 있으라 어느 날에 너희 주가 임할는지 너희가 알지 못하느니라 너희도 아는 바니 만일 집 주인이 도적이 어느 경점에 올 줄을 알았다면 깨어 있어 그 집을 뚫지 못하게 하였으리라 이러므로 너희도 예비하고 있으라 생각지 않은 때에 인자가 오리라"(마 24:42-44)고 말한다. 칠년대환난때 영원한 복음을 듣고 하나님만을 경배하며 유대인과 믿는 성도들에게 호의를 베풀었던 자들에 대한 경고와 항상 주님오심을 예비하는 자들에 대한 경고로 보아야 할 것이다.

8) 일곱째 천사가 그 대접을 공기 중에 쏟음

17절에 "일곱째가 그 대접을 공기 가운데 쏟으매 큰 음성이 성전에서 보좌로부터 나서 가로되 되었다 하니"라고 말한다. 공기 가운데란 에베소서 2:2에 공중 권세 잡은 용의 거처를 말한다. 이 곳(자기 곳)에서 사단이 밤낮 쉬지 않고 우리 형제들을 하나님 앞에서 참소한 곳이기도 하다. 이제 쏟을만한 곳에는 다 쏟았다. 최후로 세상 임금인 용의 거처인 공중에 대접을 쏟음으로 진노와 재앙이 마치게 된다. 그래서 큰 음성이 성전에서 보좌로부터 나서 말하기를 되었다 즉 완료 되었다고 말한다. 하나님의 진노가 제 1차 재앙에서 제 2차 재앙과 제 3차 재앙으로 하나님의 진노가 절정에 이르는 것인데 그 일곱째가 대접을 용의 거처인 공중에 쏟음은 주의 길이 의롭고 참 되시도다 하는 말이 입증된 것이다.

18절에 "번개와 음성들과 뇌성이 있고 또 큰 지진이 있어 어찌 큰지 사람이 땅에 있어 옴으로 이 같이 큰 지진이 없었더라"고 말한다. 이 말은 계시록에서 4회 나온다. 요한계시록 4:5, 8:5, 11:19, 16:18이다. 중대한 사건의 시작과 마침에 있어 나타나는 것으로 하나님의 엄위와 위엄과 권세로 만사를 성취하시는 하나님을 보여 주려는 것이라 하겠다. 큰 지진이 어찌 큰지 사람이 땅에 있어 옴으로 이 같이 큰 지진이 없었다는 것은 그 지진의 범위가 크고 넓다는 것이며 지진계가 6도, 7도만

되어도 엄청난 피해와 인명이 희생되는데 사상 초유의 지진이기에 상상을 초월할 정도의 엄청난 지진이라 하겠다.

이로 인하여 19-20절에 "큰 성이 세 갈래로 갈라지고 만국의 성들도 무너지니 큰 성 바벨론이 하나님 앞에 기억하신 바 되어 그의 맹렬한 진노의 포도주 잔을 받으매 각 섬도 없어지고 산악도 간데 없더라"고 말한다. 그리고 중수가 한 달란트(34.27kg)나 되는 큰 우박이 하늘로부터 사람들에게 내리매 사람들이 그 박재로 인하여 하나님을 훼방하니 그 재앙이 심히 큼이더라 한다. 이 우박은 사실로 보는 것이 가하다 하겠다. 왜냐하면 사람이 땅에 있어 옴으로 이 같이 큰 지진이 없던 지진으로 인하여 나타난 재앙이기 때문에 그대로 보는 것이 자연스럽기 때문이다. 일곱번째 대접을 공중에 쏟기 전에도 용은 미가엘 천사와 싸워서 이기지 못하여 땅으로 쫓겨났다. 자기의 때가 얼마 못 된줄 알므로 힘써 분내어 땅으로 내어 쫓김으로 칠년대환난이 일어난 것이다. 마지막으로 용은 짐승 곧 적그리스도와 거짓 선지자들과 땅의 모든 임금들을 선동하여 아마겟돈으로 모인다. 그것은 용과 짐승과 거짓 선지자의 최후를 맞이하기 위한 발악이라 하겠다. 감히 누가 어린양과 그 군대와 싸울 수 있겠는가! 하룻 강아지 범 무서운 줄 모르는 격이다. 싸워 보지도 못하고 싸움을 시작하자 마자 잡힌다. 요한계시록 19:19에 "또 내가 보매 그 짐승과 땅의 임금들과 그 군대들이 모여 그 말 탄 자와 그의 군대로 더불어 전쟁을 일으키다가 짐승이 잡히고 그 앞에서 이적을 행하던 거짓 선지자도 함께 잡혔으니 이는 짐승의 표를 받고 그의 우상에게 경배하던 자들을 이적으로 미혹하던 자라 이 둘이 산 채로 유황 불붙는 못에 던지우고"라고 말한다.

이제 용 사단 마귀는 두 날개가 꺾인 새가 되었고 이가 다 빠진 늙은 사자가 된 셈이다. 어디에 발판을 딛고 역사하겠는가! 하나님은 오래 오래 참으셨다. 이제 하나님께서 하실 일을 다 하신 것이다. 자녀들을 훈육하기 위해서는 매가 필요하지만 다 훈육한 후에는 매를 부러뜨려 버리는 것과 같은 것이다. 할렐루야!

■ 계시록 17장의 개요

다섯째 나팔은 첫째 화요, 여섯째 나팔은 둘째 화며, 일곱째 나팔은 셋째 화이다. "일곱째 천사가 소리 내는 날 그 나팔을 불게 될 때에 하나님의 비밀이 그 종 선지자들에게 전하신 복음과 같이 이루리라"(계 10:7). 일곱째 마지막 나팔이 불므로 그 종 선지자들에게 전한 복음과 같이 이룬 것은 첫째, 전체 곡식 추수인 공중 휴거이다(살전 4:16-17, 고전 15:51-52, 계 14:14-16). 둘째는 일곱 대접 재앙 즉 마지막 재앙이다. 셋째는 바벨론 멸망이며, 넷째는 그리스도와 그의 군대들과 짐승과 땅의 임금들과 거짓 선지자와의 최후의 전쟁인 아마겟돈 전쟁이며 이 때에 그리스도께서 포도주틀을 밟게 되는 것이다. 짐승과 거짓 선지자는 최초로 유황불 붙는 불못에 들어가는 자들이 될 것이며 나머지 임금들과 그 추종자들은 공중에 나는 새들의 잔치가 될 것이다. 요한계시록 16장은 일곱 대접 재앙이며 요한계시록 17장은 큰 음녀의 받을 심판과 음녀와 일곱 머리 열 뿔 가진 짐승의 비밀과 음녀 곧 여인과의 관계를 말하고 있다.

14. 큰 음녀의 심판(계 17:1-18)

1) 일곱 머리 열 뿔 가진 짐승과 여인

1-3절에 "또 일곱 대접을 가진 일곱 천사 중 하나가 와서 내게 말하여 가로되 이리 오라 많은 물 위에 앉은 큰 음녀의 받을 심판을 네게 보이리라

땅의 임금들도 그로 더불어 음행하였고 땅에 거하는 자들도 그 음행의 포도주에 취하였다 하고 곧 성령으로 나를 데리고 광야로 가니라 내가 보니 여자가 붉은 빛 짐승을 탔는데 그 짐승의 몸에 참람된 이름들이 가득하고 일곱 머리와 열 뿔이 있으며"라고 말한다. 왜 일곱 대접을 가진 일곱 천사 중 하나가 와서 이 말을 하였을까? 요한계시록 15:5 『이 일후에』라는 말이 요한계시록 16장과 17장을 한 단락으로 취급하고 있기 때문에 일곱 대접을 가진 천사 중 하나가 나와서 말한 것이다. 많은 물 위에 앉은 큰 음녀의 받을 심판을 네게 보이리라 한 말의 물은 15절에 보면 백성과 무리와 열국과 방언들이다. 백성과 무리와 열국과 방언 즉 전 세계 모든 사람들에게 심각한 자기의 영향력을 미치게 하며 그들을 주관하고 그들로 그 음행의 포도주에 취하게 한다.

세상 사람들 뿐 아니라 믿는 사람이라 할지라도 이 화사한 여인에게 현혹되어 여인과 음행을 할 수 있다. 그러기에 야고보는 "간음하는 여자들이여 세상과 벗 된 것이 하나님의 원수임을 알지 못하느뇨 그런즉 누구든지 세상과 벗이 되고자 하는 자는 스스로 하나님과 원수 되게 하는 것이니라"(약 4:4) 하며, 사도 요한은 요한일서에서 "이 세상이나 세상에 있는 것들을 사랑치 말라 누구든지 세상을 사랑하면 아버지의 사랑이 그 속에 있지 아니하니 이는 세상에 있는 모든 것이 육신의 정욕과 안목의 정욕과 이생의 자랑이니 다 아버지께로 좇아 온 것이 아니요 세상으로 좇아 온 것이라 이 세상도, 그 정욕도 지나가되 오직 하나님의 뜻을 행하는 이는 영원히 거하느니라"(요일 2:15-17)고 말한다. 아무리 화려

하고 매력적이라 할지라도 그것은 잠시 뿐이며 영원하지 못한 것이기에 그의 받을 심판을 보여 주므로 성도들의 자세가 분명해질 것이기 때문에 보여 주신 것이다.

"땅의 임금들도 그로 더불어 음행하였고 땅에 거하는 자들도 그 음행의 포도주에 취하였다" 여인 곧 바벨론의 고객이 땅의 임금들이며 상고들이다. 요한계시록 17장과 18장의 구성이 요한계시록 11-13장과 같이 구성되어 있다. 요한계시록 11장에서는 전삼년반 예언과 후삼년반에 증인들의 순교와 부활 승천 등이 기록되어 있다. 요한계시록 12:13-17절 까지는 전삼년반의 다른 형태인 빛나는 교회의 양육이 기록 되었으며 요한계시록 13:1-18절 까지는 후삼년반의 상세한 기록이 있다. 짐승과 그의 우상에게 경배하지 아니하고 그 짐승의 이름의 수의 표를 받지 아니하면 몇이든지 죽이는 상세한 기록이 있는 것이다. 요한계시록 17장도 여인의 심판은 16절에서 아주 간략하게 기록 되었지만 요한계시록 18장에는 자세히 망하게 되는 상황을 말하고 있는 것을 볼 수 있다.

"곧 성령으로 나를 데리고 광야로 가니라 내가 보니 여자가 붉은 빛 짐승을 탔는데 그 짐승의 몸에 참람된 이름들이 가득하고 일곱 머리와 열 뿔이 있으며"라고 말한다. 『성령으로』 라는 이 말은 요한계시록에 4회 나오는데 요한계시록 1:10은 교회에 대한 이상이며 요한계시록 4:2절은 세상에 대한 이상이요 요한계시록 17:3은 바벨론에 대한 이상이요 요한계시록 21:10은 새 예루살렘에 대한 이상이다. 성령의 감동된 자들만이 참 하나님의 이상과 참 뜻을 알 수 있음을 감사한다. 요한에게 보여 주신 예수 그리스도 계시도 이러한 맥락에서 보여 주신 것이다. 어찌 성령의 가르치심이 아니면 참 뜻을 분별할 수 있겠는가! 요한계시록 21:10은 높은 산으로 데리고 갔지만 요한계시록 17:3은 광야로 데려 갔다. 세상인 것이다. 세상으로 데리고 가서 바벨론 즉 세상에 대하여 자세히 보여주신 것이다.

"여자가 붉은 빛 짐승을 탔는데"라고 말한다. 혹자는 큰 음녀 곧 짐승 위에 탄 여자를 종교적 바벨론이라 하여 변절한 천주 교회로 말하는 자들도 있으나 그 변절한 모든 상황들로 보아 그렇게 볼 수도 있을 것이다. 그러나 이 기록은 종교적인 바벨론을 말한 것이 아니다. 그 이유로는 9절에 "지혜 있는 뜻이 여기 있으니 그 일곱 머리는 여자가 앉은 일곱 산이요 또 일곱 왕이라"고 말한다. 일곱 산도 로마에 있는 것이라 하여 합리화 한다. 그러나 일곱 머리는 다니엘 7장의 네 짐승과 관계 있으며 느부갓네살 왕이 이상 중에 본 신상과도 연관이 있다. 그렇다면 일곱 머리 가진 짐승은 무엇을 말하는가? 다니엘 2장에 나타난 느부갓네살 왕의 신상에 대하여 알아보자.

한가지 그림이 백마디 말보다 더 낫다. 바벨론왕 느부갓네살 때부터 주님 심판 때까지의 중요한 기록에 남길만한 국가의 흥망성쇠에 대하여 말하고 있다. 일곱 머리를 어찌 지혜의 완전함을 의미한다고 말할 수 있는가?

그렇다면 요한계시록 17:9-10에 지혜있는 뜻이 여기 있으니 그 일곱 머리는 여자(바벨론)가 앉은 일곱 산이요 일곱 왕이라 다섯은 망하였고 (헬라, 메데파사, 바벨론, 앗수르, 애굽) 하나는 시방있고(로마) 다른 이는 아직 이르지 아니하였으나 이르면 잠깐동안 계속하리라(독일) 필자는 일곱째를 독일로 보고 있다.

느부갓네살이 꿈에 신상에서는 바벨론(금), 메데파사(은), 헬라(동), 로마(철)로 상징되었고 마지막 하나님께서 심판하실 때는 철과 토기장이의 진흙으로 상징된 2대 이데올로기가 양립된 시대 즉, 지금 우리가 처해있는 이 시대를 말하고 있는 것이다. 얼마나 확실한가!

아래 신상의 그림과 말씀을 보라.

B.C.604년경

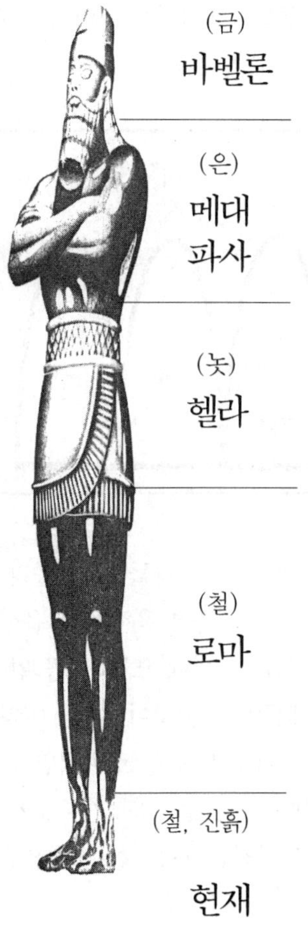

"왕이여 왕이 한 큰 신상을 보셨나이다 그 신상이 왕의 앞에 섰는데 크고 광채가 특심하며 그 모양이 심히 두려우니 그 우상의 머리는 정금이요 가슴과 팔들은 은이요 배와 넓적다리는 놋이요 그 종아리는 철이요 그 발은 얼마는 철이요 얼마는 진흙이었나이다"(단 2:31-33)

"그 꿈이 이러한즉 내가 이제 그 해석을 왕 앞에 진술하리이다 왕이여 왕은 열왕의 왕이시라 하늘의 하나님이 나라와 권세와 능력과 영광을 왕에게 주셨고 인생들과 들짐승과 공중의 새들, 어느곳에 있는 것을 무론하고 그것들을 왕의 손에 붙이사 다 다스리게 하셨으니 왕은 곧 그 금머리니이다 왕의 후에 왕만 못한 다른 나라가 일어날 것이요 세째로 또 놋 같은 나라가 일어나서 온 세계를 다스릴 것이며 넷째 나라는 강하기가 철 같으리니 철은 모든 물건을 부숴뜨리고 이기는 것이라 철이 모든 것을 부수는 것 같이 그 나라가 뭇 나라를 부숴뜨리고 빻을 것이며 왕께서 그 발과 발가락이 얼마는 토기장이의 진흙이요 얼마는 철인 것을 보셨은즉…"(단 2:36-41)

"또 왕이 보신즉 사람의 손으로 하지 아니하고 뜨인 돌이 신상의 철과 진흙의 발을 쳐서 부숴뜨리매 때에 철과 진흙과 놋과 은과 금이 다 부숴져 여름 타작마당의 겨 같이 되어 바람에 불려 간곳이 없었고 우상을 친 돌은 태산을 이루어 온 세계에 가득하였었나이다"(단 2:34-35)

　이상의 말씀에서 볼 때, 금, 은, 놋, 철로 상징된 국가들은 알 수 있다. 바벨론 이전의 두 국가들은 알 수 없으나 로마 당시 다섯은 "나라와 왕들은 망하였고"라는 요한계시록 17:10의 말씀에서 여러 국가들중 하나님께 대적하고 이스라엘을 핍박하고 괴롭힌 국가가 애굽과 앗수르였다. 그래서 일곱 머리를 애굽, 앗수르, 바벨론, 메데파사, 헬라, 로마, 독일로 보는 것이다.

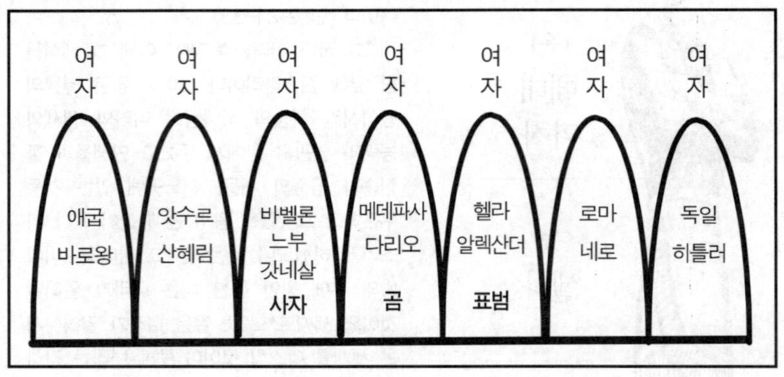

　그 여자 바벨론은 일곱 시대를 상징한 모든 국가와 왕들 위에 올라 앉았다. 그를 지배하고 많은 영향력을 주고 그로 더불어 음행하고 음행의 포도주에 흠뻑 취하게 하였다. 그 여자가 일곱 산 위에 또는 일곱 왕 위에 앉았다 하는 것은 모든 일곱 시대가 바벨론이라는 것이다. 이 여자가 종교적인 바벨론이라 한다면 여섯째 산이요 여섯째 왕인 로마에만 앉아 있어야 할 것이다. 그런데 모든 산 위에 앉아 있지 않는가! 천주교가 로마에서 일어나 그 모습을 드러냈다. 필자가 말하는 것은 천주교를 옹호한 것이 아니다. 이 기사가 그것을 말하는 것이 아니고 모든 시대를 거쳐 바벨론으로 영향력과 그 화사한 세상의 유혹에 빠져 하나님을 멀리 떠난 음녀로 많은 왕들과 왕족들 곧 세상의 상고들을 음행의 포도주에 취하게 하였다는 것이다.

"여자가 붉은 빛 짐승을 탔는데"라고 말한다. 붉은 빛 짐승은 무슨 의미를 지니고 있는가! 요한계시록 12:3에 "한 큰 붉은 용이 있더라"고 말한다. 마귀는 처음부터 살인한 자이다(요 8:44). 살인 할 때 붉은 피를 흘리게 됨으로 붉은 용, 붉은 빛 짐승이라 말하는 것이며 또 하나는 세상 물질과 관계가 있다. 창세기 25:29-34에 "야곱이 죽을 쑤었더니 에서가 들에서부터 돌아와서 심히 곤비하여 야곱에게 이르되 내가 곤비하니 그 붉은 것을 나로 먹게 하라 한지라 그러므로 에서의 별명은 에돔이더라 야곱이 가로되 형의 장자의 명분을 오늘날 내게 팔라 에서가 가로되 내가 죽게 되었으니 이 장자의 명분이 내게 무엇이 유익하리요 야곱이 가로되 오늘 내게 맹세하라 에서가 맹세하고 장자의 명분을 야곱에게 판지라 야곱이 떡과 팥죽을 에서에게 주매 에서가 먹으며 마시고 일어나서 갔으니 에서가 장자의 명분을 경홀히 여김이었더라" 에서는 떡과 붉은 팥죽을 위하여는 가장 귀한 장자의 명분까지도 값 없이 여겨 팔았다. 야곱은 떡과 팥죽을 주면서 장자의 명분을 취하였다. 얼마나 대조적인가! 온 인류를 구분하면 하나님을 섬기는 자와 세상 물질을 섬기는 자로 구분할 수 있다.

마태복음 6:24에 "한 사람이 두 주인을 섬기지 못할 것이니 혹 이를 미워하며 저를 사랑하거나 혹 이를 중히 여기며 저를 경히 여김이라 너희가 하나님과 재물을 겸하여 섬기지 못하느니라"고 말한다. 유물주의 사상을 가진 자를 빨갱이라 하지 않는가! 그래서 붉은 빛 짐승은 사람의 목숨을 파리 목숨 같이 가볍게 여겨 살인을 자행하는 자요 세상 물질위주의 사상을 가진 유물주의 자들이다.

"짐승의 몸에 참람된 이름들이 가득하고"라고 말한다. 요한계시록 13:1에 "짐승의 머리들에는 참람된 이름들이 있더라"고 말한다. 그러나 본문에는 몸에 참람된 이름들이 가득하다고 말한다. 참람하다는 말은 예수님에 대하여 자주 사용하였던 말이다. 네 죄사함을 받았느니라 할 때 어찌 사람이 되어 죄를 사하겠는가 하였으며 내가 하나님의 아들이라 말할 때 어찌 사람이 되어 하나님이라 말한다 하여 참람하도다라고 하였다. 이 마지막 짐승은 일곱 왕들 중 어느 왕보다 자기를 보여 하나님이라 하며 자기에게 절하게 하고 자기를 위하여 우상을 만들어 경배하게 하고 경배하지 않는 자는 몇이든지 죽이면서 모든 사람들 위에 군림하여 역사하는 짐승이기에 온 몸에 참람된 이름들이 가득하다고 말하는 것이다.

"일곱 머리 열 뿔이 있으며"라고 말한다. 일곱 머리는 여자가 앉은 일곱 산이요 일곱 왕이다.

① 애굽, ② 앗수르, ③ 바벨론, ④ 메데파사, ⑤ 헬라, ⑥ 로마, ⑦ 독일이며 칼에 상하였다가 다시 살아난 짐승은 여덟째 왕이라 말한다. 요한계시록 13장에 말한 표범(헬라)과 비슷하고 발은 곰의 발(메데파사) 같고 입은 사자의 입(바벨론)과 같은데 이 짐승이 바로 최후에 나타날 적그리스도인 것이다. 이 짐승이 올라올 때 온 땅이 이상히 여겨 짐승을 따르고 누가 이 짐승과 같으뇨 누가 이 짐승으로 더불어 싸우리요라고 말한다. 이 짐승은 지금 출현하여 자기의 때를 위해 성장하고 있다. 열 뿔은 이 짐승의 위성국들이다. 열 뿔을 유럽의 공동시장 10개국이라 말하는 자들도 있으나 그렇지 않다. 열 뿔도 로마의 열 분봉왕들이라 하나 제팔왕에 속한 위성국들이요 아직 나라를 얻지 못하였으나 자기 때가 오면 일심으로 한 뜻을 가지고 자기 능력과 권세를 짐승에게 주어 하나님의 뜻이 이룰 때까지 역사할 것이다.

4절에 "그 여자는 자주 빛과 붉은 빛 옷을 입고 금과 보석과 진주로 꾸미고 손에 금잔을 가졌는데 가증한 물건과 그의 음행의 더러운 것들이 가득하더라"고 말한다. 그 여자 바벨론은 화사스런 자주 빛 옷을 입었다. 다니엘 5:7에 벨사살 왕은 "누구든지 이 글을 읽고 그 뜻을 해석하면 자

주 옷을 입힐 것이요 금사슬을 그 목에 드리우고 그로 나라의 셋째 치리
자를 삼으리라” 하였다. 다니엘이 그 글을 해석하여 다니엘 5:29에 자주
옷을 입히게 하고 금사슬을 목에 드리우고 조서를 내려 나라의 셋째 치
리자를 삼았다. 자주 빛 옷과 붉은 빛 옷은 왕들이나 최고 영광을 차지
할 자들이 입는 옷이다. 그 여자 바벨론이 이 화사스런 옷과 금과 은과
보석으로 꾸몄다는 것은 임금들과 왕족들과 땅에 거하는 모든 자들로 자
신과 음행하여 자신의 음행의 포도주에 취하게 하기 위함이다. 믿는 이
들은 눈에 보이는 안목의 정욕에 끌리지 말고 그 속에 생명이 없음을 보
아야 할 것이다. 예레미야 51:7은 “바벨론은 여호와의 수중의 온 세계로
취케 하는 금잔이라 열방이 그 포도주를 마시고 인하여 미쳤도다”라고
말한다. 손에 금잔을 가졌다는 것은 가증하고 음행의 더러운 것이 가득
한 금잔을 마시고 취하게 하기 위함이다. 그로 인하여 땅의 임금들도 땅
에 거하는 자들도 그 음행의 포도주 금잔에 의해 취하게 되는 것이다.

5절에 “그 이마에 이름이 기록되었으니 비밀이라, 큰 바벨론이라, 땅
의 음녀들과 가증한 것들의 어미라 하였더라”고 말한다. 이기는 자들은
이마에 하나님의 이름과 예수 그리스도의 이름과 새 예루살렘의 이름들
이 기록되어 있다. 후삼년반에 짐승에게와 그의 우상에게 경배하고 그의
이름의 표를 오른손에나 이마에 받았다. 이 여자 바벨론은 역시 이마에
이름이 기록되었다. 그 이름은 바로 그 자신이다. 하나님의 비밀은 그리
스도요(골 2:2) 교회의 비밀은 우리 안에 계신 그리스도이시다(골 1:
27). 그 이름이 비밀이라 함은 겉으로 보기에는 아름답고 모든 사람의
이목을 끌만도 하다. 자주 빛 옷과 붉은 빛 옷을 입고 금과 보석과 진주
로 꾸몄으니 그 속에 음흉한 흉계가 있는 것을 누가 쉽게 알 수 있으랴.
그러나 그 속에는 가증한 물건과 음행의 더러운 것들로 가득 차서 모든
사람으로 하나님을 떠나게 하고 하나님 아닌 것을 하나님인 양 섬기게
하고 하나님 대신 물질을 하나님으로 섬기게 하며 사치와 향락들을 누리

면서 하나님으로 즐거워 하고 만족할 사람들을 알맹이 없는 헛된 것으로
채워 공허하게 만드는 것이다.

"큰 바벨론이라" 바벨론의 모든 문화는 하나님을 떠난 문화이다. 가인
은 불안하기 때문에 성을 쌓고 그 이름을 아들의 이름을 따라 『에녹
성』이라 하였고 하나님으로 즐거워할 그들이 즐거워 할 수가 없기 때문
에 악기를 만들었고 자기들을 보호하기 위하여 각양 동·철기구를 만들
었다. 창세기 11장에 구음이 하나이요 언어가 하나였을때에 하나님을
위하여 어떠한 일도 할 수 있었으리라. 그러나 그것을 역이용하여 벽돌
로 돌을 대신하고 역청으로 진흙을 대신하여 성과 대를 쌓아 대 꼭대기
를 하늘에 닿게 하고 우리의 이름을 내고 흩어짐을 면하자 하여 성을 쌓
았다. 가짜가 참된 것을 대신하는 문화, 우상을 하나님으로 대신하는 것
이 바벨론이다. 흩어짐을 면하자하고 성을 쌓았지만 하나님께서 언어를
혼잡케 하심으로 언어가 통하는 사람들끼리 흩어지고 세계 여러 국가로
분열케 된 것이다.

"땅의 음녀들과 가증한 것들의 어미"라 하였다. 땅은 교계를 말한다.
땅에서 자란 풀과 푸른 채소와 수목은 하나님의 인 맞은 자라고 하였다
(계 9:4). 이것이 어디서 나오는가! 바다에서 나오지 않고 땅에서 자란
것이다. 교회에서 하나님의 말씀과 하나님의 은혜로 양육을 받아 하나님
의 사람으로 자라야 한다. 그러나 하나님을 떠나 우상을 섬기며 세상을
사랑하니 그것이 바로 음녀가 되는 것이다. 곤충이 날개가 있으면서 날
지 아니하면 가증하고 새가 날개가 있으면서 날지 못하면 가증한 것이
다. 우상을 세워 놓고 하나님이라 하니 가증한 것이요 사람이 성전에 앉
아 자기를 하나님이라 하니 가증한 것이다. 그래서 멸망의 가증한 것이
거룩한 곳에 섰는 것을 보거든 그 글 읽는 자는 깨달을진저라 하였다(단
9:27). 그 여자 바벨론은 땅의 음녀들과 가증한 것들의 모체가 되는 것
이다.

6절에 "또 내가 보매 이 여자가 성도들의 피와 예수의 증인들의 피에 취한지라 내가 그 여자를 보고 기이히 여기고 크게 기이히 여기니" 라고 말한다. 그 여자 바벨론을 짐승 위에 앉아 있고 물질 문명이라 하여 그 앉아 있는 짐승과 별도로 생각해서는 안 된다. 역사적인 바벨론을 고찰해 보자. 물질 문명이 사드락과 메삭과 아벤느고를 풀무불에 넣었는가! 정치, 경제, 교육, 문화, 사회 제반 모든 것들이 그들을 풀무불에 넣은 것이다. 이 여자 바벨론이 성도들의 피와 예수의 증인들의 피에 취했다. 요한계시록 18:20에 "하늘과 성도들과 사도들과 선지자들아 그를 인하여 즐거워하라 하나님이 너희를 신원하시는 심판을 그에게 하셨음이라 하더라"하며 요한계시록 19:2에는 "그의 심판은 참되고 의로운지라 음행으로 땅을 더럽게 한 큰 음녀를 심판하사 자기 종들의 피를 그의 손에 갚으셨도다"하고 요한계시록 6:9에 "다섯째 인을 떼신 후 제단 아래 하나님의 말씀과 그의 증거를 인하여 죽임을 당한 영혼들이 호소하여 가로되 대 주재여 땅에 거하는 자들을 심판하사 우리 피를 신원하여 주지 아니하시기를 어느 때까지 하시려나이까"하고 부르짖었다. 하나님은 그 여자 바벨론을 심판하시고 너희를 신원하시는 심판을 그에게 하셨다고 말씀하신다. 바벨론의 정치적 욕구인 모든 만민들이 자기를 하나님으로 경배하고 그의 우상에게 경배하는데 오직 기독교인들만이 굴복하지 않는다. 그래서 경배하지 않는 자는 모두 죽인다. 이때 죽은 성도와 예수의 증인들의 피에 그 여자는 더욱 취하게 되는 것이다. 그러므로 바벨론은 물질 문명으로만 생각할 것이 아니라 정치, 경제, 사회, 교육, 문화 등 모든 면을 총괄한 것으로 보는 것이 가할 것이다.

2) 여자와 일곱 머리와 열 뿔 가진 짐승의 비밀

7절에 "천사가 가로되 왜 기이히 여기느냐 내가 여자와 그의 탄 바 일곱 머리와 열 뿔 가진 짐승의 비밀을 네게 이르리라"고 말한다. 여자가 붉은 빛 짐승 위에 탄 것과 화사하게 꾸민 자주 빛 옷과 붉은 빛 옷을 입고 금과 보석과 진주로 꾸미고 그 손에 금잔을 가진 것도 기이하거니와 더욱 놀랍고 기이한 것은 그 여자가 성도들의 피와 예수의 증인들의 피에 취한 것이었다. 그러나 일곱 대접을 가진 천사 중 하나는 왜 기이히 여기느냐 내가 여자와 그의 탄 바 일곱 머리와 열 뿔 가진 짐승의 비밀을 네게 이르리라고 말한다. 마치 다니엘이 느부갓네살 왕에게 그 꿈을 말하고 그 해석을 말해 주는 것과 같다. 이것을 말해 주므로 백 마디 말보다 한 가지 그림이 더욱 분명하듯이 이 비밀을 말해 주므로 복음이 전파되고 열국들의 흥망성쇄에 대한 분명한 계시를 주심에 대해 우리는 감사해야 할 것이다. 필자는 이 한 말씀으로 인해 세계 모든 제국들의 흥망성쇠와 주님 다시 오실 때 까지의 모든 상황들을 손바닥을 들여다 보는 것같이 보게 된 것을 주님께 감사한다.

8절은 "네가 본 짐승은 전에 있었다가 시방 없으나 장차 무저갱으로부터 올라와 멸망으로 들어갈 자니 땅에 거하는 자들로서 창세 이후로 생명책에 녹명되지 못한 자들이 이전에 있었다가 시방 없으나 장차 나올 짐승을 보고 기이히 여기리라"고 말한다. 이 짐승은 후삼년반에 무저갱(깊은 바다, 계 11:7)으로부터 올라와 두 증인 즉 두 감람 나무 기름의 아들들을 죽이고 자기를 하나님이라 하며 경배하게 하고 그의 우상에게 절하게 하고 그의 이름의 표를 받게 한다. 받지 아니하는 자는 매매들을 못하게 하고 몇이든지 죽인다. 창세 이후로 하나님의 생명책에 기록되지 못한 자는 이 짐승의 출현을 기이히 여기지만 하나님의 생명책에 그 이름이 기록된 자들은 전삼년반에 독수리의 두 날개에 의해 양육을 받았기에 올 것이 왔구나 하고 당당히 설 수 있다. 역대 모든 짐승 중에서 로마가 가장 잔인하고 먹고 부숴뜨리고 발로 밟고 무섭고 놀라우며 철이가 있고 다른 모든 짐승과 다르다고 말한다. 그러나 로마도 이 짐승 곧 전에 있었다가 시방 없으나 장차 무저갱으로부터 올라온 짐승만은 못할 것이다. 『무저갱』은 못, 숲, 한 없는 지옥, 한 없는 바다(계 11:7)를 뜻한다. 그 짐승은 무한정 역사하는 것이 아니라 멸망으로 들어갈 자라고 말한다. 마흔 두 달 밖에 일하지 못한다. 곧 칠년 대 환난 후 삼년반밖에 일하지 못하고 영원한 불 못으로 산 채 거짓 선지자와 함께 집어 넣어질 것이다(계 19:19-20).

성도들이여! 그대가 첫 열매로 주님께 드려져 하나님의 만족을 위하여 칠년대환난 일기 전에 하나님의 보좌 앞으로 올려가지 못한다면 전체 추수로 칠년대환난에 참여할 것이다. 칠년대환난의 과정을 통하여 하나님의 성전과 제단과 그 안에서 경배하는 자들을 분별할 것이다(계 11:1). 하나님은 자비하시기 때문에 그런 일은 없을 것이다라고 생각지 말라. 농부가 추수하여 알곡과 쭉정이를 키로 까부르는 것은 지극히 당연한 일이다. 건불과 쭉정이와 알곡을 함께 곳간에 들이는 일은 결코 하지 않을 것이다. 우리 성도들도 온 땅에 복음이 전파된 후에 끝이 이르리라 말씀하셨는데 만민 중에 누가 성전에서 경배하는 자인지 제단에서 경배하는 자인지 갈대 지팡이(애굽)로 하여금 척량하는 것이다. 안일한 생각만 하지 말라. 환난의 때 짐승과 그의 우상에게 절하고 떨어질까 염려된다.

"전에 있었다가 시방 없으나 장차 무저갱으로부터 올라온 짐승"을 로마 네로의 영이 되살아 났다고도 하며 확실치 못하다. 지금 우리가 처해 있고 첫 열매로 하나님의 보좌로 들림 받는 자 외에는 모두가 이 짐승의 때를 맞이하게 된다. 이 짐승의 정체를 모르고 애매모호하게 이 짐승을 알고 있다면 주님 재림을 대비하는 자들에게 다소 느슨한 자세가 나타날 것이다. 이 짐승의 실체는 너무 분명하다. 다니엘 7장에는 하늘의 네 바람이 큰 바다로 몰려 불더니 큰 짐승 넷이 바다(세상, 단 7:17)에서 나왔는데 그 모양이 각기 다르니 첫째는 사자 같고 둘째는 곰 같고 셋째는 표범 같고 넷째 짐승은 무섭고 놀라우며 극히 강하여 철 이가 있고 먹고 부서뜨리고 발로 밟았다고 말한다. 이 짐승에게 열 뿔이 있다. 이 뿔을 유심히 보는 사이에 다른 작은 뿔이 그 사이에서 나더니 먼저 뿔 중에 셋이 그 앞에서 뿌리까지 뽑혔으며 이 작은 뿔에는 사람의 눈이 있고 또 입이 있어 큰 말을 하였더라.

다니엘 7:11-12에 "그 때에 내가 그 큰 말하는 작은 뿔의 목소리로 인하여 주목하여 보는 사이에 짐승(로마)이 죽임을 당하고 그 시체가 상한 바 되어 붙는 불에 던진 바 되었으며 그 남은 모든 짐승(바벨론-사자, 메데파사-곰, 헬라-표범)은 그 권세를 빼앗겼으나 그 생명은 보존되어 정한 시기가 이르기를 기다리게 되었더라"고 말한다. "용이 여자에게 분노하여 돌아가서 그 여자의 남은 자손 곧 하나님의 계명을 지키며 예수의 증거를 가진 자들로 더불어 싸우려고 바다 모래(열국) 위에 섰더라"(계 12:17)고 말한다. 용은 핍박하는 방법을 바꾸어 세상 열국을 격동시켜 믿는 성도들과 맨투맨 하여 싸우려고 하기 때문에 바다(세상, 단 7:17) 에서 일곱 머리 열 뿔 가진 짐승이 올라 온 것이다. 요한계시록 13:2에 "내가 본 짐승은 표범과 비슷하고 그 발은 곰의 발 같고 그 입은 사자의 입 같은데 용이 자기의 능력과 보좌와 큰 권세를 그에게 주었더라"고 말한다. 즉 다니엘 7장에서 권세는 빼앗겼으나 생명은 보존되어 정한 시기가 이르러 다시 출현한 것이다. 로마가 다시 살아난 것도, 네로의 영이 다시 회생한 것도 아니다. 굳이 이름을 붙인다면 옛날 바벨론(사자), 메데파사(곰), 헬라(표범)가 다시 살아나는 것이다. 이것이 최후의 적그리스도요 제팔왕이요 일곱 중에 속한다고 하는 분명한 의미인 것이다. B.C. 605년경에 기록된 다니엘서이기에 지금의 바벨론, 메데파사, 헬라에 속한 옛 지경만을 생각지 말라. 2,600년이 지난 오늘에는 그 나라들의 인구분포와 범위가 훨씬 확대되었을 것이다. 이 짐승은 지금 출현하여 그 날의 거사를 위하여 무럭무럭 자라고 있다. 그 때가 되면 용이 자기의 능력과 보좌와 권세를 그 짐승에게 줄 것이다. 앗수르, 바벨론, 블레셋 등은 하나님께서 자기 백성들을 교훈하시고 훈련과 연단을 위하여 잠시 쓰시나 나중에는 그 막대기를 부러뜨려 버리시는 것이다.

"창세 이후로 생명책에 녹명되지 못한 자들이… 이 짐승을 보고 기이히 여기리라" 창세 이후 하나님의 생명책에 기록된 자는 얼마나 복된 자인가! 이들은 하나님의 능력과 권세로 온전히 지키심을 받아 머리터럭 하나라도 잃지 않으신다.

9-10절에 "지혜 있는 뜻이 여기 있으니 그 일곱 머리는 여자가 앉은 일곱 산이요 또 일곱 왕이라 다섯은 망하였고 하나는 시방 있고 다른 이는 아직 이르지 아니하였으나 이르면 반드시 잠간 동안 계속하리라" 앞에서도 말한 바 있지만 이 짐승은 로마도 아니며 네로의 영이 다시 회생하는 것도 아니다. 요한계시록 13:1은 바다에서 일곱 머리 열 뿔 가진 짐승이 올라오는데 태평양도 대서양도 아니요 지중해도 아니다. 이것은 다니엘 7장에 하늘의 네 바람이 큰 바다로 몰려 불더니 큰 짐승 넷이 바다에서 올라왔다. 이 사실을 해석한 다니엘 7:17에는 "세상에서 일어날 것이요"라고 말한다. 즉 열국인 것이다. 얼마나 엉뚱한가! 단어 하나일지라도 그 뜻을 모르면 그와 같이 엉뚱한 결과가 되는 것이다. 비유로 혹은 상징적으로 혹은 영적으로 말씀한 그 뜻을 분명히 알아야 계시록이 확실히 하나님 아버지의 뜻대로 풀리는 것이다. 그 뜻을 모르면서 갈팡질팡 방황하면 길을 잃은 자와도 같은 것이다.

지혜가 있어야 그 뜻을 알 수 있다. 선입견을 가지고 보면 한 없는 수렁에 빠지고 만다. 일곱 머리와 열 뿔과 여자에 대한 확실한 것을 알아야 그 비밀을 알게 되는 것이다. 일곱 머리는 여자가 앉은 일곱 산이라고 말한다. 로마에는 일곱 산이 있다하여 로마에 있는 일곱 산으로 쉽게 단정해 버린다. 그러나 그렇지 않다. 다니엘 2장의 느부갓네살 왕이 장래 일을 생각할 때에 꿈에 이상을 보여 주었다. 몽조가 있는 꿈이었으나 까맣게 잊어먹었다. 바벨론 모든 박사, 박수, 술객들을 불러 내가 꾸었던 꿈을 말해 주지도 않으면서 꿈을 말하고 그 꿈을 해몽하라는 것이었다…. 다니엘이 그 꿈과 해몽을 말해 주었다. 왕이 한 큰 신상을 보셨는데 그 우상의 머리는 정금이요(바벨론) 가슴과 팔은 은이요(메데파사) 배와 넙적다리는 놋이요(헬라) 종아리는 철이요(로마) 그 발은 얼마는 철이요 얼마는 진흙이었나이다(지금 이 시대)(단 2:31-35). 느부갓네살 왕의 그 꿈 가운데 바벨론에서 말세지말에 있을 국가의 흥망성쇠에 대한 분명한 그림이다. 천 마디 말보다 분명하지 않은가! 로마 당시에 계시록이 기록되었다. 일곱 머리 중 로마 당시 "다섯은 망하였고"라고 말한다. 이 신상에서 본다면 다섯 산과 다섯 왕은 ① 헬라, ② 메데파사, ③ 바벨론 이 밖에는 확실한 기록이 없다. 그래서 이전 국가 중에서 하나님을 대적하며 주의 백성들을 핍박하고 죽이고 하는 국가들을 찾으니 앗수르와 애굽이 그러했다. 그래서 ④ 앗수르, ⑤ 애굽이 되는 것이다.

"하나는 시방 있고" 이는 로마를 가리킨다.

"하나는 아직 이르지 아니 하였으니 이르면 잠간 동안 계속하리라"고 말한다. 필자는 이 짐승 곧 국가를 독일로 본다. 이와 같은 상황하에서 일곱 머리는 모든 시대를 대표한 나라와 왕들이다. 어떤 이는 붉은 빛 짐승 위에 타고 있으며 많은 물 위에 앉아 있는 큰 음녀를 종교적 바벨론이라 말한다. 그렇다면 여자가 앉아 있는 산과 왕이 로마가 되어야 할 것이다. 그런데 성경은 일곱 머리는 여자가 앉은 일곱 산이요 일곱 왕이라 말하고 있지 않은가! 종교적 바벨론인 천주교가 애굽, 앗수르, 바벨론, 메데파사, 헬라 시대에도 있었단 말인가! 이를 해석할 길이 없다. 그 여자와 많은 물 위에 앉은 큰 음녀는 이 세상 물질 문명과 그 시대의 정치, 경제, 사회, 교육, 문화 등 모든 면을 총괄한 것으로 봄이 타당하다 하겠다. 제팔왕의 시대만 바벨론이 아니요 일곱 시대마다 바벨론이었다는 것을 인식하자.

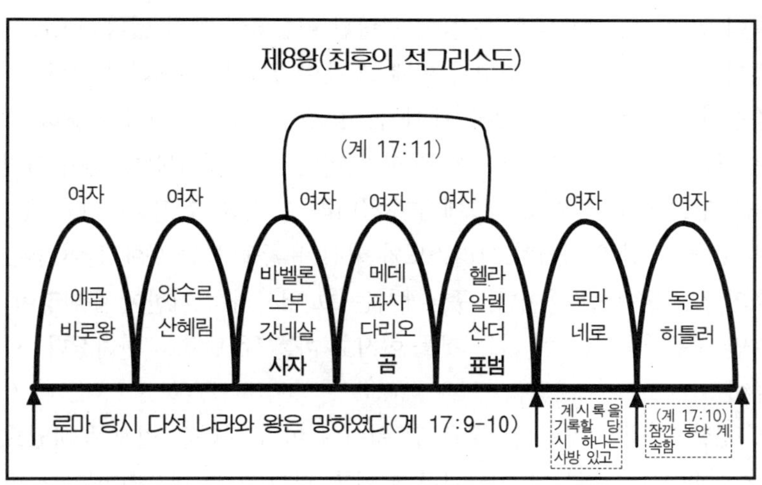

　"일곱 산은 일곱 시대의 국가들이요" 일곱 왕은 일곱 시대의 국가를 통치하던 왕들이다. 지금 우리들이 살고 있는 이 시대는 일곱 시대의 국가와 왕들은 다 지나갔다. 마지막 적그리스도 짐승인 제팔왕만이 남아 있다. 일곱 중에 있는 이 제팔왕은 어떤 국가일까?

　11절에 "전에 있었다가 시방 없어진 짐승은 여덟째 왕이니 일곱 중에 속한 자라 저가 멸망으로 들어가리라"고 말한다. 이 여덟째 왕은 요한계시록 13:1-3에 나타난 머리 하나가 칼에 상하였다가 다시 살아난 짐승이며 표범 같고 발은 곰 같고 입은 사자의 입 같은 다니엘 7:11에 권세는 빼앗겼으나 생명은 보존되어 그 시기가 이르기를 기다리게 되었더라고 말한 짐승이다. 이 짐승이 다니엘 9:27에 저가 많은 사람으로 더불어 견고한 언약을 세울 것이요 그 절반에 제사와 예물을 금지할 것이요 미운 물건이 날개를 의지하여 설 것이며 하는 그 짐승인 것이다. 후 삼년 반(마흔 두 달)동안 짐승에게 경배하게 하고 그의 우상을 만들어 절하게 하고 그 짐승의 이름의 표를 받게 하여 경배하지 않는 자는 몇이든지 죽이는 적그리스도 짐승인 것이다. 다른 짐승들은 머리에 참람된 이름이 있었으나 제팔왕은 온 몸에 참람된 이름들이 들어 있다. 다소 중복됨이 있으나 분명히 말하고자 함에 그 뜻이 있음을 이해하길 바란다. 이 짐승이 요한계시록 13:2에 "내가 본 짐승은 표범(헬라)과 비슷하고 발은 곰(메데파사)의 발 같고 입은 사자(바벨론)의 입 같은데 용이 자기의 능력과 보좌와 큰 권세를 그에게 주었더라"고 말한 그 짐승이다. 그는 마흔 두 달 동안 역사하다 그리스도와 싸워 유황불 붙는 못에 들어가는 최초의 사람들이 될 것이다. 주님께서는 그 역사하는 기한이 무한정이 된다면 구원얻을 육신이 없는 것을 아시고 마흔 두 달로 제한하셨다. 할렐루야!

12절에 "네가 보던 열 뿔은 열 왕이니 아직 나라를 얻지 못하였으나 다만 짐승으로 더불어 임금처럼 권세를 일시 동안 받으리라"라고 말한다. 이 열 뿔을 로마의 열 분봉왕이라 하며 유럽 공동시장 10개국이라 말하나 그렇지 않다. 확신이 없기 때문에 비슷한 숫자가 나오면 그것이 열 뿔이 아닌가 말하곤 한다. 그러면 열 뿔은 무엇을 말하는가! 마지막 적그리스도의 위성국으로서 아직은 나라를 얻지 못하였으나 짐승으로 더불어 임금처럼 권세를 일시동안 받으리라고 말한다. 적그리스도 짐승의 출현으로 더욱 그 정체가 확실해 질 것이다.

13절에 "저희가 한 뜻을 가지고 자기의 능력과 권세를 짐승에게 주더라"고 말한다. 열 뿔 곧 열 왕이 한 마음과 한 뜻이 되어 자기 능력과 권세를 짐승에게 주어 적그리스도 곧 최후로 출현한 짐승의 목적 달성을 위해 적극 협력할 것이다.

14절에 "저희가 어린양으로 더불어 싸우려니와 어린양은 만주의 주시요 만왕의 왕이시므로 저희를 이기실 터이요 또 그와 함께 있는 자들 곧 부르심을 입고 빼내심을 얻고 진실한 자들은 이기리로다"라고 말한다. 열 뿔과 짐승과 땅의 모든 왕들은 어린양과 더불어 싸우려고 물이 마른 유브라데 강을 건너 동방으로부터 올 것이다(계 16:12). 어린양이 만왕의 왕이요 만주의 주가 되시며 전능하신 분임을 알았다면 감히 생각해볼 수도 없는 일이지만 무지한 자인지라 자기와 함께 하는 병력만 믿고 아마겟돈으로 모일 것이다. 싸움을 시작하자 마자 짐승이 잡히고 그 앞에서 이적을 행하던 거짓 선지자도 잡혔으니 이 둘을 산 채로 유황불 붙는 못에 던지우고 그 나머지는 말 탄 자의 입으로 나오는 검 곧 입의 말씀으로 죽으매 모든 새가 그 고기로 배불리우더라고 말한다. 하늘의 군대들이 백마 타고 어린양과 함께 임하였던 이기는 성도들은 곧 미리 아시고 미리 정하고 부르심 받은 진실한 자들은 이기리라고 말한다. 하나님은 절대 주권 하에서 온전히 지키심 받고 승리하게 되는 것이다.

15절에 "또 천사가 내게 말하되 네가 본 바 음녀의 앉은 물은 백성과 무리와 열국과 방언들이니라"고 말한다. 1절에서 "많은 물 위에 앉은 큰 음녀의 받을 심판을 네게 보이리라"고 말한 물이 백성과 무리와 열국과 방언들이라 한 것은 이 음녀가 세상 많은 사람들 위에 군림하여 그들을 지배하며 영향력을 주며 그들로 하여금 그 음행의 포도주에 취하게 하기 위함이다.

16절에 "네가 본 바 이 열 뿔과 짐승이 음녀를 미워하여 망하게 하고 벌거벗게 하고 그 살을 먹고 불로 아주 사르리라"고 말한다. 일곱 머리 열 뿔 가진 짐승을 붉은 빛 짐승이라 말한 바 있다. 장자의 명분을 떡과 붉은 팥죽과 바꾸었다. 잠시 눈에 보이다가 없어질 부와 명예와 사치와 향락 등은 사람들의 이목을 끌만하다. 하지만 막상 그 모든 것에 이르고 보면 그 모든 것이 부질없고 헛된 것임을 알게 될 것이다. 하나님을 믿는 이들은 모든 것에 모든 것이 되시는 그리스도를 내 안에 모시게 될 때 참 만족이 오는 것이다. 세상의 모든 것은 채우고 또 채워도 끝이 없고 불만족하다. "이 세상이나 세상에 있는 것들을 사랑치 말라 누구든지 세상을 사랑하면 아버지의 사랑이 그 속에 있지 아니하니 이는 세상에 있는 모든 것이 육신의 정욕과 안목의 정욕과 이생의 자랑이니 다 아버지께로 좇아 온 것이 아니요 세상으로 좇아 온 것이라 이 세상도, 그 정욕도 지나가되 오직 하나님의 뜻을 행하는 이는 영원히 거하느니라"(요일 2:15-17)고 말한다. 한 때는 그로 더불어 음행하고 만족하고 즐겼다. 그러나 이제는 음녀를 미워하고 망하게 하고 벌거벗게 하고 그 살을 먹고 불로 사르리라고 말한다. 그래서 예루살렘 왕 솔로몬은 "헛되고 헛되며 헛되고 헛되니 모든 것이 헛되도다"(전 1:2)라고 말했다. 이러한 상황하에서 열 뿔과 짐승이 음녀를 미워하고 벌거벗게 하고 그 살을 먹고 불로 사른다는 것의 의미인 것이다. 이 음녀가 성도들의 피와 예수의 증인들의 피에 취하였음으로 음녀를 단번에 심판하실 수도 있지만 하나님은 오래 참으시면서 너의 형제들도 너희와 같이 죽임을 받아 그 수가 차기까지 기다리라고 말씀하신다. 이제는 그 모든 일이 성취되었음으로 음녀를 심판하여 멸망케 한 것이다.

17절에 "하나님이 자기 뜻대로 할 마음을 저희에게 주사 한 뜻을 이루게 하시고 저희 나라를 그 짐승에게 주게 하시되 하나님 말씀이 응하기까지 하심이니라"고 말한다. 창세 전부터 영원 무궁까지 주님의 의도에 의해 그 뜻이 이루어지도록 주님께서는 미리 말씀하시고 성취하신다. 열 왕인 열 뿔도 자기들이 한 뜻으로 자기의 능력과 권세를 짐승에게 준 것도 하나님께서 역사하시는 것이다. 그러나 열 뿔인 열 왕의 입장에서는 우리가 참 지혜로워 이런 판단과 결정을 하였다고 자화자찬 하였으리라. 열 뿔이 하는 일은 음녀를 심판하여 망하게 하는 것이요 아마겟돈 전쟁을 위하여 유브라데 강을 건너 와서 최후의 전쟁에 참여할 것이다. 그들의 시체는 새들의 큰 잔치에 먹이가 될 것이다.

18절에 "또 네가 본 바 여자는 땅의 임금들을 다스리는 큰 성이라 하더라"고 말한다. 이 여자는 붉은 빛 짐승 위에 앉았다. 일곱 머리 즉 일곱 산 일곱 왕들과 그 시대들을 주관하며 다스리며 큰 영향력을 주었다. 땅의 임금들도 그로 더불어 음행하였고 땅에 거하는 자들도 그 음행의 포도주에 취하였다고 말한다. 세상의 정치, 경제, 사회, 교육, 문화 등 각 방면들을 주관하며 다스리면서 음행을 저질러 왔다. 그러나 그 끝이 드디어 이른 것이니 하나님께서 성도들과 선지자들 피의 신원을 하신 것이다.

■ 계시록 18장의 개요

요한계시록 17장은 짐승과 그 위에 탄 여자의 멸망과 심판에 대한 것을 예언한 것이요 요한계시록 18장은 바벨론의 멸망과 심판에 대한 실상을 보여 주고 있다. 바벨론은 하나님을 멀리 떠난 정치, 경제, 사회, 교육, 문화등을 총칭한 것으로 봄이 타당할 것이다. 벽돌로 돌을 대신하고 역청으로 진흙을 대신하듯 하나님이 계셔야 할 곳에 우상이 서 있고 진리가 있어야 할 곳에 거짓이 자리를 잡고 속이 텅 비어 있으니 외모로 단장하며 과시하고 자기의 업적을 높이 평가하며 마치 자기가 하나님인 양 하는 것이 바벨론이다. 창세기 4장과 5장은 가인의 후손과 셋의 후손에 대한 기록이 있다. 가인과 그의 후손들은 하나님으로 참 만족과 평화와 보호를 받지 못하니 성을 쌓아 보호를 받으려 하였고 기쁨과 즐거움이 없으니 각양 악기를 만들어 흥을 돋우며 낙을 누리려 했고 동·철기구를 만들어 외세를 제압하여 자기의 안전을 보장 받으려 하였다. 이것이 하나님을 떠난 자의 문화의 소산인 것이다. 그러나 하나님으로 더불어 절대 보호를 받으며 평화와 만족을 누리는 그들은 이런 문화의 소산물이 없고 다만 몇 세에 누구를 낳고 몇 세까지 자녀를 낳다가 몇 세에 죽었다라는 기록밖에는 없다. 얼마나 대조적인가? 그래서 세상이나 세상에 있는 것들을 사랑치 말라 하셨고 세상과 벗되는 것이 하나님과 원수 된다고 말씀하셨다.

15. 바벨론의 멸망(계 18:1-24)

1) 큰 성 바벨론에 대한 천사의 외침

1절에 "이 일 후에 다른 천사가 하늘에서 내려오는 것을 보니 큰 권세를 가졌는데 그의 영광으로 땅이 환하여지더라"고 말한다. 다른 천사라는 말은 요한계시록 17:1에 일곱 대접을 가진 천사와 다르다는 의미이지 다른 의미는 없다. 요한계시록 14:15, 18에는 "다른 천사가 성전으로부터 또는 불을 다스리는 다른 천사가 제단으로부터 나와"라고 말하였는데 막연히 하늘에서 내려오는 것을 보니라함은 특별히 다른 의미를 부여할 필요가 없었기에 그렇게 말한 것이다. 모든 성도들과 선지자들의 피에 취한 그 여자이기에 하나님께서 오래 참고 기다리셨으나 성도들의 추수가 끝났기 때문에 거역하고 불신한 세상에 대접 재앙과 바벨론 멸망과 심판을 그에 상응하게 내리시는 하나님은 그의 뜻의 선포를 위하여 보내신 천사에게 큰 권세와 영광으로 보내서서 땅이 환하여진 것은 당연한 일이라 하겠다.

(1) 무너졌도다를 두 번 외친 큰 성 바벨론

2절에 "힘 센 음성으로 외쳐 가로되 무너졌도다 무너졌도다 큰 성 바벨론이여 귀신의 처소와 각종 더러운 영의 모이는 곳과 각종 더럽고 가증한 새의 모이는 곳이 되었도다"라고 말한다. 큰 권세를 가진 천사가 힘

센 음성으로 바벨론 성의 무너졌도다 하는 말을 두 번이나 말하는 것은
불원간에 성취될 일이지만 하나님 앞에서는 너무나 분명하기 때문이다.
요한계시록 14:8에서도 아직 무너지지 않았지만 두 번이나 말한 것과
맥락을 같이 한다. 바벨이나 바벨론은 똑같이 『혼잡』이라는 뜻을 가지
고 있다. 이 세상 역시 질서가 없고 알맹이가 없으며 목적이 불분명하며
수다스런 이 세상 바벨론에 더러운 귀신들 각종 더러운 영의 모이는 곳
과 각종 더럽고 가증한 새의 모이는 곳이 된 것도 너무나 자연스런 일이
다. 더러운 곳에 박테리아가 서식하고 번성하는 것같이 혼잡하고 무질서
하며 수다스런 바벨론이 무너지는 것은 너무나 합당한 일이 아닐 수 없
다. 이 세상도 그 정욕도 지나가되 오직 주의 뜻을 행하는 자는 영원히
거하느니라.

　(2) 바벨론 성의 무너지는 원인

　3절에 "그 음행의 진노의 포도주를 인하여 만국이 무너졌으며 또 땅의
왕들이 그로 더불어 음행하였으며 땅의 상고들도 그 사치의 세력을 인하
여 치부하였도다"라고 말한다. 바벨론의 음행의 진노의 포도주를 인하여
만국이 무너졌다고 말한다. 그렇다면 진노의 포도주는 무엇을 말하는
가?
　① 하나님께서 계셔야 할 곳에 우상이 서 있어서 사람들이 하나님을
떠나 우상에게 경배하는 음행을 범하게 하는 것이요
　② 하나님을 떠나 부와 사치와 연락을 일삼는 것은 음행하는 것이다.
땅의 왕들이 그 여자로 더불어 음행하였다.
　③ 땅의 상고들도 그 사치의 세력을 인하여 치부하였다. 땅의 상고들
은 요한계시록 18:23에 땅의 왕족들이라고 한다. 바다에서 무역하는 자
들의 진귀한 상품들로 하여금 부와 영화와 사치를 일삼으며 음행을 하였

다.

④ 하나님을 향하여 교만함으로 하나님의 진노가 임하게 하는 행위
(렘 5:29).

⑤ 사람은 누구나 두 주인을 섬길 수 없다. 사람이나 국가나 평가의
기준이 물질의 많고 적음에 있다. 그리하여 모든 자들로 방법을 가리지
않고 부의 축적을 위하여 살므로 인해 하나님을 멀리 떠나게 하는 행위

⑥ 세상에 있는 모든 것은 육신의 정욕과 안목의 정욕과 이생의 자랑
이니 다 아버지께로 좇아온 것이 아니요 세상으로 좇아온 것이라 이 세
상도 가고 그 정욕도 가되 오직 아버지의 뜻을 행하는 자는 영원히 거하
느니라고 말한다.

⑦ 빛과 어두움은 공존할 수 없다. 사단이 정치적인 것들을 통하여 빛
을 물리치고자 하여 성도들과 선지자들과 사도들을 괴롭히며 죽였다.

⑧ 거짓 사도, 거짓 선지자, 거짓 교사들로 성도들을 미혹하여 진리를
흐리게 함으로 많은 사람을 행음하게 하는 행위

2) 하나님의 백성에 대한 경고

(1) 내 백성아 거기서 나오라

4절에 "또 내가 들으니 하늘로서 다른 음성이 나서 가로되 내 백성아,
거기서 나와 그의 죄에 참예하지 말고 그의 받을 재앙들을 받지 말라"고
말한다. 큰 권세를 가진 힘 센 천사의 음성이 아닌 다른 음성을 말한다.
부름 받은 성도들은 바벨론에 살면서도 거기에 빠지지 않고 어두움의 세
계에서 빛들의 자녀로서 사는 것이 우리의 삶이다. 마치 오리가 물 위에
떠 다녀도 물에 젖지 않는 것과 같다. "내 백성아 거기서 나와"라 하는
말도 세상에서 나오라는 말이 아니다. 세상에서 나오면 어디로 갈 것인

가? 바울 사도는 고린도 교회에 대하여 말하기를 "음행하는 자들을 사귀지 말라 하였거니와

이 말은 이 세상의 음행하는 자들이나 탐하는 자들과 토색하는 자들이나 우상 숭배하는 자들을 도무지 사귀지 말라 하는 것이 아니니 만일 그리 하려면 세상 밖으로 나가야 할 것이라"(고전 5:9-10). 우상 숭배와 부와 영화와 사치와 하나님 앞에서의 교만과 하나님을 떠난 어떠한 곳에도 참예하지 말고 그의 행한대로 갑절이나 갚으신 하나님의 진노를 받지 말라는 말씀이다.

(2) 재앙 받게 되는 이유

5절에 "그 죄는 하늘에 사무쳤으며 하나님은 그의 불의한 일을 기억하신지라" "하나님의 진노가 불의로 진리를 막는 사람들의 모든 경건치 않음과 불의에 대하여 하늘로 좇아 나타나나니"(롬 1:18)라고 말하였고 우상을 숭배하게 하고 자기를 하나님이라 자처하여 경배하게 하고 거역하면 몇이든지 죽이는 일이 여자가 성도들의 피와 선지자들의 피에 취하는 일, 물질을 하나님으로 섬기는 일, 자주 빛 옷과 붉은 빛 옷을 입고 금과 보석과 진주로 꾸미며 사치하며 하나님을 영화롭게 하지 아니하고 자기를 영화롭게 하며 하나님 앞에서 교만한 모든 죄는 하늘에 사무쳤다. 하나님은 그 불의한 일을 기억하시기 때문에 그로 인하여 하나님의 진노의 재앙이 임하는 것이다.

(3) 죄에 대한 보응

6절에 "그가 준 그대로 그에게 주고 그의 행위대로 갑절을 갚아 주고 그의 섞은 잔에도 갑절이나 섞어 그에게 주라"고 말한다. 이어서 7절에

"그가 어떻게 자기를 영화롭게 하였으며 사치하였든지 그만큼 고난과 애통으로 갚아 주라 그가 마음에 말하기를 나는 여황으로 앉은 자요 과부가 아니라 결단코 애통을 당하지 아니하리라 하니 그러므로 하루 동안에 그 재앙들이 이르리니 곧 사망과 애통과 흉년이라 그가 또한 불에 살라지리니 그를 심판하신 주 하나님은 강하신 자이심이니라"고 말한다. 우리 그리스도인들도 그리스도의 심판대 앞에서 자기 행한대로 선악간에 심판을 받게 된다(고후 5:10). 이 땅에 있어서도 사랑하는 자를 하나님의 거룩하심에 참여케 하기 위하여 징계하신다. 하물며 불신 세상인 즉 하나님을 거역한 바벨론이야 어찌하겠는가? 하나님은 공의의 하나님이시다. 하나님의 완전하신 뜻이 이루기까지는 오래 참으셨다. 이제는 최후의 때가 이르렀음으로 사망과 애통과 흉년으로 불에 살라지게 하신 것이다.

3) 심판과 통곡

(1) 왕들의 통곡

9-10절에 "그와 함께 음행하고 사치하던 땅의 왕들이 그 불붙는 연기를 보고 위하여 울고 가슴을 치며 그 고난을 무서워하여 멀리 서서 가로되 화 있도다 화 있도다 큰 성, 견고한 성 바벨론이여 일시간에 네 심판이 이르렀다 하리로다"라고 말한다. 요한계시록 17:16에 "열 뿔과 짐승이 음녀를 미워하여 망하게 하고 벌거벗게 하고 그 살을 먹고 불로 아주 사르리라"고 말한 바 있다. 부와 사치는 끝이 없다. 밑이 없는 도가니에 물을 부어도 차지 아니함 같이 채우고 채워도 차지 않는 것이다. 불 붙는 연기를 보고 얼마나 실망이 컸으며 가슴을 치고 울었을까? 이제 탄식하고 후회한들 무슨 소용이 있으랴. 껄껄하고 화 있도다 화 있도다 슬피

부르짖는 탄식소리 얼마나 애처로운가?

(2) 상고들의 통곡

11절에 "땅의 상고들이 그를 위하여 울고 애통하는 것은 다시 그 상품을 사는 자가 없음이라"고 말한다. 그 상품은 금과 은과 보석과 진주와 세마포와 자주 옷감과 비단과 붉은 옷감이요 각종 향목과 각종 상아 기명이요 값진 나무와 진유와 철과 옥석으로 만든 각종 기명이요 계피와 향료와 향과 향유와 유향과 포도주와 감람유와 고운 밀가루와 밀과 소와 양과 말과 수레와 종들과 사람의 영혼들이라 한다. 상고들이 애통하는 것은 무역하였던 상품들로 짭짤한 부와 사치를 누려왔는데 이것들을 다시 볼 수 없으며 매매할 수도 없으니 애통할 수밖에 없는 것이다. 그 상품들은 일곱 가지 종류로 분류할 수 있다.
　① 귀금속류(금, 은, 보석, 진주)
　② 의류(세마포, 자주 옷감, 비단, 붉은 옷감)
　③ 장식품류(향목, 상아, 놋, 구리, 철, 대리석)
　④ 고급향유(계피, 향료, 향, 향유, 유향)
　⑤ 식료품류(포도주, 감람유, 고운 밀가루, 밀)
　⑥ 가축류(소, 양, 말, 수레)
　⑦ 노예류(종들, 사람의 영혼-일어 성경은 人身なとの ことて ある)
　이 일곱 가지 종류의 상품들은 땅의 상고들 곧 땅의 왕족들이 소유하며 그것이 부와 영화로움과 사치의 상징물이 되며 과시하며 스스로 만족하며 누리며 살아온 상품들이다. 땅의 왕들이 울고 땅의 상고들이 애통하는 것은 당연한 일이다.
　14절에 "바벨론아 네 영혼의 탐하던 과실이 네게서 떠났으며 맛있는 것들과 빛난 것들이 다 없어졌으니 사람들이 결코 이것들을 다시 보지 못하리로다"라고 말한다. 물질 문명의 혜택으로 지구도 하루의 생활권으로 화하여 가는 이때 각처에서 생산되는 진귀하고 보기 좋고 먹기에 좋은 맛있는 과실들이 얼마나 많은가? 이 모든 것이 다 없어졌으니 맛있는 것들을 먹지 못하는 안타까움도 크려니와 결코 이것들을 볼 수도 없으니 더욱 애통해 할 수밖에 없는 것은 당연하다 하겠다.

15-16절에 "바벨론을 인하여 치부한 이 상품의 상고들이 그 고난을 무서워하여 멀리 서서 울고 애통하여 가로되 화 있도다 화 있도다 큰 성이여 세마포와 자주와 붉은 옷을 입고 금과 보석과 진주로 꾸민 것인데"라고 말한다. 여기 큰 성이 세마포와 자주와 붉은 옷을 입고 금과 보석과 진주로 꾸민 것인데라함은 17:4에 붉은 빛 짐승을 탄 여인과 동일하다는 것이며 바벨론을 인하여 음행의 진노와 포도주 때문에 만국이 무너졌고 땅의 왕들도 그 여자로 더불어 음행하고 땅의 상고들도 그 사치의 세력에 치부하였더니 이제는 그 불붙은 고난을 무서워하면서 멀리 서서 울고 애통하여 말하기를 화로다 화로다 큰 성이여 이전의 부와 사치와 영화로움은 어디로 갔는가? 이 모든 것이 일시에 망하였으니 우리들은 어찌해야 된단 말인가하고 애통하는 것이다.

(3) 상인들의 통곡

17-19절에 "그러한 부가 일시간에 망하였도다 각 선장과 각처를 다니는 선객들과 선인들과 바다에서 일하는 자들이 멀리 서서 그 불붙는 연기를 보고 외쳐 가로되 이 큰 성과 같은 성이 어디 있느뇨 하며 티끌을 자기 머리에 뿌리고 울고 애통하여 외쳐 가로되 화 있도다 화 있도다 이 큰 성이여 바다에서 배 부리는 모든 자들이 너의 보배로운 상품을 인하여 치부하였더니 일시간에 망하였도다"라고 말한다. 세마포와 자주와 붉은 옷을 입고 금과 보석과 진주로 꾸미며 땅의 왕들이 그와 음행하였고

땅의 상고들도 그 사치의 세력을 인하여 치부하였더니 그러한 부가 일시
간에 망하였도다 하면서 티끌을 자기 머리 위에 뿌리고 울고 애통해 한
다. 왕들이나 땅의 상고들의 애통보다 그 도가 더 강하다. 그도 그럴만
한 것이 왕들이나 상고들은 그 보배로운 상품으로 부와 영화로움과 사치
의 즐거움을 누리는 반면 상인들과 선객들과 선인들과 바다에서 일하는
자들은 자기들 생활의 터전이 소멸되었으니 한층 애통함이 극에 이르러
티끌을 머리에 뿌리고 울며 애통하였다. 그 일들이 자기들의 모든 장래
를 확실히 보장해 줄줄 알았는데 그만큼 믿던 것이 일시간에 무너졌으니
가히 짐작이 가는 통곡이라 하겠다.

  (4) 성도들의 신원

  20절에 "하늘과 성도들과 사도들과 선지자들아 그를 인하여 즐거워하
라 하나님이 너희를 신원하시는 심판을 그에게 하셨음이라 하더라"고 말
한다. 요한계시록 17:6에 "이 여자 바벨론이 성도들의 피와 예수의 증인
들의 피에 취한지라"고 말한다. 요한계시록 6:9에 "다섯째 인을 떼실 때
에 내가 보니 하나님의 말씀과 저희의 가진 증거를 인하여 죽임을 당한
영혼들이 제단 아래 있어 큰 소리로 불러 가로되 거룩하고 참되신 대 주
재여 땅에 거하는 자들을 심판하여 우리 피를 신원하여 주지 아니하시기
를 어느 때까지 하시려나이까 하니 각각 저희에게 흰 두루마기를 주시며
가라사대 아직 잠시 동안 쉬되 저희 동무 종들과 형제들도 자기처럼 죽
임을 받아 그 수가 차기까지 하라 하시더라"고 말한다. 요한계시록 8:5
에 천사가 향료에 제단불을 담아다가 땅에 쏟았다. 그로 인하여 나팔 재
앙이 내리게 된 원인이 되었다. 하나님께서는 종들로 주 예수를 믿고 그
의 증거와 말씀 때문에 순교 당하는 모든 자들의 피를 신원해 주시지만
오래 참고 계셨다. 이제는 때가 이르렀기에 그 피의 신원을 갚으신 것이

다.

4) 바벨론이 심판 받게 되는 모습

(1) 바벨론의 몰락

21절에 "이에 한 힘 센 천사가 큰 맷돌 같은 돌을 들어 바다에 던져 가로되 큰 성 바벨론이 이 같이 몹시 떨어져 결코 다시 보이지 아니하리로다"라고 말한다. 마태복음 18:6에는 형제를 실족케 하는 자에게 이렇게 말씀하신다. "누구든지 나를 믿는 이 소자 중 하나를 실족케 하면 차라리 연자 맷돌을 그 목에 달리우고 깊은 바다에 빠뜨리우는 것이 나으니라"고 말씀하신다. 본문에 한 힘 센 천사가 큰 맷돌같은 돌을 들어 바다에 던지며 가로되 큰 성 바벨론이 이 같이 몹시 떨어져 결코 다시 보이지 아니하리라 하신 것은 작은 돌이라도 바다에 빠뜨려도 올라와 그 모습을 볼 수 없지만 큰 소가 끄는 연자 맷돌이면 어찌 감히 다시 그 모습을 볼 수 있겠는가? 바벨론으로 인하여 부와 영광과 사치의 즐거움을 누리며 축적하던 자들은 행여나 다시 그러한 세상이 도래하기를 갈망할 것이다. 그러나 하나님은 큰 맷돌이 다시 떠오를 수 없듯이 영원히 소멸되어 버리는 참상을 보이심이라.

(2) 환락의 몰락

22절에 "또 거문고 타는 자와 풍류하는 자와 퉁소 부는 자와 나팔 부는 자들의 소리가 결코 다시 네 가운데서 들리지 아니하고 물론 어떠한 세공업자든지 결코 다시 네 가운데서 보이지 아니하고 또 맷돌 소리가 결코 다시 네 가운데서 들리지 아니하고 등불 빛이 결코 다시 네 가운데서 비취지 아니하고 신랑과 신부의 음성이 결코 다시 네 가운데서 들리지 아니하리로다 너의 상고들은 땅의 왕족들이라 네 복술을 인하여 만국이 미혹되었도다"라고 말한다. 22-23절에서 다섯 가지 일을 말하고 있다.

①"거문고 타는 자, 풍류 하는자, 퉁소 부는자와 나팔 부는 자들의 소리가 결코 네 가운데서 들리지 아니하고"라고 말한다. 이것들은 가인의 후손들이 하나님으로 기쁨과 만족을 누릴 수 없기 때문에 개발한 문화의 소산물이다. 이것들로 마음에 즐거워하며 낙을 누리며 부와 사치의 낙을 즐겼으리라. 그러나 이런 것들이 결코 다시 들리지 아니 할 것이다. 여기에 결코라는 말이 5회 나오는데 절대로 불가능함을 나타내기 위해 힘주어 말하는 말이다.

②"물론 어떠한 세공업자든지 결코 다시 네 가운데서 보이지 아니하고" 부와 사치의 표상이라 할 수 있는 금, 은, 보석, 진주와 기타 세공업자의 어떤 것도 결코 다시 보이지 아니한다.

③"또 맷돌 소리가 결코 다시 네 가운데서 들리지 아니하고" 식료품을 분쇄하여 식량으로 삼는 모든 수단등의 소리가 결코 다시는 들리지 아니한다는 말이다. 소나 짐승 같으면 풀을 먹듯 먹을 수 있지만 밀과 보리는 고운 가루로 분쇄해야 한다. 기본적인 것마저도 불가능하다는 것이다.

④"등불 빛이 결코 네 가운데서 비취지 아니하고" 문명의 발달로 전력이 공급되어 휘황 찬란한 조명들이 얼마나 많은가? 그러나 이 모든 것이 결코 다시 네 가운데서 보이지 아니하는 암흑의 밤이 되고 만다는 것이다.

⑤"신랑과 신부의 음성이 결코 다시 네 가운데서 들리지 아니하리로다" 신랑과 신부의 음성은 인생의 모든 과정에서 가장 뛰어난 기쁨의 소리 즐거움의 소리가 아니겠는가? 마냥 즐겁고 행복하기만 하는 그 소리

도 결코 다시 들리지 아니한다는 말이다. 얼마나 황막하고 적막한 쓸쓸함인가? 대신에 슬피 울고 통곡하여 부르짖는 비통한 소리. 산아 바위야 들려서 하나님의 진노와 어린양의 진노에서 우리를 가리우라 그 진노의 큰 날이 이르렀으니 누가 피하리요하는 비참한 소리가 있을 뿐이다.

24절에 "선지자들과 성도들과 및 땅 위에서 죽임을 당한 모든 자의 피가 이 성중에서 보였느니라"고 말한다. 벽돌로 돌을 대신하고 역청으로 진흙을 대신하며 하나님을 모셔야 할 곳에 우상이 대신 자리잡고 혼잡한 바벨론에 진리를 수용할 틈이 없다. 하나님의 진리를 전하고 은혜의 복음을 전하는 자들을 핍박하고 죽이고 하는 모든 자의 피가 이 성 중에서 보였다고 말한다.

제 **4** 부
사단의 멸망(19:1～20:10)

■ 계시록 19장의 개요

　모든 사람에게 구원을 주시는 하나님의 은혜가 나타나 소아시아에 일곱 교회가 형성되고 땅 끝까지 복음이 전파되는 과정에서 발생하는 모든 장차 될 일들을 요한계시록 4장에서 22장까지 말하고 있다. 마치 집을 짓는 목수가 청사진에 따라 건축하듯이 하나 하나 때를 따라 성사하시는 하나님의 섭리를 생각할 때 다시 한 번 하나님께 대한 감사와 찬양과 영광을 돌리게 된다. 요한계시록 4:1에 "이 후에 마땅히 될 일을 내가 네게 보이리라" 부터 시작하여 마지막 화인 일곱 대접 재앙까지 내리시고 일곱 시대를 상징하는 일곱 짐승위에 앉아 왕들을 지배하여 다스리는 큰 음녀 바벨론을 멸하시기를 연자 맷돌을 바다에 던져 다시 부상할 수 없는 것과 같이 멸하시고 이제는 하늘에 있는 성도들과 사도들과 선지자들에게 그를 인하여 즐거워하라. 하나님이 너희를 위하여 신원하시는 심판을 그에게 하셨음이라 하기까지 마치고 요한계시록 19장에서는 찬양이 가득참으로 시작한다. 어린양의 혼인 잔치에 청함을 입은 자들이 복이 있도다라고 말한다.

　창세기 2장의 아담과 하와는 그리스도와 교회에 대한 그림자인 것이다. 아담의 옆구리에서 갈빗대를 취하여 여자를 지었듯이 그리스도의 옆구리에서 흘린 보혈의 피로 교회를 값주고 사신 것이다. 하나님의 궁극적인 목표는 구원이 아니요 그리스도와 교회, 신랑과 신부인 것이다. 최종으로 새 예루살렘이 바로 신랑과 신부, 그리스도와 교회가 아닌가?

1. 천상의 노래와 어린양의 혼인 잔치

1절에 "이 일 후에 내가 들으니 하늘에 허다한 무리의 큰 음성 같은 것이 있어 가로되 할렐루야 구원과 영광과 능력이 우리 하나님께 있도다"라고 말한다. 『이 일 후에』라는 말은 요한계시록에서 6회 나온다. 본문의 이 일 후에는 마지막이다. 19장-22장까지의 한 단락으로 취급하고 있음을 보게 된다. 허다한 무리가 누구를 말함인지 언급은 없으나 찬송의 내용으로 보아 구원 받는 성도들과 많은 천사들의 합창인 것 같다. 요한계시록 7:9-10에 흰 옷 입은 무리들은 하나님 앞에서와 어린양 앞에 서서 구원에 대한 노래를 불렀다. "구원하심이 보좌에 앉으신 우리 하나님과 어린양에게 있도다"하고 이어서 천사들은 "아멘 찬송과 영광과 지혜와 감사와 존귀와 능력과 힘이 우리 하나님께 세세토록 있을지로다"라고 불렀다.

『할렐루야』는 여호와를 찬양하라는 의미이며 택함 받아 부르심 받고 구속함 받아 칭의를 입어 이 세상의 어두움과 합당치 못한 환경과 문화 속에 살면서도 주님을 향한 신앙을 굽히지 않고 죽기까지 자기 생명을 아끼지 않으며 승리하게 하신 것에 대한 찬양인 것이다. 이 구원은 인간들의 노력과 수고의 산물이 아니라 바울 사도의 간증과 같이 "나의 나 된 것은 하나님의 은혜로 된 것이니 내게 주신 그의 은혜가 헛되지 아니하여 내가 모든 사도보다 더 많이 수고하였으나 내가 아니요 오직 나와 함께하신 하나님의 은혜로라"(고전 15:10) 하였고 "우리 주 예수 그리스도로 말미암아 우리에게 이김을 주시는 하나님께 감사하노니"(고전 15:57) 라고 말하였다. 어디 그 뿐인가? "또 여러 형제가 어린양의 피와 자기의 증거하는 말을 인하여 저를 이기었으니 그들은 죽기까지 자기 생명을 아끼지 아니하였도다"(계 12:11) 라고 말한다.

하나님은 믿는 이들을 지키시되 눈동자 같이 지키신다. 젖먹이는 여인이 어린 적자를 잊을지라도 나는 너를 잊지 않으시며 지키시고 인도하시는 하나님이시다. 말씀으로 천지를 창조하시고 운행하시는 하나님께서 권세와 크신 능력으로 구원하심에 대한 찬양과 경배와 영광을 돌리는 것이다.

2절에 "그의 심판은 참되고 의로운지라 음행으로 땅을 더럽게 한 큰 음녀를 심판하사 자기 종들의 피를 그의 손에 갚으셨도다" 라고 말한다. 심판은 비록 사람에게만 있는 것이 아니다. 농부가 곡식을 추수하여 탈곡한 후 키로 까부르며 알곡과 쭉정이를 가른다. 이것도 하나의 심판인 것이다. 불신하고 음란한 바벨론만 심판하시느냐 믿는 이들도 그리스도의 심판대 앞에서 구원 받느냐 못 받느냐의 심판이 아니고 행한 대로 보응받는 심판을 받게 되는 것이다(고후 5:10). 하물며 하나님의 말씀을 지키며 예수의 증거를 증거한 증인들을 핍박하고 죽이며 하나님 대신 우상을 섬기게한 음란한 음녀의 심판이야 얼마나 마땅하겠는가?

하나님의 말씀과 저희의 가진 증거를 위하여 죽임을 당한 영혼들이 부르짖어 말하되 "거룩하고 참되신 대 주재여 땅에 거하는 자들을 심판하여 우리 피를 신원하여 주지 아니하시기를 어느 때까지 하시려나이까 하니 각각 저희에게 흰 두루마기를 주시며 가라사대 아직 잠시 동안 쉬되 저희 동무 종들과 형제들도 자기처럼 죽임을 받아 그 수가 차기까지 하라 하시더라"(계 6:10-11)고 하셨다. 칠년대환난 후삼년반에 그 순교자의 수가 차는 것이다. 요한계시록 18:20에는 "하늘과 성도들과 사도들과 선지자들아 그를 인하여 즐거워하라 하나님이 너희를 신원하시는 심판을 그에게 하셨음이라"고 말한다. 이것을 지켜본 허다한 무리들은 하나님의 심판이 참되심과 의로우심을 찬양하며 영광을 돌리게 된 것이다.

하나님의 심판이 참되시며 의로우심을 보자. 아담과 하와의 범죄를 묵인하며 눈감아 없었던 것으로 여겼다면 예수님이 성육신하여 십자가에 죽으실 필요가 없었을 것이다. 그러나 하나님은 공의의 하나님이시며 사랑의 하나님이시다. 어느것 하나 가볍게 여길 수 없는 분이시다. 공의의 하나님으로 아담에게 죄를 물어 심판하여 죽이시면 끝나는 것이다. 그렇게 된다면 사랑의 하나님은 아닌 것이다. 사랑으로 용서하여 다시는 그런 일을 하지 말라 당부하시고 눈감아 주었다고 하자. 그렇다면 하나님은 공의의 하나님이 아닌 것이다. 이러지도 저러지도 못할 입장에서 하나님은 독생자 외아들을 우리에게 주셔서 우리들의 죄 대신 심판 받게 하시고 믿음으로 의롭다함을 받게 하시고 우리들을 회복시키신 것이다. 하나님께서는 당신의 의에도 사랑에도 손상을 받지 않는 가장 합법적인 방법이 독생자 외아들을 내어 주시는 것이다. 어찌 음행으로 땅을 더럽게 하고 자기 종들의 피흘린 큰 음녀를 심판하사 그에게 갚으심이 마땅하고 참되고 의롭다 하지 않겠는가?

3절에 "두번째 가로되 할렐루야 하더니 그 연기가 세세토록 올라가더라" 허다한 무리의 큰 음성 같은 것이 있어 가로되 할렐루야 구원과 영광과 능력이 우리 하나님께 있도다. 그의 심판은 참되고 의로운지라 재창삼창을 하여 여호와를 찬양하라 하여도 다함이 없다는 뜻이다. "할렐루야 그 성소에서 하나님을 찬양하며… 호흡이 있는 자마다 여호와를 찬양할찌어다 할렐루야"(시 150:1-6)! "그 연기가 세세토록 올라가더라"는 것은 큰 성 바벨론이 불에 타서 끝없이 소실되며 다시 회생할 수 없다는 뜻이다.

4절에 "또 이십 사 장로와 네 생물이 엎드려 보좌에 앉으신 하나님께 경배하여 가로되 아멘 할렐루야 하니" 이는 허다한 무리들의 찬송에 화답하는 장면이다. 하나님은 특정한 자들에게만 찬송을 받으시는 것이 아니다. 우주간 모든 자들로 하여금 세세 무궁토록 찬송을 받으시기에 합당한 분이다. 요한계시록 5장에는 이십 사 장로와 네 생물의 찬송이 있으며 그들을 둘러싸고 천천이요 만만인 천사들의 찬양과 하늘 위에나 땅 위에나 땅 아래와 바다 위에와 그 가운데 있는 모든 만물이 보좌에 앉으신 이와 어린양에게 찬송과 존귀와 영광과 능력을 세세토록 돌리면서 찬양을 하였다.

5절에 "보좌에서 음성이 나서 가로되 하나님의 종들 곧 그를 경외하는 너희들아 무론 대소하고 다 우리 하나님께 찬송하라 하더라"고 말한다. 하나님을 경배하며 찬송해야 할 자들은 많다. 이십 사 장로를 비롯 네 생물, 수 많은 천사들, 만물들 그 중에서도 구속 받아 어린양의 신부가 될 사람들이다. 어린양의 보혈의 피로 구속 받아 하나님의 자녀가 되고 어린양의 신부가 되는 것은 천사도 흠모할 만한 일이다. 여기 특별히 하나님의 종들 그를 경외하는 너희들아 무론 대소하고 다 하나님께 찬송하라 하신 것은 특별한 의의가 있다. 유업을 이을자는 모든 것의 주인이나 어렸을 동안에는 종과 다름이 없어서 후견인과 청지기 아래 있나니 이와 같이 우리도 어렸을 때에 이 세상 초등학문 아래 있어서 종 노릇 하였더니 때가 차매 하나님이 그 아들을 보내사 여자에게서 나게 하시고 율법 아래서 나게 하신 것은 율법 아래 있는 자들을 속량하시고 우리로 아들의 명분을 얻게 하려 하심이라고 말한다. 우주간에 하나님의 아들의 명분을 받은 우리들 같이 된 자들이 또 어디 있는가? 다음으로는 6-9절까지에 어린양의 혼인에 청함을 받은 자가 복 있는자 이기에 특별히 이 말씀을 하신 것이다. 할렐루야!!

2. 어린양의 혼인 잔치

6절에 "또 내가 들으니 허다한 무리의 음성도 같고 많은 물 소리도 같고 큰 뇌성도 같아서 가로되 할렐루야 주 우리 하나님 곧 전능하신 이가 통치하시도다"라고 말한다. 요한계시록 19:1의 허다한 무리가 구원 받은 성도들과 천사들의 합창이라고 한다면 본문에 있는 말씀은 구원 받은 모든 성도들의 노래가 분명하다. 그 이유는 5절에 구원받은 성도들에게 보좌에서 말씀하셨기 때문이다. 하나님의 종들 곧 그를 경외하는 너희들아 무론 대소하고 다 우리 하나님께 찬송하라고 하셨다. 이 찬송은 요한계시록 19:1의 찬송과 차이가 있다. 많은 물소리와 같고 큰 뇌성과도 같았다. 외치는 찬송은 전능하신 주 하나님께서 통치하신다는 것이다. 마치 나이아가라 폭포가 그칠 줄 모르고 쏟아지는 소리의 웅장함과 같이 또는 번개가 치며 장엄한 음성을 발하는 뇌성과같이 그 부르는 찬송은 특이하다. 그것도 그럴만한 것이 큰 음녀 바벨론이 멸망하고 그리스도의 통치와 이기는 성도의 공동 왕의 통치가 도래하였기 때문에 어느 때의 찬송과 외침보다 더 웅장하고 장엄하였던 것이다. 이 세상의 임금이요 이 세상 어두움의 주관자인 용은 적그리스도 짐승과 거짓 선지자들로 마지막 최후의 발악을 하면서 후삼년반 동안 악랄한 방법들을 동원하여 교회를 잔멸하려 하였다. 그러나 그들은 어린양의 피와 자기들의 증거하는 말을 인하여 그들을 이겼다. 죽기까지 자기 생명을 아끼지 않으면서 장렬하게 승리한 것이다. 바울 사도는 디모데에게 이렇게 말한다. "미쁘다 이 말이여, 우리가 주와 함께 죽었으면 또한 함께 살 것이요 참으면 또한 함께 왕 노릇할 것이요 우리가 주를 부인하면 주도 우리를 부인하실 것이라"(딤후 2:11-12). 이기는 모든 성도들은 이러한 신실한 말씀을 굳게 붙잡고 승리하였다. 그들은 요한계시록 20:4의 약속의 말씀도 생각하며 싸웠을 것이다. "또 내가 보좌들을 보니 거기 앉은 자들이 있어 심판하는 권세를 받았더라 또 내가 보니 예수의 증거와 하나님의 말씀을 인하여 목 베임을 받은 자의 영혼들과 또 짐승과 그의 우상에게 경배하지도 아니하고 이마와 손에 그의 표를 받지도 아니한 자들이 살아서(부활해서) 그리스도로 더불어 천 년 동안 왕 노릇하니"라고 말씀하신 약속대로 그리스도와 공동 왕이 되어 일 천년을 통치할 것을 생각하니 어찌 구원 받은 모든 대소 무리들이 그칠 줄 모르는 웅장하고 장엄한 소리로 찬송하지 않았겠는가?

7절에 "우리가 즐거워하고 크게 기뻐하여 그에게 영광을 돌리세 어린양의 혼인 기약이 이르렀고 그 아내가 예비하였으니"라고 말한다. "우리가"는 이기는 모든 성도들을 뜻한다. 5절에 하나님의 종들 곧 그를 경외하는 너희들아 무론 대소하고 다 우리 하나님께 찬송하라는 말씀대로 6~7절의 찬송을 부르는 것이다. "즐거워하고 크게 기뻐하여"라는 말은 신약에서 마태복음 5:12에 한 번 나온다. "나를 인하여 너희를 욕하고 핍박하고 거짓으로 너희를 거스려 모든 악한 말을 할 때에는 너희에게 복이 있나니 기뻐하고 즐거워하라"고 말씀하신다. 그러나 본문에는 그 말의 순서를 바꿔서 즐거워하고 크게 기뻐하라고 말한다. 기뻐한다는 것은 마음에서부터 하는 소관이요 즐거워한다는 것은 마음에 기뻐하게 되는 나머지 춤을 추며 뛰놀며 밖으로 표현되는 소관이다. 그래서 기뻐하며 잠잠히 있지 못하고 바로 일어나 춤추며 뛰놀며 그에게 영광을 돌리세라고 말하는 것이다. 어린양의 아내가 될 그들에게는 이제 환희와 안식만이 있게 된다. 이전의 수고와 고난과 핍박과 환난의 모든 경한 것이 지극히 크고 영원한 영광의 중한 것이 우리에게 이루어지는 것이다(고후 4:17). 이 소망이 있기 때문에 사도들은 모든 어려움 가운데서 참고 견디며 능히 승리하게 된 것이다. 고린도전서 4:9-13에 "내가 생각건대 하나님이 사도인 우리를 죽이기로 작정한 자 같이 미말에 두셨으매 우리는 세계 곧 천사와 사람에게 구경거리가 되었노라 우리는 그리스도의 연고로 미련하되 너희는 그리스도 안에서 지혜롭고 우리는 약하되 너희는 강하고 너희는 존귀하되 우리는 비천하여 바로 이 시간까지 우리가 주리고 목마르며 헐벗고 매맞으며 정처가 없고 또 수고하여 친히 손으로 일을 하며 후욕을 당한즉 축복하고 핍박을 당한즉 참고 비방을 당한즉 권면하니 우리가 지금까지 세상의 더러운 것과 만물의 찌끼 같이 되었도다" 이러한 모든 역경에서도 주님만을 소망하며 신앙의 정절을 지키심과 같이 우리들도 같은 소망 안에서 즐거워하고 기뻐하는 자가 되어야 할 것이다.

"그에게 영광을 돌리세" 사람들의 가장 큰 목적은 하나님을 영화롭게 하는 것이다. 나의 나된 것은 하나님의 은혜로 된 것이며, 내가 승리하게 된 것도 이김을 주시는 하나님께 있으며, 수고를 많이 하였어도 내가 한 것이 아니요 내 속에서 행하시는 하나님이시니 영광을 주께 돌림이 마땅하다.

"어린양의 혼인 기약이 이르렀고 그 아내가 예비하였으니" 어린양의 혼인은 우주적인 혼인이 될 것이기 때문에 개인이나 일국에 국한된 것이 아니고 전 세계에서 모든 믿는 이들이 공중으로 휴거된 후 그리스도의 심판대 앞에서 심판이 끝난 후가 될 것이다. "나팔 소리가 나매 죽은 자들이 썩지 아니할 것으로 다시 살고 우리도 변화하리라"(고전 15:52). "주께서 호령과 천사장의 소리와 하나님의 나팔로 친히 하늘로 좇아 강림하시리니 그리스도 안에서 죽은 자들이 먼저 일어나고 그 후에 우리 살아 남은 자도 저희와 함께 구름 속으로 끌어 올려 공중에서 주를 영접하게 하시리니 그리하여 우리가 항상 주와 함께 있으리라"(살전 4:16-17). 그 후 공중에서 그리스도의 심판이 있을 것이다. 그리스도의 심판에는 구원받느냐 못 받느냐가 아니라 자기의 행한대로 상급을 받게 되느냐 못 받게 되느냐의 심판일 것이다(고후 5:10). 이 심판을 통과하여 상을 받게 된 자들은 어린양의 신부 자격을 얻게 된 것이다. 요한계시록 14:14-16의 모든 곡식이 익어서 추수된 후가 될 것이다. 십자가의 구속으로 죄사함 받고 하나님의 은혜로 믿음으로 구원 받는 것은 대단히 중요한 일이다. 그러나 그것이 최종 결과가 아니라 과정이며 최종 결과는 어린양의 혼인인 것이다. 요한계시록 21:9에 "이리 오라 내가 신부 곧 어린양의 아내를 네게 보이리라"하고 성령으로 요한을 데리고 크고 높은 산으로 올라가 하나님께로부터 하늘에서 내려오는 새 예루살렘을 보였다. 이 새 예루살렘이 어린양의 아내요 신부인 것이다. 하나님께서는 아담과 하와를 창조하실 때 뜻 없이 창조하신 것이 아니다. 아담은 에덴의 낙원에서 보기 좋고 먹기에 좋은 나무가 많이 있어 얼마나 아름다운 낙원이었는가? 그러나 그것으로는 만족할 수가 없었다. 그래서 그를 돕는 배필을 지을 때 아담을 깊이 잠들게 한 것이다. 그리스도의 신부가 산출되기 위하여 주님은 십자가에서 잠들어 죽으신 것이다. 아담의 옆구리에서 갈빗대를 취하여 이것으로 그의 아내인 하와를 만들었다. 예수님 십자가의 옆구리에서 흘리신 보혈로 아내 곧 교회가 산출된 것이다. 그러므로 아담과 하와는 그리스도와 교회의 모형이다. 어찌하여 이 일들이 타락한 후인가? 타락하기 전이 아니었는가? 이 모든 일의 모형의 실체가 그리스도 예수의 십자가인 것이다. 큰 음녀요 큰 성 바벨론을 멸망시킨 후 비로소 어린양의 혼인기약이 이른 것이다. 인간의 출생도 귀하고 죽음도 빼놓을 수 없는 큰 일들임에는 틀림 없지만 신랑, 신부의 만남인 결혼은 인간의 대사라고 하지 않는가? 이 세상 모든 일들은 하늘의 어떤 것들의 모형이며 그 모형을 통하여 하늘의 실체를 미리 맛보게 되는 것이다.

8절에 "그에게 허락하사 빛나고 깨끗한 세마포를 입게 하셨은즉 이 세마포는 성도들의 옳은 행실이로다"라고 말한다. 모세에게 주었던 계명의 율법도 지키지 못하여 정죄에 이른 사람들에게 하나님께서는 더욱 높여진 『자유의 율법』을 주셨다. 이를 어찌 지킬 수 있겠는가? 그러나 실망하지 말라. 하나님의 율법(계명)은 하나님께서 우리 인간에 대한 요구인 것이다. 사람은 그 율법과 계명을 지키려고 다짐하고 하늘과 땅을 가리켜 맹세할지라도 지킬 수 없다. 그러나 하나님은 하나님의 요구이기에 능히 행하며 지킬 수 있으시다. 그래서 우리 안에 성령을 부어 주심으로 하나님의 뜻을 행할 수 있도록 하셨다. 빌립보서 1:21에 "이는 내게 사는 것이 그리스도"라 하였고 골로새서 1:27에도 "이 비밀은 너희 안에 계신 그리스도시니 곧 영광의 소망이니라"고 말한다. 갈라디아서 2:20에 "내가 그리스도와 함께 십자가에 못박혔나니 그런즉 이제는 내가 산

것이 아니요 오직 내 안에 그리스도께서 사신 것이라". 그러나 자라가는
과정이 있다. 성령으로 태어났어도 성령의 생각과 육체의 생각들이 서로
대적하여 싸운다. 성령의 충만과 인도를 따를 때 높여진 『자유의 율
법』 까지라도 지킬 수 있는 것이다. 이 일들이 어찌 인간의 노력이겠는
가? 그러므로 하나님께서는 그에게 허락하사 빛나고 깨끗한 세마포를
입게 하셨다고 말씀하신 것이다. 바울 사도는 나의 나된 것은 하나님의
은혜로 된 것이라고 하였듯이 하나라도 자기로 인하여 된 것이 없는 것
이다.

우리 믿는 성도들에게는 두 벌의 옷이 있다. 하나는 아담의 가죽옷으
로 상징된 그리스도의 구속으로 인한 의의 옷이다. 무화과 나무 잎으로
아무리 부끄러운 수치를 가리려 하여도 불가능 하였는데 하나님은 양의
희생으로 가죽을 얻어 영원토록 드러나지 않는 가죽의 의의 옷을 입히신
것이다. 탕자가 타국에 가서 허랑 방탕하여 아버지의 산업을 허비하였
다. 회개하고 돌아오는 탕자에게 제일 좋은 옷을 내어다가 입히라고 하
신 그 옷이 값 없이 믿음으로 말미암아 거저 주시는 의의 옷인 것이다.
아브라함은 하나님을 믿음으로 그 믿음을 의로 여기셨으며 바울 사도는
로마서에 이렇게 기록하고 있다. "모든 사람이 죄를 범하였으매 하나님
의 영광에 이르지 못하였더니 그리스도 예수 안에 있는 구속으로 말미암
아 하나님의 은혜로 값 없이 의롭다 하심을 얻은 자 되었느니라"(롬
3:23-24)고 말한다. 이러한 의의 옷을 우리에게 거저 주심은 얼마나 큰
은혜인가? 그리스도의 구속으로 하나님과 원수 되었던 우리에게 화목함
을 얻게 되었으니 이제는 부끄럼 없이 하나님께 당당히 나아갈 수 있게
됨을 찬양하자.

두 번째 옷은 마태복음 22:11-12에 있는 혼인 예복이다. 아들의 혼
인 잔치에 예복을 입지 않은 한 사람에게 친구여 어찌하여 예복을 입지
않고 여기 들어왔느뇨 할 때 그는 유구무언이었다. 첫 번째 옷은 우리의

구원을 위한 것이요 두 번째 옷은 우리의 상급을 위한 것이며 우리로 그리스도의 신부로 주님 앞에 자격을 얻게 하는 옷이 되는 것이다. 우리 안에 거하시는 그리스도로 말미암아 그리스도의 삶을 살아내는 삶이 바로 두 번째 옷이 되는 것이다. 이 옷이 없으면 혼인 예식에 참예할 수 없다. 우리들 중에 어떤 자들은 첫 번째 옷 곧 믿음으로 의롭다함을 얻은 후 구원함을 받았으니 아무 일 없을 것이라고 생각하는 사람들이 있는 것 같다. 구원함을 받는 데에는 아무 일이 없겠지만 상급을 받고 그리스도의 신부로 혼인 잔치에 참여키 위해서는 반드시 갖추어야 할 옷인 것이다. 마태복음 22:13에 "왕은 사환들에게 이르되 그 수족을 결박하여 바깥 어두움에 내어 던지라 거기서 슬피 울고 이를 갊이 있으리라"고 말한다. 주님은 믿는 이들에게 이렇게 말씀하신다. 제자가 선생 같고 종이 상전 같으면 족하다. 우리 믿는 이들은 그리스도의 장성한 분량에까지 이르러야 한다(엡 4:13). 그래서 매일 매일 순간 순간마다 언행심사에서 그리스도가 표현되어야 하는 것이다. 두 번째 옷은 마태복음 5:20에 있는 의이기도 하다. 이 말씀에서 "내가 너희에게 이르노니 너희 의가 서기관과 바리새인보다 더 낫지 못하면 결단코 천국에 들어가지 못하리라"고 말씀하신다. 이 의는 우리가 구원 받는 의는 아니지만 우리가 상급 받고 혼인 잔치에 참여케 하는 자격을 부여하는 옷인 것이다. 개신교에서는 믿음으로 의롭다함을 주장하는 반면에 행위면을 다소 소홀히 하는 것이 있는 것 같고, 구교에서는 행위면을 주장하는 반면에 믿음으로 의롭다함을 얻는다라는 진리에 대해서 다소 소홀히 하는 것 같다. 두 눈이 있어야 거리 감각이나 사물을 정확히 분별할 수 있는 것같이 믿음으로 의롭다함을 받는 진리나 그리스도가 우리 안에서 행하시는 가운데 그리스도를 표현하는 균형 잡힌 삶이 필요함을 잊지 말아야 할 것이다.

조금 더 말하겠다. 하나님의 아들로 탄생하는 데는 나 자신은 아무것도 할 일이 없고 할 수도 없는 것이다. 아이가 어머니 뱃속에서 출생할 때 나오고 싶어서 나왔는가! 산모의 해산 고통을 통하여 출생하여 아들이 되지 않았는가! 이와 같이 우리 믿는 이들도 하나님께서 이루신 일을 믿음으로 값 없이 의롭다 함을 얻어 하나님의 자녀가 된 것이다. 영접하는 자 곧 그 이름을 믿는 자에게는 하나님의 자녀가 되는 권세를 주셨느니라(요 1:12)고 말한다. 젖을 먹고 자라는 어린 아이에게 부모가 무엇을 원하는가! 젖 잘먹고 건강하게 자라가길 바라는 것이다. 그렇지만 장성한 후에는 어떠한가! 그 때는 선악을 분별하며 할 일과 하지 아니할 일을 분명히 하는 것과 같이 믿는 이들도 믿음으로 칭의를 얻어 하나님의 자녀가 되었고 장성한 후에는 하나님 아버지와 예수 그리스도의 온전하심과 같이 자라야 되는 것이다. 즉 선을 행하여 온전케 되는 것이다.

말씀 하나를 보자. "선한 일을 행하고 선한 사업에 부하고 나눠주기를 좋아하며 동정하는 자가 되게 하라 이것이 장래에 자기를 위하여 좋은 터를 쌓아 참된 생명을 취하는 것이니라"(딤전 6:18-19). 처음부터 선을 행하라 하였는가! 처음에는 믿음으로 시작하여 의롭다 함을 얻어 하나님 자녀가 된 후 차차 장성한 후에는 선을 행하고 선한 사업에 부하고 나눠 주기를 좋아하며 동정하는 자가 되어 참된 생명을 취하는 자가 되라고 말하고 있다. 믿음으로 의롭다 함을 얻지 못하는 자가 선을 행해야 되고 선한 사업에 부하게 된다고 하는 것은 이방 종교에서 자기 노력으로 무엇을 할려고 하는 것과 다를 바가 없는 것이다. 얼마나 빗나갔는가! 그런고로 주님 앞에 혼인 잔치에 참여할 자들은 세마포 흰옷 곧 성도의 옳은 행실을 갖추어야 그 날에 부끄러움을 당하지 않을 것이다.

9절에 "천사가 내게 말하기를 기록하라 어린양의 혼인 잔치에 청함을 입은 자들이 복이 있도다 하고 또 내게 말하되 이것은 하나님의 참되신 말씀이라 하기로"라고 말한다. 하나님께서 중요시하는 것을 중요시하고 하나님께서 가치 없게 여기는 것은 가치 없게 여기는 사람은 복이 있다는 말씀이다. 왜 기록하라 하셨는가? 많은 사람들이 놓치기 쉬운 일들이다. 앞에서도 말하였거니와 한편으로 치우치지 아니하고 균형 잡힌 생활이 절실하기 때문에 주의를 기울이도록 기록하라 하신 것이다. 마태복음 25:1-13에 열처녀 비유에서 미련한 다섯 처녀는 등을 가지되 기름을 가지지 아니하고 지혜있는 처녀는 등과 기름을 준비하였다. 잠언 20:27에 "사람의 영혼(영)은 여호와의 등불이라 사람의 깊은 속을 살피느니라"고 말한다. 등에 뿐 아니라 다른 그릇에도 기름을 준비하여야 한다. 다른 그릇은 무엇을 말하는가? 사람이 변화하려면 성령의 기름 부음이 생각과 의지와 감정을 지배하는 부분까지 적셔져야 한다. 그렇지 않는다면 변화를 기대할 수 없는 것이다(고후 3:18). 혼인 잔치에 참예하려면 빛나고 깨끗한 세마포 곧 성도들의 옳은 행실이 있어야 하는데 생각과 의지와 감정의 부분에 성령의 기름이 채워지지 않고 적셔지지 않았다. 그러기에 옛 사람의 부끄러운 모습들만 나타남이 아닌가? 지혜 있는 다섯 처녀는 주님과 함께 혼인 잔치에 참여하는데 미련한 다섯 처녀는 거절을 당하였다. 마태복음 22:11-12에 예복을 입지 않는 자에게 친구여 어찌하여 예복을 입지 않고 여기 들어왔느뇨 하니 그는 유구무언 이었다. 왕이 사환들에게 이르되 그 수족을 결박하고 바깥 어두움에 내어 던지라 거기서 슬피 울고 이를 갊이 있으리라고 말씀하고 있다. 어린양의 혼인 잔치에 청함을 입은 자들은 이 예복이 준비된 자들이다. 공중에서 그리스도의 심판대 앞에서 상급 받고 어린양의 혼인에 청함을 받도록 자격을 부여 받은 자들이다. 마태복음 22:14에 "청함을 입은 자는 많되 택함을 입은 자는 적으니라"의 택함을 입은 자들인 것이다. 얼마나 복됨인가? 처음에 말한 천사가 다시 말하였다. 기록하라하고 다시 말하되 이것은 참되신 하나님의 말씀이라 하신 말에 주의를 기울려야 할 것이다. 결코 소홀히 생각하고 놓치지 말아야 할 일임을 명심 또 명심해야 함이 마땅하다.

10절에 "내가 그 발 앞에 엎드려 경배하려 하니 그가 나더러 말하기를 나는 너와 및 예수의 증거를 받은 네 형제들과 같이 된 종이니 삼가 그리하지 말고 오직 하나님께 경배하라 예수의 증거는 대언의 영이라 하더라"고 말한다. 사람은 흔히 은혜를 베푸시는 하나님은 눈에 보이지 아니하니 그 은혜를 전달하는 자를 경배하는 오류에 빠지기 쉽다. 요한도 앞 절에서 기록하라 이는 하나님의 참되신 하나님의 말씀이라 하는 말에 그냥 그 천사를 경배하려 했다. 그러나 천사는 나는 너와 예수의 증거를 받은 네 형제들과 같이 된 종이니 삼가 그리하지 말고 하나님께 경배하라 하였다. 예수의 증거는 대언의 영이라. 예언의 영을 통하여 증거되는 모든 것은 그것이 진정 예수의 증거가 된다는 뜻이다. 바울 사도는 하나님의 비밀을 전할 때 말과 지혜의 고운 말로 하지 아니하고 다만 성령의 나타남과 능력으로 하여 너희 믿음이 사람의 지혜에 있지 아니하고 다만 하나님의 능력에 있게 하였노라고 말하고 있다(고전 2:4).

3. 인류 최후의 아마겟돈 전쟁

역대의 모든 전쟁들은 민족이 민족을, 나라가 나라를 대적하는 전쟁인 반면 인류 최후의 전쟁인 아마겟돈 전쟁은 그리스도와 그의 군대들과 적그리스도와 거짓 선지자와 모든 왕들과의 전쟁인 것이다. 적그리스도와 거짓 선지자와 그 휘하의 모든 자들이 얼마나 교만하고 무례한가를 볼 수 있는 단 하나의 증거는 그들이 만왕의 왕이요 만주의 주이신 하나님과 전쟁을 벌이는 것이다. 속담에 하룻 강아지 범 무서운 줄 모른다는 일이 벌어지고 있는 것이다. 아마겟돈 전쟁은 큰 성 바벨론이 멸망한 후 어린양 그리스도와의 혼인이 있은 후에 있을 것이다. 동방에서 왕들과 그의 군대들이 아마겟돈으로 집결하기 위해서 유브라데스 강물이 마를 것이다. 아마겟돈으로 집결된 후 그리스도께서 하나님의 맹렬한 진노의 포도주 틀을 밟을 것이다. 적그리스도와 거짓 선지자는 유황 불붙는 불못으로 던져질 것이며 나머지 추종자들은 말 탄자의 입으로 나오는 검에 죽어 새들의 잔치가 될 것이다.

1) 백마를 탄 자와 그의 군대들

11절에 "또 내가 하늘이 열린 것을 보니 보라 백마와 탄 자가 있으니 그 이름은 충신과 진실이라 그가 공의로 심판하며 싸우더라"고 말한다. "하늘이 열린 것"은 하나님의 계획의 어떠하심을 보여 주시기 위함이다. 그때 그때에 따라 하늘이 열려 보이시는 것이 다르다. 아마겟돈 전쟁에 대한 그리스도와 그의 군대들의 어떠하심에 대한 하늘의 광경을 보여 주시기 위함이다. "백마와 탄 자가 있으니 그 이름은 충신과 진실"이라고 말한다. 백마를 탄 자는 그리스도시다. 승리를 상징하는 백마를 타신 그리스도는 충신과 진실이라고 말한다. 요한계시록 6:1-2의 흰 말을 본문과 동일하게 보는 이가 있으나 이미 말한 바 있지만 그 흰 말은 거짓 선지자를 말하고 있다. 그는 하나님과 사람과의 중보자로서 하나님께서 우리 인생들에게 약속하신 모든 것을 신실하고 진실되게 성취하시는 분이시며 그러기에 이 세상을 공의로 심판하며 싸우신다고 말씀하신 것이다.

12절에 "그 눈이 불꽃 같고 그 머리에 많은 면류관이 있고 또 이름 쓴 것이 하나가 있으니 자기 밖에 아는 자가 없고" 라고 말한다. 요한계시록 1:14에 그의 눈은 불꽃 같고 주님은 불꽃 같은 눈으로 보시며 살피시며 심판하시며 인생들의 마음을 저울질 하신다. 이 눈을 피하여 어디로 갈꼬. 시편 139:7-10에도 이렇게 말한다. "내가 주의 신을 떠나 어디로 가며 주의 앞에서 어디로 피하리이까 내가 하늘에 올라갈지라도 거기 계시며 음부에 내 자리를 펼지라도 거기 계시니이다 내가 새벽 날개를 치며 바다 끝에 가서 거할지라도 주의 오른손이 나를 붙드시리이다"라고 말하고 있다. 주께서 다윗에게 하신 말씀 같이 우리들도 인정 받도록 진실하고 거짓이 없이 살아가는 자가 복이 있는 것이다. 이새의 아들 다윗을 만나니 내 마음에 합한 사람이라 나의 뜻을 이루게 하리라(행 13:22)고 말씀하고 계신다.

"그의 머리에 많은 면류관이 있고" 주님께서는 이 세상에서는 가시 면류관을 쓰시고 용과 적그리스도인 짐승과 열 뿔들은 머리에 면류관을 쓰고 있다. 그들은 폐하여 무저갱으로 적그리스도와 거짓 선지자와 그의 추종자들은 유황불 붙는 못에 던져지게 된다. 주님께서는 최후에 승리하심으로 머리에는 많은 왕관들이 있다. 얼마나 대조적인가?

"이름 쓴 것이 하나가 있으니 자기 밖에 아는 자가 없고"라고 말한다. 요한계시록 19:11-16절 까지만 해도 그 이름은 다양하다.

① 그 이름은 충신과 진실이다(계 19:11).

② 그 이름은 하나님 말씀이다(계 19:13).

③ 그 옷과 다리에 이름 쓴 것이 있으니 만왕의 왕이요 만주의 주다(계 19:16).

④ 또 이름 쓴 것이 있으니 자기 밖에 아는 자가 없고 라 말한다.

이는 그리스도의 어떠하심이 무궁 무진함을 말해 주는 말씀이다. 마치 태평양의 한 그릇 물을 가지고 태평양이 이러이러하다고 말할 수 없는 것과 같은 것이다. 그리스도의 풍성은 이루 말할 수 없다. 다만 우리에게 나타나시고 체험된 그리스도는 일부분에 지나지 않고 아직도 미지로 남아 있는 부분이 있어 그것은 우리는 알 수 없고 그 분만이 알 수 있는 것이다. 오! 그리스도의 풍성함이여!

13절에 "또 그가 피 뿌린 옷을 입었는데 그 이름은 하나님의 말씀이라 칭하더라"고 말한다. 이 피 뿌림은 어린양의 십자가 상에서 흘리신 보혈의 피를 의미하느냐? 아니면 아마겟돈에서 하나님의 맹렬한 진노의 포도즙 틀을 밟으므로 그의 피로 더럽혀진 옷을 말하느냐? 그래서 필자는 유월절 양의 피를 어떻게 하였는가? 또는 이사야 63:2-3에 있는 포도즙 틀을 밟으므로 어떤 결과가 나타났는가를 자세히 살펴 보았다. 이사야 63:2-3에 "어찌하여 네 의복이 붉으며 네 옷이 포도즙 틀을 밟는 자 같으뇨 만민 중에 나와 함께 한 자가 없어 내가 홀로 포도즙 틀을 밟았는데 내가 노함을 인하여 무리를 밟았고 분함을 인하여 무리를 짓밟았으므로 그들의 선혈이 내 옷에 튀어 내 의복을 더럽혔음이니라"고 말한다. 반대로 출애굽기 12:22에 "너희는 우슬초 묶음을 취하여 그릇에 담은 피에 적시어서 그 피를 문 인방과 좌우 설주에 뿌리고 아침까지 한 사람도 자기 집밖으로 나가지 말라"하고 멸하는 천사가 문설주와 인방에 양의 피를 보고 그 집의 장자를 멸하지 않고 넘어가지 않았는가!

믿는 우리들에게도 어린양의 피뿌림이 있는 것을 나는 확신한다. 더 나아가 더 확실한 증거가 될 수 있는 한 말씀을 보자. 출애굽기 29:21에 제사장 직분을 위임할 때 제사장 아론과 그 아들들에게 행한 일을 보자. "단 위의 피와 관유를 취하여 아론과 그 옷과 그 아들들과 그 아들들의 옷에 뿌리라 그와 그 옷과 그 아들들과 그 아들들의 옷이 거룩하리라"고 말한다. 이사야 63:2-3의 말씀은 이미 그리스도께서 진노의 포도즙 틀을 밟은 상황을 말씀하신 것이요 요한계시록 19:13은 하늘이 열린 것을 보고 주 예수님의 어떠하심을 보이심이다. 또 그가 피 뿌린 옷을 입었는데 그 이름은 하나님의 말씀이라 칭하더라 15절에 진노의 포도주 틀을 밟을 것을 말하고 있지 밟은 결과가 아니다. 밟은 것은 아마겟돈에서 밟으실 것이다. 포도주 틀을 밟으시기도 전에 주 예수님이 피 뿌린 옷을 입었다함은 만민을 구속하시기 위하여 십자가 상에서 흘린 피를 의미하는 것으로 봄이 더 타당할 것이다. 믿는 이들이 모일 때마다 주님의 살과 피를 기념하는 성만찬을 하는 것도 주님의 죽으심을 오실 때까지 전하는 것이기에 피 뿌린 옷은 더럽혀진 옷이 아니요 관유와 함께 단 위의 피를 취하여 아론과 그 옷과 그 아들과 그 아들들의 옷에 뿌리라 그와 그 옷과 그 아들들과 아들들의 옷이 거룩하리라 함과 같이 주님의 거룩함과 그 옷의 거룩함을 위하여 관유와 단 위의 피를 옷에 뿌렸으니 포도즙 틀을 밟아 선혈이 옷에 튀어 더럽혀진 옷이 아닌 것이다(출 29: 21).

"그 이름은 하나님의 말씀이라" "태초에 말씀이 계시니라 이 말씀이 하나님과 함께 계셨으니 이 말씀은 곧 하나님이시니라"(요 1:1). 이 말씀으로 창조하시고(요 1:3) 말씀으로 만물을 붙드시며 운행하시고(히 1: 3) 그 입에서 이한 검이 나오며 그것으로 만국을 치겠고(계 19:15) 심판하시며 세우시며 폐하시는 말씀이시다.

14절에 "하늘에 있는 군대들이 희고 깨끗한 세마포를 입고 백마를 타고 그를 따르더라"고 말한다. 하늘에 있는 군대들은 세상에 있어 원수들을 이기는 성도들이다. 요한계시록 12:11에 "여러 형제가 어린양의 피와 자기의 증거하는 말을 인하여 저를 이기었으니 그들은 죽기까지 자기 생명을 아끼지 아니하였도다"고 말한다. 이들은 두 벌의 옷인 믿음으로 의롭다함을 입은 제일 좋은 옷과 성도들의 옳은 행실인 세마포 흰 옷을 갖추어 어린양의 혼인 잔치에 참예할 수 있는 자들이다. 승리의 상징인 백마를 타고 주님을 따르며 주님과 함께 원수들을 멸하는데 동참할 것이다.

15절에 "그의 입에서 이한 검이 나오니 그것으로 만국을 치겠고 친히 저희를 철장으로 다스리며 또 친히 하나님 곧 전능하신 이의 맹렬한 진노의 포도주 틀을 밟겠고"라고 말한다. 짐승과 거짓 선지자와 왕들과 그 휘하의 모든 군대들은 유브라데스강을 건너 성능이 좋은 신무기들을 갖추고 아마겟돈 전쟁에 참여할 것이다. 개전에 앞서 그들은 교만하여 승리는 우리 것이라고 장담하며 자축할 것이다. 총사령관격인 주 예수님과 그 군대들의 손에 무기가 없다고 조소하며 껄껄댈 것이다. 피 뿌린 옷을 입은 어린양 예수 그리스도는 그 이름이 하나님 말씀이라는 것을 모르기 때문에 적그리스도와 그 군대들이 교만할 것이다. 만왕의 왕되신 주께서는 그 입에서 나오는 말씀의 검으로 죽이며 사로잡을 것이며 만국을 칠 것이다.

"친히 저희를 철장으로 다스리며"의 뜻은 요한계시록 2:26-27에 두아디라 교회의 이기는 성도들에게 만국을 다스리는 권세를 주시며 그가 철장을 가지고 저희를 다스려 질그릇 깨뜨리는 것과 같이 하리니 나도 내 아버지께 받은 것이 그러하리라고 말씀하신다. 바울 사도도 디모데에게 이렇게 말한다. "미쁘다 이 말이여 우리가 주와 함께 죽었으면 또한 함께 살 것이요 참으면 함께 왕 노릇할 것이요 우리가 주를 부인하면 주도 우리를 부인할 것이라"고 말하고 있다. 어떠한 고난도 핍박도 환난도 참고 나아가야 할 것이다. 농부가 땅에서 나는 귀한 열매를 바라고 이른 비와 늦은 비를 기다리며 수고와 노력을 아끼지 아니함 같이 믿는 이들도 이 즐거움의 소망을 바라 보면서 끝까지 승리해야 할 것이다.

"전능하신 이의 맹렬한 진노의 포도주 틀을 밟겠고" 이사야 63:2-3에 이렇게 말하고 있다. "어찌하여 네 의복이 붉으며 네 옷이 포도즙 틀을 밟는 자 같으뇨 만민 중에 나와 함께 한 자없이 내가 홀로 포도즙 틀을 밟았는데 내가 노함을 인하여 무리를 밟았고 분함을 인하여 짓밟았으므로 그들의 선혈이 내 옷에 튀어 내 의복을 다 더럽혔음이니라"고 말한다. 아마겟돈이라 하는 곳으로 전능하신 이의 큰 날의 전쟁을 위하여 그들을 모은다. 이것이 포도즙 틀에 포도를 모으는 것인줄 그들이 어찌 알 수 있으랴? 악랄하고 이 모든 일에 우두머리인 적그리스도와 거짓 선지자는 사로 잡혀 유황불 붙는 못에 던지우고 나머지는 말 탄 자의 입으로 나오는 검에 죽어 공중의 새들의 잔치가 될 것이다.

16절에 "그 옷과 그 다리에 이름 쓴 것이 있으니 만왕의 왕이요 만주의 주라 하였더라"고 말한다. 아마겟돈에 모인 자들이 적그리스도와 거짓 선지자와 온 천하 임금들과 그 휘하의 모든 자가 아닌가? 그 옷과 다리에 만왕의 왕이요 만주의 주이신 이름을 볼 때 그들은 놀랐을 것이다. 내가 왕이다. 우리가 모시는 왕들 외에 또 어디 왕이 있단 말인가 하고 그들은 말할 것이다. 여기 모이는 군대들 중에는 전술에 능한 장수와 군대들이 총동원 되었을 것이다. 그것이 사람들과 싸우는 데는 효력이 있을 것이나 만왕의 왕이요 만주의 주이신 어린양 예수 그리스도와 싸우는 데는 아무런 효력이 없을 것이다. 그들은 최후를 고하면서 이렇게 말할 것이다. 우리가 모든 싸움을 싸워 보았지만 이처럼 능력 있고 권세 있는 왕은 처음 보았다라고 말하면서 싸움 한 번 해보지 못하고 잡혀서 죽다니 하면서 탄식하며 죽어갈 것이다.

"그 옷과 그 다리에 이름"이 기록된 뜻은 요한계시록 19:11-16절 까지의 이름들 중 충신과 진실이라 그 이름은 하나님 말씀이라 칭하더라의 이름들은 그렇게 부른다는 뜻이고 여기는 피 뿌린 옷에 그 이름이 기록된 것은 요한계시록 19:8에 "그에게 허락하사 빛나고 깨끗한 세마포를 입게 하셨은즉 이 세마포는 성도들의 옳은 행실이로다"라고 말함과 같이 외부에 표현되어 언제나 그분을 볼 때마다 만왕의 왕이시며 만주의 주이시다는 것을 알도록 특히 아마겟돈에 모여 최후의 일전을 하려는 그들에게 분명한 사실을 보이시기 위함이다.

또 "그 다리에 이름"이 기록된 뜻은 곧은 다리와 같이 그는 만왕의 왕으로 만주의 주로써 공의로 심판하시며 행하시는 분이심을 보이시기 위하여 옷과 다리에 그 이름이 기록된 것이라 하겠다.

2) 하나님의 만찬

17-18절에 "또 내가 보니 한 천사가 해에 서서 공중에 나는 모든 새를 향하여 큰 음성으로 외쳐 가로되 와서 하나님의 큰 잔치에 모여 왕들의 고기와 장군들의 고기와 장사들의 고기와 말들과 그 탄 자들의 고기

와 자유한 자들이나 종들이나 무론 대소하고 모든 자의 고기를 먹으라 하더라"고 말한다. 18절에 열거된 모든 자들은 적그리스도와 함께 만왕의 왕이시며 만주의 주이신 주님과 일전을 하려고 아마겟돈에 모인 각 계층들이다. 그들이 한 번 싸워 보지도 못하고 어린양의 입으로 나오는 검에 죽임을 당하며 매장되지 못하고 공중에 새의 먹이가 되는 것은 저주 위에 저주인 것이다.

3) 짐승과 거짓 선지자와 왕들의 멸망

19-21절에 "또 내가 보매 그 짐승과 땅의 임금들과 그 군대들이 모여 그 말 탄 자와 그의 군대로 더불어 전쟁을 일으키다가 짐승이 잡히고 그 앞에서 이적을 행하던 거짓 선지자도 함께 잡혔으니 이는 짐승의 표를 받고 그의 우상에게 경배하던 자들을 이적으로 미혹하던 자라 이 둘이 산 채로 유황 불붙는 못에 던지우고 그 나머지는 말 탄 자의 입으로 나오는 검에 죽으매 모든 새가 그 고기로 배불리우더라"고 말한다. 적그리스도 짐승과 땅의 임금들과 그의 군대들은 여섯번째 대접을 유브라데스 강에 쏟을 때에 강물이 마름으로 우리가 강을 건너 어린양과의 일전을 위하여 아마겟돈에 모이기에 우리들의 신의 도움이라고 말하였을 것이다. 그리고 모두가 신이 나서 강을 건넜을 것이다. 그들은 말 탄 자와 그 군대로 더불어 전쟁을 일으키다가 잡혔다. 최선을 다해 싸워서 패배하였다면 후회가 덜 하였을 것이다. 그러나 성능이 좋은 신무기와 전술에 능한 장수와 장사들이 손 한 번 써보지 못하고 잡혀 죽임을 당함은 그 상황이 얼마나 원통하고 분하였을까? 무기 하나 없이 싸움에 임한 그 군대에게 이렇게 무력하게 당하였단 말인가? 임금들과 장군들과 장사들과 그 군대들은 전쟁을 위하여 아마겟돈에 모였지만 적그리스도 짐승과 거짓 선지자들은 후 삼년반 동안 자기를 하나님으로 경배하게 하고 우상을

만들어 절하게 하고 절하지 아니한 자는 몇이든지 죽이고 그 우상의 표를 받지 아니하면 매매들을 못하게 하여 기독교를 말살하려고 하는 정책을 썼다. 이것을 하나님은 기억하신다. 그러므로 이들을 잡아 산 채로 유황불 붙는 둘째 사망 불못에 던지신 것이다. 이들은 최초로 유황불 붙는 못에 들어가는 자가 되는 것이다. 그곳에서는 벌레도 죽지 않는 곳으로 세세토록 고난을 받게 되는 것이다. 그 나머지는 말 탄 자의 입으로 나오는 말씀의 검에 의해 죽임을 받아 새들의 잔치가 되는 것이다.

■ 계시록 20장의 개요

먼저 새 성경 신약전서(1990. 이송오) 성서 문화사가 펴낸 요한계시록 20:10-7절 까지를 옮겨 본다. 1절, 또 내가 보니 한 천사가 하늘에서 내려오는데 그 손에는 끝이 깊은 구렁의 열쇠와 큰 쇠사슬을 가졌더라. 2절, 그가 그 용을 잡으니 (곧) 옛 뱀이요 마귀요 사탄이라 그를 일 천년 동안 묶어 두리니 3절, 그러므로 그들은 그리스도와 함께 일 천년 동안 살면서 함께 통치하게 될 것이라… 오히려 그들이 하나님과 그리스도의 제사장들이 되어 일 천년 동안 그와 더불어 통치하리로다. 7절, 그 일 천년이 끝나면 그 옥에서 풀려나리라. 우리들이 사용한 개역 성경에는 2절에 "일 천년 동안 결박하여"로 단 한 번만 기록이 되어 있고 나머지 3회는 『천년』 이라고 번역되어 있다.

그러나 보는 바와 같이 위의 번역에는 네 번 모두 『일 천년』 이라고 번역이 되어 있다는 것이다. 성경은 한 마디라도 절대로 필요 없는 말씀이 없다는 것이다. 왜 여기에는 독특하게 이 말씀이 기록 되었는가 하는 것을 살펴보면 답이 나온다. 베드로 사도는 주께는 하루가 천년 같고 천

년이 하루 같은 이 한 가지를 잊지 말라고 말한다. 왜 하필이면 용 곧 사단을 일 천년 동안 결박하여 무저갱에 가두는가? 일 천년과 천년은 확실히 다르다. 일 천만원과 천만원도 다르다. 일 천년이나 일 천만원은 변경될 수 없는 것이다. 더도 덜도 될 수 없는 것이다. 그러나 천년과 천만원은 변경될 수 있는 것이다. 일 천년과 일 천만원을 이 천년과 이 천만원으로 고치지 말아야 한다. 왜 하나님은 고치지 못하도록 일 천년이라 하였거늘 그대는 이 천년이라 고쳐 쓰는가! 천년이라 하였다면 고쳐 쓸 가능성이 크기 때문에 이해할 수 있다. 원문에 네 번 모두 일 천년이라 하고 있지 않은가! 변개할 위험의 소지가 있는 곳에는 그를 방지할 수 있는 말씀이 기록되어 있다.

본문의 말씀이 그러하며 요한계시록 19:7-9에도 그러한 말씀이 기록되어 있다.

"어린양의 혼인 기약이 이르렀고 그 아내가 예비하였으니 그에게 허락하사 빛나고 깨끗한 세마포를 입게 하셨은즉 이 세마포는 성도들의 옳은 행실이로다 하더라 천사가 내게 말하기를 기록하라 어린양의 혼인 잔치에 청함을 입은 자들이 복이 있도다 하고 또 내게 말하되 이것은 하나님의 참되신 말씀이라 하기로"라고 말하고 있다. 왜 어린양의 혼인에 청함을 입은 자가 복이 있는가! 이 말씀이 얼마나 중요하고 놓치기 쉬운 말씀이기에 기록하라 하셨고 이것은 하나님의 참되신 말씀이라 강조 또 강조하시면서 주의를 환기시키고 있다. 앞에서도 말한 바 있지만 믿는 성도에게는 두 벌의 옷이 필요하다고 했다. 한 벌은 아무 공로 없는 자가 예수님 십자가의 피의 구속으로 의롭다 함을 받은 돌아온 탕자에게 입혀준 제일 좋은 옷이요, 또 한 벌은 혼인 잔치를 위한 세마포 흰 옷 곧 성도들의 옳은 행실이다. 개신교에서는 믿음으로 의롭다 함을 강하게 주장하는 나머지 세마포 옷을 소홀히 한 면이 적지 않다. 구원 받은 사람은 많으나 그리스도를 우리 삶 속에서 살아내는 사람은 많치 않다. 얼마전의 『옷 로비 사건』은 이것을 단적으로 말해주는 증거이다. 구교에서는 어떠한가! 행위 즉 선한 일을 강하게 주장하는 나머지 믿음으로 의롭다 함을 놓치고 있는 것이다. 믿음으로 의롭다 하는 옷이 없는 자는 아무리 선한 일을 행하여도 의롭게 되는 것이 아니다. 그러기에 혼인 잔치에 청함을 입은 자가 복이 있다 하면서 이를 놓치지 않도록 기록하라. 또 이는 하나님의 참되신 말씀이라고 특히 강조하신 것이다. 용을 무저갱에 일 천년 동안 결박하는 것을 이 천년으로 고치지 말라! 고칠 수 없도록 하신 하나님의 뜻을 생각하라. 금융계에서는 일금 일 천만원정이라 하지 않는가! 불신실한 자들의 변개를 막기 위함이 아닌가!

4. 사단의 결박

1절에 "또 내가 보매 천사가 무저갱 열쇠와 큰 쇠사슬을 그 손에 가지고 하늘로서 내려와서"라고 말한다. 천사가 하나님의 권세와 능력을 받아 가지고 내려오면 모든 일을 행할 수 있다. 사도들을 파송하시면서 예수님은 귀신을 제어하며 병을 고치는 권세를 주시면서 파송하셨다. 원래는 죽기를 무서워 함으로 일생에 매여 종 노릇 하던 연약한 자들인데 하나님께서 능력과 권세를 주셔서 가는 곳마다 능력과 표적이 나타나 하나님의 복음을 확실하게 전하게 된 것이다. 천사가 무저갱 열쇠와 큰 쇠사슬을 가지고 하늘로부터 내려온 것은 용을 결박하여 무저갱에 넣어 가두기 위한 것이다. 무저갱은 악의 세력을 억제하는 곳이며 무저갱의 뜻은 못, 숲, 한 없는 지옥, 한 없는 바다라는 뜻을 가지고 있다.

2-3절에 "용을 잡으니 곧 옛 뱀이요 마귀요 사단이라 잡아 일천 년 동안 결박하여 무저갱에 던져 잠그고 그 위에 인봉하여 일천 년이 차도록 다시는 만국을 미혹하지 못하게 하였다가 그 후에는 반드시 잠깐 놓이리

라”고 말한다. 요한계시록 12:9에 “큰 용이 내어 쫓기니 옛 뱀 곧 마귀라고도 하고 사단이라고도 하는 온 천하를 꾀는 자라”고 말한다. 큰 용이 내어 쫓겨 자기의 때가 얼마 못된 줄 앎으로 힘써 분내어 너희에게 내려갔다고 말하고 있다.

본문에서는 잡아 무저갱에 가두기 위한 것이다. 용을 잡아 무저갱에 가두는 것과 마태복음 12:29의 말씀과 동일하게 생각지 말라. “사람이 먼저 강한 자를 결박하지 않고야 어떻게 강한 자의 집에 들어가 그 세간을 늑탈하겠느냐 결박한 후에야 그 집을 늑탈하리라” 이 말씀을 하신 후에도 본문의 결박할 때까지 거의 이 천년간 계속 마귀 사단은 미혹하고 속이고 핍박하고 심지어는 믿는 성도들을 죽이기까지 하고 있다. 성경 말씀은 조각 그림 맞추는 것과 같다. 잘 맞추면 아름다운 선화 공주가 될 수 있지만 잘못 맞추면 마귀 할멈이 될 수 있기 때문이다.

일 천 년간은 앞에서 말한 바 있기 때문에 생략하겠다. 다시는 만국을 미혹하지 못하게 하였다가 그 후에는 반드시 잠깐 동안 놓이리라고 말한다. 일 천 년간은 사단 마귀가 역사함이 없는 천년 왕국이 될 것이다. 그 후에 반드시 잠깐 놓이는 것은 사단 마귀들의 역사를 통하여 하나님을 바로 섬겼는지 그렇치 않는지를 알게 된다. 마치 요한계시록 11:1에 갈대 지팡이 즉 세상으로 하여금 성전과 제단과 그 가운데서 누가 하나님을 참으로 경배하는지 알게 되기 때문이다.

짐승과 거짓 선지자는 쓸모가 없기에 불 못에 던져 넣었다. 그러나 용은 천년 기간 동안 사단이 없는 무풍지대에서 지내온 자들을 시험하기 위해 필요하신 것이다. 그 일을 마친 후에는 용 즉 사단도 불 못에 들어가게 되는 것이다. 마치 막대기를 가지고 자녀들을 훈육한 후에는 그 막대기를 부러뜨려 버리는 것과 같은 이치이다.

5. 천년 왕국

성경 말씀을 일관성 있게 보면 이해가 쉽다. 그러나 꼬이기 시작하면 잘 풀리지 않는다. 이스라엘 백성의 광야 생활 때는 장막 성전이 필요했다. 정착한 후에는 솔로몬의 성전으로, 신약 시대에는 예수님과 예수님을 마음에 모시는 우리 몸이 성전이며 새 예루살렘에서는 하나님과 어린 양이 성전이 되신다. 천국도 마음에 천국과 교회 천국과 천년 왕국과 그리고 새 예루살렘이 있다. 천국은 "여기 있다 저기 있다고도 못하리니 하나님의 나라는 너희 안에 있느니라"(눅 17:21). 지상 천국의 걸림돌이 되는 적그리스도와 거짓 선지자 그리고 왕들과 모든 자들을 멸하는데 용사단은 유용하기 때문에 일 천년동안 무저갱에 가두고 지상은 하나님 통치인 왕국이 시작되는 것이다. 요한계시록 11:15 "일곱째 천사가 나팔을 불매 하늘에 큰 음성들이 나서 가로되 세상 나라가 우리 주와 그 그리스도의 나라가 되어 그가 세세토록 왕 노릇하시리로다 하니"라고 말한다. 아마겟돈 전쟁 후에 주님은 땅에 남아 있는 모든 민족을 모으고 목자가 양과 염소를 분별하는 것같이 심판하시며(마 25:34) 염소는 마귀와 그 사자들을 위하여 예비된 영영한 불에 들어 가라 하시며 양들은 창세로부터 너희를 위하여 예비된 나라를 상속하라 하신다. 요한계시록 14:6에 공중에 날아가는 천사가 여러 나라와 족속과 방언과 백성에게 전하는 영원한 복음에 의하여 심판하실 것이다. 양들은 천년 왕국의 백성이 될 것이며 이사야 65:20-25절 까지의 모든 일들이 회복될 것이다. "백세에 죽은 자가 어린 아이겠고 백세 되지 못하여 죽은 자는 저주 받은 것이리라 내 백성의 수한이 나무의 수한과 같겠고 이리와 어린양이 함께 먹을 것이며 사자가 소처럼 짚을 먹을 것이며 뱀은 흙으로 식물을 삼을 것이며 나의 성산에서는 해함도 없겠고 상함도 없으리라". 이사야 30:26은 "달빛은 햇빛 같겠고 햇빛은 칠 배가 되어 일곱 날의 빛과 같으리라"고 말한다. 회복의 때에는 타락하기 전으로 회복될 것이다.

4절에 "또 내가 보좌들을 보니 거기 앉은 자들이 있어 심판하는 권세를 받았더라 또 내가 보니 예수의 증거와 하나님의 말씀을 인하여 목 베임을 받은 자의 영혼들과 또 짐승과 그의 우상에게 경배하지도 아니하고 이마와 손에 그의 표를 받지도 아니한 자들이 살아서 그리스도로 더불어 천 년 동안 왕 노릇하니"라고 말한다. 요한계시록 4:4에 이십 사 장로를 천사 중 택한 자라 말한 바 있다. 이들은 요한계시록 19:4절 까지는 나타나 화답하며 영광을 돌렸다. 그러나 마태복음 19:23-28에는 부자 청년과의 대화에서 부자는 천국에 들어가기가 어려우니라 할 때 다시 말하노니 약대가 바늘귀로 들어가는 것이 부자가 하나님 나라에 들어가는 것보다 쉬우리라고 말씀하실 때 "이에 베드로가 대답하되 보소서 우리가 모든 것을 버리고 주를 좇았사오니 그런즉 우리가 무엇을 얻으리이까" 한다. 예수께서 말씀하시기를 "내가 진실로 너희에게 이르노니 세상이 새롭게 되어 인자가 자기 영광의 보좌에 앉을 때 나를 좇는 너희도 열 두 보좌에 앉아 이스라엘 열 두 지파를 심판하리라"고 말씀하신다. 세상이 새롭게 되기 전까지는 천사 중 택한 자들이 이십 사 보좌에 앉았지만 세상이 새롭게 된 왕국 시대는 이기는 성도들이 보좌에 앉게 되는 것이다. 히브리서 2:5에 "하나님이 우리의 말한 바 장차 오는 세상을 천사들에게는 복종케 하심이 아니라"고 말하며 요한계시록 3:21에는 "이기는 그에게는 내가 내 보좌에 함께 앉게 해 주기를 내가 이기고 아버지 보좌에 함께 앉은 것과 같이 하리라" 말씀하고 있다. 고린도전서 6:2-3에 "성도가 세상을 판단할 것을 너희가 알지 못하느냐 세상도 너희에게 판단을 받겠거든 지극히 작은 일 판단하기를 감당치 못하겠느냐 우리가 천사를 판단할 것을 너희가 알지 못하느냐 그러하거든 하물며 세상 일이랴"고 말한다. 그리고 또 "우리의 잠시 받는 환난의 경한 것이 지극히 크고 영원한 영광의 중한 것을 우리에게 이루게 함이니"(고후 4:17)라고 말한다. 오늘의 어려움을 기피하지 말고 이러한 영광의 소망을 바라면서 끝까지 승리하기를 바란다.

역대 모든 순교자들은 예수의 증거와 하나님의 말씀 때문에 목 베임을 당하였다. 요한계시록 6:9에 영혼들의 호소도 하나님의 말씀과 저희 가진 증거 때문에 죽임을 당하였다고 말한다. 요한계시록 8:5에는 천사가 향로를 가지고 단 위의 불을 담아다가 땅에 쏟으매 뇌성과 음성과 번개와 지진이 나면서 일곱 나팔 재앙이 내리기 시작하는 것이다. 하나님께 제물로 드려진 향은 귀하게 받으시고 대신 악한 세상은 재앙으로 응징하신다. 최후에는 성도들과 사도들과 선지자들의 피에 취한 바벨론은 불사르고 요한계시록 18:20에는 "하늘과 성도들과 사도들과 선지자들아 그를 인하여 즐거워하라 하나님이 너희를 신원하시는 심판을 그에게 하셨음이라"고 말하고 있다. 이것은 피흘렸던 피 값에 대한 응징이라 한다면 요한계시록 20:4은 하나님의 충분한 보상이요 상급인 것이다. 디모데후서 2:11-12에도 "미쁘다 이 말이여, 우리가 주와 함께 죽었으면 또한 함께 살 것이요 참으면 또한 함께 왕 노릇할 것이요"라고 말한다.

예수의 증거와 하나님의 말씀 때문에 많은 시련과 환난 중에도 참고 끝까지 죽기까지 승리하였다. 이제는 그의 약속 하신대로 천년 왕국의 공동왕이 되어 그리스도와 더불어 일 천년 동안 왕 노릇 할 것이다.

"또 짐승과 그의 우상에게 경배하지도 아니하고 이마와 손에 그 표를 받지도 아니한 자들이 살아서" 여기 순교자들은 칠년대환난 후삼년반(마흔 두 달)에 짐승에게와 그의 우상에게 경배하지 아니한 자들이다. 경배하지 않는자는 몇이든지 죽였다고 했다. 그리고 그 우상의 표를 받지 아니한 자들은 매매들을 못하게 했다.

요한계시록 14:13에 지금부터 이 후 주 안에서 죽은 자들은 복이 있다함은 후삼년반 환난 기간 동안 순교한 자들은 복이 있다는 말씀이다. 죽음 앞에서도 자기 생명을 아끼지 않았던 성도들은 예수의 이름을 배반하지 아니하고 끝까지 믿음을 지켰다.

주와 함께 죽으면 함께 살 것이요 참으면 함께 왕 노릇 할 것이요 우리가 주를 부인하면 주도 우리를 부인할 것이요 라고 약속하신 말씀대로 일 천년 동안 그리스도와 함께 왕 노릇 하는 것이다.

이 천년 동안 왕 노릇 할 자들은 첫 열매인 사내 아이의 휴거와 두 증인의 휴거와 짐승과 그의 우상에게 경배하지 않고 이마와 손에 그 표를 받지도 않고 후삼년반 기간 동안 순교한 유리 바다를 통과한 자와 전체 곡식의 휴거자들 중 그리스도의 심판에 합격한 그리스도의 신부의 자격을 받은 자가 포함될 것이다.

6. 사단의 놓임과 멸망

5절에 "(그 나머지 죽은 자들은 그 천 년이 차기까지 살지 못하더라) 이는 첫째 부활이라"고 말한다. 바울 사도는 고린도 교회에 부활에 관해 이렇게 말하고 있다. "아담 안에서 모든 사람이 죽은 것같이 그리스도 안에서 모든 사람이 삶을 얻으리라 그러나 각각 자기 차례대로 되리니 먼저는 첫 열매인 그리스도요 다음에는 그리스도 강림하실 때에 그에게 붙은 자요 그 후에는 나중이니 저가 모든 정사와 모든 권세와 능력을 멸하시고 나라를 아버지 하나님께 바칠 때라"(고전 15:22-24)고 말한다. 인류의 부활은 두 부류로 나눌 수 있다. 첫째는 그리스도 강림하실 때에 그에게 붙은 자이고(살전 4:16-17, 고전 15:51-52) 그 나머지는 백보좌 심판의 때 부활할 자들이다(계 20:13). 첫째 부활은 최상의 부활을 말한다. 곡식도 첫 열매가 맛도 좋고 최상품인 것같이 부활도 첫째 부활에 참예하는 자가 복이 있는 것이다. 이 첫째 부활에는 많은 상급과 권세가 따르게 된다. 그리하여 그리스도로 더불어 일 천년 동안 통치하게 되는 것이다. 부활에 있어서 믿는 이들만 부활하는 것이 아니고 예수를 믿지 않고 구원 받지 못한 자들도 부활한다. 그러나 생명의 부활이 있고 심판의 부활이 있다. "또 인자됨을 인하여 심판하는 권세를 주셨느니라 이를 기이히 여기지 말라 무덤 속에 있는 자가 다 그의 음성을 들을 때가 오나니 선한 일을 행한 자는 생명의 부활로, 악한 일을 행한 자는 심판의 부활로 나오리라"(요 5:27-29)고 말한다. 이를 기이히 여기지 말라 곡식도 부활하고 애벌레도 부활한다. "너희 뿌리는 씨가 죽지 아니하면 한 알 그대로 있고 죽으면 많은 열매를 맺느니라"(요 12:24)고 말한다.

6절에 "이 첫째 부활에 참예하는 자들은 복이 있고 거룩하도다 둘째 사망이 그들을 다스리는 권세가 없고 도리어 그들이 하나님과 그리스도의 제사장이 되어 천 년 동안 그리스도로 더불어 왕 노릇하리라"고 말한다. 첫째 부활에 참예하는 자들이 복이 있는 몇 가지 일들이 있는데 그 첫째는 둘째 사망이 그들을 다스리는 권세가 없다는 것이다. 둘째 사망은 유황불 붙는 불 못인데 거기는 벌레도 구더기도 죽지 않는 곳이다. 짐승과 거짓 선지자와 최후의 사단과 그의 추종자들이 던져지는 곳이기도 하다. 최상의 부활을 받지 않는 이들은 둘째 사망의 부류에 속하는 어떤것도 받을 수 있다는 것을 보여 주는 말씀이기도 하다. 예수를 나의 구주로 영접하는 자는 하나님의 아들이 되는 것이다(요 1:12). 아들이 되는 것은 출생으로부터 시작한다. 자녀들을 보라. 태어나면 아들이지만 오랜 기간 성숙하게 자라야 한다. 최후는 모두가 예수님과 같이, 하나님과 같이 자라야 되는 것이다. 그리스도의 장성한 분량에 이르기를 원하노라. 너희 아버지의 온전하심과 같이 너희도 온전한 자가 되라. 제자가 선생 같고 종이 상전 같으면 족하니라 말씀하신다. 그러나 혹자는 예수를 구주로 영접하고 그 후에는 할 일이 없다고 생각하는 이들이 있다. 그러므로 구원 받은 것으로 족하게 여기면서 우리 안에 사시고 행하시는 이의 뜻을 따라 그리스도를 살아내는 삶은 없는 것이다. 이 얼마나 빗나 간 판단인가! 마태복음 22:11-12에 왕자의 혼인 잔치에 예복을 입지 않고 참석하는 자에게는 수족을 결박하여 바깥 어두움에 던지라 거기서 슬피 울고 이를 갊이 있으리라고 말한다. 사도 베드로는 이렇게 말하고 있다. "너희가 순종하는 자식처럼 이전 알지 못할 때에 좇던 너희 사욕을 본 삼지 말고 오직 너희를 부르신 거룩한 자처럼 너희도 모든 행실에 거룩한 자가 되라 기록하였으되 내가 거룩하니 너희도 거룩할지어다 하셨느니라"(벧전 1:14-16). 첫째 부활에 참예하는 자는 복이 있을 뿐 아니라 거룩하도다라고 말한다. 거룩은 주님의 공로로 의롭게 되는 것 뿐 아니라 그 행실이 거룩케 되는 것을 말하고 있다. 혼인 예식에 참석한 자가 예복을 입지 않았다는 것은 벗어 버려야 할 사욕에만 급급하고 주의 거룩하신 것처럼 모든 행실에 거룩하지 못하였음을 말하는 것이다. 이것을 소홀히 여기지 말라. 주님 재림 하실 때 그리스도 안에서 죽은 자들이 먼저 일어나고 그 후에 우리 살아 남은 자도 그 뒤를 따라 홀연히 변화하여 공중에서 주를 영접하며 그 후에 그리스도의 심판대 앞에 서서 행한대로 갚음을 받을 것이다(고후 5:10). 합격하고 통과한 성도들은 어린양의 혼인에 참예할 것이다. 합격하지 못하고 통과하지 못한 자들은 하나님의 다루심을 받을 것이다. 예복을 입지 않고 참석한 자를 수족을 결박하여 바깥 어두움에 던져 슬피 울고 이를 가는 것이 하나님의 다루심을 받는 것을 말하는 것이다. 누가복음에는 신실치 못한 종들의 다루심에 대하여 이렇게 말하고 있다. "만일 그 종이 마음에 생각하기를 주인이 더디 오리라 하여 노비를 때리며 먹고 마시고 취하게 되면 생각지 않은 날 알지 못하는 시간에 이 종의 주인이 이르러 엄히 때리고 신실치 아니한 자의 받는 율에 처하리니 주인의 뜻을 알고도 예비치 아니하고 그 뜻대로 행치 아니한 종은 많이 맞을 것이요 알지 못하고 맞을 일을 행한 종은 적게 맞으리라 무릇 많이 받은 자에게는 많이 찾을 것이요 많이 맡은 자에게는 많이 달라 할 것이니라"(눅 12:45-48)고 말하고 있다.

이 첫째 부활 즉, 최상의 부활을 받는 자들은 이런 해를 받지 않는다는 것이다. 둘째로는 하나님과 그리스도의 제사장이 되어 일 천년 동안 그리스도로 더불어 왕 노릇 하리라 하는 것이다. 이스라엘 열 두 지파 중에서 레위 지파를 택하셨고 레위 지파 중에서 아론을 택하여 제사장 직분을 맡기셨다. 이 얼마나 귀하고 영광스런 직분인가! 첫째 부활에 참예하는 자들은 일 천년 동안 왕권을 가지고 왕 노릇 하는 것이다. 제사장 직분이나 왕권은 모두 최상의 보상과 영광인 것이다. 이 최상의 보상과 영광이 하나님의 말씀과 예수 그리스도의 증거 때문에 자기 생명을 아끼지 아니하고 죽기까지 충성하고 승리한 자들에게 주어진 것이라는 것을 기억하여야 할 것이다.

7절에 "일 천년이 차매 사단이 그 옥에서 놓여" 일 천 년 동안은 결박하여 무저갱에 가두어 세상을 미혹하지 못하게 했다. 그래서 천년 기간은 미혹도 아픔도 질고도 없는 중에서 사람의 수한이 나무의 수한 같이 구약의 아담 이후 노아 시대와 같이 천년 가까이 사는 삶을 살게 되는 것이다. 천 년 기간은 회복의 기간이기도 하다. 일 천 년 기간 사단을 결박하는 것을 마태복음 12:29의 힘 센 자를 결박한 후에야 그 세간을 늑탈한다는 말과 동일시 하지 말라. 많은 세간을 늑탈한 후에도 이 천년간 사단은 거짓 속이고 미혹하고 핍박하고 충성된 증인을 죽이곤 하였다. 그러나 일 천년간은 완전히 결박되었다. 놓인 후에 다시 미혹하기 시작하였다. 어찌 동일한 말이 되겠는가! 짐승과 거짓 선지자와 모든 악한 자들은 쓰레기와 같이 불 못에 쓸어 넣었다. 그러나 사단은 천년 기간 사단이 없는 무풍지대에서 살았던 사람들을 시험하기 위해 사용하실 것이다. 칠년 대 환난때는 갈대 지팡이 즉, 애굽(세상)으로 하여금 하나님의 성전과 제단과 그 가운데서 경배하는 자들을 척량하라 하셨지만 천년 왕국 후에는 사단의 종용을 받고 역사하는 짐승과 거짓 선지자가 불 못에 던져졌으니 사단을 놓아 천년 동안 살았던 사람을 시험하시는 것이다.

8-9절에 "나와서 땅의 사방 백성 곧 곡과 마곡을 미혹하고 모아 싸움을 붙이리니 그 수가 바다 모래 같으리라 저희가 지면에 널리 퍼져 성도들의 진과 사랑하시는 성을 두르매 하늘에서 불이 내려와 저희를 소멸하고" 사단의 본질은 거짓 속이고 미혹하고 핍박하며 죽이는 것이다. 일 천년 동안 결박 되어 갇혀 있다가 놓이자 마자 땅의 사방의 백성 즉 땅의 사방 구석 구석(곡과 마곡)을 미혹하고 싸움을 위해 소집하니 그 수가 바다 모래 같다고 한다.

"곡과 마곡"에 대하여는 마곡 땅에 있는 곡 곧 로스와 메섹과 두발 왕이라 하였고(겔 38:2) 로스와 메섹과 두발 왕 곡아(겔 38:3) 하였으며 곡을 쳐서 예언하여 이르기를 주 여호와의 말씀에 로스와 메섹과 두발 왕 곡아 내가 너를 대적하노라(겔 39:1) 하였다. 곡은 왕명이요 마곡은 지명이다. 옛날에 이스라엘을 침공한 나라와 왕들이다. 땅의 사방 모퉁이라함은 일정한 지명을 말함이 아니라 전 세계에서 하나님을 대적하기 위해 모이는 집단을 일컫는 것으로 보는 것이 타당할 것 같다. 미혹하여 모이는 무리들이 성도의 진영과 사랑하시는 성을 두르매 하늘에서 불이 내려와 저희를 소멸하고 저희를 미혹하는 마귀가 불과 유황못에 던지운다. 성도들의 진영이란 옛 이스라엘이 광야를 진행하여 진을 칠 때 사용하는 말이다. 사랑하시는 성은 예루살렘을 말하는 것으로 시편 78:68과 시편 87:2에 이렇게 말하고 있다. "오직 유다 지파와 그 사랑하시는 시온산을 택하시고"라 하며 "여호와께서 야곱의 모든 거처보다 시온의 문들을 사랑하시는도다" 라고 한다.

요한계시록 12:15에 용이 여자를 침몰케 하기 위하여 물을 토하였을 때 땅이 여인을 도와 토한 물을 삼켜 버렸지만 마귀와 그의 집단들이 성도의 진영과 사랑하시는 성을 두를 때 하늘에서 불이 내려와 저희를 소멸하였다. 어느 때나 형편과 상황에 따라 우리를 지키시고 인도하시는 하나님께 감사할 뿐이다. 마귀가 먼저 던져졌던 유황불 붙는 못은 적그리스도 짐승과 거짓 선지자도 있어 세세토록 밤낮 쉼없이 괴로움을 받는 곳이기도 하다. 이제 이 세상의 쓰레기들은 모두 쓰레기 통으로 던져져서 저희를 사르는 불은 꺼지지 않고 그 연기가 오를 것이다.

제 5 부
전 인류에 대한 심판(20:11~15)

백보좌 심판

하나님의 심판도 믿는 이들이 공중으로 휴거된 후 그리스도의 심판대에서 구원 받느냐 못 받느냐의 심판이 아니라 상을 받느냐 못 받느냐의 심판이 있게 된다(고후 5:10). 부활도 선한 일을 행한 자는 생명의 부활로 악한 일을 행한 자는 심판의 부활로 나오는 것이다. 최후의 백보좌 심판에 있어서도 악한 일을 행한 자들 즉 불신자들이나 위선자들이나 명의상 믿는 이들 모두는 심판의 부활로 나와서 주님 앞에서 자기가 행한 대로 심판을 받아 둘째 사망 불못으로 던져지는 것이다. 어떤 자는 남에게 해되는 일을 하지 아니하고 양심대로 살았다고 또 어떤 자는 나는 교회 열심히 다니고 충성을 하였다고 자기를 변명할 것이다. 주님께서 네 이름이 생명책에 기록되지 아니 하였느니라고 말씀하실 것이다. 주님 공중 재림 하실때도 호령하셨듯이 둘째 부활을 받은 그들에게도 호령하실 것이다. 바다야 죽은 자를 내어 놓으라 사망과 음부도 죽은 자를 내어 놓으라고 호령하실 때 바다와 사망과 음부도 내어 놓을 것이다. 그들이 백보좌 앞에 서서 책들에 자기 행위가 기록된대로 각기 심판을 받을 것이다. 사망과 음부도 불 못에 던지우며 생명책에 기록되지 못한 자들은 남김없이 불 못에 던지울 것이다. 그곳은 벌레도 구더기도 죽지 않는 곳이다. 세세토록 고난을 받으면서 슬피 울고 이를 갈 것이다. 이럴 줄 알았으면 예수 믿으라 할 때 예수 믿었을 것을 오히려 멸시하고 비웃고 핍박하기까지한 모든 일을 원통하게 여기면서 부르짖을 것이다. 짐승과 거짓 선지자와 왕들과 그의 추종자들 그리고 사단 마귀도 불 못에서 역대로 죽은 모든 자들 무론대소하고 심판 받아 불 못 쓰레기통으로 던져져서 함께 통곡하며 뜨거움 속에서 펄쩍 펄쩍 뛰며 고통을 당할 것이다.

제 **6** 부
신천신지 새 예루살렘(21:1~22:5)

■ 계시록 21장의 개요

"창세 전에 그리스도 안에서 우리를 택하사 우리로 사랑 안에서 그 앞에 거룩하고 흠이 없게 하시려고 그 기쁘신 뜻대로 우리를 예정하사 예수 그리스도로 말미암아 자기의 아들들이 되게 하셨으니 이는 그의 사랑하시는 자 안에서 우리에게 거저 주시는 바 그의 은혜의 영광을 찬미하게 하려는 것이라"(엡 1:4-6). 하나님의 영원하신 뜻이 온전히 성취된 것이다. 하나님께서는 아담과 하와를 지으실 때 그리스도와 교회를 염두해 두시고 창조하셨음을 볼 수 있다. 에베소서 5:22-33에 남편과 아내에 대하여 말씀하시면서 아내는 남편에게 복종하기를 주께 하듯하라 하셨고 남편은 아내 사랑하기를 그리스도께서 교회를 사랑하시고 위하여 자신을 주심 같이 하라 하시고 이 비밀이 크도다 내가 그리스도와 교회에 대하여 말하노라. 이는 물로 씻어 말씀으로 깨끗하게 하사 거룩하게 하시고 자기 앞에 영광스런 교회로 세우사 티나 주름 잡힌 것이나 이런 것들이 없이 거룩하고 흠이 없게 하려 하심이라 하셨다. 이 뜻을 이루시려고 여러 시대 즉 족장 시대(아담부터 모세까지), 율법 시대(모세부터 그리스도까지), 은혜 시대(그리스도 초림부터 그리스도 재림까지), 천년 왕국 시대(그리스도 재림부터 천년 왕국 말까지)를 통하여 교회 곧 어린 양의 신부이며 아내를 온전케 하시는 것이다.

요한계시록 2장과 3장의 일곱 교회도 책망과 불완전한 것들이 많았지만 하나님 편에서는 완전케 하시고 온전케 하시는 능력과 권세가 있으신지라. 찌끼나 오물이 완전히 제거된 순금 일곱 등대로 묘사한 것은 의미심장한 것이다. 은혜 시대 안에서 우리는 온전케 되어야 한다. 당신이 느슨하게 살다가 완전케 되지 못한다면 다음 시대로 넘겨질 것이다. 아무렇게나 살다가 죽으면 주님 다시 오실 때 죽은 자들이 살아나고 그 후에 살아 있는 자들도 홀연히 변화하여 그리스도의 혼인 잔치에 들어가며 천년 동안 그리스도로 더불어 왕 노릇 할 것이라고 생각하지 말라. 혼인 잔치는 예복(세마포 옷 곧 성도의 옳은 행실)이 없이는 참예하지 못한다. 마태복음 22:11-13에도 왕자의 혼인 잔치에 예복을 입지 않고 참예한 자에게 "친구여 어찌하여 예복을 입지 않고 여기 들어 왔느뇨"하고 물었다. 저가 유구무언이어늘 임금이 사환에게 말하되 그 수족을 결박하여 바깥 어두움에 내어 던지라 거기서 슬피 울며 이를 갊이 있으리라고 말한다. 이것은 은혜 시대에 온전케 되지 못한 자들이 왕국 시대에 다루시는 하나님의 섭리인 것이다. 누가복음 12:45-48절 까지는 신실치 못한 종들이 신실치 못하게 살다가 생각지 않는 날 알지 못하는 시간에 이 종의 주인이 이르러 엄히 때리고 신실치 아니한 자의 받는 율에 처한다고 말한다.

은혜 시대에는 영생하시는 말씀으로 우리 안에 사시고 행하시는 성령으로 말미암아 주와 같은 형상으로 변화하는 은혜를 주셨다(고후 3:18). 자기 노력으로 되는 것이 아니라 오직 하나님의 은혜로 되는 것이다. 새 예루살렘은 하나님께로부터 하늘에서 내려오는데 나무나 흙이나 풀같은 것이 전혀 없다. 네 시대를 거쳐 속된 것이나 가증한 것들이 없는 금과 진주와 보석들로 짜여져 있다. 얼마나 아름다운가! 바울 사도는 고린도 교회에 이렇게 말한다. 내가 지혜로운 건축가와 같이 터를 닦아 두매 다른 이가 그 위에 세우나 그러나 어떻게 세우기를 조심할지니라. 이 터는 곧 예수 그리스도시라. 누구든지 금이나 은이나 보석이나 나무나 풀이나 짚으로 이 터 위에 세우면 공력이 나타난다고 하였다. 불을 통과하면 할수록 더욱 새로워지는 금과 은과 보석은 하나님의 신성과 주 예수님의 구속과 성령님의 변화로 성도들의 겉모습이다. 새 예루살렘이 금과 진주와 보석으로 조성됨도 교회 즉 신부의 아름다운 외관를 보여 주는 것이다. 그 안에서 영원 무궁토록 하나님을 섬기며 살게 되는 종들도 하나님의 신성한 갖가지 품성과 주 예수님의 구속과 성령님의 변화로 그리스도화 되어 가는 삶을 살아 내는 그리스도의 장성한 분량에 이른 자들이다.

아가 4:1-5은 솔로몬이 술라미 여인을 극찬하는 사랑의 노래이다. 내 사랑 너는 어여쁘고도 어여쁘다 너울 속에 있는 네 눈은 비둘기 같고 네 머리털은 길르앗산 기슭에 누운 무리염소 같구나… 여기 어여쁘고도 어여쁘다는 술라미 여인 너는 속도 어어쁘고 겉도 어여쁘다는 의미인 것이다. 새 예루살렘은 속된 것이나 가증한 것이 없으며 흙도 나무도 짚도 없다. 불 가운데서 정련된 금과 진주와 보석으로 조성되었다. 그 안에서 세세 무궁토록 하나님을 섬기는 종들도 네 시대를 통해 완전케 되어 하나님의 기업을 누리며 세세에 주 하나님과 어린양 되신 주님께 영광과 찬양과 존귀와 감사를 돌릴 것이다.

1. 새 하늘과 새 땅과 새 예루살렘

하늘은 땅을 위하여 있고 땅은 사람을 위하여 있으며 사람은 하나님을 위하여 있다. 그래서 사람의 제일 되는 목적이 하나님을 영화롭게 하는 것이다. 마치 부모가 자식들을 분가시킬 때 완전하게 생활할 수 있는 거처를 마련 하듯이 하나님께서도 육체를 가진 사람들이 살기에 적합한 하늘과 땅을 창조하셨다.

1) 새 하늘과 새 땅

1절에 "또 내가 새 하늘과 새 땅을 보니 처음 하늘과 처음 땅이 없어졌고 바다도 다시 있지 않더라"고 말한다 처음 하늘과 처음 땅은 우리에게 매우 익숙하다. 궁창에는 해와 달과 별들이 있어 날과 달과 계절과 연한이 있는 하늘과 땅. 하늘에서는 비가 내리고 땅에서는 싹이 나고 꽃이 피며 열매를 맺는 육체를 가진 사람들이 살기에 적합한 처음 하늘과 땅은 간데 없고 새 하늘과 새 땅을 보았다. 아마 요한은 깜짝 놀랐을 것이다. 계란과 공룡알이 알은 같을지라도 전적으로 다른 것같이 새 하늘과 새 땅도 하늘과 땅이라는 말은 같을지라도 전적으로 다른 것을 말한다. 하늘은 땅을 위하여 있고 땅은 사람을 위하여 있듯이 새 하늘과 새 땅도 시·공간에 제한을 받지 않는 부활의 몸을 입은 사람들이 거하기에 적합하게 창조되었다는 것이다. 새 하늘과 새 땅이 해나 달의 비췸이 없고 하나님의 영광이 비취고 어린양이 그 등이 됨이라고 말하며 낮에 성문들을 닫지 아니 하리니 거기는 밤이 없음이라고 말한다. 처음 하늘과 처음 땅에서는 마귀의 유혹으로 죄가 세상에 들어왔고 죄로 말미암아 사망이 왔다. "우리의 년수가 칠십이요 강건하면 팔십이라도 그 년수의 자랑은 수고와 슬픔 뿐이요 신속히 가니 우리가 날아가나이다"(시 90:10)라고 말한다. 이렇게 제한된 짧막한 인생이라도 수고와 실패와 슬픔과 아픔과 이별과 모든 재난으로 인하여 얼마나 많은 눈물들을 흘렸는가? 피조물 뿐 아니라 성령의 처음 익은 열매를 받은 우리까지도 속으로 탄식하여 양자될 것 곧 우리 몸의 구속을 기다리고 있는 것이다(롬 8:19-23). 사도 베드로는 베드로후서 3:10-13절 까지에서 처음 하늘과 처음 땅에 대하여 이렇게 말한다. "그러나 주의 날이 도적 같이 오리니 그 날에는 하늘이 큰 소리로 떠나 가고 체질이 뜨거운 불에 풀어지고 땅과 그 중에 있는 모든 일이 드러나리로다 이 모든 것이 이렇게 풀어지리니 너희가 어떠한 사람이 되어야 마땅하뇨 거룩한 행실과 경건함으로 하나님의 날이 임하기를 바라보고 간절히 사모하라 그 날에 하늘이 불에 타서 풀어지고 체질이 뜨거운 불에 녹아지려니와 우리는 그의 약속대로 의의 거하는바 새 하늘과 새 땅을 바라보도다"라고 말한다. 하나님께서는 처음 하늘과 처음 땅을 불에 태워 풀어지게 하고 몸의 구속받은 하나님의 종들이 거기서 살기에 적합한 새 하늘과 새 땅을 창조하시는 것이다.

"바다도 다시 있지 않더라"고 말한다. 바다는 지구의 70%를 차지한다고 한다. 예수님의 생애의 대부분은 갈릴리 바다에서 보내셨다. 비록 작은 호수였지만 지구상에 있는 모든 바다를 대표한다고 볼 수 있다. 변화가 무쌍하며 하루에 몇 번이고 풍랑이 일어나는 곳이기도 하다. 저 건너편으로 가라 하실 때에 제자들은 풍랑으로 고생하며 어쩔 줄 모르고 부르짖고 두려워할 때에 주님은 찾아 오셔서 무서워 말라 믿음이 적은 자들아 어찌하여 두려워 하느냐 의심하느냐 의논하느냐? 하시며 책망하던 곳이기도 하다. 풍랑이 없고 두려움이 없고 의심이 없고 시험이 없는 새 하늘과 새 땅은 바다가 없는 주님 모시고 그 분을 섬기며 사는 곳이다.

2) 거룩한 성 새 예루살렘

2절에 "또 내가 보매 거룩한 성 새 예루살렘이 하나님께로부터 하늘에서 내려오니 그 예비한 것이 신부가 남편을 위하여 단장한 것 같더라"고 말한다. 요한은 거룩한 성 새 예루살렘이 하나님께로부터 하늘에서 내려오는 것을 보았다. 왜 이 성이 거룩한가! 옛 장막의 지성소는 장과 광과 고가 십규빗이었다. 솔로몬이 지은 성전의 지성소가 장과 광과 고가 이십규빗이다(왕상 6:20). 새 예루살렘은 확대된 지성소이다. 장과 광과 고가 일만 이천 스다디온이다. 하나님과 어린양이 계신 지성소이기 때문에 지극히 거룩한 첫째 조건이요 둘째는 그 성의 재료가 흙이나 나무나 풀 등이 없는 하나님의 신성을 상징하는 금과 예수 그리스도의 구속을 상징하는 진주와 성령의 역사로 변화하는 보석으로 조성되었다는 것이다. 셋째는 이 성의 백성들이요 하나님의 아들들이요 그리스도의 신부들이 네 시대인 족장 시대와 율법 시대와 은혜 시대와 천년 왕국 시대를 거쳐 모두 예수님의 형상으로 내가 거룩하니 너희도 모든 행실에 거룩한 자가 되라 하심 같이 거룩한 백성들이 되었다는 것이다. 이러한 뜻하에 서 새 예루살렘은 거룩한 성인 것이다.

"하나님께로부터 하늘에서 내려왔다"는 것은 하나님 뜻의 완성을 말하 는 것이다. 바울 사도는 남편과 아내에 대하여 말하면서 "이 비밀이 크도 다 내가 그리스도와 교회에 대하여 말하노라"(엡 5:32) 하였고 아담과 하와는 확대된 그리스도와 새 예루살렘 흙이나 나무나 풀이 하나도 없는 금과 진주와 보석으로 조성된 영원히 완전하고 온전케 된 신부 곧 성경 의 결론에 이른 것이다.

"그 예비한 것이 신부가 남편을 위하여 예비한 것 같더라" 새 예루살렘 의 외관인 재료가 거룩할 뿐 아니라 신부 자신인 하나님의 백성들, 아들 들, 아내들, 모든 종들이 칠부로 단장한 신부인 것같이 그리스도 남편의 신부로 단장되었다는 뜻이다. 부모를 떠나 남편과 합할 때 부모의 어떠 한 사랑과 배려보다 더 달콤한 누림이 아닌가!

3) 하나님의 장막이 사람들과 함께 있음

3절에 "내가 들으니 보좌에서 큰 음성이 나서 가로되 보라 하나님의 장막이 사람들과 함께 있으매 하나님이 저희와 함께 거하시리니 저희는 하나님의 백성이 되고 하나님은 친히 저희와 함께 계셔서" 라고 말한다. 하나님의 갈망은 하늘에 계시면서도 피로 값 주고 사신 하나님의 백성들 과 함께 거하는 것이다. 이스라엘 백성들이 애굽에서 종 되었을 때 유월 절 양의 피로 구속 받아 출애굽 하였고 광야에서 하나님의 지시하심을 받아 장막을 지었다. 그 장막을 성막, 회막, 법막, 증거막이라 하지 않았 는가! 유진할 때나 진행할 때도 하나님의 법궤(언약궤, 증거궤)를 중심 에 두고 행하지 않았는가! 주님 세상에 말씀이 육신이 되어 오실 때 그 이름을 임마누엘이라 하리라 하셨으니 이는 하나님이 우리와 함께 계시 다라는 말씀 같이 하나님께서는 사람들과 함께 계셨다. 이 모든 것들은 참 것의 그림자요 과정이다. 하나님께서는 확대된 지성소인 새 예루살렘에서 하늘에 계시지 않으시고 새 하늘과 새 땅에 장막을 치시고 하나님이 사람들(구속 받은 자)과 함께 계셔서 저희는 하나님의 백성이 되고 하나님이 저희와 함께 계셔서 모든 눈물을 그 눈에서 씻어 주신다.

요한 계시록은 육십 육권 성경의 결론이요 요한계시록 21-22장도 요한 계시록의 결론이요 모든 성경의 결론도 되는 것이다. 하나님의 말씀을 지키며 증거하고 이리 저리 쫓기며 유리하며 춥고 배고프며 매도 수없이 맞고 투옥되며 죽기까지 생명을 아끼지 않고 오직 맡겨 주신 사명을 인하여 묵묵히 참고 걸어간 눈물을 그 눈에서 손수 씻어 주시는 것이다. 주님을 위하여 그의 말씀을 인하여 그의 증거를 위하여 흘리는 값진 눈물이여! 귀하고 보배롭도다.

4절에 "사망이 없고 애통하는 것이나 곡하는 것이나 아픈 것이 다시 있지 아니 하리니 처음 것들이 다 지나갔음이라"고 말한다. 하나님께서 장막을 치신 새 예루살렘에는 처음 하늘도 처음 땅도 바다도 없고 사망과 애통하는 것이나 곡하는 것이나 아픈 것이 다시 없다. 세세 무궁토록 하나님과 함께 영광 중에 거할 것이다.

4) 만물을 새롭게 하노라 함

5절에 "보좌에 앉으신 이가 가라사대 보라 내가 만물을 새롭게 하노라 하시고 또 가라사대 이 말은 신실하고 참되니 기록하라 하시고"라고 말한다. 이 말씀은 특이하다. 하나님 아버지께서 잘 쓰시지 않는 말씀이시다. 마치 세상을 창조하실 때 빛이 있으라. 물은 한 곳으로 모이라. 뭍은 드러나라. 하신 말씀들과 동일한 성격의 말씀이시다. 새 하늘과 새 땅에 거룩한 성 새 예루살렘이 마치 신부가 남편을 위하여 단장한 것같이 내려왔다. 이 새 하늘과 새 땅에 거룩한 성 새 예루살렘이 신도(神都)로써 자리를 잡았다. 이 모든 만물을 향하여 "내가 만물을 새롭게 하노라"고 말씀하신다. 이 말씀이 얼마나 중요하고 기억될만 하시기에 이 말은 신실하고 참되니 기록하라고 말씀하시는가! 요한계시록 19:9에도 비슷한 말씀이 있다. "천사가 내게 말하기를 기록하라 어린양의 혼인 잔치에 청함을 입은 자들이 복이 있도다 하고 또 내게 말하되 이것은 하나님의 참되신 하나님의 말씀이라 하기로"라 한다. 특별히 주의를 요하고 결코 소홀히 해서는 아니될 말씀에는 이런 표현이 있다. 이 선포의 말씀으로 만물은 세세 무궁토록 새로움을 유지할 것이다.

우리 믿는 이들이 하나님의 말씀을 너무나 소홀히 하는 면이 있지 않는가 하는 생각이 든다. 당신은 어떠한가? 베드로에게 너도 가려느냐? 하실 때 영생의 말씀이 계시매 내가 뉘게로 가오리이까? 하고 대답하였다. 말씀 한 마디 한 마디도 전후 말씀의 배열의 차이도 결코 소홀히 해서는 안 된다. 다니엘 2장에서 "또 왕이 보신즉 사람의 손으로 하지 아니하고 뜨인 돌이 신상의 철과 진흙의 발을 쳐서 부숴뜨리매 때에 철과 진흙과 놋과 은과 금이 다 부숴져 여름 타작마당의 겨 같이 되어 바람에 불려 간 곳이 없었고 우상을 친 돌은 태산을 이루어 온 세계에 가득하였었나이다"(단 2:34-35)라고 말한다. 철과 진흙과 진흙과 철은 완전히 뒤바뀌는 것이다. 이 말씀에서 말세지말을 당한 우리들은 마지막 열국들의 흥망성쇠를 볼 수 있다. 결코 말씀의 배열에 있어서도 소홀히 생각지 말고 왜 이렇게 기록되었을까를 상고해야 할 것이다. 그 결과 무릎을 치며 과연 하나님의 말씀이로다 할 것이기 때문이다.

5) 이루었도다 나는 알파와 오메가요 처음과 나중이라 하신 하나님

6절에 "또 내게 말씀하시되 이루었도다 나는 알파와 오메가요 처음과 나중이라 내가 생명수 샘물로 목마른 자에게 값 없이 주리니"라고 말한다. 성경에는 이루었다는 말이 두 번 기록되어 있다. 한 번은 가상 칠언 중 마지막 운명하시면서 "다 이루었다" 하고 운명하셨다(요 19:30). 이것은 범죄로 죽었던 자들에게 십자가의 구속을 이루시는 마지막 선언이기도 하다. 아담이 무화과의 잎으로 자기의 벗은 몸의 부끄러움을 가리려 애를 썼지만 몇 일 후면 말라 부서지고 또 부끄러운 수치가 드러나곤 하였다. 하나님께서는 아담을 생각하사 어린양을 잡아 가죽옷을 지어 입혔다. 부끄러운 수치가 오래 오래 드러나지 않는 것과 같이 인간은 자기 노력으로나 선행으로는 곧 무화과 잎으로 가리우려는 것과 같다. 어린양 되신 예수 그리스도의 구속의 보혈의 피로 우리의 죄가 동에서 서가 먼 것같이 멀리 옮겨지고 우리는 값 없이 의롭다함을 얻게 되었다. 이 일을 다 이루셨다는 선언인 것이다. 천하 인간에 구원 얻을 다른 이름을 우리에게 주신 일이 없느니라 그래서 예수 믿는 것이 가장 귀한 것이다. 그러나 요한계시록 21:6의 말씀은 아담과 하와가 그리스도와 교회이듯이 신랑과 신부의 혼인으로 하나님의 계획의 목표가 다 성취되는 것의 선언인 것이다. 앞에서도 말한 바 있지만 구속이나 구원은 결과가 아니요 과정인 것이다. 그래서 계시록은 모든 성경의 결론이요 요한계시록 21-22장은 계시록의 결론이며 모든 성경의 결론이기도 하다는 것이다.

"알파와 오메가요 처음과 나중이라"함은 처음 계획하시고 시작하시는 이는 하나님이시요 마치시고 성취하시는 이도 하나님이시라는 말씀이다. 인간은 한치 앞의 일도 모른다. 그러나 하나님은 영원 전부터 영원 후까지 모든 일을 계획하시고 성취하시는 분이시다. 바울 사도는 로마서 11:36에 이렇게 말하고 있다. "이는 만물이 주에게서 나오고 주로 말미암고 주에게로 돌아감이라 영광이 그에게 세세에 있으리로다 아멘"이라고 말한다. 이 세상도 주로 말미암아 창조되었고 주로 말미암아 운행되고 계획하신 바가 되고 성사되고 주께 귀이하게 된다.

6) 생명수 샘물로 목마른 자에게 값 없이 주라 하신 하나님

"내가 생명수 샘물로 목마른 자에게 값 없이 주리니"라고 말씀하신다. 에덴 동산에서는 에덴에서 발원하는 4대 강이 흐르고 새 예루살렘에서는 하나님과 어린양의 보좌로부터 생명수 강이 길 가운데로 흐른다고 말한다. 또 이사야는 이렇게 말한다. "너희 목마른 자들아 물로 나아오라 돈 없는 자도 오라 너희는 와서 사 먹되 돈 없이 값 없이 와서 포도주와 젖을 사라"(사 55:1)고 말한다. 하나님께 나와 복음의 말씀을 듣고 믿으며 성령을 선물로 받는다. 사도 요한은 목마른 자에게 이렇게 말한다. "명절 끝날은 큰 날이라 예수께서 서서 외쳐 가라사대 누구든지 목마르거든 내게로 와서 마시라 나를 믿는 자는 성경에 이름과 같이 그 배에서 생수의 강이 흘러나리라 하시니 이는 그를 믿는 자의 받을 성령을 가리켜 말씀하신 것이라"(요 7:37-39)고 말씀하신다. 예수께서는 사마리아 수가성 여인에게 이 물을 먹는 자마다 다시 목마르려니와 내가 주는 물을 먹는 자는 영원히 목마르지 아니 하리니 나의 주는 물은 그 속에서 영생하도록 솟아나는 샘물이 되리라(요 4:13-14)고 말씀하신다. 보혜사 성령으로 말미암아 주시는 평화와 기쁨은 세상에 무엇을 얻어서 그렇게 기쁘고 감사하고 평화하랴. 세상에서는 인생이 칠십이요, 건강하면 팔십이라 하였으니 많이 누린다 해도 70-80년에 불과 하다. 그러나 새 예루살렘에서 주시는 생명수 샘물은 영원토록인 것이다. 이 세상에서 받는 은혜도 값 없이 받은 것이다. 그러나 새 예루살렘에서 받은 은혜는 얼마나 풍성하랴.

7) 이기는 자들의 받는 유업

7절에 "이기는 자는 이것들을 유업으로 얻으리라 나는 저의 하나님이 되고 그는 내 아들이 되리라"고 말한다. 여기서 이기는 자들은 계시록 2장과 3장에서 일곱 번 말한 이기는 자가 아니고 요한일서 5:4-5에서 말한 이기는 자들이다. "대저 하나님께로서 난 자마다 세상을 이기느니라 세상을 이긴 이김은 이것이니 우리의 믿음이니라 예수께서 하나님의 아들이심을 믿는 자가 아니면 세상을 이기는 자가 누구뇨?"라고 말한다. 천년 왕국의 축복은 특별히 이기는 자들이 받는 반면 새 예루살렘의 축복은 천년 왕국동안 다루심을 받아 완전케 된 모든 믿는 이들을 포함하여 받는 기업인 것이다. 모든 네 시대를 통하여 불순종이며 거역적인 모든 것을 온전케 하신 후 새 예루살렘에서는 모두가 완전케 될 것이다.

"나는 저희 하나님이 되고 그는 내 아들이 되리라"고 말씀하신다. 아들이 되는 것은 출생의 문제이다. 사람들은 모친이 10개월 동안 뱃속에 담고 있다가 출산하므로 아들이 되지만 하나님의 출생은 그렇치 않다. 요한복음 1:12-13에 "영접하는 자 곧 그 이름을 믿는 자들에게는 하나님의 자녀가 되는 권세를 주셨으니 이는 혈통으로나 육정으로나 사람의 뜻으로 나지 아니하고 오직 하나님께로서 난 자들이니라"고 말한다. 하나님의 뜻은 독생자 외아들을 내어 주심으로 많은 아들들을 얻는 것이다. 그 아들들로 맏아들의 형상을 본받게 하는 것이며 많은 아들들로 예수 그리스도로 말미암아 거저 주시는 은혜의 영광을 찬미케 하려 하심이다. 하나님의 자녀가 된 모든 이들은 은혜 시대 곧 교회 생활을 통하여 완전케 되지 못하면 천년 왕국동안 다루심을 받을 것이다. 많은 그리스도인들이 이 부분을 놓치고 있다. 아무렇게나 살다가 죽으면 아무일 없을 것이라고 생각지 말라. 하나님의 징계는 교회 시대 뿐 아니라 다음 시대에도 있어 온전케 하신 것이다. 호롱불로 당신을 다루신다면 끝까지 버티고 있겠는가! 회개하여 주님의 뜻대로 살겠다고 돌이키지 않겠는가? 하나님과 부자관계는 표범의 얼룩 무늬가 바꿀수 없는 것같이 영원한 것이다. 다윗은 시편에 이렇게 말한다. "여호와를 자기 하나님으로 삼는 백성은 복이 있도다"(시 144:15)고 하며 신명기 33:29에 "이스라엘이여 너는 행복자로다 여호와의 구원을 너 같이 얻은 백성이 누구뇨 그는 너를 돕는 방패시요 너의 영광의 칼이시로다 네 대적이 네게 복종하리니 네가 그들의 높은 곳을 밟으리로다" 라고 말한다. 당신의 생활 속에서 때로는 내가 하나님의 자녀가 아니고 그는 나의 하나님이 아닌 것같이 느껴질 때도 있으리라. 그럴지라도 당신의 느낌이나 감정에 의지하지 말고 이 확고부동한 하나님의 말씀을 믿고 의지하라!

8) 유황불 붙는 못에 던져질 자

8절에 "그러나 두려워하는 자들과 믿지 아니하는 자들과 흉악한 자들과 살인자들과 행음자들과 술객들과 우상 숭배자들과 모든 거짓말하는 자들은 불과 유황으로 타는 못에 참예하리니 이것이 둘째 사망이라"고 말씀하신다. 낮과 밤이 있듯이 빛의 세계가 있고 어두움의 세계가 있다. 인생들은 빛의 세계에서 어두움의 세계로 타락하여 어두움에 속한 자가 되어 버렸다. 하나님께서는 사랑하는 아들 예수 그리스도를 통하여 죄로 죽은 인생들을 구원하시려고 우리 대신 십자가에 죽으셨다. 이 구원의 복음을 듣고 예수를 나의 구주로 영접하는 자 곧 그 이름을 믿는 자에게는 하나님의 자녀가 되는 권세를 주신 것이다. 그가 우리를 흑암의 권세에서 건져 내서 그의 사랑하시는 아들의 나라로 옮기셨다. 그 아들 안에서 빛 되신 하나님을 섬기며 빛 가운데 행하는 자들은 새 예루살렘에서 생명수 샘물을 유업으로 얻으며 하나님을 아버지로 예수 그리스도를 남편으로 섬기며 세세 무궁토록 이를 것이다. 그러나 빛을 거역하고 어두움의 권세 잡은 자를 쫓고 어두움에서 행하며 소망 없이 행하는 그들에게는 자기 행한대로 심판의 부활을 받아 영영토록 꺼지지 않는 유황불 붙는 못에 던져지는 것이다. 두려워 하는 자들, 믿지 않는 자들, 살인한 자들, 행음하는 자들, 흉악한 자들, 술객들, 우상숭배 하는 자들, 모든 거짓말하는 자들은 불과 유황으로 타는 못에 참예하게 되는 것이다. 은혜 시대(교회 시대)에서 성령 훼방하는 죄를 제외하고는 어떠한 죄를 범했다 할지라도 용서 받을 수 있다. 돌아오는 탕자에게 사환에게 제일 좋은 옷을 내어다가 입히라 내 아들은 죽었다가 다시 살았고 잃었다가 다시 얻었노라 하시며 소를 잡고 잔치하며 즐거워 하셨다. 주저하지 말고 지체하지 말고 아버지의 넓고 포근한 품으로 돌아오라!

2. 새 예루살렘

1) 일곱 대접을 가진 일곱 천사중 하나의 외침

9절에 "일곱 대접을 가지고 마지막 일곱 재앙을 담은 일곱 천사 중 하나가 나아와서 내게 말하여 가로되 이리 오라 내가 신부 곧 어린양의 아내를 네게 보이리라"고 말한다. 이 천사는 일곱 대접을 가지고 그 재앙을 어디에 쏟은 천사인지는 알 수 없으나 신령한 어떤 것들을 계시하는 천사임에는 분명하다. 요한계시록 17:1-3에 "또 일곱 대접을 가진 일곱 중 하나가 와서 내게 말하여 가로되 이리 오라 많은 물 위에 앉은 큰 음녀의 받을 심판을 네게 보이리라…… 곧 성령으로 나를 데리고 광야로 가니라" 이 광야에 가서 일곱 머리 열 뿔 가진 짐승 위에 탄 음녀의 받을 심판을 소상하게 보여 주었다. 본문에서도 어린양의 신부 곧 아내를 보여 주려고 성령으로 나를 데리고 크고 높은 산으로 올라가 하나님께로부터 하늘에서 내려오는 새 예루살렘을 보여 주었다. 히브리서 1:14에도 이렇게 말한다. "모든 천사들은 부리는 영으로서 구원 얻을 후사들을 위

하여 섬기라고 보내심이 아니뇨” 이 얼마나 고마운가! 하나님께서 천사
들을 시켜서 하나님의 심묘막측한 비밀들을 알리시니 얼마나 고마운가!
계시록 전체도 그러하다.
  예수 그리스도의 계시인 요한 계시록도 하나님께서 예수 그리스도에
게 주시고 예수 그리스도는 그의 종들에게 보이시기 위하여 그의 천사를
그의 종 요한에게 보이신 것이다(계 1:1).

  2) 성령으로 크고 높은 산에 오름

  10절에 “성령으로 나를 데리고 크고 높은 산으로 올라가 하나님께로
부터 하늘에서 내려오는 거룩한 성 예루살렘을 보이니”라고 말한다. 계
시록은 사도 요한이 다른 성경들과 같이 기록한 것이 아니고 천사들로
통하여 환상과 이상을 보여 주시는 것을 그대로 적은 것 뿐이다. 『성령
으로 나를 데리고 크고 높은 산에 올라가』 라는 말이 요한계시록에 4회
기록되어 있다. 요한계시록 1:10 주의 날에 내가 성령으로 감동하여 내
뒤에서 나는 음성 같은 것을 들었다. 내가 본 것을 소아시아에 있는 일
곱 교회에 보내라 하여 2장과 3장에 있는 일곱 교회에 보낸 편지들인 것
이다.
  두번째는 요한계시록 4:2에 이 일 후에 마땅히 될 일을 네게 보이리
라 하고 성령으로 감동되었다. 이 일 후에 이루실 보좌와 그 앉으신 이
와 이십 사 장로들, 네 영물들 그리고 안팎으로 기록되며 인봉된 책을
가지신 죽임을 당한 어린양 등을 보여 주시는 환상을 보았다. 첫째와 둘
째는 인자 되신 예수님이 이리 오라 하여 보여 주셨지만 세 번째와 네
번째는 일곱 대접을 가지고 일곱 재앙을 담은 일곱 천사 중 하나가 이
일을 담당하였다(계 17:1-3, 계 21:9-10). 믿는 이들이 하나님의 뜻
을 알 수 있는 것도 성령의 가르침이 없이는 불가능한 것이다. “하나님이

자기를 사랑하는 자들을 위하여 예비하신 모든 것은 눈으로 보지 못하고 귀로도 듣지 못하고 사람의 마음으로도 생각지 못하였다 함과 같으니라 오직 하나님이 성령으로 이것을 우리에게 보이셨으니 성령은 모든 것 곧 하나님의 깊은 것이라도 통달하시느니라"(고전 2:9-10)고 말하고 있지 않은가! 어디 그 뿐인가! "너희는 주께 받은 바 기름 부음이 너희 안에 거하나니 아무도 너희를 가르칠 필요가 없고 오직 그의 기름 부음이 모든 것을 너희에게 가르치며 또 참되고 거짓이 없으니 너희를 가르치신 그대로 주 안에 거하라"(요일 2:27)고 말한다. 고기는 씹을수록 맛이 더한다. 이 예언의 말씀도 씹으면 씹을수록 그 맛은 말로 표현할 수 없는 것이다.

사도 베드로는 또 이렇게 말한다. "또 우리에게 더 확실한 예언이 있어 어두운 데 비취는 등불과 같으니 날이 새어 샛별이 너희 마음에 떠오르기까지 너희가 이것을 주의하는 것이 가하니라 먼저 알 것은 경의 모든 예언은 사사로이 풀 것이 아니니 예언은 언제든지 사람의 뜻으로 낸 것이 아니요 오직 성령의 감동하심을 입은 사람들이 하나님께 받아 말한 것임이니라"(벧후 1:19-21). 이 예언의 말씀인 계시록을 주신 하나님께 감사한다. 이 계시록은 요한계시록 10장의 작은 책을 받아 먹어 버릴 때 온전히 깨닫게 될 것이다. 거룩한 성 새 예루살렘은 앞에 말하였으니 생략하겠다.

3) 새 예루살렘의 외형

(1) 빛나는 하나님의 영광이 있는 성

11절에 "하나님의 영광이 있으매 그 성의 빛이 지극히 귀한 보석 같고 벽옥과 수정 같이 맑더라"고 말한다. 하나님은 영광의 하나님이시다. 하나님은 회막에서 이스라엘과 만나실 때 지성소의 속죄소에서 만나셨다. 하나님의 영광으로 성소(회막)가 거룩하게 되리라 말씀하신다(출29: 43). 새 예루살렘은 확대된 하나님의 지성소인 것이다. 장막의 지성소가 장과 광과 고가 십 규빗이며, 솔로몬 성전의 지성소가 장과 광과 고가 이십 규빗이다. 새 예루살렘은 장과 광과 고가 일만 이천 스다디온으로 확대된 지성소인 것이다. 어찌 하나님의 영광이 있지 않겠는가! 이 성은 해나 달의 빛이 없고 하나님의 영광이 비췬다고 말한다. 그 영광의 빛은 인간의 말로는 다 표현할 수 없다.

"그 성의 빛이 지극히 귀한 보석 같고" 보석은 스스로 얻어지는 것이 아니고 연마함으로 얻어지는 것이다. 그 성의 빛이 지극히 귀한 보석 같다 함은 금과 진주와 각종 보석으로 조성된 것인데 금은 하나님의 신성을 상징하는 것으로 성의 백성들이 그리스도화 되었다는 것이며 진주는 그리스도의 구속을 의미한 것으로 조개 속에 작은 모래알이 들어가 그 상처에 즙을 분비함으로 얻어지는 것으로 그리스도의 십자가 구속을 뜻한다. 보석은 성령으로 말미암아 변화에서 변화를 더한 저와 같은 형상으로 화하여 영광으로 영광에 이르매 곧 주의 영으로 말미암느니라(고후 3:18). 많은 아들들이 맏아들을 본받아 그와 같은 형상으로 변화 되기를 원하고 모든 제자들이 스승된 그리스도화 되기를 원하신다. 종들이 상전 되신 하나님과 같은 인격으로 변화되기를 바라고 모든 믿는 이들이 해나 비와 같이 악한 자나 선한 자에게 비취고 내리시는 것같이 온전하게 되기를 원하신다. 모든 시대를 거쳐 새 예루살렘 거민들이 하나님의 온전하심과 같이 보석이 연마함으로 되는 것같이 온전하게 될 것이다. 그러므로 성의 빛이 지극히 귀한 보석 같다고 표현된 것이다. 벽옥과 수정 같다 함도 같은 의미인 것이다. 요한계시록 4:2-3에 "보라 하늘에 보좌를 베풀었고 그 보좌 위에 앉으신 이가 있는데 앉으신 이의 모양이 벽옥과 홍보석 같고"라 말한다. 벽옥은 사랑을 상징하며 홍보석은 하나님의 공의를 상징한다. 즉 보좌에 앉으신 하나님은 사랑의 하나님이시요 공의의 하나님이시다. 자녀들을 양육하는 부모들도 아버지는 엄친이요 어머니는 자친이 아닌가? 엄친은 하나님 편에서는 공의요 자친은 사랑인 것이다. 사랑과 공의를 적절히 행사 하시면서 하나님의 자녀들을 양육하셔서 온전케 하시는 것이다. 이 성은 벽옥과 수정 같이 맑다. 오늘의 삶을 느슨하게 생각지 말고 여기 목표에까지 도달하도록 우리 안에서 행하시고 거하시는 성령으로 저와 같은 형상으로 화하여야 할 것이다.

(2) 성곽과 열 두 문과 열 두 천사와 열 두 지파 이름

12절에 "크고 높은 성곽이 있고 열 두 문이 있는데 문에 열 두 천사가 있고 그 문들 위에 이름을 썼으니 이스라엘 자손 열 두 지파의 이름들이라"고 말한다. 문은 출입하는 곳이며 내부의 풍성한 기업의 유업을 누리게 된다.

13절에 "동편에 세 문, 북편에 세 문, 남편에 세 문, 서편에 세 문이니"라고 말한다. 동서남북 사방에 세 문씩 있는 것은 땅의 사방에서 문으로 통하여 들어오는 자가 불편함 없이 어느 방향에서든지 자유롭게 들어갈 수 있음을 뜻한다. 21절에서도 "그 열 두 문은 열 두 진주니 문마다 한 진주요" 라 한다. 진주는 구속을 의미한다. 작은 모래알로 상처 입은 곳에 생명의 즙을 분비함으로서 얻어지는 것으로 주님께서 세상에 오셔서 우리들을 위하여 상한 바 되사 그의 피로 구속하신 것이다. 그로 말미암아 들어가며 나오며 꼴을 얻게 되는 것이다. 죄인들은 그로 말미암아 구원을 받았고 은혜와 평강을 누리며 만가지 은혜를 받았다. 벽옥으로만 쌓여진 성곽이 있고 진주문이 없다면 누가 새 예루살렘성에 들어가 생명수 샘물을 마실 수 있겠는가! 믿는 이들은 주님의 살과 피를 마실 때마다 주의 죽으심을 오실 때까지 전하는 것이라고 말씀하고 있다. 문

을 통하여 들어가며 나올 때마다 주님의 구속하심에 깊은 감사가 있게
될 것이다.

"문에 열 두 천사가 있고" 라는 뜻은 이 세상에서는 우리가 천사보다
못하지만 새 예루살렘에서는 천사가 우리들의 종이 되어 구원 얻은 후사
들을 위하여 섬기라고 보내심이 되어 우리들의 출입을 감시하며 죄인 하
나가 회개하면 천사들 앞에 큰 기쁨이 되어 환영하며 축하하며 즐거워
할 것이다.

"문에 이름이 있으니 이스라엘 자손 열 두 지파의 이름들이라" 성곽의
기초석에는 어린양의 십 이 사도의 이름들이 기록 되어 있다. 왜 열 두
진주문에는 이스라엘 자손 열 두 지파의 이름들이 기록 되었을까? 사마
리아 수가성 여인은 주님을 만나 내가 보니 선지자로소이다. 우리 조상
들은 이 그리심 산에서 예배하였거니와 당신들의 말은 예배할 곳이 예루
살렘에 있다 하더이다. 예수께서 말씀하시기를 여자여 내 말을 들으라.
이 산에서도 말고 예루살렘에서도 말고 너희가 아버지께 예배할 때가 이
르리라. 너희는 알지 못하는 것을 예배하고 우리는 아는 것을 예배하노
니 이는 구원이 유대인에게서 남이라고 말한다. 구원의 복음도 예루살렘
에서부터 시작되듯이 모든 인류의 구원이 유대인에게서 난다는 의미인
것이다. 하나님께서는 유대인을 택하시고 이방인들은 하나님의 관심 밖
에 있는 것 같았다. 그러나 그 구원을 이방인에게 이르게 하려고 그들의
얼마를 불순종하게 하시고 꺾어진 참 감람 나무에 돌 감람 나무인 이방
인들을 접붙이시고 나중에는 꺾어진 참 감람 나무를 접붙여 온 인류가
구원 받게 되는 것이다. 이것이 하나님의 뜻이다. 열 두 진주문에 이스
라엘 열 두 지파의 이름이 기록된 것은 구원을 유대인으로 통하여 이루
신다는 의미인 것이다.

(3) 성곽의 열 두 기초석

14절에 "그 성에 성곽은 열 두 기초석이 있고 그 위에 어린양의 십 이 사도의 열 두 이름이 있더라"고 말한다. 새 예루살렘의 크고 높은 성곽은 열 두 기초석 위에 쌓여져 있다. 그 기초석 위에는 어린양의 십 이 사도의 이름들이 새겨져 있다. 성곽이 어린양의 십 이 사도들의 이름들이 새겨진 기초석 위에 세워지는 것같이 오늘날의 교회도 사도들과 선지자들의 터 위에 세우심을 입은 것을 뜻한다. 사도들은 삼년 동안 주님을 따르며 그 행적을 목격한 사람들이다. 가룟 유다의 공석을 보충할 때 이렇게 말하고 있다. 요한의 세례로부터 우리 가운데서 올리워 가신 날까지 주 예수께서 우리 가운데 출입 하실 때에 항상 우리와 함께 다니던 사람 중에 하나를 세워 우리로 더불어 예수의 부활하심을 증거할 사람이 되게 하여야 하리라 하고 맛디아를 얻어 십 이 사도의 직무를 행하게 하였다. 아무나 사도가 되는 것은 아니다. 표준에 의하여 제비를 뽑아 사도를 보충했다. 이설들이 일어날 때에도 예루살렘 사도 회의에 의하여 결정하곤 하였다. 어떤 자들은 형제들을 가르치되 모세의 율법대로 할례를 받지 아니 하면 구원을 얻지 못하리라 하며 이방인에게도 할례를 주고 모세의 율법을 지키라 명하는 것이 마땅하다고 할 때도 사도와 장로들이 이 일을 의논하고 성령과 우리는 이 요긴한 것들 외에 아무 짐도 너희에게 지우지 아니할 줄 알았노니 우상의 제물과 피와 목매어 죽인 것과 음행을 멀리 할지니라 하며 확실한 결정을 은혜의 복음을 따라 정해 주었다.

기초석의 보석이 벽옥 홍보석 자정과 같이 각각 다르듯이 사도들의 사역도 각각 다르다. 베드로는 그물 던지는 사역이요 요한은 찢어진 그물을 수선하는 사역이며 바울은 장막을 만드는 사역으로 건축하는 사역이었다. 베드로의 사역이 가장 기초인 벽옥에 비한다면 바울의 사역은 건축하는 사역으로 그 위에 있으며 요한의 사역은 가장 위에 있는 찢어지고 무너진 것을 보수하는 사역으로 층을 이룬 것이다. 기초석인 보석이 벽옥에서 자정까지 층을 이루며 그 위에 세워진 벽옥으로 일백 사십 사

규빗의 끝을 이룬다. 성곽의 외관을 벽옥으로 벽옥은 보좌에 앉으신 이의 모습인 것이다. 우리 믿는 한 사람 한 사람이 벽옥으로 변화된 것을 뜻한다. 이것은 이상한 것이 아니다. 하나님의 유일하신 갈망이기도 하다. 제자가 선생 같고 종이 상전 같으면 족하다고 하였고 너희는 하나님의 온전하신 것같이 너희도 온전하라. 많은 아들들로 맏아들의 형상을 본받게 하려고 예지 예정하시고 부르시고 의롭다 하시고 영화롭게 하였다. 내가 거룩하니 너희도 거룩하라 너희 속에 그리스도의 형상이 이루기까지 다시 해산하는 수고를 하노라. "우리가 다 하나님의 아들을 믿는 것과 아는 일에 하나가 되어 온전한 사람을 이루어 그리스도의 장성한 분량이 충만한 데까지 이르리니"(엡 4:13) 라고 말하고 있다.

새 예루살렘에서 모두가 변화된 벽옥이 될 것이다. 네 시대를 거쳐서 자아가 부서지고 그리스도의 온전함으로 충만케 될 것이다. 오늘날의 목회자들의 사역은 기초석과 같이 층을 이루어 벽옥으로 성곽의 상단까지 쌓여지는 것 같은가! 아니면 서로 나란히 견주고 대립하기까지 하는 사역이 아닌가! 고린도전서 1:10과 같이 "형제들아 내가 우리 주 예수 그리스도의 이름으로 너희를 권하노니 다 같은 말을 하고 너희 가운데 분쟁이 없이 같은 마음과 같은 뜻으로 온전히 합하라"하신 말씀에 유의하여야 할 것이다.

(4) 일백 사십 사 규빗의 성곽

17절에 "그 성곽을 척량하매 일백 사십 사 규빗이니 사람의 척량 곧 천사의 척량이라"고 말한다. 12×12=144 이다. 열 둘은 하나님의 택한 수이요(요 6:70, 눅 6:13) 또 하나님 나라 행정의 완전 수이다. 이스라엘 열 두 지파를 상징하는 12를 곱하니 144가 된다. 성곽이 144규빗이란 하나님의 모든 택한 자들로 축조된 성곽을 의미한다. 그 외곽이 벽옥 같다는 것은 그리스도의 충만으로 채워진 벽옥인지라 아름답고 고귀함을 보이는 것이다. 새 예루살렘 성은 열 둘의 성이며 이스라엘과 모든 이방인 중에서 구원 받은 영적인 이스라엘로 조성된 성 곧 어린양의 아내인 것이다.

18절에 "그 성곽은 벽옥으로 쌓였고 그 성은 정금인데 맑은 유리 같더라"고 말한다. 보석은 연마하므로 변화하여 얻어지는 것이다. 기초석인 각색 보석인 사도들의 터 위에 각면이 일만 이천 스다디온인 길이와 일백 사십 사 규빗의 높이로 쌓은 벽옥은 얼마나 많은 벽옥이 소요 되었겠는가! 일백 사십 사 규빗이라는 의미가 택한 자들과 하나님의 완전 수의 곱으로 산출되는 수이기에 믿는 이들의 성장의 기준이 어디까지 인가를 말해 주는 적절한 그림이라 하겠다. 성곽은 성 내부와 외부로부터의 구별을 의미하며 절대적인 보호와 표현을 의미한다. 우리의 일상 생활에서 언행심사가 그리스도로 변화 되었을 때 그리스도의 편지요 향기인 것이며 이것이 그리스도의 표현이 되는 것이다. 자신이 벽옥 같이 변화될 때 세상과 완전히 구별되는 것이며 바울 사도는 이렇게 말한다. "그리스도로 말미암아 세상이 나를 대하여 십자가에 못 박히고 내가 또한 세상을 대하여 그러하니라"(갈 6:14)고 말한다. 이렇게 될 때 마귀는 어떤 것으로도 흔들고 넘어뜨리려 하여도 뿌리를 사방에 깊이 내린 나무 같이 흔들리지 않고 해됨이 없이 보존되는 것이다. 요한계시록 7장의 이스라엘 백성중에 인 맞은 자가 각 지파에서 일만 이천씩 열 두 지파에서 십 사만 사천이 인 맞았으며 요한계시록 14장에서 첫 열매인 그가 시온산에서 어린양과 함께 십 사만 사천이 서 있었다. 십 사만 사천은 여자적인 수가 아니라 택한 수요 이스라엘 전체를 말해 주는 상징적인 수이기에 그 수는 실제로 십 사만 사천보다 많을 수도 있고 적을 수도 있는 것이지만 택정 받은 전체의 수라는 점에서 볼 때 문제되어 거기에 구애 받을 필요가 없는 것이다. 새 예루살렘의 성곽을 일백 사십 사 규빗이라함도 일 규빗을 50Cm로 볼 때 72m가 되는 성이라 하는 것 보다 택한 백성들과 영적인 이스라엘 전체로 축조된 완전한 표현이요 구별이요 보전되는 것의 의미로 봄이 더 타당할 것이다.

4) 새 예루살렘의 크기

15절에 "내게 말하는 자가 그 성과 문들과 성곽을 척량하려고 금 갈대를 가졌더라"고 말한다. 본문의 말씀은 성과 문들과 성곽을 척량하기 위해 금갈대를 가졌다고 말한다. 성과 성곽은 척량되었지만 문은 척량이 없고 열 두 문은 열 두 진주니 문마다 한 진주라고 말한다. 금 갈대로 척량한다. 금은 모든 찌끼가 제거된 순금으로 이는 불 속에서도 물 속에서도 흙 속에서도 전혀 변질이 없는 것으로 하나님의 신성을 의미한다. 하나님의 신성이요 표준인 금 갈대로 척량한다는 것을 성과 성곽과 문들이 그 신성과 표준에 적합하고 영영히 보존될 만한 것이라는 의미이다.

새 예루살렘은 하나님의 신성과 표준에 적합하지 않는 것 즉 속된 것이나 벽돌이나 흙이나 나무 같은 것은 전혀 존재하지 않는다는 것이다. 금 갈대로 성을 척량하니 일만 이천 스다디온이요 장과 광과 고가 같더라고 말한다. 성과 성곽과 문들이 열 둘의 기본 수가 들어가지 않는 곳이 없다. 기본 수 열 둘은 택한 수요(요 6:70, 눅 6:13) 열 둘을 택하사 사도라 칭함, 내가 너희 열 둘을 택하지 아니 하였느냐 이 택한 수 열 둘에 많은 것을 상징하는 1,000을 곱한 수이다. 이스라엘 자손들의 인을 칠때도 각 지파마다 열 둘에 1,000을 곱한 일만 이 천명씩 인을 치고 하나님의 백성을 말하는 열 둘을 곱하니 십 사만 사천이 되었다. 일만 이천 스다디온은 1스다디온이 177.5미터이므로 2,130킬로미터이다. 장과 광과 고가 이와 같다. 일만 이천 스다디온의 정육면체의 새 예루살렘은 기록된 숫자대로 계산한다면 미국의 절반 이상이 되는 성이다. 그러나 택한 수 12에 1,000을 곱한 수이기에 크기에 상관없이 하나님의 택함 받고 구속 받아 하나님의 자녀된 자들이 하나님과 함께 거하기에 가장 합당한 성이라는 것이다.

장막 지성소의 장과 광과 고가 십 규빗이며 열왕기상 6:20에 성전 지성소의 장과 광과 고가 이십 규빗이며 새 예루살렘의 장과 광과 고가 일만 이천 스다디온이라 함은 하나님의 지성소가 극도로 확대되었음을 보여 주는 것이다. 하나님은 하늘에 계시기를 원치 아니 하시고 하나님의 자녀들이 거하는 땅에 장막을 치시고 함께 거하시기를 갈망하신다. 성곽은 앞에 말하였기로 여기서는 생략하겠다. 성이나 성곽이 모두 상징적인 영적 뜻을 가지고 있기 때문에 문들은 척량하지 않고 열 두 문은 열 두 진주요 문마다 한 진주라는 것으로 충분히 뜻이 나타나 있기 때문에 척량의 치수를 말하지 아니한 것이다. 이 진주문은 우리를 죄에서 구속하시는 예수 그리스도시다. 진주문도 앞에서 말한 바 있기에 생략하겠다.

17절에 "그 성곽을 척량하매 일백 사십 사 규빗이니 사람의 척량 곧 천사의 척량이라"고 말한다. 사람의 척량 곧 천사의 척량이란 무슨 뜻일까? 마태복음 22:30에는 "부활 때에는 장가도 아니가고 시집도 아니 가고 하늘에 있는 천사들과 같으니라"고 말한다. 부활 안에서는 사람이 천사들과 같이 된다는 뜻이다.

18절에 "그 성곽은 벽옥으로 쌓였고 그 성은 정금인데 맑은 유리 같더라" 21절은 "그 열 두 문은 열 두 진주니 문마다 한 진주요 성의 길은 맑은 유리 같은 정금이더라" 한다. 새 예루살렘은 정금의 동산이다. 금은 찌기나 모든 오물등이 제거된 순금인 것이다. 유리 같이 맑다고 하였다. 고전 3:12절에는 금과 은과 보석으로 지은 집과 나무와 풀과 짚으로 지은 집이 있듯이 하나는 타 버리고 하나는 영구히 보존될 것이다. 오늘날 교회 생활도 수정 같이 유리 같이 투명해야 된다. 하나님께서 불꽃 같은 눈으로 보실 줄 알고 살아 간다면 우리는 투명할 수 있을 것이다. 정금

도 찌끼가 전혀 없고 수정도 유리도 투명하지 않는 것이 없다. 하나님의
목표가 흠도 없고 점도 없고 주름 잡힌 것도 없이 주 앞에 서기를 하나
님은 원하신다(엡 5:27).

5) 새 예루살렘의 내부

(1) 하나님과 어린양이 성전이 됨

22절에 "성 안에 성전을 내가 보지 못하였으니 이는 주 하나님 곧 전
능하신 이와 및 어린양이 그 성전이심이라"고 말한다. 이스라엘 백성들
의 광야 생활에서는 백성들 가운데 장막을 치시고 거기서 백성들을 만나
셨고 말씀도 하시었다. 그것을 장막, 회막, 성막, 법막, 증거막이라 하여
다양하게 부르셨다. 하나님께서 사람들 중에 거하는 뜻으로 『장막』이
라 하였으며 거기서 사람들과 만나심으로 『회막』이라 하였고 하나님
께서 거하시는 곳이라 하여 『성막』이라 하였다. 여호와께서 사방의 모
든 대적을 멸하시고 다윗 왕이 궁에 평안히 거할 때 선지자 나단에게 말
하기를 나는 백향목 궁에 거하나 하나님의 궤는 장막 가운데 있도다 하
고 전 건축할 뜻을 보일 때 나단 선지자는 왕께 고하기를 여호와께서 왕
과 함께 계시니 무릇 마음에 있는 바를 행하소서 라고 말했다. 그 날 밤
에 여호와께서 나단에게 임하여 이르기를 너는 가서 내 종 다윗에게 이
르기를 내가 나를 위하여 나의 거할 집을 건축하겠느냐 내가 이스라엘
자손을 애굽에서 인도하는 날부터 오늘까지 집에 거하지 아니하고 장막
과 회막에 거하며 행하였나니… 네 수한이 차서 내 조상과 함께 잘 때에
내가 네 몸에서 날 자손을 네 위에 세워 그 나라를 견고케 하리라. 저는
내 이름을 위하여 집을 건축할 것이라(삼하 7:1-13) 하신 후 솔로몬 왕
으로 하여금 하나님의 전을 건축케 하시었다. 장막 성전에서 백향목 전

으로 예수님 성전으로 변하고 있다. 예수님 오셔서 표적을 구하는 자들에게 "이 성전을 헐라 내가 사흘 동안에 일으키리라 유대인들이 가로되 이 성전은 사십 육 년 동안에 지었거늘 네가 삼 일 동안에 일으키겠느뇨 하더라 그러나 예수는 성전 된 자기 육체를 가리켜 말씀하신 것이라"(요 2:19-21)고 말씀하셨다.

그 후로는 우리 몸이 하나님의 성전이다. "너희 몸은 너희가 하나님께로부터 받은 바 너희 가운데 계신 성령의 전인 줄을 알지 못하느냐 너희는 너희의 것이 아니라"(고전 6:19) 또 "너희가 하나님의 성전인 것과 하나님의 성령이 너희 안에 거하시는 것을 알지 못하느뇨"(고전 3:16) 라 하였다. 은혜 시대 즉 교회 시대에는 성령께서 우리 안에 거하시고 행하심으로 우리는 주 안에서 거하고 주는 우리 안에 거하므로 상호 거처가 되었으며 요한일서 4:13에 "그의 성령을 우리에게 주시므로 우리가 그 안에 거하고 그가 우리 안에 거하시는 줄을 아느니라"고 말한다. 오늘날 건물로 건축된 교회는 성전이 아니며 구속받은 자녀들이 모여 예배하는 곳이며 공급 받는 곳이다. 새 예루살렘은 극도로 확대된 저성소로써 하나님과 및 어린양이 성전이 되심은 구속 받은 모든 종들이 하나님 안에서 쉼없이 하나님을 섬기게 될 것을 뜻하심이다.

(2) 새 예루살렘은 해나 달의 빛이 없음

23절에 "그 성은 해나 달의 비췸이 쓸데없으니 이는 하나님의 영광이 비춰고 어린 양이 그 등이 되심이라"고 말한다. 처음 하늘과 처음 땅에서는 해와 달과 별들로 인해 밤과 낮과 날과 달과 계절과 연한이 있게 되었다. 그러나 새 예루살렘에서는 해나 달의 비췸이 쓸데 없으며 하나님의 영광이 비춰고 어린양이 그 등이 되신다고 말한다. 베드로는 변화 산에서 변형하신 주님을 보고 우리가 여기 있는 것이 좋사오니 주께서 만일 원하시면 내가 여기서 초막 셋을 짓되 하나는 주를 위하여 하나는 모세를 위하여 하나는 엘리야를 위하여 하리이다. 자기도 모르는 말을 하였다. 이 일 직전에 마태복음 16:28에 "여기 섰는 사람 중에 죽기 전에 인자가 그 왕권을 가지고 오는 것을 볼 자들도 있느니라"고 말씀 하신 후에 변화 산의 영광이 나타난 것이다. 해와 달을 창조하신 하나님께서 그의 영광이 비춰고 어린양이 그 등이 되신다고 하신 것은 처음 하늘과 처음 땅에서 햇빛과 달빛보다 더 밝을 뿐더러 무한한 영광의 빛이 될 것이다.

(3) 사람들과 땅의 왕들이 그리로 들어오다

24절에 "만국이 그 빛 가운데로 다니고 땅의 왕들이 자기 영광을 가지고 그리로 들어오리라"고 말하며 26절에는 "사람들이 만국의 영광과 존귀를 가지고 그리로 들어오겠고"라 말한다. 예수님은 부자 청년에게 네가 온전하고자 할진데 네게 있는 것을 팔아 가난한 자들에게 주라 그리하면 하늘에 보화가 있으리라. 영생 얻고 상급 받고 영광 받을 말씀을 주셨지만 부자 청년은 근심하며 돌아가고 말았다. 예수님은 둘러 보시고 제자들에게 말씀하시기를 재물이 있는 자는 하나님 나라에 들어가기가 심히 어렵도다 마치 약대가 바늘귀로 들어가는 것보다 어렵다고 말씀하셨다. 제자들은 심히 놀라 서로 의논하여 말하기를 그런즉 누가 구원을 얻겠느냐 하니 예수께서는 하나님은 다 하실 수 있느니라 하시고 나와 복음을 위하여 집이나 형제나 자매나 어미나 아비나 자식이나 전토를 버린 자는 금세에 있어 집과 형제와 자매와 모친과 자식과 전토를 백 배나 받되 핍박을 겸하여 받고 내세에 영생을 얻지 못할 자가 없느니라(막 10:23-30) 말씀하셨다.

특히 "사람들이 만국의 영광과 존귀를 가지고 그리로 들어오겠고"라는 말에 주의를 기울여야 한다. 사람이면 다 사람이냐 사람이 사람다운 일을 해야 사람이지 라는 말과 같이 예수를 믿지 않는 자는 진정한 의미에서 짐승이다. 시편 49:20에 "존귀에 처하나 깨닫지 못하는 사람은 멸망하는 짐승 같도다"라고 말하고 있다. 하나님의 형상대로 지음 받고 창세 전에 그리스도 안에서 택함 받고 부름 받아 의롭다 함을 받으며 약속의 성령으로 인치심을 받은 자들. 그 뿐인가! 복음을 위하여 혹은 말씀으로 인하여 핍박 받고 죽기까지 한 성도들은 얼마나 주 앞에서 영광되며 존귀한가! 그들이 만국의 영광과 존귀를 가지고 새 예루살렘성에 들어온다. 얼마나 가슴 설레인가! 바울 사도는 말한다. "내가 선한 싸움을 싸우고 나의 달려갈 길을 마치고 믿음을 지켰으니 이제 후로는 나를 위하여 의의 면류관이 예비되었으므로 주 곧 의로우신 재판장이 그 날에 내게 주실 것이니 내게만 아니라 주의 나타나심을 사모하는 모든 자에게니라"(딤후 4:7-8)고 말한다.

농부가 가을에 풍성한 열매를 바라고 수고와 더위를 참고 일한다. 믿는 이들도 이러한 영광과 존귀가 있기에 참고 견디는 것이 아닌가! 땅의 왕들은 누구인가? 자기 영광을 가지고 그리로 들어온다고 한다. 이 세상 나라들을 통치하는 왕들인가 아니면 그리스도를 믿는 성도들인가? 바울 사도는 고린도 교회에 보낸 편지 중에서 이렇게 말한다. "너희가 이미 배부르며 이미 부요하며 우리 없이 왕 노릇하였도다 우리가 너희와 함께 왕 노릇하기 위하여 참으로 너희의 왕 노릇하기를 원하노라"(고전 4:8) "바로 이 시간까지 우리가 주리고 목 마르며 헐벗고 매맞으며 정처가 없고 또 수고하여 친히 손으로 일을 하며 후욕을 당한즉 축복하고 핍박을 당한즉 참고 비방을 당한즉 권면하니 우리가 지금까지 세상의 더러운 것과 만물의 찌끼 같이 되었도다" 라고 말한다(고전 4:11-13). 죄에 종 노릇하지 않고 악의 세력들을 다스리는 참으로 왕 노릇 함을 보여 주고 있다. 디모데후서 2:20에도 바울 사도는 "참으면 함께 왕 노릇 할 것이요” 라고 말하고 있다. 죄와 더불어 살지 않고 그리스도의 사랑과 인내와 온유와 겸손으로 죄악 세상을 훨씬 뛰어 넘는 창공의 나는 새와 같이 그리스도 안에서 고매한 삶을 사는 자들을 말하는 것이다.

(4) 성문들은 낮에 도무지 닫지 아니함

25절에 “성문들을 낮에 도무지 닫지 아니하리니 거기는 밤이 없음이라”고 말한다. 성벽은 구별과 보호와 보장을 위하여 있는 것이다. 밤이 없고 낮만 있으니 사단의 어떤 역사도 없는 곳이다. 사람들이 땅의 왕들이 만국의 영광과 존귀를 가지고 그리로 들어온 동서남북에 세 문씩 있는 그 곳으로 자유롭게 들어갈 것이다.

(5) 속되고 가증하고 거짓말 하는 자 들어가지 못함

27절에 “무엇이든지 속된 것이나 가증한 일 또는 거짓말하는 자는 결코 그리로 들어오지 못하되 오직 어린양의 생명책에 기록된 자들뿐이라” 새 예루살렘 자체가 정련되고 깨끗하지 못한 나무나 흙이나 벽돌이나 짚 같은 것은 없다. 오직 정금과 진주와 보석이 있을 뿐이다. 속된 것은 들어와 있으라 하여도 스스로 나가고 말 것이다. 8절에도 두려워하는 자들과 믿지 아니하는 자들과 흉악한 자들과 살인자들과 행음자들과 술객들과 우상 숭배자들과 모든 거짓말 하는 자들은 불과 유황으로 타는 못에 참예하게 된다. 어찌 새 예루살렘에 이런 것들이 들어올 수 있겠는가! 오직 어린양의 생명책에 기록된 자 뿐이니라고 말한다.

후 삼년반 환난 기간에도 짐승과 그의 우상에게 경배하지 않는 자, 그의 우상의 이름의 표를 받지 않는 자는 오직 어린양의 생명책에 녹명되지 못하고 이 세상에 사는 자들은 다 짐승에게 경배하리라고 말한다. 어린양의 생명책에 기록된 자 얼마나 복된가! 하나님께서 "곧 창세 전에 그리스도 안에서 우리를 택하사 우리로 사랑 안에서 그 앞에 거룩하고 흠이 없게 하시려고 그 기쁘신 뜻대로 우리를 예정하사 예수 그리스도로 말미암아 자기의 아들들이 되게 하셨으니 이는 그의 사랑하시는 자 안에서 우리에게 거저 주시는 바 그의 은혜의 영광을 찬미하게 하려는 것이라"(엡 1:4-6) 그리하여 그의 종들이 그를 섬기며 천년 왕국에서는 혼인 잔치였다면 새 예루살렘에서는 그의 아내로써 세세 무궁토록 주님으로 더불어 살 것이다.

■ 계시록 22장의 개요

요한계시록 21장은 새 하늘 새 땅과 새 예루살렘에 대한 환상을 보여 주었다. 더 구체적으로 새 예루살렘의 외관과 성곽의 자료와 치수, 성의 자료와 치수, 열 두 진주 문과 그의 내용으로 다양하게 계시하고 있다. 요한계시록 22:1-5절 까지는 새 예루살렘의 실제를 말하고 있다. 이기는 자는 생명수 샘물을 유업으로 받으리라 처음 하늘과 처음 땅에서의 에덴 동산에서도 에덴에서 발원한 강물이 동산을 적시고 거기서부터 갈라져 네 근원이 되었다.

첫째는 비손이요 금이 있는 하윌라 온 땅에 둘렸으며 그 땅의 금은 정금이요 그 곳에는 베델리엄과 호마노도 있으며 다음은 기혼, 힛데겔, 유브라데의 4대 강으로 흘렀다. 물이 땅의 사방을 상징하는 4대 강으로 흘러 각종 동·식물의 생육을 돕는 근원이 되듯이 새 예루살렘에서도 하나님과 어린양의 보좌로부터 흐르는 수정 같이 맑은 생명수 강물이 흐르고 있다. 생명수는 두 가지 뜻을 가지고 있다. 첫째는 영생하는 생명의 말씀이요 둘째는 믿는 사람들이 받는 성령으로 배에서 생수가 강 같이 흐르는 것을 상징한다. 모든 제자들이 이 말이 어려우니 누가 들을 수 있으리요 하고 물러갈 때, 주님께서는 베드로에게 너희도 가려느냐 주여 영생하는 말씀이 계시매 뉘게로 가오리까 하였고 사마리아 수가성 여인에게 이 물을 먹는 자마다 다시 목마르려니와 내가 주는 물을 먹는 자는 영원히 목마르지 아니하리니 나의 주는 물은 그 속에서 영생하도록 솟아나는 샘물이 되리라고 말씀하셨다. 에베소서 5:26-27에서는 남편과 아내에 대하여 말하면서 "이는 곧 물로 씻어 말씀으로 깨끗하게 하사 거룩하게 하시고 자기 앞에 영광스러운 교회로 세우사 티나 주름 잡힌 것이나 이런 것들이 없이 거룩하고 흠이 없게 하려 하심이니라"고 말하고 있다.

둘째로는 요한복음 7:38-39의 말씀 같이 "나를 믿는 자는 성경에 이름과 같이 그 배에서 생수의 강이 흘러나리라 하시니 이는 그를 믿는 자의 받을 성령을 가리켜 말씀하신 것이라" 또 에스겔 47:1-9에는 "전 문지방 밑에서 물이 흘러 나는데 손에 줄을 잡고 일천 척을 척량하니 그 물이 발목에 오르고 다시 일천 척을 척량하니 물이 무릎에 오르고 다시 일천 척을 척량하니 물이 허리에 오르고 다시 일천 척을 척량하니 물이 창일하여 헤엄할 물이요 능히 건너지 못할 강이 되었더라"고 말한다. 이 물이 바다에 이르니 바다가 소성함을 얻고 강물에 이르니 강물이 소성하고 각종 생물이 번성하였다. 하나님께로부터 흘러 내리는 말씀의 물과 성령의 배에서 강 같이 흐르는 물로 변화되고 치료되는 것이다. 하나님과 어린양의 보좌로부터 흐르는 생수의 강이 없고 생명 나무가 좌우에 없다면 금과 진주와 보석으로 조성된 새 예루살렘이 믿는 이들에게 무슨 실제성이 있겠는가? 하나님께서는 에덴 동산에서 생명 나무 앞에 아담을 두셨다. 그러나 먹으라는 생명과는 먹지 않고 먹지 말라는 선악과를 먹음으로 범죄하였다. 오랜 후에 주님이 오심으로 그 안에 생명이 있었으니 곧 사람들의 빛이라. "아들이 있는 자에게는 생명이 있고 하나님의 아들이 없는 자에게는 생명이 없느니라"(요일 5:12). 생명과는 예수 그리스도시요 생명수는 우리 안에 거하시는 성령이시다.

6) 생명수의 강(22:1-5)

(1) 수정같이 맑은 강

1절에 "또 저가 수정 같이 맑은 생명수의 강을 내게 보이니 하나님과 및 어린양의 보좌로부터 나서"라고 말한다. 새 예루살렘에는 맑지 않는 것이 없다. 성이 수정 같이 맑고(계 21:11) 정금 길이 유리 같이 맑고 (계 21:21) 생수의 강이 수정 같이 맑다. 그래서 속되고 가증한 일 또는 거짓말 하는 자는 결코 그리로 들어오지 못한다(계 21:27). 설령 들어온다 할지라도 스스로 견디지 못하고 나가 버릴 것이다. 새 예루살렘은 수정 같이, 유리 같이 맑다. 그래서 오늘날 교회도 수정 같이, 유리 같이 맑아야 될 것이다. 사랑에 대하여 맑아야 하고, 물질에 대하여 맑아야 한다. 아내는 남편에 대하여 맑아야 되며, 남편은 아내에 대하여 맑아야 한다. 결국 모든 것에 대하여 맑아야 한다. 바울 사도는 빌립보 교회에 대하여 이렇게 말한다. "모든 일을 원망과 시비가 없이 하라 이는 너희가 흠이 없고 순전하여 어그러지고 거스리는 세대 가운데서 하나님의 흠 없는 자녀로 세상에서 그들 가운데 빛들로 나타내며"(빌 2:14-15) 라고 말한다. 또 고린도 교회에는 송사하는 일에 대하여 이렇게 말한다. "너희가 피차 송사함으로 너희 가운데 이미 완연한 허물이 있나니 차라리 불의를 당하는 것이 낫지 아니하며 차라리 속는 것이 낫지 아니하냐 너희는 불의를 행하고 속이는구나 저는 너희 형제로다"(고전 6:7-8) 라고 말한다. 다시 말하거니와 속되고 가증한 일 또는 거짓말 하는 자는 결코 그리로 들어오지 못하리라고 말한다. 거짓말도 큰 거짓말이 있고 작은 거짓말이 있다. 큰 거짓말은 예수께서 그리스도이심을 부인하는 것이요 작은 거짓말은 일상 생활에서 자기 유익을 위하여 남을 속이는 것이다.

(2) 하나님의 보좌로부터 발원한 생명수 강

1절에 "생명수의 강을 내게 보이니 하나님과 및 어린양의 보좌로부터 나서"라고 말한다.

에덴에서 발원하여 4대 강으로 흐르듯 전 문지방에서 흐르는 물이 바다를 소성케 하듯 어린양과 보좌로부터 생명수의 강이 흐르는 것을 보았다.

(3) 길 가운데로 흐르는 생명수 강

2절에 "길 가운데로 흐르더라" 새 예루살렘에서 오늘날 교회 시대에서 생명수를 누리는 길은 같다. 왜 생명수의 강이 길 가운데로 흐르는가? 예루살렘 전체가 정금이다. 길에 있지 않고 길이 아닌 다른 곳에 있는 자는 생명수를 체험하지 못하고 누리지 못할 것이다. 생명수는 우리 안에 거하시는 성령으로 생수의 강이 강 같이 흐르는 풍성이시다. 이 충만을 누리려거든 성령의 감화와 감동을 소멸치 말라. 정금 길에서 행할 때에 생명수를 마시며 누릴 수 있다. 성령의 감화와 감동을 따르지 않고 소멸해 버린다면 생명수의 흐름은 중단될 것이다. 정금 길은 무엇을 뜻하는가? 정금은 순금이다. 100% 풀무에서 찌끼가 제거된 금을 말한다. 사도 베드로는 "너희 믿음의 시련이 불로 연단하여도 없어질 금보다 더 귀하여 예수 그리스도의 나타나실 때에 칭찬과 영광과 존귀를 얻게 하려 함이라"(벧전 1:7)고 말한다. 시련을 통해서 정련된 신앙이 귀하듯 불속에서 물과 흙 속에 있어도 변질이 없는 금은 하나님의 신성한 본성을 뜻한다. 정금 길 곧 하나님의 신성한 본성으로 행할 때 생명수 강의 흐름이 풍성하며 생명수 강가에 있는 생명과를 누릴 수 있는 것이다. 이 강과 생명 나무가 정금 길 가운데로 흐르고 있다는 말에 깊은 인상을 받기 바란다. 정금 길이 아닌 인간의 본성으로 행하는 곳에는 생명수 강물이 흐르지 않고 먹어서 죽게 되는 오염된 물만 흐를 것이다. 새 예루살렘 전체가 정금이다. 정금 위에 서 있다 해도 정금 길에 행하지 아니하면 생명수 강의 흐름이나 생명 나무 실과에 참예하는 일이나 누림은 없을 것이다. 하나님의 뜻과 진리를 아는 것으로 만족하지 말라! 알고 깨달았으면 그 길에서 행하라. 그리하면 생명수 강의 누림이 더욱 풍성할 것이다.

(4) 강 좌우에 있는 생명 나무

2절에 "길 가운데로 흐르더라 강 좌우에 생명 나무가 있어 열 두 가지 실과를 맺히되 달마다 그 실과를 맺히고"라고 말한다. 처음 하늘과 처음 땅 안에서도 생명 나무가 있었다. 하나님의 영원하신 목적과 뜻은 사람에게 하나님의 생명을 주시려는 것이 그 분의 섭리셨다. 사람은 타락했기에 하나님의 생명을 잃은 것이 아니고 타락했기에 하나님의 생명을 먹는 길을 잃은 것이다. 죄 지은 상태로 생명과를 따 먹고 영생할까봐 아담과 하와를 에덴 동산에서 쫓아내고 두루 도는 화염검을 두어 생명 나무의 길을 지키게 하셨다. 아담이 창조될 때 하나님의 생명은 없었고 유한된 사람의 생명만 있을 뿐이다. 그 생명 위에 영원한 생명인 하나님의 생명을 주신 것이다. 만세 전부터 예정하신 그리스도께서 성육신 하셨을 때 그 안에 생명이 있었으니 이는 사람들의 빛이라 하였고(요 1:4) 아버지께서 자기 속에 생명이 있음 같이 아들에게도 생명을 주어 그 속에 있게 하셨다(요 5:26).

"아들이 있는 자에게는 생명이 있고 하나님의 아들이 없는 자에게는 생명이 없느니라"(요일 5:12)고 말씀하신다. 로마서 8:1-16절 까지는 우리 안에 거하시는 성령에 대하여 얼마나 자상하게 말씀하시는가? "생명의 성령의 법이 죄와 사망의 법에서 너를 해방하였음이라"고 말하며 "만일 너희 속에 하나님의 영이 거하시면 너희가 육신에 있지 아니하고 영에 있나니 누구든지 그리스도의 영이 없으면 그리스도의 사람이 아니라 또 그리스도께서 너희 안에 계시면 몸은 죄로 인하여 죽은 것이나 영은 의를 인하여 산 것이니라"고 말한다. "너희가 육신대로 살면 반드시 죽을 것이로되 영으로써 몸의 행실을 죽이면 살리니 무릇 하나님의 영으로 인도함을 받는 그들은 곧 하나님의 아들이라 너희는 다시 무서워하는 종의 영을 받지 아니하였고 양자의 영을 받았으므로 아바 아버지라 부르짖느니라"고 말한다. 생명 나무가 생명수 강가에 있어 열 두 가지 실과를 맺히되 달마다 그 실과를 맺는 것은 하나님과 그리스도와 성령을 따로 생각할 수가 없는 것이다.

(5) 열 두 가지 실과를 달마다 맺음

2절 하반절에 "열 두 가지 실과를 맺히되 달마다 그 실과를 맺히고" 라는 뜻은 믿는 이들이 예수를 믿고 그리스도가 우리 안에 거하심으로 그리스도의 다양함을 경험하며 누리는 것을 의미한다.

"달마다 그 실과를 맺히고"라는 뜻은 해와 달이 없고 지구가 없는데 무슨 달이 있겠는가? 새 예루살렘은 12의 성이다. 기본 수(택한 수) 12에 12를 곱한 144규빗이나 12×1,000=12,000 스다디온이나 열 두 진주 문, 열 두 천사, 열 두 지파, 열 두 사도, 열 두 가지 실과, 열 두 달

등 모두가 택한 하나님의 자녀들로 거하며 체험하고 누리기에 넉넉한 성임을 말해 주는 것이다. 이 모든 것은 우리에게 기업으로 주시려고 보혈의 피로 값 주고 사 주시며 하나님의 자녀로 그리스도의 신부로 세세토록 섬기며 왕 노릇 할 것이다. 할렐루야!!

"그 나무 잎사귀들은 만국을 소성하기 위하여 있더라"고 말한다. 나무 잎이 열매를 풍성히 맺게 하고 충실하게 하여 공기를 정화하는 일을 하듯이 생명 나무의 잎도 만국 백성으로 하여금 이러한 일을 하는 역할을 할 것이다.

(6) 다시 저주가 없는 곳

3절에 "다시 저주가 없으며 하나님과 그 어린양의 보좌가 그 가운데 있으리니 그의 종들이 그를 섬기며"라고 말한다. 처음 하늘과 처음 땅에서는 저주가 있어 사람들을 더욱 괴롭혀 왔다. 한 사람으로 통하여 죄가 세상에 들어오고 죄로 인하여 사망이 왔다. 요한계시록 21:4절에 "모든 눈물을 그 눈에서 씻기시매 다시 사망이 없고 애통하는 것이나 곡하는 것이나 아픈 것이 다시 있지 아니하리니 처음 것들이 다 지나갔음이러라"고 말한다. 새 예루살렘에서는 평화와 기쁨과 안식만이 있을 것이며 우리 구주 예수께서 우리를 위하여 저주를 받은 바 되사 율법의 저주에서 우리를 속량하셨으니 기록된 바 나무에 달린 자마다 저주 아래 있는 자라 하였음이니라고 말하며 율법의 저주에서 죄의 저주에서 사망의 저주와 애통하는 것과 곡하는 것 모든 질병의 저주에서 우리를 놓아 주시는 것이 될 것이다.

(7) 하나님과 어린양의 보좌가 그 가운데 있음

3절 하반절에 "하나님과 어린양의 보좌가 그 가운데 있으리니" 시편 84:10에 "주의 궁정에서 한 날이 다른 곳에서 천 날보다 나은즉 악인의 장막에 거함보다 내 하나님 문지기로 있는 것이 좋사오니" 라고 말한다. 새 예루살렘에서는 사단도 죄도 사망도 없고, 그 곳에서는 우리를 구속하신 하나님과 어린양이 보좌에서 우리를 다스리시고 주관하시니 얼마나 좋을까?

(8) 그의 종들이 그를 섬김

3절 하반절에 "그의 종들이 그를 섬기며" 요한계시록 1:1에 "예수 그리스도의 계시라 이는 하나님이 그에게 주사 반드시 속히 될 일을 그 종들에게 보이시려고 그 천사를 그 종 요한에게 보내어 지시하신 것이라"고 말한다. 요한은 그의 뜻을 따라 소아시아에 있는 일곱 교회에 하나님의 말씀과 예수 그리스도의 증거를 증거하였다. 그의 종들은 특별한 자를 말하지 않고 주 예수님의 피로 구속 받은 모든 자를 가리키며 요한계시록 21:7에는 이기는 자도 생명수 샘물로 목마른 자에게 값 없이 주리니 여기 『이기는 자』도 요한계시록 2-3장에서 일곱 번 이기는 자가 아니라 요한일서 5:4-5의 일반적으로 이기는 자를 말하는 것이며, 그의 종들이 그를 섬긴다는 말도 특별한 자를 가리키지 않고 모든 자를 가리키는 말이다. 죽기를 무서워하므로 일생에 매여 종 노릇 하는 것은 기껏 섬기고 멸망에 이르는 것이지만 나를 사랑하시고 독생자 외아들을 주시는 하나님과 어린양 되신 주님을 섬기는 것은 어떠한 즐거움인가? 요한계시록 7:15절 이후에도 큰 환난에서 나온 셀 수 없는 큰 무리들이 하나님의 보좌 앞에 있고 그 성전에서 밤낮 섬기매 보좌에 앉으신 이가 그들 위에 장막을 치시고 주리지도 목마르지도 아니하고 어린양이 저희 목자가 되사 생명수 샘으로 인도하시고 하나님께서 저희 눈에서 눈물을 씻어 주실 것임이러라고 하시지 않는가! 마땅히 섬길 자를 섬기는 것은 다함이 없는 즐거움이 될 것이다.

(9) 그의 얼굴을 볼 터이요 그의 이름도 그의 이마에 있음

『백문이 불여일견』이란 말과 같이 사람들은 확실히 보기를 원하는 것 같다. 빌립은 주님께 아버지를 우리에게 보여 주옵소서 하였고 도마는 내가 그 손의 못자국을 보며 내 손가락을 그 못자국에 넣으며 내 손을 그 옆구리에 넣어 보지 않고는 믿지 아니하겠노라 하였다. 여드레를 지나서 도마에게 손과 옆구리를 보이며 만져 보라 했을 때 만져 본 후에야 도마는 나의 주시며 나의 하나님이라고 고백했다. 이 때 주님은 도마야 너는 나를 본고로 믿느냐 보지 못하고 믿는 자들은 복 되도다고 하셨다. 갈라디아서 2:20에 "이제 내가 육체 가운데 사는 것은 나를 사랑하사 나를 위하여 자기 몸을 버리신 하나님의 아들을 믿는 믿음 안에서 사는 것이라"고 하였고 사랑하는 종 모세에게도 얼굴을 보이시지 않고 음성으로만 들려 주시던 하나님께서 그 날을 기다리는 우리에게 약속하시면서 그리던 주의 얼굴을 뵐 것을 말씀하시던 주님께서 새 예루살렘에서는 그의 얼굴을 볼 것이라고 말씀하신다. 고린도전서 13:12에 "우리가 이제는 거울로 보는 것같이 희미하나 그 때에는 얼굴과 얼굴을 대하여 볼 것이요 이제는 내가 부분적으로 아나 그 때에는 주께서 나를 아신 것같이 내가 온전히 알리라"고 말한다. 그토록 그리던 주를 뵈올 때 성도들의 기쁨은 절정에 이를 것이며 손수 영광의 면류관, 의의 면류관, 생명의 면류관을 꾹꾹 씌워 주실 것이다.

4절에 "그의 이름도 저희 이마에 있으리라"고 말한다. 적그리스도와 거짓 선지자는 모든 거짓과 이적으로 사람들을 꾀어 짐승의 표 곧 『666』을 오른손이나 이마에 받게 한다. 짐승과 그의 우상에게 경배하

고 이마에나 오른손에 표를 받으며 하나님의 진노의 포도주를 마시며 거
룩한 천사들 앞에서와 어린양 앞에서 불과 유황으로 고난을 받는다(계
14:9-10). 그러나 하나님의 이름과 어린양의 이름이 이마에 있는 자는
하나님의 소유로 하나님 나라 새 예루살렘에서 영광을 받으리라. 요한계
시록 3:12에 빌라델비아 교회의 이기는 자들에게 "이기는 자는 내 하나
님 성전에 기둥이 되게 하리니 그가 결코 다시 나가지 아니하리라 내가
하나님의 이름과 하나님의 성 곧 하늘에서 내 하나님께로부터 내려오는
새 예루살렘의 이름과 나의 새 이름을 그이 위에 기록하리라"고 말씀하
신다. 책에 도장을 찍어 놓으면 영원히 나의 것이 되듯 하나님의 이름과
어린양의 이름이 그 이마에 있다는 것은 영원토록 하나님께 속하고 하나
님의 것이라는 뜻이다.

(10) 다시 밤이 없고 등불과 햇빛이 쓸데 없음

처음 하늘과 처음 땅에서는 낮과 밤이 교차되며 날과 달과 계절과 해
(년)의 구분이 있다. 새 하늘과 새 땅에서는 다시 밤이 없다고 한다. 밤
은 사단의 영역에 속한다. "너희는 다 빛의 아들이요 낮의 아들이라 우리
가 밤이나 어두움에 속하지 아니하나니 그러므로 우리는 다른 이들과 같
이 자지 말고 오직 깨어 근신할지라 자는 자들은 밤에 자고 취하는 자들
은 밤에 취하되
우리는 낮에 속하였으니 근신하여 믿음과 사랑의 흉배를 붙이고 구원
의 소망의 투구를 쓰자"(살전 5:5-8) 라고 말한다. 사단의 영역이 다 지
나갔으니 죄나 사망이나 애통하는 것이나 곡하는 것이나 아픈 것이 다시
있지 않는다. 주 하나님의 영광이 비취고 어린양이 그 등이 되셔서 주관
하시고 다스리신다.

(11) 저희가 세세토록 왕노릇 함

5절에 "저희가 세세토록 왕 노릇 하리로다" 이 말은 구원 받은 모든 성도들을 말하는가 아니면 특정한 자들을 말함인가? 천년 왕국의 그리스도와 함께 왕 노릇할 자들은 그의 자격이 분명하다.

요한계시록 20:4에 "예수의 증거와 하나님의 말씀을 인하여 목 베임을 받은 자의 영혼들과 또 짐승과 그의 우상에게 경배하지도 아니하고 이마와 손에 그의 표를 받지도 아니한 자들이 살아서 그리스도로 더불어 천 년 동안 왕 노릇하니"라고 말하며 또 요한계시록 2:26-27에 두아디라 교회에 하신 말씀 중에 "이기는 자와 끝까지 내 일을 지키는 그에게 만국을 다스리는 권세를 주리니 그가 철장을 가지고 저희를 다스려 질그릇 깨뜨리는 것과 같이 하리라 나도 내 아버지께 받은 것이 그러하니라"고 말한다. 여기서 이기는 자들은 요한일서 5:4-5의 이기는 자가 아니요 특별히 두아디라 교회의 상황을 이기는 자이다. 천년 동안 왕 노릇할 자들도 순교자들이다.

바울 사도는 젊은 디모데에게 이렇게 말한다. "미쁘다 이 말이여, 우리가 주와 함께 죽었으면 또한 함께 살 것이요 참으면 또한 함께 왕 노릇할 것이요 우리가 주를 부인하면 주도 우리를 부인하실 것이라"(딤후 2:11-12) 라고 말하며 요한계시록 3:10에 빌라델비아 교회에 대하여 하신 말씀에서 "네가 나의 인내의 말씀을 지켰은즉 내가 또한 너를 지키어 시험의 때를 면하게 하리니 이는 장차 온 세상에 임하여 땅에 거하는 자들을 시험할 때라"고 말한다. 시험할 때는 칠년 대 환난 기간을 말한다.

평소에 인내의 말씀을 지키며 예수의 이름을 배반치 아니 하였은즉 환난 때에는 면하게 해 주시고 환난 전에 데려 갈 것을 말씀하고 있다.

이 모든 말씀을 종합하여 볼 때 주로 순교자들을 비롯하여 예수의 이름을 위하여 고난 당한 성도들을 지명하여 말한 것 같다.

제 7 부

마치는 말(22:6~21)

1. 마음속에 간직하여야 할 신실하고 참된 말씀

6절에 "또 그가 내게 말하기를 이 말은 신실하고 참된지라 주 곧 선지자들의 영의 하나님이 그의 종들에게 결코 속히 될 일을 보이시려고 그의 천사를 보내셨도다" 이 말은 요한계시록 1:1의 다른 표현이다. "예수 그리스도의 계시라 이는 하나님이 그에게 주사 반드시 속히 될 일을 그 종들에게 보이시려고 그 천사를 그 종 요한에게 보내어 지시하신 것이라"고 말한다. 하나님께서는 너무도 자상하시다. 영원까지 이루실 일들을 종들에게 미리 말씀하시고 성사하신다. "여호와께서 가라사대 나의 하려는 것을 아브라함에게 숨기겠느냐"(창 18:17) 말씀하셨고 아모스 선지자에게도 "주 여호와께서는 자기의 비밀을 그 종 선지자들에게 보이지 아니하시고는 결코 행하심이 없으시리라"(암 3:7) 또 시편 25:14에도 "여호와의 친밀함이 경외하는 자에게 있음이여 그 언약을 저희에게 보이시리로다" 라고 말씀하신다.

요한 계시록도 같은 의미이다. 반드시 속히 될 일들을 그의 종들(교회들)에게 보이시려고 그의 천사를 그의 종 요한에게 보내어 지시하셨다. 사도 요한은 자기가 받은 것을 일곱 교회에 보내어 증거하였던 것이다.

하나님의 복음이 전파되고 인봉된 책에 의하여 인을 떼실 때마다 하나님께서 계획하셨던 일들이 성사되어 새 예루살렘에 이른 것이다. 세상에 어느 신이 자기가 할 일을 미리 말하고 성사하실까? 천지를 창조하시고 운행하시고 주관하시는 하나님 여호와를 자기 하나님으로 삼는 백성은 복이 있도다(시 144:15). 아멘!!

2. 주님 속히 오리니 이 책의 예언의 말씀을 지키는 자가 복이 있음

7절에 "보라 내가 속히 오리니 이 책의 예언의 말씀을 지키는 자가 복이 있으리라"고 말씀하신다. 요한계시록 1:3에는 "이 예언의 말씀을 읽는 자와 듣는 자들과 그 가운데 기록한 것을 지키는 자들이 복이 있나니 때가 가까움이라"고 말한다. 하나님의 의도는 이 예언의 말씀이 읽혀지고 많은 사람이 듣고 마음에 새기며 이 말씀을 지키며 신앙의 정절을 지키면서 굳게 서기를 바라신다. "하나님의 말씀을 듣고 행하는 자는 그 집을 반석 위에 지은 지혜로운 사람 같으리니 비가 내리고 창수가 나고 바람이 불어 그 집에 부딪히되 무너지지 아니하나니 이는 주초를 반석 위에 놓은 연고요"(마 7:24-25) 라고 말한다. 반대로 집을 잘 지었다 해도 주초를 반석 위에 세우지 아니하면 비가 내리고 탁류가 나고 바람이 불어 집에 부딪히면 무너지고 만다. 수고하고 애쓰고 노력한 보람이 어디 있겠는가? 요한계시록 3:8에 "볼지어다 내가 네 앞에 열린 문을 두었으되 능히 닫을 사람이 없으리라 내가 네 행위를 아노니 네가 적은 능력을 가지고도 내 말을 지키며 내 이름을 배반치 아니하였도다" 라고 말한다. 이어서 10절에는 "네가 나의 인내의 말씀을 지켰은즉 내가 또한 너를 지키어 시험의 때를 면하게 하리니 이는 장차 온 세상에 임하여 땅에 거하는 자들을 시험할 때라"고 말씀하신다. 하나님께서는 매일 매일의 삶 속에서 하나님의 말씀대로 사는 것을 얼마나 바라시는가를 입증해 주는 말씀이다.

주님께서는 약속하신 대로 속히 오신다. 결코 지체하지 않을 것이다. 주님 오심을 바라고 기다리는 자들에게 주의할 것이 있다. 주님은 속히 오시되 그 시기를 인간들의 시제로 판단해서는 큰 오류를 범하게 된다는 것을 잊지 말아야 한다. 사도 베드로는 이렇게 말한다. "주께는 하루가 천 년 같고 천 년이 하루 같은 이 한 가지를 잊지 말라"(벧후 3:8). 이제는 성경의 모든 예언의 말씀들이 이루어지고 몇몇 사건들이 남아 있지만 그것들은 매우 짧은 시기에 이루어질 사건들이다. 이제는 머리를 들고 우리가 기다리고 기다렸던 몸의 구속의 날이 가까이 이른 것이다.

3. 범하기 쉬운 천사 숭배

8-9절에 "이것들을 보고 들은 자는 나 요한이니 내가 듣고 볼 때에 이 일을 내게 보이던 천사의 발 앞에 경배하려고 엎드렸더니 저가 내게 말하기를 나는 너와 네 형제 선지자들과 또 이 책의 말을 지키는 자들과 함께 된 종이니 그리하지 말고 오직 하나님께 경배하라 하더라"고 말한다. 사도 요한은 요한계시록 19:10에도 이와 같은 태도를 취했다. "내가 그 발 앞에 엎드려 경배하려 하니 그가 나더러 말하기를 나는 너와 및 예수의 증거를 받은 네 형제들과 같이 된 종이니 삼가 그리하지 말고 오직 하나님께 경배하라 예수의 증거는 대언의 영이라 하더라" 이런 일이 있은 후에도 또 천사에게 경배하려 했다. 사도 요한도 이러 하였거든 하물며 다른 사람들은 어떠하겠는가? 이것을 두 번이나 기록한 것은 특별히 천사 숭배에 대하여 주의하라는 말씀이시다. 히브리서 1:14에 "모든 천사들은 부리는 영으로서 구원 얻을 후사들을 위하여 섬기라고 보내심이 아니뇨"라고 말하고 또 시편 34:7에 "여호와의 사자가 주를 경외하는 자를 둘러 진치고 저희를 건지시는도다"라고 말한다.

새 예루살렘에서는 열 두 진주 문에 열 두 천사가 있어 성에 들어가는 모든 자들을 감시하는 것이다(계 21:12). 계시록도 반드시 속히 될 일을 그 종들에게 보이시려고 그 천사를 그 종 요한에게 보내어 지시하신 것이다. 우리들은 이 두 번의 말씀을 통하여 천사 숭배의 오류에서 벗어나야 할 것이다.

4. 인봉해서는 아니 될 예언의 말씀

10절에 "또 내게 말하되 이 책의 예언의 말씀을 인봉하지 말라 때가 가까우니라"고 말한다. 요한계시록 10:8에 "하늘에서 나서 내게 들리던 음성이 또 내게 말하여 가로되 네가 가서 바다와 땅을 밟고 섰는 천사의 손에 펴놓인 책을 가지라 하기로"라고 말한다. 계시록은 이 책을 받아 가지고 먹어 버릴 때 온전하게 깨달아 질 것이다. 이 책을 먹은 후에는 네가 많은 백성과 나라와 방언과 임금에게 다시 예언하여야 하리라고 말한다. 이 예언이 요한계시록 11:1-3에 나타난 두 증인의 칠년 대 환난 전 삼년반의 예언인 것이다. 계시록은 예언의 말씀이기에 비유적이고 상징적으로 말씀하고 있어서 쉽게 깨달을 수 없는 것은 사실이나 꼭 그렇지는 않다. 이사야 34:16의 말씀을 보자. "너희는 여호와의 책을 자세히 읽어보라 이것들이 하나도 빠진 것이 없고 하나도 그 짝이 없는 것이 없으리니 이는 여호와의 입이 이를 명하셨고 그의 신이 이것들을 모으셨음이라" 하는 말씀을 마음에 깊이 새기고 또 상고하고 살피고 기름 부음이 우리 안에 있기에, 에스겔 47:1-9절 까지의 성전 문지방에서 흘러 나오는 물을 일천 척을 척량할 때 발목에 무릎에 허리에 창일하고 헤엄칠 물이 되듯이 말씀의 물이 많아질 것이다. 당신은 이 말씀을 인봉하고 있지 않는가! 때가 가까이 왔기에 더욱 이 예언의 말씀을 말해야 할 것이다. 이사야 29:11-12에는 이렇게 말한다. "그러므로 모든 묵시가 너희에게는 마치 봉한 책의 말이라 그것을 유식한 자에게 주며 이르기를 그대에게 청하노니 이를 읽으라 하면 대답하기를 봉하였으니 못하겠노라 할 것이요 또 무식한 자에게 주며 이르기를 그대에게 청하노니 이를 읽으라 하면 대답하기를 나는 무식하다 할 것이니라"고 말한다. 그렇다면 누가 이 예언의 말씀을 외치며 전할 것인가? 이 책의 예언의 말씀을 인봉하지 말라! 때가 가까우니라.

5. 일한 대로 보응하시는 하나님

, 11-12절에 "불의를 하는 자는 그대로 불의를 하고 더러운 자는 그대로 더럽고 의로운 자는 그대로 의를 행하고 거룩한 자는 그대로 거룩되게 하라 보라 내가 속히 오리니 내가 줄 상이 내게 있어 각 사람에게 그의 일한 대로 갚아주리라"고 말한다. 11절 말씀은 12절 말씀과 연관하여 해석되어야 할 것이다. 하나님께서는 행한 대로 보응하시는 분이시다. "선한 일을 행한 자는 생명의 부활로 악한 일을 행한 자는 심판의 부활로 나오리라"(요 5:29) 하시며 "하나님께서 각 사람에게 그 행한 대로 보응하시되 참고 선을 행하여 영광과 존귀와 썩지 아니함을 구하는 자에게는 영생으로 하시고 오직 당을 지어 진리를 좇지 아니하고 불의를 좇는 자에게는 노와 분으로 하시리라"(롬 2:6-8)고 말한다. 예수께서는 제자들을 파송하시면서 "너희를 영접하는 자는 나를 영접하는 것이요 나를 영접하는 자는 나 보내신 이를 영접하는 것이니라 선지자의 이름으로 선지자를 영접하는 자는 선지자의 상을 받을 것이요 의인의 이름으로 의인을 영접하는 자는 의인의 상을 받을 것이요 또 누구든지 제자의 이름으로 이 소자 중 하나에게 냉수 한 그릇이라도 주는 자는 내가 진실로 너희에게 이르노니 그 사람이 결단코 상을 잃지 아니하리라 하시니라"(마 10:40-42)고 말씀하신다.

이 분들이 예수님의 선지자라 하여 혹은 제자들이라 하여 이 분들을 영접하였을 때 선지자의 상을 혹은 제자들의 상을 받는다는 말씀이다. 주님을 기다리는 자들에 대하여 충성된 자들과 불충한 자들에게 이렇게 말씀하신다. "이러므로 너희도 예비하고 있으라 생각지 않은 때에 인자가 오리라 충성되고 지혜 있는 종이 되어 주인에게 그 집 사람들을 맡아 때를 따라 양식을 나눠 줄 자가 누구뇨 주인이 올 때에 그 종의 이렇게 하는 것을 보면 그 종이 복이 있으리로다 내가 진실로 너희에게 이르노니 주인이 그 모든 소유를 저에게 맡기리라 만일 그 악한 종이 마음에 생각하기를 주인이 더디 오리라 하여 동무들을 때리며 술친구들로 더불어 먹고 마시게 되면 생각지 않은 날 알지 못하는 시간에 그 종의 주인이 이르러 엄히 때리고 외식하는 자의 받는 율에 처하리니 거기서 슬피 울며 이를 갊이 있으리라"(마 24:44-51)고 말씀하신다. 주님 다시 오시는 날에도 깨어 있지 못하고 주인이 더디 오리라 하여 술친구들로 더불어 먹고 마시며 불의하게 살아갈 때 불의의 보응을 받을 것이요 지혜롭고 충성되게 때를 따라 양식을 나눠주며 깨어 있어 살아갈 때 칭찬과 존귀와 영광을 받게 될 것이라는 말씀이다.

6. 알파와 오메가요 시작과 끝이 되시는 하나님

13절에 "나는 알파와 오메가요 처음과 나중이요 시작과 끝이라"고 하신다. 오늘날 수 많은 종교의 창시자들이 이런 말을 할 수 있을까? 물론 불가능하다. 태초부터 계신 하나님께서 계획하시고 또한 계획하신 것을 한 치의 오차도 없이 성사하시고 창조하시고 수 많은 세기동안 모든 일을 성취하시고 끝내시고 마치시며 새 하늘과 새 땅을 창조하시고 새 예루살렘을 건설하셔서 세세 무궁토록 주와 함께 하는 영광에 이르게 하신 하나님은 처음과 나중이요 시작과 끝이신 하나님이시도다.

7. 어떤 자가 복이 있는가!

14절에 "그 두루마기를 빠는 자들은 복이 있으니 이는 저희가 생명 나무에 나아가며 문들을 통하여 성에 들어갈 권세를 얻으려 함이로다" 율법 아래에서는 죄를 지을 때마다 생축을 드려 속죄하였다. 이것은 참것의 모형이요 그림자이다. 그러나 그 제사의 실제 되신 예수님이 오셔서 우리 죄를 대신 지시고 영원한 속죄를 이루셨다(히 9:12). 그 보혈의 피를 믿음으로 값 없이 의롭다 함을 받았으며 요한계시록 7:13-14에 "장로 중에 하나가 응답하여 내게 이르되 이 흰 옷 입은 자들이 누구며 또 어디서 왔느뇨 내가 가로되 내 주여 당신이 알리이다 하니 그가 나더러 이르되 이는 큰 환난에서 나오는 자들인데 어린양의 피에 그 옷을 씻어 희게 하였느니라" 죄 씻음은 비누로도, 잿물로도 불가능하며 오직 피로써만이 씻음 받을 수 있고 용서 받을 수 있다. 히브리서 9:22에는 "율법을 좇아 거의 모든 물건이 피로써 정결케 되나니 피 흘림이 없은즉 사함이 없느니라"고 말한다. 그러나 아무리 깨끗한 옷이라 할지라도 생활하다 보면 또 더러워진다. 이럴 때 비누로 잿물로 씻어야 하는가? 아니다. 역시 예수님의 보혈로 이미 씻음 받은 것이다. 주님의 보혈은 영원한 속죄이시기 때문에 율법하에서와 같이 자주 드리는 속죄가 아니고 매순간 예수님의 피에 적용을 받아야 되는 것이다. 요한계시록 12:10-11에서 "내가 또 들으니 하늘에 큰 음성이 있어 가로되 이제 우리 하나님의 구원과 능력과 나라와 또 그의 그리스도의 권세가 이루었으니 우리 형제들을 참소하던 자 곧 우리 하나님 앞에서 밤낮 참소하던 자가 쫓겨났고 또 여러 형제가 어린양의 피와 자기의 증거하는 말을 인하여 저를 이기었으니 그들은 죽기까지 자기 생명을 아끼지 아니하였도다"라고 말한다. 처음 보혈의 피로 씻음 받고 또 실수하고 넘어질 때 마귀 사단은 어김없이 하나님 앞에 송사를 한다. 또한 우리 양심에도 송사를 한다. 그럴 때도 그 송사에 쓰러지지 말고 담대히 선포하라! 예수 그리스도의 피는 단번에 영원한 속죄이기에 나의 모든 죄가 용서받는 것이다라고 외치고 선포하고 멈추지 말고 나아가라! 이는 저희가 생명 나무에 나아가며 새 예루살렘은 맑지 않는 것이 전혀 없다. 성이 수정 같이 맑고(계 21:11)

정금 길이 유리 같이 맑다(계 21:21). 생명수 강이 수정 같이 맑다(계 22:1). 그래서 무엇이든지 속되고 가증한 일 또는 거짓말 하는 자는 결코 그리로 들어오지 못하되 어린양의 생명책에 기록된 자 뿐이라고 말한다. 곧 어린양의 피로 구속받은 자만이 생명 나무에 나아갈 수 있다. 문들을 통하여 성에 들어갈 권세를 얻으려 함이라고 말한다. 열 두 진주 문에 열 두 천사가 있다. 이 천사는 새 예루살렘 성에 출입하는 자들을 감시하는 천사이다. 아무나 들어갈 수 없다. 그 두루마기를 빠는 자만이 들어갈 자격을 얻는 것이다. 할렐루야!! 열 두 진주 문은 구속을 뜻한다. 조개에 작은 모래알이 들어가 상처난 곳에 생명의 즙을 분비하여 얻어지는 것이기에 예수님 십자가의 상처로 우리를 구속하신 것을 의미한다. 구속 받지 못하고 그 옷을 빨지 못하는 자들이 어찌 구속하신 진주 문으로 들어갈 수 있겠는가?

8. 새 예루살렘 성 밖에 있는 자들

15절에 "개들과 술객들과 행음자들과 살인자들과 우상 숭배자들과 및 거짓말을 좋아하며 지어내는 자마다 성 밖에 있으리라"고 말한다. 벽옥으로 쌓여진 일백 사십 사 규빗의 성곽은 성 내부와 외부의 구별을 위하여 있는 것이다. 문은 구속 받은 자만이 들어갈 수 있는 진주 문이요 열 두 천사가 출입을 감시한다. 어찌 자격 없는 자가 감히 들어갈 수 있겠는가? 요한계시록 21:8에는 "그러나 두려워하는 자들과 믿지 아니하는 자들과 흉악한 자들과 살인자들과 행음자들과 술객들과 우상 숭배자들과 모든 거짓말하는 자들은 불과 유황으로 타는 못에 참예하리니 이것이 둘째 사망이라"고 말한다. 본절에는 개들이 추가되어 있다. 개들은 먹고 토하며 토했던 것에 다시 돌아가는 것이며 물고 찢는 것을 말한다. 빌립보 교회에 보낸 편지 중에 "개들을 삼가고 행악하는 자들을 삼가고 손할 례당을 삼가라"(빌 3:2)고 경고하고 있다. 에베소 교회에 보낸 편지 중에도 "음행과 온갖 더러운 것과 탐욕은 너희 중에서 그 이름이라도 부르지 말라 이는 성도의 마땅한 바니라 누추함과 어리석은 말이나 희롱의 말이 마땅치 아니하니 돌이켜 감사하는 말을 하라 너희도 이것을 정녕히 알거니와 음행하는 자나 더러운 자나 탐하는 자 곧 우상 숭배자는 다 그리스도와 하나님 나라에서 기업을 얻지 못하리니"(엡 5:3-5) 라고 엄중히 경고하고 있다. 그 날에 후회해도 소용없다. 기회 있을 때 회개하고 주께로 돌아 오라.

9. 교회들을 위한 주 예수님의 증거

16절에 "나 예수는 교회들을 위하여 내 사자를 보내어 이것들을 너희에게 증거하게 하였노라 나는 다윗의 뿌리요 자손이니 곧 광명한 새벽별이라 하시더라"고 말한다. 이 말씀은 요한계시록 1:1의 말씀을 요약한 것이다. "예수 그리스도의 계시라 이는 하나님이 그에게 주사 반드시 속히 될 일을 그 종들에게 보이시려고 그 천사를 그 종 요한에게 보내어 지시하신 것이라" 하며 이어서 2절에 "요한은 하나님의 말씀과 예수 그리스도의 증거 곧 자기의 본 것을 다 증거하였느니라"고 말한다. "모든 사람에게 구원을 주시는 하나님의 은혜가 나타나"(딛 2:11) 땅끝까지 역사하신다.

어둠의 세력들은 복음의 영광의 빛이 비치지 못하도록 갖가지 계교와 술책들을 동원하여 저지하려 한다. 이 어두움의 세상에 칼과 기근과 사망(온역)과 땅의 짐승으로써 벌을 내리시며 하나님의 말씀과 예수 그리스도의 증거를 위하여 목 베임을 당한 영혼들의 피의 신원을 위하여 나팔 재앙과 대접 재앙을 내리시며 큰 음녀 곧 성도들과 사도들과 선지자들의 피에 취한 음녀를 심판하시고 위로의 말씀을 주시었다. 요한계시록 18:20에 "하늘과 성도들과 사도들과 선지자들아 그를 인하여 즐거워하라 하나님이 너희를 신원하시는 심판을 그에게 하셨음이라 하더라"고 말한다. 그 후 성도들의 혼인 잔치와 천년 왕국과 영원 무궁토록 누리게 될 새 예루살렘 성의 영광과 목마른 자에게 주시는 생명수 샘물과 생명나무의 열매의 누림과 즐거움에 참예케 하신 것이다.

16절 하반절에 "나는 다윗의 뿌리요 자손이니 곧 광명한 새벽별이라 하시더라"고 말씀하신다. 하나님의 복음은 하늘에서 뚝 떨어진 것도 아니요 땅에서 불끈 솟은 것도 아니라 창세 전에 그리스도 안에서 우리를 택하셨고(엡 1:4) 여인의 후손은 뱀의 머리를 상할 것이요 너는 그 발꿈치를 상하게 할 것이니라(창 3:15). 이는 그리스도께서 여인에게서 나셔서 사단을 이기실 것을 말씀하신 것이다. 아브라함과 다윗에게 네 후손으로 천하 만민이 복을 받을 것을 말씀하셨고 아브라함과 다윗의 자손 예수 그리스도의 세계라고 말씀하셨다. 바울은 하나님의 복음을 전하기 위하여 택정함을 입었으니 이 복음은 하나님이 선지자들로 말미암아 성경에 미리 약속하신 것이라 이 아들로 말하면 육으로는 다윗의 혈통에서 나셨고라고 말한다. 미리 약속하신 하나님께서 그 약속대로 하나 하나 성사하시면서 당신의 뜻을 이루신 것이다. 다윗의 뿌리라는 말은 요한계시록 5:5의 "유대 지파의 사자 다윗의 뿌리가 이기었으니 이 책과 그 일곱 인을 떼시리라 하더라"는 말의 반복이며 이사야 11:1에 "이새의 줄기에서 한 싹이 나며 그 뿌리에서 한 가지가 나서 결실할 것이요" 이사야 11:10에 "그 날에 이새의 뿌리에서 한 싹이 나서 만민의 기호로 설 것이요 열방이 그에게로 돌아오리니 그 거한 곳이 영화로우리라"고 한 말씀의 성취로 예수 그리스도께서 다윗의 가문에서 태어나 만민을 구원하시기 위한 메시야이심을 가리키는 말이다.

"광명한 새벽 별이라 하시더라"는 말씀은 아브라함에게 네 자손으로 하늘의 별과 바닷가의 모래와 같이 번성하게 하시리라고 말씀하신 대로 메시야로 오신 주님을 별중의 별이요 왕중에 왕이시며 만주의 주이시라는 말이다. 곧 광명한 새벽 별이라는 말이 앞의 다윗의 뿌리요 자손이니 하는 말과 같은 뜻으로 『곧』이라는 말을 사용하고 있기 때문에 별 중에서도 가장 뛰어나고 밝은 빛을 발하는 새벽 별로 일컬음이 당연하다 하겠다. 다윗의 뿌리요 자손이 메시야이듯 광명한 새벽 별도 메시야라는 말이다.

10. 성령과 신부의 공동 초청

17절에 "성령과 신부가 말씀하시기를 오라 하시는도다 듣는 자도 오라 할 것이요 목마른 자도 올 것이요 또 원하는 자는 값 없이 생명수를 받으라 하시더라"고 말한다. 성령은 일곱 교회에 말씀하시고 교회는 그 말씀을 들었다. 마지막에는 왜 성령과 신부가 말씀하시는도다라고 말씀하고 있을까? "너희 안에서 행하시는 이는 하나님이시니 자기의 기쁘신 뜻을 위하여 너희로 소원을 두고 행하게 하시나니 모든 일을 원망과 시비가 없이 하라 이는 너희가 흠이 없고 순전하여 어그러지고 거스리는 세대 가운데서 하나님의 흠 없는 자녀로 세상에서 그들 가운데 빛들로 나타내며 생명의 말씀을 밝혀 나의 달음질도 헛되지 아니하고 수고도 헛되지 아니함으로 그리스도의 날에 나로 자랑할 것이 있게 하려 함이라"(빌 2:13-16)고 말한다. 한 마디로 표현하여 그리스도가 우리 생활 속에서 나타나시기를 하나님은 바라신다. 바울 사도는 고린도 교회에게 결혼 문제에 대하여 이렇게 말한다. "혼인한 자들에게 내가 명하노니(명하는 자는 내가 아니요 주시라) 여자는 남편에게서 갈리지 말고(만일 갈릴지라도 그냥 지내든지 다시 그 남편과 화합하든지 하라) 남편도 아내를 버리지 말라 그 남은 사람들에게 내가 말하노니(이는 주의 명령이 아니라)"(고전 7:8-11). "처녀에 대하여는 내가 주께 받은 계명이 없으되 주의 자비하심을 받아서 충성된 자가 되어 의견을 고하노니 내 생각에는 이것이 좋으니 곧 임박한 환난을 인하여 사람이 그냥 지내는 것이 좋으니라"(고전 7:25-26). 모든 상황들을 말하고 "그러나 내 뜻에는 그냥 지내는 것이 더욱 복이 있으리로다 나도 또한 하나님의 영을 받은 줄로 생각하노라"(고전 7:40)고 말한다. 왜 하나님께 받는 것을 말하면서 받지 아니하는 문제에 대하여 잠잠하지 않고 이는 주의 명령이 아니요라 하며 자기의 의견과 생각을 주저하지 않고 말하는가? 결론으로는 나도 또한 하나님의 영을 받은 줄로 아노라 말하고 있다는 것이다.

성령의 인도를 온전히 받는 이들은 생각하는 것이나 의견이나 판단하는 것이나 말하는 것이 성령과 같다는 것이다. 새 예루살렘은 아내가 남편을 위하여 단장한 것 같더라 하며 금과 진주와 보석으로 조성되어 있다. 그리스도의 신부인 교회도 흙이나 돌이나 나무 같은 것이 없는 하나님의 신성한 본성과 그리스도의 구속과 성령의 변화로 벽옥(하나님 모습) 같이 되었기 때문에 성령과 신부가 말씀하시기를 이라고 서슴없이 말하는 것이다. 『오라 하시는도다』 라는 말은 어떠한 부류에 속하는 자든지 모두 오라는 뜻이다. 주 예수님은 만민을 향하여 손을 펴시면서 오라고 하신다. 왕자의 혼인 잔치 비유에서도 소와 살찐 짐승을 잡고 모든 것을 갖추어 놓고 청한 사람들을 오라 하였지만 하나는 밭으로 하나는 상업차로 하나는 종들을 잡아 능욕하고 죽였다. 그러나 그 초청을 겸허히 받아 들이는 자들은 복이 있는 자들이다. 왕자인 주 예수님의 혼인 잔치에 참예하게 되기 때문이다. 요한계시록 19:9에는 이렇게 말한다. "천사가 내게 말하기를 기록하라 어린양의 혼인 잔치에 청함을 입은 자들이 복이 있도다 하고 또 내게 말하되 이것은 하나님의 참되신 말씀이라 하기로"라고 말한다. 어린양의 혼인 잔치에 청함을 입은 것이 얼마나 중하고 귀하고 가치가 있길래 기록하라 이것은 하나님의 참되신 말씀이라 하시는가! 오! 성도들이여 주님께서 이와 같이 말씀하고 계신다. "이스라엘이여 너는 행복자로다 여호와의 구원을 너 같이 얻은 백성이 누구뇨 그는 너를 돕는 방패시요 너의 영광의 칼이시로다 네 대적이 네게 복종하리니 네가 그들의 높은 곳을 밟으리로다"(신 33:29) 라고 말한다.

1) 듣는 자도 오라 할 것이요

듣는 자 중에서도 올 자도 있고 오지 아니할 자들도 있다. 듣는다 해서 모두 오는 것은 아니다. 전도를 해 보면 많은 사람들이 같은 시간에 같은 조건하에서 전하는 자들의 말을 듣지만 전혀 무관심하는 자들이 있고 그 중에 한 두 사람은 귀를 기울이며 듣는다. 전도는 그러한 예비된 사람들을 찾아가 전하는 것이다. 하나님께서는 창세 전에 예비하신 구원을 이루시고 이 복스런 소식을 만방에 전한다. 이 말을 듣고 하나님을 참되시다 인정하며 주 예수를 마음 속에 구주로 영접하면 하나님의 자녀가 되는 것이다. 구원을 얻으며 영생을 얻는다. 로마서 10:13-15절 까지에 이런 말씀이 있다. "누구든지 주의 이름을 부르는 자는 구원을 얻으리라 그런즉 저희가 믿지 아니하는 이를 어찌 부르리요 듣지도 못한 이를 어찌 믿으리요 전파하는 자가 없이 어찌 들으리요 보내심을 받지 아니하였으면 어찌 전파하리요 기록된 바 아름답도다 좋은 소식을 전하는 자들의 발이여 함과 같으니라" 말하며 17절에도 "그러므로 믿음은 들음에서 나며 들음은 그리스도의 말씀으로 말미암았느니라" 말한다. 왜 영어가 그렇게 어려운가? 읽기부터 쓰기, 문법 등 어려운 것부터 할려고 하니 어려운 것이다. 듣기부터 해 보면 매우 쉬울 것이다. 가정에서 어린 아이들이 읽기 쓰기 문법을 공부하면서 말을 하게 되는가! 부모와 가족들로부터 들어서 자연스럽게 말하게 되지 않는가! 귀머거리가 어찌 하여 말을 못하는가? 듣지 못하기 때문이다. 이와 같이 듣는 것은 얼마나 귀한가! 세상의 잡된 소리를 듣고도 기뻐하고 즐거워 하거든 하물며 영원하신 복음의 말씀인가? 이사야 1:2-3은 이렇게 말한다. "하늘이여 들으라 땅이여 귀를 기울이라 여호와께서 말씀하시기를 내가 자식을 양육하였거늘 그들이 나를 거역하였도다 소는 그 임자를 알고 나귀는 주인의 구유를 알건마는 이스라엘은 알지 못하고 나의 백성은 깨닫지 못하는도다 하셨도다"라고 말한다. 요한복음 5:25에도 이렇게 말한다. "진실로 진실로 너희에게 이르노니 죽은 자들이 하나님의 아들의 음성을 들을 때가 오나니 곧 이 때라 듣는 자는 살아나리라"고 말한다. 죄로 인하여 사망에 처한 모든 사람들을 구원하시려고 주 예수님은 말씀이 육신이 되셔서 이 세상에 오시어서 십자가에서 피흘려 영원한 속죄를 이루셨다. 누구든지 이 복음의 말씀을 듣고 믿기만 하면 영생을 얻는 것이다. 듣는 자도 올 것이요 자기 생각을 버리고 죄인들을 포용하시는 주의 넓은 품으로 오라.

2) 목마른 자도 올 것이요

주 예수님은 사마리아 수가성 여인에게 "이 물을 먹는 자마다 다시 목마르려니와 내가 주는 물을 먹는 자는 영원히 목마르지 아니하리니 나의 주는 물은 그 속에서 영생하도록 솟아나는 샘물이 되리라"(요 4:13-14)고 말씀하셨고 요한복음 7:37-39에 "명절 끝날 곧 큰 날에 예수께서 서서 외쳐 가라사대 누구든지 목마르거든 내게로 와서 마시라 나를 믿는 자는 성경에 이름과 같이 그 배에서 생수의 강이 흘러나리라 하시니 이는 그를 믿는 자의 받을 성령을 가리켜 말씀하신 것이라"고 말씀하셨다. 이사야 55:1에도 같은 내용의 말씀이 있다. "너희 목마른 자들아 물로 나아오라 돈 없는 자도 오라 너희는 와서 사 먹되 돈 없이 값없이 와서 포도주와 젖을 사라". 포도주와 젖은 복음의 말씀을 뜻한다. 포도가 포도주 틀에 던져져서 술이 나오는 것같이 주 예수님은 십자가 형틀의 흘리신 보혈로 우리가 구속 받은 것이다. 영혼이 목말라 수고하는 자들이여 주님의 초대를 거절하지 말라! 마태복음 11:28-30에 "수고하고 무거운 짐진 자들아 다 내게로 오라 내가 너희를 쉬게 하리라 나는 마음이 온유하고 겸손하니 나의 멍에를 메고 내게 배우라 그러면 너희 마음이 쉼을 얻으리니 이는 내 멍에는 쉽고 내 짐은 가벼움이라 하시니라"고 말씀하신다. 세상에서는 값진 것을 얻으려면 고가를 지불해야 된다. 그러나 목마름을 해갈해 주는 이 귀하고 값진 것을 돈 없이 값 없이 와서 사라는 것이다. 그래도 못하겠는가?

3) 원하는 자는 값 없이 생명수를 받으라 목마른 자도 올 것이요라는 초청의 말씀을 듣고 그렇게 원하고 바라는 자는 주께로 올 것이다. 이 사람은 역시 값 없이 생명수를 받을 것이다. 새 예루살렘에서 생수의 강은 정금 길 가운데로 흐른다고 한다. 자기 길을 걷는 자는 생명수를 누릴 수 없다. 정금 길로 다니는 자만이 생명수를 누릴 수 있는 것이다. 하나님의 신성한 본성인 정금 길로 오라! 이 길을 걸으면서 한없는 평화와 기쁨과 즐거움과 참 만족을 누리기 바란다.

11. 본서 계시의 절대적 가치(22:18-19)

18-19절에 "내가 이 책의 예언의 말씀을 듣는 각인에게 증거하노니 만일 누구든지 이것들 외에 더하면 하나님이 이 책에 기록된 재앙들을 그에게 더하실 터이요 만일 누구든지 이 책의 예언의 말씀에서 제하여

버리면 하나님이 이 책에 기록된 생명 나무와 및 거룩한 성에 참예함을 제하여 버리시리라"고 말한다. 얼마나 엄중한 경고인가! 믿는 이들은 성경이나 예언의 말씀을 대할 때 자아의 생각들을 내려놓고 하나님께서 기록한 뜻이 무엇인가 하며 성경을 연구하고 살펴야 할 것이다. 이사야 34:16에 "너희는 여호와의 책을 자세히 읽어보라 이것들이 하나도 빠진 것이 없고 하나도 그 짝이 없는 것이 없으리니 이는 여호와의 입이 이를 명하셨고 그의 신이 이것들을 모으셨음이라"고 말한다. 빠진 것이 없다는 말씀은 부족함이 없다는 것이며 인간들의 의견이나 생각들을 가감할 말씀이 아니라는 것이다. 하나도 짝이 없는 것이 없다는 말씀은 크게는 구약의 예언과 약속은 신약의 성취요 작게는 한 말씀 한 말씀이 짝을 이루고 있다는 말씀이다. 아무리 난해한 말씀도 시간을 두고 성경을 연구하며 살필 때 정확한 답이 나올 것이다. 창세 전부터 그리스도 안에서 우리를 택하시고 하늘과 땅을 창조하시고 사람을 지으셨다. 그리고 하나님께서 영원 무궁까지 이루실 일들을 우리에게 주셨다. 캄캄한 밤에 빛이 비취듯 우리들이 전하는 말들이 이미 성사된 일들도 많지만 아직 예언으로 남아 있는 것들도 많다. 그래서 사도 베드로는 보배로운 믿음을 가진 자들에게 이렇게 편지하고 있다. "또 우리에게 더 확실한 예언이 있어 어두운 데 비취는 등불과 같으니 날이 새어 샛별이 너희 마음에 떠오르기까지 너희가 이것을 주의하는 것이 가하니라 먼저 알 것은 경의 모든 예언은 사사로이 풀 것이 아니니 예언은 언제든지 사람의 뜻으로 낸 것이 아니요 오직 성령의 감동하심을 입은 사람들이 하나님께 받아 말한 것임이니라"고 말한다(벧후 1:19-21).

성경은 성경이 해석해 주는 것이다. 나는 적극적인 사람이니 해석하고야 말겠다 말하지 말라. 더 기도하며 성경을 상고함으로 때를 기다리라. 때가 되면 알게 될 것이다. 하나님의 말씀은 정확무오하신 생명의 말씀이시다. 사도 마태는 "천지는 없어지겠으나 내 말은 없어지지 아니하리라"고 말한다(마 24:35). 하나님의 말씀을 대하는 우리들의 자세가 얼마나 신중해야 하는가! 기록된 말씀 외에 더하면 하나님이 이 책에 기록된 재앙들을 그에게 더하실 터이요라고 말한다. 계시록의 재앙들은 세 종류로 나눌 수 있다. 말씀을 불순종하고 불의한 자에게 내리는 칼과 기근과 사망(온역)과 땅의 짐승으로 내리는 재앙과 벌 즉 요한계시록 6:1-8절 까지이며 에스겔 14:21에 "내가 나의 네 가지 중한 벌 곧 칼과 기근과 사나운 짐승과 온역을 예루살렘에 함께 내려 사람과 짐승을 그 중에서 끊으리니 그 해가 더욱 심하지 않겠느냐" 하였고 두번째 재앙은 요한계시록 8:5에 천사가 향로를 가지고 단 위의 불을 담아다가 땅에 쏟으므로 뇌성과 음성과 번개와 지진이 나면서 일곱 나팔 재앙이 임하는 것이요 세번째는 요한계시록 16:1-22절 까지의 대접 재앙과 큰 음녀 심판과 짐승과 거짓 선지자와 그의 추종자들을 쓸어 유황불 붙는 못에 던지는 것이다. 이런 재앙들을 그에게 더하신다는 말씀이다. 재앙이 무서워서가 아니라 하나님을 경외하는 자의 자세로 신실하게 주 앞에서 행하여야 할 것이다. 기록된 말씀에서 제하면 하나님이 이 책에 기록된 생명 나무와 거룩한 성에 참예함을 제하여 버리시리라고 말한다. 믿는 이들의 최종 소망과 바램이 무엇인가? 거룩한 성에서 생명 나무와 생명수를 누리며 먹고 마심이 아니겠는가? 그 약속이 깨진다면 얼마나 가련하겠는가!

12. 주님 다시 오실 약속과 요한의 화답

20절에 "이것들을 증거하신 이가 가라사대 내가 진실로 속히 오리라 하시거늘 아멘 주 예수여 오시옵소서" 라고 말한다. 주 예수님은 본 계시를 하나님 아버지께 받았다. 이 받은 계시를 종들에게(모든 교회) 보이시려고 그의 천사를 통하여 밧모섬에 유배 당한 요한에게 보이셨다. 요한은 하나님의 말씀과 예수 그리스도 증거 곧 자기의 본 것을 다 증거하였다. 요한은 밧모섬에서 받은 계시를 소아시아 일곱 교회에 보냈다. 그런데 주 예수님은 이것들을 증거하신 이가 나 자신이며 속히 오시겠다고 말씀하셨다. 우리는 이 말씀에 깊은 인상을 받아야 할 것이다. 그리고 무슨 일을 하든지 자신이 했다고 말하지 말아야 한다. 바울 사도도 고린도 교회에 부활에 대하여 말하면서 이렇게 말한다. "그러나 나의 나 된 것은 하나님의 은혜로 된 것이니 내게 주신 그의 은혜가 헛되지 아니하여 내가 모든 사도보다 더 많이 수고하였으나 내가 아니요 오직 나와 함께 하신 하나님의 은혜로라"(고전 15:10) 라고 말한다. 세상 사람들은 인선할 때 실력있고 자격증을 소지하여 학위를 가진 자들을 뽑는다. 그러나 주님께서는 정반대의 방법을 취하신다. 왜 그러시는가! 성경에서 답을 보자. "형제들아 너희를 부르심을 보라 육체를 따라 지혜 있는 자가 많지 아니하며 능한 자가 많지 아니하며 문벌 좋은 자가 많지 아니하도다 그러나 하나님께서 세상의 미련한 것들을 택하사 지혜 있는 자들을 부끄럽게 하려 하시고 세상의 약한 것들을 택하사 강한 것들을 부끄럽게 하려 하시며 하나님께서 세상의 천한 것들과 멸시받는 것들과 없는 것들을 택하사 있는 것들을 폐하려 하시나니 이는 아무 육체라도 하나님 앞에서 자랑하지 못하게 하려 하심이라"(고전 1:26-29)고 말한다. 아무리 큰 일을 했다 해도 자랑하지 말아야 한다.

　이는 주님께서 함께 하심이요 주님께서 할 수 있는 능력을 주셨기에 이는 주님이 하신 것이요 자아가 하는 것이 아니다. 그러므로 영광은 주께 돌려야 한다. 천사들 또는 요한을 앞세워 증거하였어도 배후에서 우리가 보이지 아니하는 중에 주님께서 하신 것이다. 그러므로 주님께서는 이것들을 증거하시는 이가 가라사대라고 말씀하신다. 요한도 주님의 말에 절대 동의하고 반대하지 아니하였다. 이 얼마나 귀한가!

"내가 진실로 속히 오리라 하거늘" 이 말은 계시록에서 여러 차례 기록되어 있다. 주님께서는 지체하지 아니하고 속히 오실 것이다. 주님을 기다리는 자의 자세는 오시면 곧 문을 열어 드리는 자세를 가지고 준비하며 깨어 있어야 할 것이다.

"아멘 주 예수여 오시옵소서" 주님의 명령에는 『아니요』가 없어야 하며 『예』만으로 하나님께 영광을 돌려야 한다. 주님께서도 아버지의 명령에는 『예』만 있고 『아니요』가 없으셨다. 만일 이 시간에 나에게 내가 속히 오리라 말씀하신다면 "아멘 주 예수여 오시옵소서"라고 말할 수 있겠는가? 매일 순간마다 후회됨 없이 살아가며 주님 맞이할 준비를 하여야 할 것이다.

13. 저자의 축복

21절에 "주 예수의 은혜가 모든 자들에게 있을지어다 아멘"라고 말한다. 사도 요한의 축도이다. 다른 서신에서도 비슷한 축도가 많다. 빌립보서 4:23에 "주 예수 그리스도의 은혜가 너희 심령에 있을지어다"하며 고린도후서 13:13에는 "주 예수 그리스도의 은혜와 하나님의 사랑과 성령의 교통하심이 너희 무리와 함께 있을지어다"라고 말한다.

주님의 은혜가 아니면 일시 일각이라도 설 수 없다. 오늘을 살게 하심도 주 예수의 은혜이며 사명을 감당케 하심도 주님의 은혜이다.

지금까지 건강케 하심도 주 예수의 은혜이며 이 시간까지 지켜 주심도 주 예수의 은혜이다.

무엇하나 주 예수님의 은혜가 아닌 것이 하나도 없다. 아멘으로 영광을 주께 돌려야 할 것이다. 아멘!

그의 추종자들 그리고 사단 마귀도 불 못에서 역대로 죽은 모든 자들

무론대소하고 심판 받아 불 못 쓰레기통으로 던져져서 함께 통곡하며 뜨
거움 속에서 벌쩍 벌쩍 뛰며 고통을 당할 것이다.

*
새로 조명한 요한계시록
*
초판1쇄 — 2002년 6월 25일

*
지은이 — 김 중 현
펴낸이 — 이 규 종
펴낸곳 — 엘맨출판사
*
서울시 마포구 합정동 433 - 62
출판등록 — 제10 - 1562호(1985. 10. 29.)
*
TEL. — (02) 323-4060
FAX. — (02) 323-6416
e-mail — elman1985@hanmail.net
*
잘못된 책은 바꾸어 드립니다.
*
값 15,000원